MTA/MBA创新创业课程参考书
中国文旅创新创业智库丛书
丛书主编 张德欣

# 中国文旅产业创新创业评论（一）

张德欣 / 著

CHINA CULTURE & TOURISM INDUSTRY INNOVATION AND ENTREPRENEURSHIP REVIEW(1)

旅游教育出版社
·北京·

责任编辑：何 玲

**图书在版编目（CIP）数据**

中国文旅产业创新创业评论. 一 / 张德欣著. -- 北京：旅游教育出版社，2021.6
ISBN 978-7-5637-4263-9

Ⅰ．①中… Ⅱ．①张… Ⅲ．①文化产业－产业发展－研究－中国②旅游业－产业发展－研究－中国 Ⅳ．①G124②F592.3

中国版本图书馆CIP数据核字(2021)第108714号

### 中国文旅产业创新创业评论（一）

张德欣 著

| | |
|---|---|
| 出版单位 | 旅游教育出版社 |
| 地　　址 | 北京市朝阳区定福庄南里1号 |
| 邮　　编 | 100024 |
| 发行电话 | （010）65778403　65728372　65767462（传真） |
| 本社网址 | www.tepcb.com |
| E - mail | tepfx@163.com |
| 排版单位 | 北京旅教文化传播有限公司 |
| 印刷单位 | 北京柏力行彩印有限公司 |
| 经销单位 | 新华书店 |
| 开　　本 | 787毫米×1092毫米　1/16 |
| 印　　张 | 21.25 |
| 字　　数 | 359千字 |
| 版　　次 | 2021年6月第1版 |
| 印　　次 | 2021年6月第1次印刷 |
| 定　　价 | 69.00元 |

（图书如有装订差错请与发行部联系）

# 内容简介

本书内容主要是三部分，老张聊文旅、老张聊创业及附录。在老张聊文旅部分，包含行业评论篇、《中国旅游创业创新智库丛书》书序及后记篇、中国文旅创业创新高峰论坛开幕致辞篇；在老张聊创业部分，有媒体旧访、创业之路、赛事点评、创业心情。

在行业评论篇里，作者从目的地旅游、研学旅游、乡村民宿、周边游、非遗文创、模式探索及创新趋势7个部分点评行业热点；《中国旅游创业创新智库丛书》书序及后记篇记录了作者为智库丛书部分书籍所作的书序及后记；开幕致辞篇则记录了2014—2019年中国六届文旅双创峰会的致辞。

本书作者以多年从业经验，观察文旅创新创业前沿及发展趋势，点评行业时事，感悟创业心情。本书内容较为丰富，内容短小精悍，行文生动有趣，阅读不累。希望本书能够让读者较为全面地了解中国旅游业近十年来的发展，特别是在创新创业领域跃迁的重要时点，用评论访谈演讲等方式，给读者打开思辨之窗，让更多的人关注文旅双创，关心双创战略在文旅业的落地实践及未来趋势发展。

关注旅游老友记公众号，获取更多原创内容：

# 《中国文旅创新创业智库丛书》
# 编委会

**主　　任：** 张德欣
**联合主任：** 厉新建　卜希霆
**执行主任：** 李　彬　钟栎娜
**总 主 编：** 张德欣
**委　　员：**（排名不分先后）
　　　　秦　宇　李　彬　钟栎娜　温　婧　严　艳　王加梁　卢雪英　李　龙
　　　　朱迎波　孙　憬　白　娜　王　恒　罗东霞　周　彬

**文旅创新创业研究院专家顾问团：**（排名不分先后）
　　　　厉新建　卜希霆　易开刚　郭万超　赵新良　张凌云　张　辉　谷慧敏
　　　　张玉钧　徐　虹　秦　宇　张朝枝　周玲强　郭英之　白　凯　郑向敏
　　　　李　原　张河清　吴忠宏　李　想　信宏业　薛兵旺　沈建龙　周春林
　　　　曾博伟　卢政营　陈安国　李燕琴　明庆忠　王兆峰　方远平　马　勇
　　　　乔秀全　江金波　罗　军　洪清华　于敦德　曾　松　叶一剑　张晓军
　　　　黄栋庆　郑敏庆　陈云岗　刘汉奇　荀　亮　朱万峰　刘玉兰　洪　维
　　　　单　平　汪早荣　贾建强　严力蛟　余学兵　吴建华　吴　峥　董　锴
　　　　易文捷　金　松　刘　春　姜　颖　陈长春　王京凯　张海峰　张广福
　　　　龚德海　袁润兵　蒋　涛　陈　亮　钱建农　何士祥　王利杰　马培瑞
　　　　梁　军　董长破　李瑞跃　李　飞　庄　岩

　　注：自 2021 年 1 月起，原旅游创业创新研究院升级为文旅创新创业研究院，原《中国旅游创业创新智库丛书》升级为《中国文旅创新创业智库丛书》。

# 总序

创业是一个国家经济活跃的象征，创新是一个民族进步的灵魂，二者也是一个国家兴旺发达的不竭动力。中华民族的发展历程中，有关创业创新的例子不胜枚举，大到开疆拓土，小到手工作坊，无不体现华夏儿女创业创新精神与智慧力量。特别是伴随全球经济进入后金融危机时代下的深度调整期，我国经济发展面临着进入新常态下的诸多挑战。此时，由国家最高层号召和推动的"双创"活动则成了推动我国经济发展和转型升级的重要引擎，创业与创新活动不仅仅是国人实现"中国梦"、过上美好生活的重要方式，更是上升到国家和民族层面的实现"中华民族伟大复兴"的重要途径。

2014年9月夏季达沃斯论坛上李克强总理提出，要在960万平方公里土地上掀起"大众创业""草根创业"的新浪潮，形成"万众创新""人人创新"的新势态，此后形成"大众创业万众创新"的提法，简称"双创"。

2015年3月5日，李克强总理在十二届全国人大三次会议政府工作报告中提出"互联网+"行动计划。2015年7月，国务院印发《关于积极推进"互联网+"行动的指导意见》。同年9月16日，原国家旅游局下发《关于实施"旅游+互联网"行动计划的通知》。不管是互联网+旅游，还是旅游+互联网，这两大最具发展潜力的领域，都是新常态下中国经济快速发展的重要驱动力量。与此前后，双创也在全国蓬勃兴起，并影响着中国社会发生深刻的变化。

2016年李克强总理在首届世界旅游发展大会上指出，旅游业是"大众创业，万众创新的大舞台"，各地政府也加快产业布局与政策落地，全国上下掀起一股创业创新热潮。同年《政府工作报告》中提出要充分释放全社会创业创新潜能。

2016年9月，由中关村智慧旅游创新协会发起，特邀旅游业中外顶级学者、智库领导人、产业领军人物及知名投资人等为核心组建"旅游创业创新研究院"，为旅游行业创业创新提供理论支持与实战分享，为营造创业创新环境，提供创业创新建议及服务，助推旅游产业健康有序发展为重要使命。

2017年《政府工作报告》提出要持续推进大众创业、万众创新。"双创"是以创业创新带动就业的有效方式，是推动新旧动能转换和经济结构升级的重要力量，是促进机会公平和社会纵向流动的现实渠道，要不断引向深入，打造面向大众的"双创"全程服务体系。

2018年《政府工作报告》强调，要促进大众创业万众创新上水平，形成线上线下结合，产学研用协同、大中小企业融合的创新创业格局，打造"双创升级版"。2019年《政府工作报告》中称：进一步把大众创业万众创新引向深入。鼓励更多社会主体创新创业，拓展经济社会发展空间，加强全方位服务，发挥双创示范基地带动作用。面向市场需求和弘扬人文精神结合起来，善聚善用各类人才，中国创新一定能更好发展，为人类文明进步做出应有贡献。2020年《政府工作报告》中提出要深入推进大众创业万众创新。深化新一轮全面创新改革试验，新建一批双创示范基地，坚持包容审慎监管，发展平台经济、共享经济，更大激发社会创造力。2021年《政府工作报告》中提出要强化企业创新主体地位，鼓励领军企业组建创新联合体，拓展产学研用融合通道，健全科技成果产权激励机制，完善创业投资监管体制和发展政策，纵深推进大众创业万众创新。

2016年为响应党和国家号召，顺应时代要求，完善市场和社会需求，致力于推动"大众创业万众创新"及"互联网＋旅游"成为中国经济新常态下的新引擎，旅游创业创新研究院与各高校、科研院所及产业界通力合作，组建《中国旅游创业创新智库丛书》编委会，编撰旅游创业创新系列书籍，以积极推动创业创新成为时代潮流，汇聚经济社会发展的强大新动能；积极推动各类创新要素融合互动，让"创客"的奋斗形象成为创新中国、智慧经济的重要标识。

2018年文化和旅游部成立，文化和旅游开始全面融合。2021年1月在2021年全国文化和旅游厅局长会议上，胡和平部长强调，"十四五"时期文化和旅游发展的战略任务是构建和完善社会文明促进和提升工程，新时代艺术创作体系、文化遗产保护传承利用体系、现代公共文化服务体系、现代文化产业体系、现代旅游业体系、现代文化和旅游市场体系、对外文化交流和旅游推广体系。文化和旅游系统要构建新发展格局，推进文旅融合、推动创新发展。

值此十四五开局契机，2021年1月起原旅游创业创新研究院将升级为文旅创新创业研究院，原《中国旅游创业创新智库丛书》升级为《中国文旅创新创业智库丛书》。

目前丛书主要有三个套系，一是蓝皮书系列，以《中国文旅企业创新创业发展报告》为题每年一本，较为全面与系统地分析当期文旅产业创新创业发展实践情况及趋势；二是以《旅游创业启示录》为题，深入到旅游行业创业的细分领域进行优秀案例的汇总提炼，如周边游、出境游、乡村旅游等。三是专家论丛系列，以学院派及实战派专家为主，集结其学术研究及落地实践的深度观点解读文章成册。

文化、旅游、互联网、创业、创新，是本智库丛书的重要关键词。本丛书汇聚旅游学术界与产业界力量，一则记录中国文旅业发展变迁史，二来为政府、高校、媒体、研究机构、产业界与创业者们提供相应的分析与决策参考，也可作为高校相关专业、EDP（Executive Development Programs，高级经理人发展课程）、MBA/MTA、创新创业学院的教材或案例集。

创客们，借用六小龄童老师的话与大家共勉：苦练七十二变，才能笑对八十一难。当时代造就你的同时，你也创造了时代。

大家一起加油！

总主编：张德欣<br>2021年6月18日于北京

# 序二

正如书名所指出的,这是一本与创新创业有关的书。我认为,创新和创业的实质是"探索未知"。通过不断拓展已知边界的范畴,创新和创业改造了人们的工作和生活,甚至改变了人类的历史进程。从这一角度来看,创新者和创业者——通过各种创新性的产品和服务——对我们每个人的影响超过了帝王将相和文人墨客。

我们可以给创业者贴上各种标签:"梦想家""远见者""乐观主义者"。但是,回归到人性的深层次,他们都是独立的思想家、他们都有理想、他们随时准备好去冒险和尝试新事物并确确实实地投身并坚守于这些新事业。

老张也是一个创业者。从我认识他的时候起,他服务旅游创业和创新的理想没有改变过,他身体力行的投入也没有改变过。这本书是这些年来他的理想和实践的写照。从这个意义上说,他在书稿中讲述的"日拱一卒,功不唐捐""不忘初心,方得始终""扛得住,世界就是你的""有野心,有选择;有坚持,有希望",既是在写创业者,也是在记录自己的心路历程。

人类社会被工业化以来,重复乏味又紧张的工作和生活,是越来越多的人选择旅游作为放松方式的重要动机,但大众旅游活动——典型的为每年在相似时间到相似的海滨胜地度假或参加旅游团——却使得人们的放松也变得同样重复乏味又紧张。由此产生了颇有些讽刺的现象,人们在重复乏味的放松之后再次投入重复乏味的工作和生活中。为何如此?原因是我们放弃了更具有探索性的身份——旅行者(traveler),选择了更具有舒适性和安全感的身份——游客(tourist)。前者是一种更加高贵的人类精神——不甘于居留于一地并渴望走到更远的地方去探索学习新事物。但是,探索也意味着种种不确定性——而人的本质是厌恶不确定性的。如何利用创业和创新活动降低不确定性,使得普通人可以更方便、更积极地享受探索的乐趣,是摆在旅游从业者面前的一个任务。从这个意义上说,真正的旅行者和真正的创业家,骨子里应该是同一类人!

希望老张的努力能够推动更好更多的旅游创新创业,让中国人去探索中国的美、世界的美。

秦 宇

《旅游导刊》执行主编

北京第二外国语学院旅游科学学院教授

2021 年 1 月 24 日

# 序三

1月10日接到张德欣会长的邀请，为其拟出版的新书《中国文旅产业创新创业评论（一）》作序。坦率地说，接到邀请的那一刻还是挺没底的，因为一来未见到书稿，不知内容如何，当时又有不少手头工作需要去做，担心30万字书稿阅读理解起来需要时间；二来近些年张会长致力于为旅游创新创业者搭建服务平台，在业界做得风生水起的，担心对业界最新的动态了解不够，难免说错。虽有这些顾虑，但是作为老朋友还是欣然答应了作序的邀请，况且这对我来说也是一个学习的好机会。

我用一个周末的时间认真拜读了张会长的新作，发现其阅读起来并不难懂，很多语言也都是发自肺腑之言，这些有感而发的短文既是张会长服务于创业者的深切感受，也是张会长自己作为创业者的经历感言，因此读起来总有一种画面感和亲切感。

任何社会的进步总离不开创新创业者，商业世界里企业的天职是为顾客创造价值，唯有如此才能有自身盈利可言。然而顾客的需求是多变的，以不变的产品应对多变需求的时代不存在了，唯有适应需求甚至引领需求才能生存下去。但说起来容易做起来难啊，许多创业创新者前赴后继不断努力，存留下来成功的还是少数。即便如此，还是有许多产业创新者不断涌现，这就是社会的希望所在！应该向他们致敬！这些年张会长致力于服务旅游创业创新活动，自2013年创建中国旅游创业家协会、2016年创建中关村智慧旅游创新协会以来，持续不断的扎实努力已结出可喜的果实，此次新书的出版再次印证了张会长在书中反复强调的努力和坚持的重要性，这一路走来认准目标的努力和保有理想的坚持才成就了今天的成绩。

阅读此书的过程中我脑海中常常出现一个画面，那就是夜深人静的时候张会长在书桌前将自己白天的所思所行的感想记录下来，这些记录下来的感想或演讲稿也好，创业体会和大赛点评也好，都不是很深奥的理论或公式，但是都是脚踏实地干出来的经验归纳和教训反思，语言虽朴实，但启示深刻；结构虽松散，但内容广泛。实践出真知，会反思的人才能进步！能将反思的结果记录下来并呈现出来，帮助到别人才是快乐的，这正是成就别人快乐自己的人生智慧所在！

阅读此书让我再次认识到人的一生需要激情来引导，张会长的创业经历告诉我们，对于创业创新者来说永葆激情是面对困难挫折永不言败的精神支撑，是面对琐碎之事还能耐心做好的必要前提，而激情来自笃定的信仰和理想，所以无论是文旅界的从业人员还是在校学生，面对疫情的冲击虽困难重重，但对文旅产业发展的美好前景不应灰心，要以更加饱满的激情迎接冲击和挑战，以更加的努力和坚持活下去，去创造美好的未来!

　　借此书出版之际,希望张会长搭建的文旅创新创业服务平台行稳致远,为我国文旅创新创业活动做出更多贡献!祝贺张会长大作出版,为文旅行业发展提供更多思考和建议!

徐虹

教授　博导

南开大学旅游与服务学院党委书记

2021年1月17日于南开园

# 序四

# 新时代文旅人的文旅新论

过去的2020年,国内文旅产业在疫情的压力下,依然向着高质量发展之路砥砺前行。这一年,中国文旅业通过内生动力寻求深化发展,重"质"求新,一批新的文旅业态在疫情推动下诞生,比如云演艺、虚拟旅游、房车旅行、周边游等逐渐兴起并呈现快速发展之势。

我国文旅产业已经迈入了一个新的时代。这个新时代,是文化和旅游休闲成为国民生活新刚需、文化与旅游进一步深化融合、社会生活向数字化转型、国家构建双循环经济发展新格局等多重作用力下的新时代,叠加上后续疫情常态化防控因素,共同决定了文旅创业亟须在新时代、新环境、新要求下找到适配点、创新点和突破点。

本书以杂谈的形式,对当下国内文旅行业的一些热点和重点话题进行了深度阐发,尤其是关注近年来旅游目的地治理事件、国内研学旅游热潮、疫情影响下的旅游新业态等方面,并总结出新时代文旅创业创新的方向和模式。书中关注的话题丰富有趣,所提观点和看法不乏真知灼见,足见张德欣先生在文旅创业领域的多元实践和深入探究。本书尤其启发我们从以下几个方面关注当下新时代的文旅创业。

第一,基于内需扩大的需求侧管理下的供给创新。目前我国已进入大众旅游的新阶段,我国文旅消费已然形成一个庞大的内部需求市场,并在国家加快扩大居民消费、提升国民消费层次的政策指导下,形成一个需求更加多元分化、更注重休闲品质的新大众旅游市场。基于此,文旅创业需要从传统的景区经济转向更多元的创新业态,以满足市场更个性化的需求。

第二,紧跟新技术革命带来的社会转型下的创新创业。技术带来的变革日渐全方位渗透到人们的日常生活中,在国家大力的扶持推动下,随着5G时代的即将到来,我们将迎来数字化、大数据、人工智能的全新商业时代。目前,这种新技术对文旅行业带来的影响已日渐突显,抖音、小红书等短视频社交平台催生了一批批网红旅游景点,掀起了旅游目的地营销的新变革;新技术手段的介入创造了虚拟景区、云景区等新兴旅游业态,冲击着传统旅游业的运营管理模式;人工智能推动下的无人酒店、机器人酒吧等新产品日渐涌现,全方位重塑游客的消费体验。未来,必须要将新技术纳入文旅创业的重要考虑因素,从而在新技术的驱动下,实现文旅业态的高质量创新发展。

第三，构建于多中心治理体系下的文旅业态治理。现代多中心治理理论强调政府不是唯一的治理主体，而是与市场、社会、民众与媒体等多元主体协同共治的过程。有效的治理是文化与旅游行业实现可持续性发展的重要要求。近几年，从中央到地方政府和相关行业协会都加大对文旅行业乱象的治理，从东北雪乡事件到丽江整治，无一不彰显对行业治理的决心。而今，在政府政策支持和新技术加持下，新兴的文旅业态和社会文化现象层出不穷，传统的条块分割的科层治理已难以完全满足社会与行业可持续性发展的需要。一方面，一批文旅融合、跨界合作的文旅企业及项目涌现出来，在当前的治理体系下，可能面临着监督管理主体权责不清晰、监督管理不到位问题；另一方面，一些缺乏多元主体的平等协商参与的治理技术，容易忽视部分社会群体的诉求，治理的结果反而造成了一定的社会不公，在互联网社会中，引入新技术手段的治理方式而缺乏与民众的有效协商互动，比如扫码通行、在线购票等方式反而造成了部分老年群体的出行休闲障碍。因此，未来的文旅行业发展中，更需要构建一个多元主体参与、相对独立平等、互相协作与合作的共治关系。

第四，立足于全要素和全产业融合的文旅融合机制创新。在国内文旅需求日渐扩大的当下，通过优化文旅产业供给体系、完善产业结构和产品结构，进而实现产业发展要素驱动力的突破来应对需求升级的步伐。当前，"旅游+""文化+"已经催生了一批批新型的文旅业态，业态的融合逐渐延伸到了全产业、要素的有机结合，产业间的深度融合发展呈现出了多边界、跨边界以及无边界等特点，这背后，新的融合机制和产业运营模式成为融合创新发展的重要支撑。比如，借助于大数据技术和数字化平台，文旅行业的竞争领域逐渐"无边界化"，一批互联网企业如阿里、京东、拼多多、抖音等开始涉足文旅行业，对文旅行业传统的商业模式提出了挑战。因此，在文旅业创业创新过程中，除了业态融合创新之外，更需要关注的是产业融合机制的创新发展。

在这个日新月异的消费转型、双循环新格局时代，文旅行业领域风起云涌、群雄并起。作为旅游人，有幸生于斯、长于斯，与众多志趣相投的同行共同见证着文旅领域未来发展的广阔天地。

孙九霞<br>
中山大学旅游学院教授、博导<br>
国家社科基金重大招标课题首席专家<br>
中山大学旅游休闲与社会发展研究中心主任<br>
2021年2月21日

# 序五

## 执创造之炬，为旅游赋能

日前，收到德欣兄为其新作写序的邀约，还有些小诧异，因为虽然近几年文旅融合正如火如荼，本人近几年对文旅融合也有一些浅见，但文化产业与旅游产业还是有诸多不同，作为普通游客对于旅游的思考，远不及多年深耕这一领域研究与实践的专家与业者更有发言权。但盛情难却，姑且通过此序向长期活跃在旅游研究与实践一线的德欣兄及各位旅游界的朋友们致敬！

与德欣兄首次谋面是2017年6月，我受邀到北京第二外国语学院参加"传统与非标的轮回与融合——住宿业的N种可能"暨第九届中国连锁酒店发展大会，在该次会议上分享了"千年想象与创意营造——雄安新区的新机遇与新思考"的主题演讲。会后，与旅游界的朋友小坐，便与德欣兄相识，并相互加了微信，偶尔在微信上互动，也经常看到他异常活跃的朋友圈里很多关于旅游的思考、行动与感悟，也看到他为旅游创业在全国各高校巡回布道，足迹遍布大江南北，精力充沛令人艳羡。及至2019年5月，收到了德欣兄主编的新作，时年6月专门邀请他来中国传媒大学为文化产业管理学院青年学子以"互联网+时代的旅游创业与旅游市场分析"为题做了专题讲座，由此也对其正在开展的旅游创新创业事业有了进一步的了解。

2020年3月，在百年未遇的新冠疫情暴发之际，德欣兄在线上教育平台"微师"上针对文旅相关业者设立《文旅创新领袖学院》直播公益课堂，开展线上免费直播公开课，邀请我做一次分享，我以"后疫情时代文旅产业的趋势研判与创意重生"为题，为全国旅游业者做了专题分享，课后还与相关业者有了近半个小时的互动，意犹未尽。是年10月，德欣兄携《中国旅游创业创新智库丛书》相关作者与旅游业界代表来访中国传媒大学图书馆，为我校图书馆捐赠《中国旅游创业创新智库丛书》（共12册），并展开"新时代文旅创新研讨"。受疫情影响国内外文旅行业举步维艰，但疫情也倒逼文旅产业做全方位的变革以适应新时代与大变局，我想这也便是德欣兄开展旅游创业创新实践与研究的意义所在。疫情与时代变局背景下做旅游创业创新教育工作其实是做旅游创造精神的执火者，即便微光点点，亦可在黎明前照亮脚下的路，温暖同道的心。

得到德欣兄准备众筹出书的信息已经是2021年1月7日，没想到众筹仅仅一周时间就达成了目标，一方面体现了德欣兄超强的号召力，另一方面也充分说明旅游创业创新持续吸引着太多人的目光与期待。在翻阅德欣兄的文字时，仿佛像在茶桌前与他抵足畅谈。近30万字的书稿，围绕目的地旅游、研学旅游、乡村民宿、周边游、非遗文创、模式探索及创新趋势等多个领域娓娓道来，语言轻松活跃，对旅游相关现象与问题能够精准捕捉，给出的意见与建议亦切中关键，细细读来会感受到诸多思想火花的碰撞，让人看到旅游创新创业对旅游发展的强大驱动力量。

偶尔读到一段关于思想沉淀的"泡菜理论"——"（泡菜）坛子如思想的炼炉，时间的久酿中听见抒写的声音，最终，文字绽放"。我想长期沉浸于旅游创业创新的德欣兄之新作，亦是在经久的旅游熔炉中酿造，个中滋味，只有经历与品读才更能感知。

是为序。

卜希霆

中国传媒大学文化产业管理学院党总支书记

文化和旅游部—国家文化和旅游公共服务研究基地主任

2021年1月24日

# 序六

接到德欣兄来电，希望我能为他的新书作序的电话，心里很是忐忑，尤其是看到此书的编委员和专家顾问团名单后，更是诚惶诚恐，多次婉拒。但承蒙德欣兄抬爱和坚持，最后我还是决定勉为其难，尽力一试。其中另一个主要原因，我想作为一个在旅游行业20余年的创业者和从业者，种种经历可能也是众多业者的缩影，是旅游发展的不同阶段投射到个人的一面镜子，正好借为德欣兄作序之际，做个总结，让大家得以参照和有所共鸣。

对于所有旅游的从业者来说，德欣兄和我及业者们走过的这20余年的时光，既是旅游行业最好的年代，也是最坏的年代（如果没有新冠疫情的影响，可能对最坏的年代的理解，业者还不一定有这种痛彻心扉的感觉）。我们并轨同行的这段时间，一起亲历了社会、经济、消费、业态、心态整体发生深刻变化的时代。经济的发展使得旅游有了物质基础，社会的变革及消费者意识的觉醒与提升，使得旅游这一新兴消费需求具备了肥沃土壤，国家政策的支持予以旅游行业发展提供了确定性保障，互联网等新工具为旅游创新形态和商业模式的迭代突破提供了技术支撑。

1994年左右中国旅游发展初期我在酒店的前台和销售部工作，那是一个旅游发展的绝对初级阶段。旅游基本上还是以入境的外国游客为主来给国家创汇的年代，可以接待外国人的酒店寥寥可数，既需要达到三星级以上标准还要通过诸多有关部门的审批，其中也包含了现在已经取消了的"特行科"。当时可以每天穿着西装、说着外语为外国游客服务，收到美金或者外汇券的小费，有机会品尝到西餐和易拉罐饮料都是从业者值得炫耀的事情。当然对被批准接待外国人的旅行社，更是行业绝对的翘楚。主要以火车及大巴作为交通工具，国内旅游组团在那个时候也开始逐步兴起，同时开始出现专列、包机这种以交通稀缺资源为核心竞争力的旅游产品，中国人也开始了走马观花到此一游式的团队旅游（早期坐飞机和软卧是需要介绍信的，连飞机票也还在三联复印纸的手写票年代）。那时，不仅是旅行社的管理者和业务人员，就连外勤（导游）和巴士司机都是香饽饽，他们不仅可以跟着旅游团到处游山逛水，更是有着工资以外的购物回馈和小费的丰厚收入。彼时还没有相关的法律法规，也没有工资税，很多旅游业者一个月的收入相当于普通职员2~3年的工资，其优越感可想而知。

1998年开始我从酒店离职和李先生一起开始做中国人到国外的出境旅游，也是第一批做出境旅游的从业者。刚开始的国际旅游目的地还仅限于东南亚和港澳台，美国、欧洲、大洋洲这些目的地还没有开放，基本被公务团、商务签证和短期探访等签证的游客所占据。护照的办理也复杂无比，很多地区的护照甚至是一次性的，用过即作废。因为这些复杂的手续及航空机票供给的不均衡，产生了超高的毛利，出境市场替代入境市场，成为新的行业王者。因为出境牌照被垄断在为数不多的国企手中，随之涌现出了承包挂靠等新的经营模式，再之后便是旅游枭雄辈出的年代。后期来看，主板上市的众信（含竹园系）、被携程收购的华远、被海航收购的凯撒、获得君联资本等投资的凤凰国旅等，都是在那个年代崛起的，也造就了一批被我一直称为大哥的杰出人物。

国内游也开始爆发性地增长，很多热门目的地都出现了一票难求、一房难求、一车难求的现象，为旅游团服务的境内外购物店也如雨后春笋般喷薄而出，混战下的KB（Keepback，零团费）、负团费、人头费等乱象直到现在还未被完全肃清。行业的细化分工也在这个年代出现，批发商、门市连锁、会议会展、机票代理、包机包船运营商等也各自以优势资源为驱动，形成了完整的旅游行业产供销体系。随着电脑开始普及、互联网的出现，才有了旅游媒体、旅游软件开发商、金融产品服务商等产业配套，我也是在这个时候成了众多旅游行业内和泛旅游行业创业者中的一员。这个旅游的黄金年代持续了整整15年，正如大哥们教导我的，只要会做人、够努力，再加一点运气就能成就事业，并获得丰厚的利润回报。那个时候的工作内容和现在也很不同，我记得除了频繁的出差，基本上很多工作都是在晚上7点以后到深夜的灯红酒绿中完成的，那是一个充满五彩斑斓色彩的年代。

2012年开始随着互联网浪潮的兴起，各行各业都前所未有地受到了互联网的冲击，当然也带来了巨大的商业机会。旅游行业内的人，都想插上互联网的翅膀，展翅高飞，互联网的人也想进入快速发展的旅游行业分一杯羹。有着四万亿外部环境，资本的集体狂欢，游客数量的爆发性增长，很多人像我一样选择了互联网+旅游的创业新方向。旅游成功人士的炫耀方式，也从别墅、豪车变成了公司估值。我们在这个过程中欣喜地看到了到达彼岸的成功者，也要点赞折戟沉沙的失败者，是我们共同的努力推动了旅游行业一次又一次的深刻变革。游客借助旅游+互联网，从团队旅游的形态变成了自我选择的自由行；预定的工具从电话传真转到了智能终端；了解目的地的旅游资源的方式从书本转向了网络；旅游活动的召集者和组织者也从专业的旅行社员工变成了各路旅游达人和KOL（Key Opinion Leader，关键意见领袖）；我们的公司和组织也从原来的小作坊，变成了一个以大数据说话的现代化科技公司。当然我们也从星光大道上阔步走来的那满身光环的时代英雄，变成了在满布荆棘道路上摸索的新时代弄潮儿。借我在阿里巴巴工作时的一句话来说，唯一不变的是变化，拥抱变化才是永远的主题。

2015年至今很多旅游人和我一样，在经历过互联网狂潮及泡沫破灭后，脱虚向实，与跨界的实业相结合，继续探索着我们的文旅创新之路。正如本书中所列的各个章节一样，从不同维度，诠释了旅游发展和创新创业的不同阶段，也是对标自己，畅想未来的有益参考。

最后祝本书大卖，德欣兄和各位旅游行业同人在未来的道路上继续奋勇前行，取得新的成功！并祝大家：身体健康！

段冬东

中国文旅集团（开曼）

执行总裁 & 文旅投资集团总裁

2021 年 1 月 27 日

# 序七

与德欣老弟相识，是我在达晨创投从事文化旅游投资期间。蓦然回首，我在达晨从事旅游创业投资已经10年了，期间经历过旅游创业的潮起潮落波谲云诡，也见证了很多旅游创业者一无所有赤手空拳闯天下，姑苏城的同程旅游吴志强，金陵的途牛于敦德，京城北航科技园的穷游肖异等，都从青葱小伙成长为执旅游业牛耳的一方诸侯，其间更多的创业者则泯然众人矣。但德欣老弟无论潮起潮落，一直在为创业者鼓与呼，旅游创业多少事，都在旅游老友记。

旅游听起来很好，环游世界是很多人的梦想，但旅游创业却是成功率非常低，大部分创业都以失败而告终，这是非常正常的事情。我们不能简单地以成败论英雄、也不要把创业狭隘化理解为开个公司。每个创业者的创业经历对他的一生都会产生很大的影响，创新是创业的基础，创业是创新的延伸。凡是能够创业的人在理念、知识、能力、逻辑等都有其独到创新的一面，所以创新精神、创业意识与创新创业能力才是创客们最宝贵的财富。读史可以知成败得失，读者阅读本书，随德欣回眸旅游创业史，为我们创业者点赞。一本好书，如行万里！

何士祥
达晨财智文旅行业合伙人
2021年1月24日

# 前言

出版这本书的想法由来已久，身处旅游业 15 年中，有 8 年时间在关注旅游的创业与创新。回想当年，2006 年踏足旅游圈的第一家企业就是在旅游 Web2.0 浪潮推动下的在线旅游创业公司路客网，和途牛是同一批创业公司，也从那时起我成了创客中的一员。直到现在我还记得当时网站的 Slogan（口号）是"自助互助 体验分享"，现在看来，这或许是命中注定的事情。我与旅游有缘，与旅游互联网有缘，与创客们有缘。旅游创客的情怀、责任与使命或许已沁到我的骨子里，支撑我一起走到现在并将继续为这个行业的发展尽些自己的力量。

谈到"大众创业 万众创新"简称"双创"，始自李克强总理 2014 年 9 月在夏季达沃斯论坛首次提出，他说要在中国 960 万平方公里土地上掀起一个"大众创业""草根创业"的新浪潮，形成"万众创新""人人创新"的新态势。2015 年 3 月"双创"写入了《政府工作报告》。并表述为：推动大众创业、万众创新，"既可以扩大就业、增加居民收入，又有利于促进社会纵向流动和公平正义"。在论及创业创新文化时，强调"让人们在创造财富的过程中，更好地实现精神追求和自身价值"。

为什么政府要大力推进"双创"？李克强曾有过回应："大众创业、万众创新，实际上是一个改革。"作为改革的尖刀和试验田，每年政府工作报告都会提及"双创"。2018 年 9 月提出要打造"双创"升级版，其目的是推动传统产业转型升级、加快新兴产业培育及促进成果顺畅转化。2020 年 5 月提出要深入推进大众创业万众创新，发展创业投资，增加创业担保贷款。深化新一轮全面创新改革试验，新建一批双创示范基地，坚持包容审慎监管，发展平台经济、共享经济，更大激发社会创造力。

经过 6 年发展可以看出"双创"符合未来产业转型的方向。我国第三产业发展持续加快，占 GDP 比重持续增加，创造的就业岗位也快速增加，部分地区三产已经超过二产，而服务业正是个人创业创新较为集中的领域，旅游业属于服务业且是现代服务业的代表形态之一。旅游业双创的蓬勃发展基于几个大的时代背景，如 2014 年国家提"互联网+"，提"双创"，智慧旅游年及 4G 网络的普及。这给旅游创客们，特别是在线旅游创客，提供了双创的时代大舞台，同时这个时间段前后，2010 年到 2016 年，也是旅游投资，特别是在线旅游投资的黄金期。我们看到这个时间段里在线旅游创业公司如过江之鲫数不胜数，中关村创业大街的各个咖啡馆里曾每天坐满了创客和投资人，熙熙攘攘如菜市场般热闹。随便一个好看点的 PPT 可能就能拿到天使投资，那个时候，你要是天使轮低于五百万都不好意思和别人说。

让创客们遭遇冰点的，是2016年中的股灾，投资机构和投资人的钱折在股市里，此后原来可投可不投的项目就不投了，可投的也都大大压缩了规模，原先靠一个PPT就能拿到钱的时代永远一去不复返了，坊间曾有个段子"我就是看看"。在线旅游投资降至冰点，近几年虽有所缓慢回升，但线上旅游投资基本进入静默期，投资事件和额度远非当初可比，旅游业的投资风向转向线下实体投资，以"重"项目为主，重资产、重资源、重运营。

虽然在线旅游遭遇寒冬，但创客们都在坚守初心。2018年文化和旅游部成立，提出"文旅融合"，传说中的"诗和远方"终于在一起了，整个旅游圈都欢欣鼓舞，毕竟旅游圈的人都知道"文化是旅游的灵魂，旅游是文化的载体"这句名言。创客们更加注重旅游的文化核心属性，同时也适应旅游消费市场个性化、差异化、品位提升等新形势，在移动互联网技术环境下进入各个细分赛道，更加注重参与及体验，如研学旅行、体育旅游、房车露营、旅游演艺、乡村民宿、旅居康养等旅游创新业态。

2020年的新冠肺炎疫情对旅游业的冲击这里就不谈了，大家都清楚。人的生命第一位，防疫第一位，我们必须全力支持与配合。由此带来的影响，抱怨是没用的，听天由命也是不行的，得过且过也是不可以的。大家都知道寒号鸟的故事吧。在政策支持有限的情况下必须要危中求机，要转变，要跨界，要向大生活消费领域找机会，要先保证活下来再图谋下一步发展。2021年初，疫情多点散发，貌似要卷土重来，我们都要做好应对新一轮冲击的准备。

下一个5年会是什么样？2021年是十四五开局之年，科技继续赋能智慧文旅，政府继续推动"双创"升级，文旅融合持续深入，5G网络将普及，新基建叠加供给侧改革在防疫常态化背景下将大幅提升国内旅游目的地全域旅游建设及服务接待水平，国内国际双循环以国内为主，国内周边游3.0将成掘金热土，旅游消费进入箱体振荡期，高性价比产品将成为主流。乡村振兴战略持续推进，文旅项目将会在生态圈及产业链上进行比拼。

这本书主要以我近10年来在闲暇时间写作的材料整理而成，也是我个人的第一本独立著作。内容跨度为2010年10月到2021年2月，一部分是自己自发撰写发布在旅游老友记公众号，另一部分是收录一些报纸杂志网媒对我的相关采访。每篇内容篇幅不大，语言通俗易懂，可以愉快地阅读。同时也就文旅业的相关热点问题有自己的独立见解，相信阅读此书，会给大家带来一定的思考与启发。

# 目　录

## 第一部分　老张聊文旅

### 第一章：行业评论篇 ……………………………………………………………… 003

**第一节　目的地旅游** …………………………………………………………… 003

聊聊一带一路 ……………………………………………………………… 003
谈雪乡事件 ………………………………………………………………… 004
大兴安岭垦区农旅发展建议 ……………………………………………… 006
丽江如何应对全域旅游发展及旅游秩序整治 …………………………… 007
发展体育旅游，如何兼顾资源保护与旅游开发 ………………………… 009
"局长带你游邯郸"活动侧记 …………………………………………… 010
门票降价要建立在景区&目的地生态系统逐步完善之上 ……………… 012
目的地旅游腾飞的四个力 ………………………………………………… 016
旅游目的地平台：地方性互联网旅游企业的发展之路 ………………… 019
我们为什么要去旅游？——兼论旅游产品设计基础逻辑 ……………… 021
"天空之镜"之类的景区网红项目是骗局吗？ ………………………… 023

**第二节　研学旅游** ……………………………………………………………… 025

研学短论1：让旅行社微利承办研学旅行将出现劣币驱逐良币现象 … 025
研学短论2：研学产品由谁来做？ ……………………………………… 027
研学短论3：研学导师谁来培训认证？ ………………………………… 029
研学短论4：研学旅行与教育行业六大发展趋势 ……………………… 030
研学短论5：研学市场乱象丛生的原因及简要对策 …………………… 032
研学短论6：董小姐65岁进军旅游业，落子工业研学 ………………… 034

**第三节　乡村民宿** ……………………………………………………………… 036

浅谈民宿1：民宿的核心是民而不是宿 ………………………………… 036

浅谈民宿 2：单纯卖房间是没有前途的，必须民宿+ …………………………… 038
浅谈民宿 3：民宿也有基因论 ………………………………………………… 041
浅谈民宿 4：疫后民宿发展六大趋势 ………………………………………… 043
浅谈民宿 5：取个好名字是成功的第一步 …………………………………… 045
浅谈民宿 6：如何做出自己的民宿特色 ……………………………………… 047
浅谈民宿 7：探索乡建教育之道与民宿人才培养 …………………………… 049
浅谈民宿 8：民宿 3.0 时代的民宿细分化趋势——以非遗民宿为例 ……… 051

## 第四节　周边游 ……………………………………………………………… 054

携程进军周边游市场，哀鸿遍野还是有始无终？ …………………………… 054
湾区人游湾区——粤港澳大湾区旅游未来发展应重视周边游 ……………… 056
微度假和周边游是一回事儿吗？ ……………………………………………… 059
聊聊疫后周边游的那些事儿 …………………………………………………… 061
疫中周边游：限令是压垮旅行社的最后一根稻草吗？ ……………………… 062
聊聊周边游 3.0 及其发展态势 ………………………………………………… 065

## 第五节　非遗文创 …………………………………………………………… 067

《中国文化报》访谈：旅游纪念品——旅游者的遗憾 ……………………… 067
非遗文创要怎么活（火）起来？ ……………………………………………… 069
非遗中的剪纸如何创新？ ……………………………………………………… 074
非遗中的打铁花如何创新？ …………………………………………………… 075

## 第六节　模式探索 …………………………………………………………… 078

站着赚钱、X 程大战、标配等的最终命运 …………………………………… 078
该来的总归要来，出来混总是要还的，聊聊 UGC 和商业化 ……………… 079
在线旅游 C2C 有"钱途"吗？ ………………………………………………… 082
旅游答疑如潮汐还是贴心小棉袄？ …………………………………………… 084
从"我在·旅行网"甘肃采风之旅思辨"深度体验式主题旅行"模式 …… 085
酒店经营那些皮毛 ……………………………………………………………… 087
旅游投资机构，服务 Yes！投机 No！ ……………………………………… 089
景区何时摆脱门票经济 ………………………………………………………… 091
当小长假遇到共享单车 ………………………………………………………… 093
可持续与旅游营销兼顾——以隐居乡里为例 ………………………………… 095
官厅公共艺术小镇：概念与落地 ……………………………………………… 096
从代理到管家，20 年 OTA 到 ITA 江湖风雨路 ……………………………… 098
从教材是学生的世界变成世界是学生的教材 ………………………………… 101
一部手机游×× 是个伪命题？ ………………………………………………… 102
二谈一机游：一机游没必要商业化，更适合做旅游信息公共服务平台 …… 105

小白门店，瞧携程干的好事儿 ·············································· 107
　　上海迪士尼变了吗？ ······················································ 109
　　拼多多抖音搅局旅游业，是几条大鲇鱼来了吗？ ····················· 110
　　体育旅游融合的"江山模式"与扶贫探索 ·································· 112
　　江山市推进"旅游+体育"融合发展　打造全域旅游新名片 ········· 114
　　2019年末，12306也进军旅游业了？ ·································· 118
　　坐井观天热气球 ····························································· 120
　　滴滴进军旅游业，OTA和TMC你们怕了吗？ ························· 123

第七节　创新趋势 ································································· 125
　　红色旅游创业创新与扶贫富民 ············································ 125
　　高校创新创业教育改革现状及发展趋势 ································· 127
　　互联网+时代的旅游创业与创新 ·········································· 130
　　互联网+时代的老年旅游发展趋势 ······································· 133
　　夜游经济与创新发展 ······················································· 138
　　损失惨重　信心坚定　应对有力——关于新冠肺炎疫情对中国旅游景区影响的小
　　　调研 ········································································· 142
　　酒店业会在新冠肺炎疫情结束后3个月全面复苏吗？——关于新冠肺炎疫情
　　　对中国酒店业影响的小调研 ··········································· 154
　　新冠肺炎疫情后中国文化旅游创业创新趋势 ·························· 159
　　疫情期间旅游人怎么办？我想无外乎"等燸要"这三字经 ·········· 161
　　信息化建设显著提升风景名胜区管理水平与服务质量——以普陀山景区"一
　　　票通"为例 ································································· 164
　　智慧旅游再出发，要注重科技赋能与人文关怀 ······················· 170
　　2021年中国旅游业的7个确定与5个不确定 ························ 171
　　老年人旅游问题的关键词：友好 ········································· 174
　　"胡焕庸旅游线"怎么破及"漠林线"的提出 ···························· 176
　　2.5亿人口的单身旅游市场怎么做 ······································· 179
　　制约旅居养老发展的问题及融合路径探索 ····························· 182

第二章：《中国旅游创业创新智库丛书》书序及后记篇 ················· 184
　　书序：心有猛虎　细嗅蔷薇（《中国旅游企业创新创业发展报告2013》）····· 184
　　书序：日拱一卒　功不唐捐（《中国旅游企业创新创业发展报告2014—2015》）··· 186
　　后记：不忘初心　方得始终（《旅游创业启示录——创造与变革进行时》）······· 188
　　书序：群雄逐鹿　百花齐放（《旅游创业启示录——思辨商业模式与多元化
　　　创业》）····································································· 189

书序：深耕周边 自有收获（《旅游创业启示录——互联网+时代的周边游》）……190
书序：生机勃发 潜力万千（《旅游创业启示录——互联网+时代的出境游》）……191
书序：农旅融合 美丽乡村（《旅游创业启示录——互联网+时代的乡村旅游创客》）……193
书序：研学之道 悦人育人（研学旅行活动指导书）……195
书序：风雨彩虹 铿锵玫瑰（《中国女性旅游创业者》）……196
编后记：廿载过后 再展韶华——《中国旅游电商简史 1999-2019》……197

## 第三章：中国文旅创业创新高峰论坛开幕致辞篇 201

心怀天下 创业未来——记首届中国旅游创业高峰论坛开幕致辞（2014）……201
融合创新 跨界共赢——记第二届中国旅游创业高峰论坛开幕致辞（2015）……202
相融相盛 携手同行——记第三届中国旅游创业创新高峰论坛开幕致辞（2016）……204
智慧互联 全域物联——记第四届中国旅游创业创新高峰论坛开幕致辞（2017）……207
文旅融合 创赢未来——记第五届中国旅游创业创新高峰论坛开幕致辞（2018）……208
坚定坚守 创赢未来——记第六届中国文旅创业创新高峰论坛开幕致辞（2019）……210

# 第二部分 老张聊创业

## 第四章：媒体旧访 215

做中国最具价值的旅游创业服务平台——《旅行社杂志》专访 2014 年 6 月刊……215
以"2"攻"2"创业记——《旅业家》杂志专访 2014 年 7 月刊……217
搭建公益沟通平台，助推初创企业成长——《大旅游》杂志专访 2014 年 8 月刊……221
"水原华城访问之年"开幕 水原旅游蓄势待发——《中国城市报》报道 2016 年 2 月……225

## 第五章：创业之路 229

成为优秀创业企业必备的 4 个条件……229
每个创业者，都需要一本《爱莲说》……231
创业鸡还是打工狗？……232

域名，IM，输入法，神曲，创业 ……………………………………………… 234
　　还有人记得在地铁口发铁皮青蛙的回顾网吗？ ………………………………… 235
　　其实，只要你比别人做得多一点点 ……………………………………………… 237
　　2015 中国在线旅游创业及投融资趋势展望 …………………………………… 238
　　创意是青年人创业创新最宝贵的财富 …………………………………………… 239
　　旅游创新创业的陷阱与规避 ……………………………………………………… 240

## 第六章：赛事点评 ……………………………………………………………… 247

　　靠谱与奇葩齐飞，海水与火焰一色——有感于 2014 年 3 月 7 日旅游行业黑
　　　马大赛选手 …………………………………………………………………… 247
　　虽有假大空，更多接地气——有感于 2014 年 3 月 14 日旅游行业黑马大赛选手 … 250
　　从浮躁到踏实，从想法到资源——有感于 2014 年 3 月 22 日旅游行业黑马大
　　　赛选手 ………………………………………………………………………… 256
　　旅游创业者们，路在何方？——总结 2014 年 3 月旅游业黑马大赛 ………… 262
　　可落地的创意才更具有价值——点评 2019 年第五届全国大学生旅游创意大赛
　　　决赛作品 ……………………………………………………………………… 265

## 第七章：创业心情 ……………………………………………………………… 272

　　【创业心情 1】不忘初心，方得始终！ ………………………………………… 272
　　【创业心情 2】扛得住，世界就是你的！ ……………………………………… 273
　　【创业心情 3】有野心，有选择，有坚持，有希望！ ………………………… 275
　　【创业心情 4】去你想去的远方，且行且珍惜！ ……………………………… 276
　　【创业心情 5】最初的梦想，绝对会到达！ …………………………………… 278
　　过往与序章：记全国高校旅游双创公益巡讲 100 站完成 …………………… 279
　　此生最有意义的证书之《中国旅游创业创新智库丛书》捐赠证书 ………… 281

## 跋 …………………………………………………………………………………… 284

　　依旧相信 …………………………………………………………………………… 284

## 附　录 …………………………………………………………………………… 286

　　附录 1　作者介绍 ………………………………………………………………… 286
　　附录 2　众筹小记及答谢名单 …………………………………………………… 290
　　附录 3　全国高校文旅双创公益巡讲记录 ……………………………………… 293
　　附录 4　《中国文旅创新创业智库丛书》书目 ………………………………… 304
　　附录 5　文旅创新创业研究院简介 ……………………………………………… 306

第一部分

# 老张聊文旅

# 第一章：行业评论篇

## 第一节　目的地旅游

### 聊聊一带一路

**采访背景：**

"一带一路"倡议是2015年的热门话题，对旅游业也带来了极大的影响，记者采访了中国旅游创业家协会会长张德欣，从专家的见解中分析2015年旅游业的发展形势。

**采访提纲：**

中国城市报：在"一带一路"的宏观大背景下，中国旅游业的发展契机是什么？如何把握这个时代赋予的机遇？

张德欣：今年是国家旅游局所定义的"丝绸之路年"，"一带一路"也随之由"概念"走向"落地"，我认为它对旅游业的契机在于"一带一路"提供了传统旅游之外的新的发展路径，比如，从旅行产品的设计上基于"一带一路"可以产生许多"主题游""深度游"抑或是个性化的旅游产品设计，这些旅游产品不同于常规的观光路线，不论是对游客还是对从事旅游服务的旅行社都是产品售卖的良机。另外，于旅游创业者而言，基于"丝绸之路"和"一带一路"大的背景之下，有一些新的细分市场的旅游创业机会，在相关的"主题游"上运用互联网方式为游客带来相关产品的展示、预订、攻略等配套服务对于旅游创业者而言是一个很好的创业机会，同时也有极大的想象和发挥空间。

中国城市报：如何理解"融合创新、跨界共赢"的旅游创业方式？

张德欣：如今早已过了单打独斗的时代，当下比较流行的"抱团儿取暖"或是分工合作,越来越多的创业项目发现单凭他们自己的力量已经不足以支撑他们项目的运营和其自身的发展,因而他们需要去寻找和自己有互补关系的行业内伙伴,如现在流行的O2O(Online To Offline,线上到线下)线上与线下的合作模式。合作本身就是融合的过程,至于"跨界共赢",做智慧旅游的可以和电影业相融合,美食与旅游、摄影与旅游都可以合作发展。在我们原来的印象中许多关联不大,甚至不贴边的行业都可以复合在一起,形成跨界发展。跨界所带来的力量是非常凶猛的。至于"融合创新",当某一单个项目和产品不能满足用户需求时就需要整合线上和线下的资源,通过整合后的资源融合,能使得该项目的用户群享有和享受到更好的产品和服务。

中国城市报:旅游产业发展日趋多元,各种各样的旅行方式层出不穷,这其中也暗含着不少隐患,如出行安全和旅行诈骗等,针对此类现象,有哪些具体的防范措施?

张德欣:主要从三个方面看这个问题。首先是国家层面。国家会有相应的政策做预防,不论是旅游监管部门还是公安监管部门针对此现象都有很好的警示。其次是行业层面,从整个行业来讲还是要加强行业自律,企业要从诚信的角度设计更好的产品、提供更好的服务,把其中的"黑洞"和猫腻都去掉,做阳光下的生意。最后是游客层面。游客仍需擦亮双眼,不要被所谓的低价蒙蔽。游客要端正自己的消费心理,坚信"一分价钱一分货",坚持购买与自己经济能力相匹配的旅游产品和服务,这样一来也能使自己在旅游过程中享受到完美的体验。

中国城市报:请对2015年的旅游业发展趋势做出预判。

张德欣:就2014年旅游业的整体发展趋势来看,旅游市场仍旧是处于火爆状态,我认为2015年的旅游业仍会延续2014年的火爆趋势,但可能会稍微"冷静"一些。大体上看,国家相关政策鼓励老百姓出游,而具体到公司层面也逐渐人性化,增加员工调休时间,让老百姓有更多的时间旅游,不论是简单的观光还是较为深度的度假都成为可能。去年的旅游市场呈"两升一降"态势,即出境游和周边游在上升而入境游在下降,2015年在整体上也会是如此的格局,国家大力提倡和发展入境游,因此在这方面较去年会有相应提升。我对2015年旅游市场的发展还是有很大信心的。

本文系接受中国城市报记者张亚欣采访,刊载于《中国城市报》(2015年4月27日第17版),题目为自拟

## 谈雪乡事件

**采访背景:**

每年冬季,邀上亲友一块去看雪,成了很多人的出行选择。不过,近日一篇《雪乡的雪再白也掩盖不掉纯黑的人心!别再去雪乡了!》的文章,曝光了东北雪乡旅馆临时加价、赶游客出门等宰客现象,引发了网友热议。随后关于雪乡坑游客的爆料层出不

穷，目前涉事旅馆已被罚款并停业整顿。

**采访提纲：**

1. 您怎么评价雪乡当事店家行为以及旅游中的乱加价、坑外地人、食物贵等现象？

从店家角度来讲可以理解，毕竟处于这种具有一定稀缺性的冬季热门旅游目的地区域内，类似的地方如秦皇岛，是夏天开3个月，赚回一年的钱。所以从店家利益出发，在旺季多赚钱是第一位。但从政府监管和消费者角度来看，这是破坏秩序和损人利己的行为，不能接受，应该从严从快处理，还消费者公道。从目前已知情况，该店家已被处理，以观后效。

旅游涉及面很广，产业链条也长，任何一个环节出问题，都会影响游客（消费者）对该地甚至该区域的观感，所以从行业角度看，旅游中乱加价、坑外地人等行为，都是对当地旅游品牌的损害，而想解决这些问题，政府、业者与消费者三方都不能独立解决，必须三方协同，制定相应市场标准、运行规则与奖惩措施并保证能够实施到位。

2. 遇到这种情况游客要怎么处理？可以给游客们提一些旅途中防止此类损害的建议吗？

遇到此类情况，向旅游主管部门投诉是必须的，必要时借助媒体的力量。为防患于未然，行前应多做功课，基于互联网信息，比如新闻事件、OTA（Online Travel Agency，在线旅行社）上商家的点评等，都能反映出一些问题。如是跟团游用户，应选择网络口碑良好的旅行社或旅游服务机构，如是自由行用户，更需认真做好攻略，特别是收集差评情况，分析差评原因，避免风险。

另外在消费价格上，一定要注意不要选择那些价格过低不符合市场规律的产品，而更应注重品质与性价比，所谓的"物美价廉"是不存在的。

3. 这次雪乡事件对雪乡以及东北旅游有哪些影响？

从亚布力困局到雪乡宰客，最近网络上掀起巨澜，对雪乡甚至东北旅游发展都产生了一定的负面影响。再回溯到哈尔滨天价鱼事件，包括再之前的青岛大虾事件等，对当地旅游品牌都造成了严重的损害，政府部门及当地业者耗费巨资打造、苦心经营多年的良好品牌都可能在一夜间化为乌有。

相信此次事件后，网络对雪乡的认知形象及好感会大幅滑落，会试图寻找其他替代品，比如境内外其他玩雪目的地。同时政府部门会加强对商家的监管力度，规范经营行为，以保证市场健康有序运行。

4. 针对商家、管理者，您对发展冰雪旅游业，提升游客满意度方面，有哪些建议？

当地政府部门应加强行业监管力度，建立如旅游警察、旅游法庭等机构以便部门协调联动，增加与完善投诉受理通道，加快投诉处理速度；对商家及从业者进行定期培训以提升其素质，保证消费者权益不受损害，保护好当地旅游品牌；还可以从供给侧改革角度，引进有品质、服务标准规范的中高民宿类接待机构，树立优秀服务标杆，引导当地服务者整体水平提升。

商家应进一步自我规范经营行业，兼顾自身经济效益与消费者体验，一方面是明码标价，遵守信用制度与契约精神，平衡义利关系；另一方面是增加与提升服务意识，出了问题不要简单粗暴处理，双方坐下来协商总能找出解决办法。网络如此发达的时代，如不注意自己的品牌形象与好评，很难得到消费者青睐，如被消费者唾弃，最终将导致商家自己的长久利益受损。

原文写于2018年1月6日，应《生命时报》旅游版记者董长喜约稿，题目为自拟

## 大兴安岭垦区农旅发展建议

**关键词：** 农旅一体化、拉动内需、品牌活动赛事

### 一、指导原则

以拉动内需为主，辅以外部高端客源导入，打造农垦品牌节庆及特色赛事，持续孕育当地旅游环境，带动农副产品品质提升及渠道销售。

### 二、发展思路

1. 成立农垦旅游研究院

1.1 垦区与旅游创业创新研究院（旅创协）共同成立农垦旅游研究院，借助旅游创业创新研究院的全国专家顾问团力量，研究农垦旅游现状、发展趋势及应对策略，与相关研究院所（包括但不限于全国各高校、研究机构、设计院等）合作，制定全国首个农垦旅游行业标准。

1.2 建立旅游营销专家顾问团：聘请业内专家提供智力、资源、资本等支持。

2. 垦区旅游公司与专业运营公司成立农垦旅游服务公司

2.1 为农垦旅游提供有内容能落地的旅游规划设计，打造以垦区为中心的全国农垦旅游示范基地。以旅游作为农业的重要补充成为农垦新的经济增长点，实现农垦经济转型。塑造质朴、友善、实干、拼搏的农垦小镇文化。

2.2 积极拉动内需：为农垦职工及周边地区（开车两个小时范围内）提供家庭休闲度假旅游方案。培训乡村涉旅企业，提升其服务与管理能力，建立相应服务标准。打造亲子消费商圈、打造少年儿童教育商圈、建设老年聚乐部。

2.2.1 进行周边游线路设计：遴选周边自驾游线路（自驾游服务中心），配套自驾营地建设，提供吃住娱一站式服务。

2.2.2 建设农垦特色的亲子教育基地：依托农垦特有的农场优势，引入亲子教育课程（亲子农业教育、农产品加工过程体验、户外拓展教育、野外生存教育、野外救护教

育、野生动植物认知、手工艺品体验学习、水上漂流、丛林穿越等）为农垦职工及周边地区提供有意义的亲子活动基地，为垦区的孩子提供与首都孩子同样的亲子教育资源，打造亲子消费商圈。

2.2.3 建设垦区少年儿童文化宫，建设儿童图书馆，为垦区孩子提供有偿的中英文绘本借阅，并为垦区孩子引进北京最新教育资源，进行中英文绘本阅读课程、英语培训、主持人培训、国学、钢琴、声乐、书法等艺术类培训、围棋、国际象棋等培训，建成垦区少年儿童培训中心，打造少年儿童教育商圈。

2.2.4 建设老年聚乐部，捐建老年图书馆，为农垦退休职工提供国学、书法、绘画、声乐等艺术培训，提供喝茶、下棋的空间，丰富退休职工的业余生活。

3. 打造避暑基地：通过亲子教育基地及老年聚乐部的建设，打造北京、天津人民的避暑度假胜地，通过农垦少儿夏令营及避暑老年夏令营等农垦旅游产品，把城市的孩子及家庭吸引到垦区度暑假。

4. 建立农垦旅游电商平台：包装及整合农旅资源，对接O2O，签约线上OTA、大型连锁商超（如沃尔玛）及其他旅行服务商等渠道，将农垦旅游品牌推广至全国，将农垦旅游产品及农产品包装销售出去。

4.1 根据市场需求统筹规划垦区农作物种植计划，建设蓝莓种植区、有机大豆种植区、野生木耳养殖区等高端农产品，提高农民收入水平。

4.2 根据市场需求建设农产品深加工，如蓝莓制品、大豆制品等。

5. 举办大兴安岭农垦旅游产品策划（或农产品包装设计）大赛：组织百所旅游相关高校院系及社会人士参赛，提供迎合年青一代旅游需求的农垦旅游产品（商品），将垦区农产品推广到全国。

## 三、推广活动：

（1）首届农垦热气球文化节。
（2）首届农垦农产品大学生创意大赛。
（3）"大马"农垦马拉松（定向越野）。
（4）农垦旅游专列（避暑+知青）。
（5）农垦旅游发展高峰论坛。

本文刊载于2016年12月13日《呼伦贝尔农垦报》

## 丽江如何应对全域旅游发展及旅游秩序整治

### 采访背景：

2017年的国庆假期相逢中秋节长达8天，被网友戏称史上最长"小长假"，渴望出游的上班族也因此"蠢蠢欲动",热门旅游目的地也随之成为关注焦点。

近日,马蜂窝旅行网发布了《2017国庆出游趋势报告》,公布了国庆出游十大热门目的地,分别是北京、上海、成都、重庆、西安、杭州、广州、三亚、厦门、青岛。而记者通过与驴妈妈旅行网《2016国庆出游趋势报告》数据对比发现,2016年国庆出游热门目的地排在第五的丽江已赫然出列。

**采访提纲：**

1. 丽江赫然出列是否与其此前零负团费、购物陷阱、打骂游客等旅游乱象有关?

我认为有非常大的关系,伴随丽江过度商业化及云南旅游乱象,游客对丽江渐渐失望,特别是擅长从网络获取信息的互联网用户,更是不想把自己的时间、精力和金钱浪费在一个可能给自己带来一定风险的旅游目的地,毕竟对旅游者来讲,初级的观光时代慢慢过去,现在的人们更追求旅行中的参与感、体验感与仪式感。为了获得良好的三种感觉,精于选择的消费者们会多方比较,注重目的地品牌与口碑,作为自己出行选择的重要参考。

2. 今年以来,云南省出台22条旅游市场整治措施,丽江也掀起旅游市场整治风暴,以"刮骨"疗法猛药去疴,旅游市场顽疾渐愈。然而,在全域旅游的大背景下,丽江乃至云南旅游处于中国旅游产业链的末端,当地传统的旅游发展模式一时难以适应全域旅游发展形势,丽江该如何应对?

一是要在供给侧改革方面,通过旅游大数据调研,全面深化分析丽江客源结构及需求变化,进而分层分级提供与之匹配的旅游产品;二是要注重新业态创新,积极引进更多具有文化内涵、人文精神、良好体验的新兴业态。三是政府部门加强联合服务力度,大力提升服务意识,换位思考常态化,做好旅游目的地营销与服务。

3. 为全面加强丽江旅游市场秩序整治,丽江建立了以"1+5+N+1"机制,您对该机制怎么看?

丽江"1+5+N+1"的旅游市场综合监管机制是非常好的多部门联动齐抓共管的机制,且已取得一定成效,值得继续深化推进与借鉴。从游客角度看：

(1) 设立固定警务亭与全天候全域的执行巡逻队,能给游客游玩时提供安心保障。

(2) 加强对经营商户的监管与检查和规范性培训,树立商户规范经营的自律性。

(3) 加强一站式旅游投诉平台建设,提升投诉处理的响应速度与快速解决问题能力。

本文系接受中国城市报记者张亚欣采访,刊载于《中国城市报》(2017年10月2日第01版),原文题目"丽江以铁腕整治旅游市场",本题目为自拟

## 发展体育旅游，如何兼顾资源保护与旅游开发

**采访背景：**

近年来，促进旅游产业与体育产业结合，发挥"旅游+体育"组合优势已成为国家战略，是消费结构升级的重点方向，是推动城市基础设施建设和旅游产业发展的重要抓手。

**采访提纲：**

1. 类似水上摩托艇、水上飞人等水上竞技运动如何在发展体育旅游中避免同质化现象？

首先要找准定位，这个最为关键。大多数同质化现象的发生都与定位模糊不清有关，比如要先盘点当地体育旅游资源，方便产品设计与区域协作；接着考虑清楚重点目标人群，也即最终消费群体是面向普通大众还是精英小众；基于目标人群延伸而来的，要考虑与此匹配的经营项目选择，比如是面向大众的摩托艇、游船、水上娱乐等项目，还是服务于精英俱乐部的皮划艇竞速、皮艇球项目等。

其次在营销手段上与时俱进推陈出新，除常规营销手段外，一定要与新媒体、新技术相结合，符合时下人群消费心理及消费习惯，重视社群与粉丝营销，做好口碑传播、品牌精准营销等工作。

2. 红碱淖是中国最大的沙漠淡水湖，利用该湖泊的天然优势开发水上项目以发展体育旅游，如何兼顾保护资源与旅游发展？

建议如下：

第一，与相关专业机构合作，从国家层面制订生态保护发展规划，源头上要高度重视。

第二，划定核心保护区域，重点保护当地脆弱生态环境，环境保护不好何以保证长久的社会效益与经济效益。

第三，非核心区开展的相关业务，也要尽量采用无污染、低污染项目，避免杀鸡取卵式开发。

第四，树立全域旅游大局观，加强陕蒙区域一体化协作，联动两地旅游资源，互惠互利才能持续共赢。

本文系接受中国城市报记者张亚欣采访，刊载于《中国城市报》（2017年8月28日第17版），原文标题为"尝鲜'旅游+体育'，神木市避免杀鸡取卵式开发"，本题目为自拟

# "局长带你游邯郸"活动侧记

2013年4月21和22日，应邯郸市旅游局的邀请，中国旅游创业家协会旅游目的地营销专家团一行11人实地踩线邯郸，走访了广府古城、杨露禅故居、武禹襄故居、黄粱梦吕祖祠等景点，并重点赴涉县王金庄，亲身感受原生态的石头村落与极具太行精神的北方万亩梯田。

本次踩线，邯郸市旅游局苑清民局长、邯郸国旅总经理蒿静飞及涉县郭县长、井店镇李书记等全程陪同。中国旅游创业家协会方面，包括腾讯QQ旅游、远方网、全景客、奇创旅游咨询机构、色影无忌、搜狐数码公社、旅游创业家协会秘书长张德欣、秘书孙憬与旅行达人无须豆蔻等。

4月21日早，专家团会合在北京西站，乘坐高铁早班车赴邯郸。21日下午，经过两个来小时的车程，专家团到了涉县王金庄。一下车，大家就被鳞次栉比、层层叠叠的石头房子震撼了。涉县井店镇王金庄，坐落在太行深山中的一个不起眼的山村，其建筑一直遵循着明清始建时期的风格。石房、石街、石巷、石桌、石凳、石碾、石磨，真是一个天然的石头博物馆，多年来一直吸引着众多画院师生到这里写生。

这里是摄影爱好者的天堂，有人说王金庄是涉县最美的景致，用文化的眼光看，王金庄的建筑有着鲜明的地域特色，每条巷每座院都散发着幽幽古韵，丝丝缕缕地透着沉重的历史质感。走在清晨黄昏的曲窄小巷中：石道上光可鉴影，石墙表老旧沧桑，石门内驴鸣犬吠，石烟洞炊烟袅袅……让人瞬时穿越时空，回归朴拙。

王金庄有四五百年的历史，虽小而精悍，常住人口4000余人，大都是老人和孩子，年轻人多在外地打工。所以一路上，经常看到坐在门口休息的老人，有晒太阳的，有纳鞋底的，笔者感觉回到了老家，非常亲切。这里的人非常纯朴，同行的姑娘下午饿了，一个老奶奶给拿了不少吃的，姑娘要给钱，老奶奶不要，姑娘非常感动。

这次来了两家专业玩摄影的社区，一个色影无忌，一个搜狐数码公社。苑局长是极爱摄影之人，也是邯郸市摄影家协会名誉主席，大家行走在石板街上，路两侧的石头房子、古老的院落、精致的木刻、怡然自得的村民，都被相机记录了下来，如此美景，让大家一路赞叹，一路拍摄，一路交流王金庄下一步的规划与推广。

王金庄还有一道独特的景色，那就是因山区的环境限制，全村几乎家家都养着驴。驴是他们的主要劳动力和交通工具。日出日落时分，一队队老乡牵着或骑着驴，走在通向农田或回家的山道上，播种、运输都离不开驴子。回想起刚进入村子时发现几乎家家户户有驴，奇怪怎么会有如此多的驴呢！听当地人说，驴子是通晓人性的，假使你在狭窄的小路上与驴子相遇，那么它会主动避让，让人先行。更为神奇的是，驴子能够自己找到主人家的田地，可以将托运的物品自行卸下来。如果你将货担子放在两块石头上，中间留出空隙，驴子自己会主动低下身子挤入空隙中，再挺起身子把担子托起……

走遍这个石头博物馆，天气渐晚。兴犹未尽的营销团成员继续在晚饭后交流对王金庄发展的想法，大家各自从各自公司、技术与产品的角度，提出了自己的看法，并互相勾兑印证实施的必要性与可行性。

21号下午主要体验了王金庄作为原生态石头村落所展示出来的古老底蕴。苑局长说王金庄还有个万亩梯田，非常壮观。为了让大家明天能早起拍日出和梯田，让大家早些休息。

早上不到5点，笔者就被鸟叫声叫醒了。刚开始以为是同行者的手机闹钟，起床出了院，发现屋脊上确实有只鸟在叫。为了拍日出与梯田，大家约定先不吃早饭，先上山拍美景。简单洗漱后，在村支书带领下，带着相机镜头三脚架，我们出发了。

走过大坝，开始走山路。其实还不是真正的难走的山路，整座山从下到上都有大大小小的梯田，梯田用小的石板石块垒起，里面或多或少都种着花椒树。王金庄是涉县花椒的主产区，所生产的"崇香"花椒素有"十里香"之美誉，其色泽鲜艳、颗粒均匀，以麻味充裕、香气浓郁而名冠四海，是花椒之中的精品。年产量200万斤，占全县三分之一。可惜前不久的一场雪，把新出的树芽都冻坏了，真是太可惜了。

走着走着，天渐渐亮了，随着海拔上升，整片整山的梯田展露出其壮观的一面。随便望向远处，入眼的山峦都有梯田，真是山有多高，梯田有多高。这些梯田，不但凝聚了王金庄村民的汗水，也体现出村民的智慧及不屈不挠的人定胜天的精神！

梯田面积约万亩，所以号称万亩梯田。与南方的梯田不同，王金庄的梯田大气硬朗，更像北方汉子！经过一个半小时跋涉，苑局长、蒿总及县里村里领导和我们一同上到了山顶。站在山顶，周边太行山脉群山环绕，身处万亩梯田当中，听苑局长讲述王金庄的农田是建在山体之上的，登山的路是崎岖艰难的陡坡地势，由一段段并不相连接的石级搭建而成，一切播种和收获都要靠人背驴驮。

或许相对的封闭有着它另一方面的好处，即村民的善良与纯朴。这里的生活多是靠耕作和冬夏牧场的自给自足。田地分割成梯形田，世世代代的村民依靠着自强的生存本领，硬是用石头叠起了一道道农田，种田用的土与肥料也是从别处人拉驴驮回来的。

随着太阳慢慢升起，梯田的真实面目逐渐揭开神秘的面纱。梯田从山的下端一直蜿蜒延伸到山顶之上，远远望去，好似一幅层叠起伏的立体画卷震撼着你的心灵。

攀爬在陡峭的山路上，听苑局长讲梯田的内部构造设计是多方考虑的，在战争年代，村民为了安全可以躲藏在梯田里，里面可以吃、住、存放物品，对日作战的129师和刘邓大军都曾在这里利用当地的有利地势作战，还曾住过村民的防空洞。

在抗日战争时期，八路军129师在师长刘伯承、政委邓小平的领导下，临危受命，东渡黄河，挺进太行，运筹涉县赤岸村，立下了赫赫战功，开创了享誉国内外的雄狮劲旅"刘邓大军"。先后有一百多位党政军机关单位在涉县驻扎十年之久，中华人民共和国成立后，从这块红色土地走出了近百位军队干部在国家担当重任，因此这片红色热土被誉为"中国第二代领导的摇篮"。

我们下山的地方是西坡村，再回到王金庄已经是上午九点。简单的早饭后，准备回程。回程路上,在一处风景绝佳的观景台停下来,换个角度看梯田,并在此进行了一次较深入的交流。回到市区后,午后又去参观了黄粱梦吕仙祠,22日下午在邯郸东乘坐高铁返京。

在这两天里,大家在踩线的路上积极交流,探讨邯郸旅游的发展方向,探索营销推广想法,不停地头脑风暴,并渐渐形成了一致的工作思路。双方约定,今年重点围绕王金庄开展工作。初期先搭建村里的基础接待设施,在保持原生态的前提下,保持村落古风,同时提高游客舒适度。面向摄影游与自驾游人群,先期网络上形成深度口碑传播,利用新媒体与自媒体优势,号召与发动邯郸市民、北京市民及全国网民去王金庄采风摄影,在整个旅游旺季为王金庄带去高品质游客,打造王金庄以石头博物馆为卖点的古村文化及以太行精神万亩梯田为精髓的梯田文化。

原文发表于2013年5月6日中国旅游新闻网

## 门票降价要建立在景区&目的地生态系统逐步完善之上

最近又有消息说,门票要进一步降价。据中国旅游研究院的测算,在人们出行旅游总消费中,门票支出占比大概是7%~8%。从服务民生角度,降价是应该的,特别是国有景区,4A~5A,更应该把票价降下来,让利于民,让民众能从旅游这个幸福产业中享受更多一些的实惠幸福。但民营的景区本就生存不易,还是请高抬贵手。

国家发改委于近日发出通知,要求各地价格主管部门对2018年以来尚未出台降价措施的政府定价管理的景区,全面开展门票定价成本监审或成本调查、价格评估工作,以"五一"、暑期、"十一"等游客集中时间段为重要节点,成熟一批、出台一批,降低景区偏高门票价格水平。消息一出群众拍手称快,但也有人希望发改委不要仅仅盯着门票价格,还要多多关注景区观光车、套票这类"坑游客"的行为,尽快落实到行动上,要不中国游客都跑到越南、柬埔寨、泰国等外国去了。

2019年1月9日,社科院旅游研究中心发布《旅游绿皮书》披露,到2018年"十一"前夕,共有981个景区宣布免费或降价。但降价令在实施中依然存在些许问题,如降价幅度不大,又如相当数量的重点景区没有降价,没有降价的5A级景区和4A级景区分别占总数的40%和80%。景区发展正处于由门票经济向产业经济升级的关键时期。在这样的背景下,八成4A景区抱着高额门票收入不放,视景区门票为"唐僧肉",不仅是"降价令"的尴尬,更是这些肩负着带动一方旅游经济发展重任的景区的短视。

云南、山东、广西、陕西等省份降价景区数量较多,其中云南降价景区数量过百,总体降幅达30%以上。安徽、重庆等8省份政府定价5A级景区全部实现降价。

全国人大代表、四川省文联主席、四川文化创意产业研究院院长郑晓幸表示,在文旅融合发展中,如何把景区的产业链延长,把传统的"门票经济"改为"体验经济""服务经济",把真正的文化体验、文化消费渗透到文旅融合发展的全过程中至关重要。

我们经常听到西湖的例子,2002年杭州西湖拆掉围墙,取消门票,成为国内第一个免门票的5A景区。10年间游客数量和旅游总收入增加数倍,人流量的增加,还使得杭州餐饮、旅馆、零售、交通等相关行业迎来井喷,对整个第三产业的发展都有促进作用。对比2002年西湖免费后的首个"十一"假期,2017年"十一"西湖景区接待游客人次翻番,杭州每年收获的旅游综合收入超过千亿元。

还有我们也经常提到故宫的例子。从口红、日历到水果叉、输入法,一系列故宫"周边"产品让这个明年即将迎来600岁大寿的"网红"再度走入人们的视野。资料显示,截至2017年底,故宫文创产品已经突破10 000种。在2月17日召开的亚布力论坛上,故宫博物院院长单霁翔透露,故宫博物院的文创产品收入在2017年就已达15亿元。单霁翔表示,故宫文创的使命不仅仅是赚钱,很多支出用于办公益和教育。

西湖和故宫,都是从门票经济向产业经济转型成功的例子和榜样,但不是所有的景区都能通过免门票或发展文创来获得门票损失后的更大增量收入。毕竟西湖与故宫,都是世界级的IP(Intellectual Property,知识产权)。他们的成功不可复制,仅能供参考和借鉴。

虽说门票经济是初级经济,已经落后,但全国各区域经济发展不均衡,门票降价一刀切的方式也欠妥,需要因地制宜,量体裁衣。与门票降价相对应的,应是景区周边生态系统的建设与健全。如果没有景区周边或目的地旅游生态系统的话,对以门票为主要收入的景区来讲打击很大,单靠原来周边寄生的初级业态无法弥补门票降价带来的巨大损失,反而不利于当地旅游经济的发展,像上面提到的如新疆、贵州等偏僻地区的景区,所以也不能光说人家短视。

而生态系统的建设可从以下几点思考:

### 一、运营前置,业态完善

还是老生常谈的顶层设计问题,花了几百万甚至更多钱搞了一堆规划,结果还是摆在柜子里。花了数千万乃至几亿十几亿,建了一大堆建筑物,开业时热闹,之后就没人去了。国内大量半死不活的景区,还有些地产商搞的旅游项目,商业街特色小镇综合体之类,太多这种情况了。也即所谓的"重规划,重建设,重资产,轻运营"。

运营才是最后一公里,最后一米,决定景区、目的地或项目的生存与发展。单纯的模仿是没有意义的,搞乡村旅游的袁家村火了后,大量模仿袁家村模式的项目现在看基本上都失败了。模仿了人家的皮儿,学不到人家的魂儿。

景区周边生态系统建设,包括与之配套的酒店、客栈民宿农家乐、特色餐饮、娱乐购物与休闲设施等。还要有较为完善的公共服务设施,解决可进入性、特色性与差异化的问题。

这个时候，需要引入所谓的供应商、内容商统筹在大盘子里，各业态按照一定逻辑设置，互相支撑，互相导流，互相服务。特别是一些创新业态，研学、体育、演艺、房车、露营、低空等。

## 二、流量思维，拓展多经

旅游信息化演变成今天的智慧旅游，特别是4A/5A景区建设中都有与智慧旅游大数据相关的内容。景区从信息化角度、从技术平台角度讲，已经很高端了，但很多景区的思维依然停留在从前，比如关起门来收门票这事儿。可以理解的是景区建设投资要花很多钱，为收回成本赚钱，收门票无可非议。

全域旅游背景下，游客思维在发生转变。随着自驾车、房车的发展，有一个趋势就是无景点旅游。游客不去景点了，靠门票收票的景点怎么办？大家都知道互联网思维，其中有一项就是基础服务免费，增值服务收费。套用过来也就是说门票不收钱，但进到里面去后，吃、住、玩等要收费。这个路子是对的，通过低门票或无门票，先把客源大量吸引进来，再把内部各项服务设施弄好，让游客自由选择进行消费。

多经，指的是多种经营，也算是个历史名词了。改革开放后，很多单位搞了三产，一般以多经称之。多种经营从现在的角度看，就是二销。二销不仅仅指第二次消费，也泛指游客到景区的后续消费，比如观光车、索道、特殊景点场馆等。2018年我去了趟泰山，门票吃饭加来回往返观光车及索道近500元，还不包含往返差旅，玩一趟真的是花不少钱。

景区大多希望内部二销项目要多些，这样一来，这个项目几十，那个项目几十，玩一圈下来，花费不比门票少，甚至还要更多。二销是让人又爱又恨，景区可以压水式收费，游客成了散财童子。有的景区嫌这收费麻烦，直接搞个通票，管你爱去不去，反正我都包含在里面了。游客角度，还是希望可以点餐套餐，丰俭由人。套餐的设计还是应该很考究才行，不能一味考虑赚钱，要考虑到套餐内各产品在时间与空间上对游客的适用性。

## 三、创新旅行，跨界网红

现在大家生活水平上去了，品位提升口味刁钻，不仅催生旅游电商向定制化个性化发展，景区运营上也要摒弃原有思维，要适应技术、模式、平台、人群、玩法的趋势变化。不一定非要百分百全新的、新旧两种交叉组合，也能让人眼前一亮。

1. 关于核心吸引物

解决了可进入问题后，景区或目的地的核心吸引物至关重要。这个吸引物可以是自然禀赋，如五岳；也可以后天打造，如灵山大佛。一般景区都会有核心的景点，是用来宣传作为特色和卖点的。为什么要去你那儿？你和别人有什么不一样？

2. 关于旅行IP

这个词这几年很热，旅游业内也在热捧。景域洪清华兄号称中国旅游IP第一人，还于2018年出版了《旅游，得IP者得天下》一书。比如大家熟知的迪士尼是个国际IP。还比如有个梗：功夫是中国的，熊猫是中国的，功夫熊猫是美国的。那景区或目的地有自己特色鲜明的IP吗？

洪清华认为：时代已变，市场重构。未来，谁能真正掌握旅游IP，谁才能笑傲江湖。但IP和品牌有什么区别？这二者都涉及自身生态链（圈）的打造与完善，有朋友研究这方面的可以琢磨琢磨。

另外还要思考中国IP国际化和国际IP本土化的问题。

3. 关于网红

网红，意见领袖，大V（在新浪、腾讯、网易等微博平台上获得实名认证，拥有众多粉丝的微博用户），KOL（Key Opinion Leader，关键意见领袖）其实就是不同程度的明星，对自有粉丝群体拥有指引权和影响力。网红腕大了，堪比大明星。近几年来，网红也纳入景区、目的地的营销策略中，用来吸引眼球和造势。其实网红最大的作用是引流，把金主推荐到粉丝，更多做的是品牌，而不能销售。而这些粉丝里水分很大，活粉不多，死忠粉占比更少，广告效果如何，应有待考量。

网红有没有带货能力？几年前，曾有某新锐旅行APP（Application的简称，多指智能手机的第三方应用程序）的CEO（Chief Executive Officer，首席执行官），搞了CEO带你去旅行，听上去蛮吸引人的，但实际上难以真正组织起团。可能是腕儿还是不够大？同样的，还有个伪命题，达人带你去旅行，听上去也是合乎逻辑，但实际上也很难形成规模。达人自己可以玩得很嗨，但带团是另一码事儿。达人拥有设计能力，但对当地资源的掌握有很大问题，比如只是知道或去过，但拿不到更具优势的价格，粉丝还不如跟旅行团走更实惠。关于这部分，这里不展开讨论。

4. 新媒体与融媒体

前年开了个会，研究白石山的营销问题。当时我们邀请了与景区有关产业链的专业公司二十余家，研讨白石山如何做好北京市场的问题。相比云台山，白石山在北京市场做得极差，时年不超30万北京游客。该景区每年五千万的广告预算，绝大多数投在了传统媒体，如报纸、户外广告版、公交车身等，而对自媒体、新媒体，特别是网络媒体相关方面的投资极少。

从传统单向的信息告知，到UGC（User Generated Content，用户生成内容）问答双向互动，再到自媒体的点到点推送，游客获知景区目的地信息的通道在发生改变，同时受众也发生了极大的改变，年青一代上场，并在旅游消费中扮演着重要角色。年轻人有年轻人喜爱的旅行方式和旅行目的地，很多时候，和景区目的地想象的有很大不同。

近几年，各地开始成立融媒体中心，用全新的理念来结合传统媒体与新媒体优势，完善两微一端，达到资源共融、宣传共融和利益共融。时代发展了，人群变化了，营销手段应随之而变，用符合当下人群的手段和方式来营销推广自己，不落伍，追潮流，才能拥有长久的市场生命力。

回到主题，各地在降价的同时，应着力建设及完善景区目的地生态系统，用核心吸引物吸引人，娱乐营销打动人，真诚服务感动人，优质内容留住人。如此，虽然损失了门票的单项收益，却能获得基于内容供应商整合而带来的巨大经济效益和社会效益，有利于景区目的地旅游经济全盘全面发展，也符合全域旅游的内涵。

原文发表于 2019 年 4 月 3 日

## 目的地旅游腾飞的四个力

这篇聊聊关于目的地旅游发展的四个很重要的力，资源把控力、产品设计力、网络运营力及服务执行力。这四个力也同样适用于景区或项目。

### 一、资源把控力

首先来聊下资源把控力，就是掌握资源的能力。把自己的资源盘点盘点，你的资源和别人相比到底有什么优势？在哪个细项上更有竞争力？你的资源是否具有以下属性，如稀缺性、特色性及差异化。

资源一般有两种，一种是天然的，自然禀赋，如各种名山大川宗教圣地等，另一种是后天打造的，无中生有，比如灵山大佛。我经常参加各种地方政府旅游局的推介会，几乎每个地方都有很多各种类型的旅游资源，但我看多了之后就无感了。

比如我们内蒙古，很多盟市都有草原、沙漠、森林、湖泊、湿地、温泉等。草原全国很多，除内蒙古外，河北、新疆、四川等地都有草原，那游客为什么要去你那儿看草原呢？提起这个，作为呼盟人，我心里认为我们呼伦贝尔大草原是最好的，这是作为家乡人的骄傲，当然，那首脍炙人口的草原歌曲《呼伦贝尔大草原》起了很大作用。

资源其实就像是食材，最后是不是色香味俱全让人难忘取决于厨师的手艺。就好像是个拼盘，但拼盘能否做得好吃，抓住人的胃和心，那就是下面产品设计力的较量了。

### 二、产品设计力

产品设计力就是产品的策划包装能力。产品设计师或产品经理就像厨师一样，把资源分类按照一定逻辑串联起来呈现给大家。那目的地的旅游产品体系由谁来设计？通常各地旅游局会推一些以时间段为逻辑的几日游或者以主题为逻辑的美食游文化游等，都是从自我角度出发，也就是所谓的设计师角度或者卖方角度出发作的旅游产品，而不是从用户、游客、消费者角度或买方角度出发来设计，这两种产品设计逻辑有很大的不同。

卖方逻辑的建立必须根植于资源的稀缺与唯一，比如大陆只有一个故宫，比如只有一个黄果树那样的瀑布，比如只有一个珠穆朗玛峰等。在资源稀缺的情况下，从卖方立场是可以的。甚至故宫每天限流8万，莫高窟和布达拉宫等也都会限流，避免人流量过大带来的巨大破坏。

但如果自身资源禀赋一般，该有的都有，但哪一样都不突出，也不具特色，该怎么办？时代发展了，生活水平上来了，欣赏品位也上来了，买方市场更加挑剔，一是时间和金钱有限，二是很多旅游资源雷同，造成游客在出行选择上更加精挑细选，有目的地出行。

策划与包装的重要性，可以从"酒香也怕巷子深"说起。有个未经考证但广为流传的茅台酒的故事。话说1915年茅台酒参加美国旧金山举办的巴拿马万国博览会，因为装酒的器具是陶罐，包装得太过简陋，展位上无人问津。得亏展台工作人员机智，借故失手打碎酒罐，酒香四溢，外国人一闻再一品，嗯，好酒，于是茅台酒一炮打响世界，还得了金奖。

反观如今民宿正火的几年，民宿的设计变得非常重要，如何在保持一定原生乡土味的情况下，让客人住得更加舒适，心情更为愉悦？于是民宿设计师们上场，不同于传统酒店设计，也不同于城建设计，在乡村这块热土上，设计师们各显奇能。有怀旧主题的红色风、七〇年代风，有突出禅意枯山水性冷淡风，有水晶吊饰西欧极简风等层出不穷。

从价格敏感型到性价比型再到品质型，现代消费者不仅是吃得好、住得好、玩得好，更要洗肺、洗眼、洗心。于山水间不仅能远望群山苍翠、长城蜿蜒、秀水荡波，也要茶香升梁、咖啡在手，方谓偷得浮生几日闲之感。有投资圈朋友云：帮我找个安静的地方。

### 三、网络运营力

有了好的资源，也有了好的设计，但怎么让别人知道呢？还是酒香也怕巷子深，那些在电视上大做广告的品牌厂商，已经是全国甚至全球知名了，为什么还是花费巨资继续做品牌广告呢？

传播无止境，无极限。网络运营力，是基于互联网、移动互联网、物联网及大数据、云计算、智慧旅游等技术基础，用现代传播技术与时尚手段宣传自我的方式。这里要考虑到流量入口，因为潜在的消费者主要都在这些地方。比如搜索是流量入口，杀毒是流量入口，资讯是流量入口，导航是流量入口等。找到入口或打造入口是网络运营的重要工作之一。

旅游的流量入口在哪里？各种旅行类APP，生活消费类APP，微信？虽然是网络时代了，但运营这个最后一公里依然是苦活脏活累活，容不得投机取巧。我们也看到那些个动辄上亿的项目，规划建设上投了巨资，但到了运营层面，就变得非常弱小乃至于无。其实运营才是承担着投资回报和长远发展的重要环节。

业内朋友们都知道，全国经营不好的景区、项目等多如牛毛，业主投资商怎么办？要么自己建运营团队，要么委托给专业公司。自己招募人手运营的难度更大，所以行业里应运而生了一种代运营公司。通过基础费用保底、增量收入分成等方式，帮助目的地、景区、项目对大众消费市场进行运营。但这种合作也是比较脆弱的，实际操作中也存在诸多难题。

### 四、服务执行力

说一千道一万，再好的资源再好的设计再好的营销，但最终如果服务不好游客，则前面的工作不仅化为乌有，更会招来网络骂名，造成负面口碑。国人的劣根之一就是好事不出门坏事传千里，做得好是应该的，做得不好那可不行。

服务者才是最后一米。前些年有种说法，是一流的点子三流的执行是失败的，三流的点子一流的执行是成功的。这种说法侧面印证了服务的重要性。服务做不好，营销做得再好，反而会有更大的副作用，比如天价鱼、天价大虾、天价住宿等。

关于服务，这里有个"体验还原度"的概念。就是我们在旅行出发前，通过各种渠道各种广告，对要去的地方会在心里构建个模型出来，比如吃什么、住什么、玩什么等，等到旅行结束回到家后，会把此行的体验与出发前的期盼进行对照。如果能达到七八十，感觉就是凑合，如果超过一百，那就是惊喜。但如果低于六十那就糟糕了，你会感觉你受骗了，比如受了旅行商的骗，比如受了一首歌的骗，比如受了一本书的骗，比如受了一部电影的骗等。这种心理落差的出现，根源就在目的地的服务上面。

前三个力构建后好不容易引来客流，服务执行力决定着客流对目的地的好评与口碑。体验经济时代，体验得好不好，服务是最为重要的一项。旅游基础六要素里，每一项都与服务息息相关。比如吃得差点，住得差点都可以忍受，但玩的过程中，吃住的过程中，被淡薄对待甚至不公对待，都会让游客游兴全无，旅行成了不快的载体和回忆。

如何做好服务？对我而言，一是标准规范，这是品牌的基础要求；二是换位思考，心同此理；三是监督到位，这是政府及主管部门的工作；第四是评价机制，用市场手段来督促服务提升。

资源把控力、产品设计力、网络运营力及服务执行力相辅相成，互为支撑，互为因果，环环相扣，荣辱与共。以上之言，希望能为目的地旅游发展提供一点启发与参考，也欢迎文末写留言进行观点研讨。

原文发表于 2019 年 4 月 8 日

## 旅游目的地平台：地方性互联网旅游企业的发展之路

地方性，即本地化、区域性互联网旅游企业，一般是旅游电商企业。众所周知，全国性旅游电商企业知名者不少，但各地、区域性的旅游电商企业其实也不少，但限于品牌与知名度，其影响范围也只局限在某区域，这是对于业内人士而言。如果放到更大的维度上，即便我们熟知的互联网旅游电商巨头携程，也有非常多的老百姓是不知道的，更何况那些区域性与更加专业化的旅游企业了。

这类旅企，其实是有非常大的价值的。讲座中我也谈到巨头笼罩下新的市场机会在细分与垂直市场。三个维度，一是区域性（地域性），聚焦某一特定旅游目的地，二和三是针对不同的用户群体提供不同内容的主题旅游产品。做细分市场没有问题，但一是不能分得太细，二是在细分市场至少做到老大老二的位置，老三以后基本没有机会了。

至于分多细合适，比如不做全国的，做个省域的是可以的。再往下呢，做市域、县域的呢？这是纵向垂直做。还有横向来做的，比如海岛游，摄影游，以主题和人群贯穿产品。整合资源的方式和逻辑有多种，取决于对自身的资源盘点、企业基因、团队能力与领航者偏好。一般来说，有价值可以被整合，有能力可以整合别人，但如果既没有价值又没有能力，那就很尴尬了。

以省域旅游电商平台为例，目前最火的就是一机游系列，在全国旅游大盘里切出自己的省际独立王国，有关一机游，参看我写过的这篇《一部手机游××是个伪命题？》，中国旅游历经改革开放四十年后，市场发生了很大变化。原来是卖方市场，现在转变为买方市场。以前是卖资源，现在是卖产品、卖服务、卖创意、卖IP。

旅游市场的发展，也从观光度假发展到了深度体验阶段。当然，因为中国太大，各地经济发展差异也大，这个进程全国不一，不能简单一刀切和盲目简单套用。我认为全域旅游这种提法，其实更直白的是目的地旅游。地方性互联网旅游企业的发展离不开目的地旅游，更离不开当地旅游资源的支持。

这里以快行漫游网为例，可以作为一个研究案例。以下内容来自其官网介绍和招聘信息：

贵州黄果树智慧旅游股份有限公司旗下官方电商平台快行漫游网，于2017年8月31日正式挂牌新三板。

作为黄果树景区唯一电商平台，也是中国首个目的地平台，旨在整合、开发贵州及全国目的地景区、酒店、交通、旅游文创产品等旅游资源，长期专注于智慧旅游建设与营运、旅游目的地线上线下一体化服务的提供。

贵州黄果树智慧旅游股份有限公司于2013年7月开始筹建，2014年2月22日正式运营。前期主要依托黄果树贵州旅游龙头地位的优势，通过景区+文化+技术的创新合作模式，共同搭建贵州旅游区域电子商务平台（快行漫游网）。平台前期以黄果树景区为中心，整合安顺当地旅游资源，打造安顺旅游目的地一站式宣传、营销、接待、服务，提升安顺市旅游品质，并将平台业务向贵州全省覆盖，实现贵州省旅游的一站式服务平台，最终实现旅游目的地平台（LOTS）。

喏，旅游目的地平台（LOTS），对，这就是重点所在。想拿省域资源做整合，就可以做出一个LOTS来。但要运营好这个平台，需要一定的先决条件，那是穿起从资源到用户的链条。这个链条上重要的环节有资源把控、产品设计、网络运营与服务执行。关于这四点，请参看专文"目的地旅游腾飞的四个力"中有详细研讨。而除了这四个力之外，要做成平台，还要有鼎立的三足需要搭建完成，即团队、资源与资本。

## 一、团队

之前我们曾就线上旅游创业公司高管团队进行过调研，创业是系统工程，涉及十几个要素，其中最重要，排在第一位的就是团队。团队就像是1，如果没有团队，后面的事儿就不要想了。团队要么自己组建要么交由代运营公司，或者在代运营公司指导培训下逐步成长以适应工作要求。

## 二、资源

首先要做下资源盘点，看有没有给力的旅游资源，比如强势、稀缺、唯一、优质、特色等。上面的快行漫游能做成，很大一部分原因是有黄果树这个世界级的强势优质独家稀缺资源，具有不可替代性，所以基于这个资源更容易做起来。但如果资源禀赋放在全国比较一般的话，那就要从运营上多下功夫了。

## 三、资本

这里包括智力资本和实物资本。智力资源主要是外脑，智库的专家资源。实物资本就是投入资金了。坊间传闻中青旅遨游网搞了十四年，烧了几个或十几个亿，最终也没能做成途牛。港中旅旗下的芒果网也是类似的情况。钱是必须要烧的，怎么烧、烧多久、从哪儿烧都是很大的问题。

旅游目的地平台（LOTS）是本地化旅游电商企业向往及可行的一条蜕变之路。但请注意，一定要注意基因问题。关于基因论，简单来说，你是一颗黄豆的种子不可能长出绿豆来，除非基因变异。遨游网的失败也是这个问题，根植于国企的互联网旅游公司，很难脱离其原生基因与生态，真正走上市场化道路。

有次新东方俞敏洪演讲时提到这个问题，要想改变自己的基因不啻哪吒的削骨削肉重塑肉身。他提到新东方要想转型其难度之大，涉及上下四层的转变，首先是股东层，其次是高管团队，再次是中层干部，最后是基层员工。从上到下，层层转变，可以想象需要花费的时间精力与成本有多大，会面临多少困难。当一个人或一家公司甚至一个国家有了舒适区后，通常不会轻易去改变，改变可能会更好，也可能是更糟。跳出原有的舒适区，面对未知的领域和世界，人们通常从内心深处抵触，改变有时是非常痛苦的，有很大的风险，当然不破不立，有时重病是需要猛药治的。

说到底，是个选择问题。本地化旅游电商公司，要么立大志成为目的地平台公司，要么也可以不要那么高心气，降低期望值，做好目的地资源梳理整合与地接服务也行。

选择和努力哪个更重要？

哪个在前哪个在后呢？

如何把握节奏？

留诸君思考……

原文发表于 2019 年 5 月 23 日

## 我们为什么要去旅游？——兼论旅游产品设计基础逻辑

某天我发了个朋友圈，叹及现在的人逐渐失去了两种能力，一种是慢下来的能力，一种是快乐的能力。浮躁且物欲的社会，大家都想快，耐心静下心来做事的人不多。再有生活水平日渐提高，随之而来的是更多物欲的追求，求不得即不快乐。而旅游，我想能很大程度恢复这两种能力，让我们慢下来和快乐起来。

2013 年 3 月 7 日，当时还叫中国旅游创业家协会的我们在通州国粹佳苑酒店举办了第 1 期高铁旅游 O2O 训练营，时任腾讯旅人网 CEO 的梁宁致辞时提道：旅游贩卖的两点是体验和谈资。这句话深深印记在我脑海中，并在近几年的全国旅游双创巡讲中经常拿出来和各校师生们分享。

不知道梁宁是谁？看下面这段介绍。

梁宁，曾在联想集团总裁办任职，是联想最早一批的年轻骨干，后担任 CNET 集团副总裁。2008 年，拿雷军投资，创业做旅人网。2011 年，旅人网被腾讯收购，腾讯顺便收购了她本人。2014 年，腾讯战略调整，梁宁手上负责的业务被腾讯给了同程旅游，梁宁从腾讯离职。

梁宁现任阿里集团的湖畔大学产品模块学术主任、百度集团顾问。曾鸣说："梁宁有非常全面的纵向经历，对产品的认识有一套成型的体系。"梁宁与小米的雷军、YY（欢聚时代）的李学凌、美图的蔡文胜、阿里的俞永福、美团的王兴、豆瓣的阿北等诸多大佬，都是十余年的好友。

职业上平蹚 BAT（中国三大互联网公司的合称，分别为百度公司、阿里巴巴集团、腾讯公司），圈子里链接牛人大佬，在互联网界，梁宁是个很神奇的存在，但很多互联网新人却还不知道她。2018 年 4 月，她的这篇万字《一段关于国产芯片和操作系统的往事》成为 10 万+点击量的爆文，引发国人诸多思考。

这里聊聊旅游贩卖的两点是体验和谈资这种说法及基于此的旅游产品设计，欢迎大家留言研讨。

## 一、体验和谈资

这两个，基于人性心理，一个向内，一个向外。

### 1. 体验

旅游体验是指我们在旅游行为时通过自己的感觉器官对人或物或事情进行了解与感受。这里涉及 UE：User Experience，用户体验，通常用在软件和互联网领域，系指网站或者软件的使用完全要建立在用户的角度上去进行策划和设计，要从多个角度去体验，以找到用户最美好的使用体验。而 UE 放到旅游业的旅游产品和服务上，同样适用。

业内很多的文旅项目，投资巨大反响寥寥，很重要的原因就是没有从 UE 出发，不是用户逻辑，而是长官意志、甲方思维、设计师逻辑，最终是不叫好也不叫座。所以近几年有业界良心的规划机构，在规划设计时运营前置，从用户角度、项目良性运营目标进行项目规划，以保证项目良性发展。

写到这儿，想起了多年前的一个段子。大意是国外某公园在规划公园内部道路时，并没有按照设计师逻辑做的格局多么规整、对称、严谨，或者天空俯瞰要有个太极之类漂亮的形状，而是全部铺上草坪，不预留道路，任由游人行走。多日后再来看，游人踩出的小路纵横，再把小路拓宽铺装，设置长椅和垃圾箱，公众满意度极高。为什么游客满意度高，因为这些道路是用户自己的选择，用户踩出来的路，一定是点点之间最快捷的路线，避免了大而无当。

经由旅游行为而带来身心不同的体验，从而引发对宇宙社会人生的思考。西方现代哲学的奠基人笛卡尔的"我思故我在"，王阳明的"知行合一"，从旅游角度来解读也是非常准确的。而电影《后会无期》中有句经典的台词："你连世界都没观过，哪来的世界观？"则振聋发聩，直指人心。

### 2. 谈资

谈资基本释义为谈话的资料，说白了就是吹牛、各种秀、炫耀的资本，格调与调性。这也是我们看到大家无论是在特色餐厅吃饭或者外出旅游时，都是不停地发朋友圈、微博、QQ 空间，最后有些人还要写个游记攻略之类。但谈资也有高下之分，炫耀也是有技巧的。

去大董吃的不是烤鸭，去海底捞吃的不是火锅。你们都是去体验和炫耀的。

同样去看张掖丹霞地貌，请个普通导游给你讲，和请当初发现丹霞地貌的郑复新老师给你讲，完全是两个样子。同样发到朋友圈里，谁的点赞更多？

日益发展的个性化旅游时代，常规产品已不能满足游客需求。针对不同的用户群体需要有不同的产品提供，鸿鹄逸游的这款高端游产品，可以作为"旅游贩卖的两点是体验和谈资"的好注解。

这款"环游世界八十天"产品一开盘抢光，只卖给 10 个人。为什么这 10 个人愿意花138万购买这款产品？基于上面所述，因为除了这10人之外，全中国14亿人全球70亿人，只有他们获得了独十无亿的体验和谈资。

在设计旅游产品时需要考虑到用户在消费时的体验与谈资，我们接下来再说下三有三感。

## 二、三有三感

1. 三有

即有温度、有情感、有故事。不展开，旅游是这么一件事儿。

2. 三感

即参与感、体验感、仪式感。这里多说点仪式感吧。

仪式指程序和形式，生活需要仪式感，旅游更是。游客在旅游活动中，仪式感最能让人亲身体验后印象深刻且便于对外炫耀。这就为什么去草原，一定有下马酒仪式，到藏区会有献哈达仪式，到苗寨会有"高山流水"。

前年到贵州凯里西江千户苗寨，号称全中国乃至全球最大的苗族聚居区。这里用来招待远方最尊贵客人的仪式之一就是请你喝酒，名字非常的诗意，叫"高山流水"。当地朋友已经非常照顾我们了，只找了三个苗族姑娘给我们敬酒，一女持壶倒酒到二女壶中再流到三女两碗中，最后流淌到客人大张的口中。作为来自远方最尊贵的客人，有两个不能碰，一是不能碰酒碗，二是不能碰姑娘。对于不擅饮酒之人，过程很虐。但我还是让身边的朋友给拍照拍视频，以便稍后发朋友圈嘚瑟嘚瑟。

三个姑娘的高山流水已经是乞丐版，当地据说还有33个人、66个人、99个人的高山流水。同理，有些地域搞的摔碗酒，虽然我认为不吉利，那是敢死队才喝的，但不妨碍摔碗酒成为一个网红产品，很多人摔碗，不过只是为了直播或发个小视频炫耀下而已。

体验和谈资，三有三感，是游客所需要的，这也是旅游产品设计的基础甚至精髓所在。脱离了这些，只凭少量重度用户自身体感或三拍思维，是难以设计出适销对路的用户喜爱的旅游产品的。

毕竟，用户都是用脚投票的。

原文发表于2019年5月29日

## "天空之镜"之类的景区网红项目是骗局吗？

### 采访背景：

近日，湖南临武县滴水源景区的网红项目"天空之镜"引来游客群嘲，真正的实景与景区宣传存在较大差异，被网友戏称为"车祸现场"。

**采访提纲：**

1.目前，景区类似"天空之镜""玻璃栈道"这样的网红项目比比皆是，您认为这类网红项目的存在真的可以为景区带来流量吗？

答：网红项目确实可以为景区带来流量，但通常是短期爆发后归于平淡，特别是名不副实的网红项目，比如后来众多跟风的所谓"天空之镜"、各地巡骗的"风车乐园/国际风车节"等。此类网红项目的火爆通常基于人们的猎奇心理，属于一次性消费项目，而难以重复消费的重要原因是运营方为了炒作、博眼球及标题党等操作角度出发，把人给忽悠过来，很多地方操作的类似项目严格来讲如同欺诈。

玻璃栈道经过这几年迅猛发展已经不算是新奇项目了，而新造的项目必须与众不同才能获得市场宣传卖点，比如更长、更宽、更曲折，放上水等，这无疑增加了成本及不安全因素，极容易被政府喊停。因为事故增加及缺乏相应技术标准等安全性问题，2019年河北省所有的玻璃栈道项目都暂停了。之后，黑龙江、湖北、湖南、江西、广东、福建等地方文旅厅展开行动，一些玻璃栈道项目被责令停业。但等到国家级技术标准实施后，相信玻璃栈道类项目仍可持续运营。

再来说说"天空之镜"。国内天空之镜的头部应该是茶卡盐湖，众多游客都是被美照视频吸引而来。我2019年6月曾到访茶卡盐湖，那天天气多云，风也不算小，手机拍的照片其实比较一般，但经过处理后就非常漂亮了。茶卡必须是在天气良好且没风的情况下，拍出的照片及视频才如天空之镜一般。但如果去时天气一般，加之游人太多是拍不出好照片的，可以想象必然会出现"不去后悔，去了更后悔"的经典游后感。

而出现"翻车"的"天空之镜"，说穿了就是摆布几面镜子搞个小舞台，靠局部PS（用Photoshop图像处理软件处理）出来的照片来忽悠老百姓，而这些照片也是大家用来用去不一定就是在当地拍的，游客去了后发现与想象落差太大，必然网上骂声一片，投诉也是正常反应。

还有个近年来的常规骗局，就是风车乐园/风车节。照片上风车重重叠叠，五颜六色，以为铺天盖地，壮观震撼，但实际上呢，都是不大的场地，拿小小的风车或挂或摆，肉眼观感非常之一般，收费却至少三五十一人或是俗套的转发朋友圈免费。说到这儿，就想起了网上瑞典美人鱼雕塑的典故，看图片很大其实很小。

2.近年来，除了国内知名景区不愁客流量外，其他小的景区很难吸引游客，您认为除了依赖打造网红项目，景区可以采取哪些措施提高知名度、吸引游客？

答：二八定律总是存在且发挥作用，过分依赖网红项目必然带来高风险。比如曾因玻璃栈道赚得盆满钵满的号称"世界最长玻璃吊桥"的河北红崖谷景区，从日游客量只有千人左右，一跃而成高峰时的5000多人。但好光景只维持了百天左右，便被叫停关闭，以致工资都发不出来。所以网红项目只是短期爆发的强心针，但不能解决景区可持续健康发展的长远问题。

如何保证景区健康发展，我之前说的"资源把控力、产品设计力、网络运营力、服务执行力"四个力原则依然适用。但从源头来讲，首先要明确不是随便圈起一片山水就是景区，建个大门就能收到钱。除非是真有独特资源，只有你有，非你莫属，否则在游客品位提升、当地资源放在全国层面非常一般的情况下，必然是不温不火甚至是入不敷出无法持续。

所以首先是资源盘点，找出优势或者差异化之处，并把这个点放大。其次以这个点为核心，按照某种逻辑产品设计上做加法。这个基于自身强势资源的+，必须与创新相结合。这个创新也不一定非要天翻地覆的创新，微创新即可，所谓一步扯淡两步娘炮。

非常重要的一点是，一定是摒弃长官意志与设计师思维，或者把自己臆想为重度用户。客源客群分析是非常必要的，唯有如此才能设计出适销对路，针对不同需求群体的产品及服务。以下 6 个步骤供商榷：

（1）资源盘点。
（2）客源分析。
（3）产品设计。
（4）服务执行。
（5）运营管理。
（6）持续迭代。

到具体的措施上，加强跨界与异业合作，对接 O2O 销售渠道，自建私域流量池，重视双微及直播＆短视频平台营销，擅用科技创新手段。依时节＆假日、人群异同，设计主题活动，以求人气；做好配套设施建设，以求二销；重视文创工作，以求调性；最最重要的是做好服务，以求口碑美誉。

此文系接受《中国城市报》记者张亚欣采访，刊载于 2020 年 6 月 8 日第 19 版旅游，原文标题为"湖南天空之镜现形，涉嫌虚假宣传"，本题目为自拟

# 第二节　研学旅游

## 研学短论 1：让旅行社微利承办研学旅行将出现劣币驱逐良币现象

早上朋友圈看到一则消息，某师范大学附属中学校长向今年两会提交了《关于中小学生研学旅行实施的建议》很多条，大多数都不错，但有些建议值得商榷。

这部分建议如下："坚持研学旅行的公益性质，要加大对研学旅行组织承办的资金

审计力度。中小学校不能以研学旅行的名义多收费，旅行社要保证微利承办研学旅行，交通部门严格执行儿童票价优惠政策，文化、旅游等部门要对中小学生研学旅行实施景区、景点、场馆门票减免政策，保险企业开发针对性产品，对投保费用实行优惠措施。另外，鼓励通过社会捐赠、公益性活动等形式支持开展研学旅行。"

其中有一条"旅游社要保证微利承办研学旅行"，他说的旅游社应该是旅行社，我们就先谈谈这条建议：

众所周知，旅行社以为游客提供综合服务来赚取中间费用，是企业。企业的定义是"企业一般是指以营利为目的，运用各种生产要素（土地、劳动力、资本、技术和企业家才能等），向市场提供商品或服务，实行自主经营、自负盈亏、独立核算的法人或其他社会经济组织。"

好了，问题来了，这位校长是希望让旅行社微利来做这件事。

第一，从企业经营角度。既然是自主经营、自负盈亏，利润最大化是正常正当的诉求，合法合规合理范围内，能多赚钱为什么不多赚钱？研学的公益属性不应该由企业来承担，企业没这个义务。让企业微利支持搞研学，本身就是个伪命题。特别是让私企旅行社来微利，更加不符合市场经济学，又不是慈善基金会或西虹市首富。

第二，微利会导致市场的"劣币驱逐良币"。我们知道企业经营是有很大成本及风险的，刨掉烧钱的公司外，每家企业都是考虑投入产出比。虽然消费者的心态是能够拿到所谓物美价廉的商品，但实际上是不存在的。好东西就是贵，价格低保证不了品质。虽然从行业主管角度看，为不增加学生及家长负担，要控制研学产品价格，不能完全市场化。但从企业角度，研发研学产品的成本非常高，特别是高品质的研学产品，前期研发更是要花费大量时间精力去实地踩线、组合资源、制定服务标准、配备专业人员后期服务，这样出来的产品价格通常不会太低。

主管单位及学校希望研学产品价格低、品质有保障，但真正用心做产品的公司对这种低价格无法承受。一分钱一分货，谁都知道。结果最后的情况就是高品质的旅行社做不了，交给其他服务机构做，但基于低价，品质与服务不好保障，导致最终效果与口碑不良，甚至搞乱市场。

春节前和浙江一个做品质研学产品的旅行社老总聊天，谈及这个问题。基于当地研学市场乱象，他欲退出这个细分市场。后来看到我关于研学旅行活动指导书的书序，有感而发："这一年整个中国旅游界都在说研学是下一个风口，但是做了18个月的研学，却在准备退出研学市场。这个万众瞩目的市场，其实有些鸡肋，一方面，教委想价格要实惠，省得没事惹一身臊味，而另一方面，研学旅行注定是一个高技术含量、高服务的旅行项目，一边是低利润，一边是高要求，如果主管部门不能把这个项目定有严格的准入机制和严格的服务要求以及合理的服务利润，那么研学旅游市场将无比混乱，劣币驱逐良币，必定一地鸡毛。"

第三，我想说的是，要想让旅行社更好地服务研学市场，微利是不可取的，甚至相关主管单位及学校,必须保证旅行社的利益,不仅要制定最高限价,更要有个最低起价,要给旅行社足够合理的利润空间。我想从这个角度,才是正向循环。旅行社有足够的利益能够覆盖成本且有相对不错的盈余,才会更用心做好产品与服务,保证研学产品及服务的质量与效果。同时要制定相应严格的市场准入机制,对研学服务机构实行评价考核,平衡政府主管单位与行业企业关系,保护知识产权。毕竟学生及家长满意,学校才能松口气,主管单位才能有政绩,研学领域才能健康持续发展。

关于研学产品谁来做,研学导师谁来培训认证,研学标准规范怎么落实等问题,以后逐一谈谈。

原文发表于 2019 年 3 月 15 日

## 研学短论 2:研学产品由谁来做?

这篇聊聊研学产品由谁来做的问题,我们先来想象下有三种动物:天鹅、大虾和梭鱼。这三种动物有啥联系呢?……那啥,说都能吃的那位你先出去下。这是小学二年级语文课本的一篇故事,名字叫《天鹅、大虾和梭鱼》,大家仔细回想下,应该能有些印象。故事说的是三个家伙发现了一辆大车,想把车弄走,大家各自套上了套拼命拉,结果呢?一个往天上飞,一个往水里拉,一个在地上往后倒退拉,然后呢?课文中说最后车原地没动,我们小时候是多么纯真啊。用成年人的眼光看,这会是一场角力,从力量来看,最终会是天鹅带着大车和另两个小伙伴飞远啦。

之所以从这个故事开头,聊的是研学产品由谁来做的问题,到底哪几方参与,该如何协同?

研学市场的火爆,导致大凡有点资源的人都想进来分分蛋糕,大家依托各自优势资源搞研学,市场大乱斗,才出现游而不研的现象,俗语说得好"萝卜快了不洗泥",这也是市场野蛮生长过程中必然出现的问题。

但从源头来看:先是需求,之后产品,最后服务。需求不必多说,各项政策与市场催生巨量需求,需求刺激产品出现,那谁来研发产品(课程)呢?

趣游学教育创始人龚德海认为:一次优秀的研学旅行不是把孩子从课堂搬到旅游景点,一定是需要有教育内容体验来设计。秦皇岛职业技术学院旅游系赵本谦主任认为:全靠旅行社来解决研学旅行,这个思路就有问题。研学旅行需要多种人才加入,高服务高知识含量,绝大多数组织不具备。先不说目前大多数旅行社的质量差能力低,就是中间的服务人员都无法保证。旅行社的优势可能性在于对食住行资源的整合有经验。其他的基本达不到要求。

有人问我研学算教育产品还是旅游产品?从本质上看,研学是教育产品。但过程服务方呢,是旅行社。教育和旅游是两个领域,相关从业人员很难两项都熟悉,一般来说搞教育的不懂旅游，搞旅游的不懂教育，个别复合型人才除外。这也导致研学很难由一方独立完成。

比如常规旅行社的人员，不管是导游还是领队，一般都不了解教育心理学，只能胜任常规的导游工作。再看教师，讲课可以，设计安排行程就差些了，关键的是出了学校到外地研学，旅游要素的调配，特别是质价匹配的旅游资源，教师也不了解也拿不到。

话说 21 世纪，都已经快过去 20 年了，现在是分工协作的时代，专业的人做专业的事儿，既然研学不是某一方能独立完成，那大家就要分工协作，所以研学可以说是一种跨界新教育模式。近几年教育行业有六大趋势：跨界、协同、整合、颠覆、升级、回归，这六项也同样适用于研学领域，后续专门展开讨论，简单说下跨界这部分。

跨界：

（1）跨行业：教育 + 旅游。

（2）跨群体：政府主管单位（教育口，旅游口）+ 学校（大中小学）+ 企业 + 家庭。

（3）跨地区：国内 + 国境。

（4）跨学科。

再回到研学产品由谁来做的问题，需要几方协作，比如以下四方能否构成健全模式？

政府主管单位（教育口，旅游口）+ 学校（大中小学）+ 企业 + 家庭；

| 名称 | 政府主管部门 | | 学校 | 企业 | 家庭 |
| --- | --- | --- | --- | --- | --- |
| | 教育口 | 旅游口 | 教育口 | 旅游口 | 家委会 |
| 分工 | 适用教育政策合规 | 研学旅行规范框定 | 从教育教学、目标实现角度确定基底 | 从资源调配、行程安排与旅游安全角度完善 | 实施效果反馈与评分，为产品优化提供参考 |

目前市面上的研学产品，多半由旅行社研发实施，或是同时具备教育和旅游两块牌子的研学服务机构研发实施。之所以出现游而不研或游多研少的情况，也是因为教育主管单位和学校相关人员在产品研发上没有发挥或较少发挥作用。

我想四方共建研学产品（课程）小组，是否能做出一个健全的模式，即由教育主管部门掌握与厘定相关研学政策，确保合规；由旅游主管部门依据相应标准规范框定范畴，主要也是合规问题。学校从教育教学目标实现角度确定基底，再由旅企从资源调配、行程安排与旅游安全等角度进行完善。最终协作实施后由家庭代表，如家委会来对产品线路课程进行家长意见综合反馈，提出改进建议，以便有助于产品打磨、升级与迭代。

研学需要各方都能满意，也需要各方参与，研学的核心还是教育属性，但不宜过于生硬，寓教于乐，团结紧张严肃活泼，知行合一，方为上策。

老张一孔之见，希望朋友们讨论起来。

原文发表于 2019 年 3 月 17 日

## 研学短论3：研学导师谁来培训认证？

在研学短论2文末评论区得到不少朋友的留言，其中社会科学院财经战略研究院魏翔博士留言："四位一体的研发方式值得探索，或可成立独立机构整合各方进行产品研发。另一方面，研学导师的培养和规范，是研学生产可持续发展的根基和动力。"那么这篇来聊聊研学导师的问题。

研学生态链或研学流程中，研学导师的作用是至关重要的。一方面在前期参与产品研发，另一方面在整个研学过程中要依规保证工作足量足质完成，还要事后进行总结反馈以便再行改进。

这个复杂的工作，常规意义上的导游、领队及教师是无法完成的，需要复合型人才，需要进行综合培训，学习实务，考核认证，提升带队能力。这不仅是非常迫切的刚需，也是令人眼馋的业务机会。于是各方势力纷纷上场角力。

市面上关于研学导师的培训和认证很多，有社团在搞，有公司在搞，有学校在搞，这也导致了问题，从家长和学校角度到底认哪个？哪家培训更规范，更务实，更标准，更权威，更……？

我认为还是要依靠行业和市场的力量，目前旅游口有相应的研学导师标准，教育口目前还没有。旅游口的是2019年2月26日中国旅行社协会发布的《研学旅行指导师（中小学）专业标准》，虽说目前是个团体标准，但毕竟中国旅行社协会在民政部注册，隶属文化和旅游部监督指导，这个团体标准也有走向行业标准与国标的可能性。相信其他全国性社团未来也会逐步推出自己的研学团体标准。

从国务院《深化标准化改革方案》到标委会、质检总局《关于培育和发展团体标准的指导意见》中可以看出，国家对于行业自治、对行业坚持简政放权是持肯定态度的。《深化标准化改革方案》中提到，对团体标准的制定，政府职能机构只进行必要的引导、规范和监督，制定主体放开给市场，由市场自主选择，优胜劣汰。

团体标准充分体现行业标杆，及时反映行业特点。参考欧美发达国家的现状和中国的发展趋势，团体标准未来完全有可能成为行业内应用最为广泛、行业地位最高的标准。将来团体标准在我们国家的定位越发重要，行业标准将来的趋势逐渐弱化，团体标准将变成趋势。将来团体标准的实现与监督由市场决定，将来的责任由行业负责。

《人民日报》报道全国政协委员洪慧民建议：让行业协会走上前台，其中也有提到"通过市场竞争和政府培育，力求依托行业协会商会，建立起行业内的'标准普尔'性质的社会组织，提供全社会认可的专业服务，建立起具有国际水准的行业评价品牌。"

综上所述，可由社团（协会、联盟、商会、学会等）牵头来做团体标准，制定和实施研学导师的培训及认证。同时也可以与人社部职业资格鉴定联动，夯实认证体系。之后，再由行业评价品牌机构对各社团研学导师培训认证工作进行评价并公示，作为学校和家长在选择研学服务机构与研学导师上的重要参考。

目前看，中字头的行业协会，中国旅行社协会 2017 年 11 月成立了研学旅行分会并于 2019 年 2 月发布了关于研学营地和研学导师的团体标准。中国红色文化研究会也于 2018 年 1 月成立了研学旅行工作委员会。而中国旅游协会、中国旅游景区协会等其他全国性社团在研学分支机构方向暂无动静。部分省市在旅游协会下面成立了研学分会或研学旅游协会、研学旅行教育协会等，研学社团一片火热。

2017 年可以称为研学旅行元年，在这一年里，除国家旅游局出台研学旅行服务规范外，几个全国性研学联盟也纷纷乘着政策东风在各地成立（暂未在民政部注册）。

2017 年 5 月 26 日，中国研学旅行联盟在河南林州成立。

2017 年 9 月 20 日，中国青少年研学旅行发展联盟在安徽黄山成立。

2017 年 9 月 28 日，中国研学旅游推广联盟在山东济宁成立。

2017 年 12 月 1 日，研学旅行在中国—研学教育共同体在北京成立。

协会联盟都是社团组织，还没注册的请按规定尽快到民政部注册。相信他们成立研学相关服务机构的初心，也是为了推动研学市场规范与健康发展。而研学导师培训与认证，不仅仅是获取盈利的一门生意，更是服务巨量研学市场，提升青少年综合素质教育的重要基础工作。

师者，所以传道、授业、解惑也。期待随着时间的推移，基于立德树人出发点的那些培训机构，能够培训出合格乃至优秀的研学导师队伍来。大浪淘沙，百炼成金。唯有充分发挥行业和市场的力量，才能保证研学导师的数量与质量，保证研学产品（课程）的研发与实施，才能最终让广大的青少年从研学中开阔视野，增长见识，提高素质，全面发展。

原文发表于 2019 年 3 月 18 日

## 研学短论 4：研学旅行与教育行业六大发展趋势

近几年教育行业的发展有六大趋势：跨界、协同、整合、颠覆、升级、回归，这六项也同样适用于研学领域，这里和大家聊一聊。

### 一、跨界

跨界的意思是从某一属性的事物，进入另一属性的运作。主体不变，事物属性归类变化。进入互联网+新经济时代，跨界趋势更加明显、广泛与深入。特别在研学方面，原本独立的行业主体，在此不断融合渗透，放大相互资源的价值，创造出发展劲头的研学旅行领域。

（1）跨行业：教育+旅游。

（2）跨群体：政府主管单位（教育口，旅游口）+学校（大中小学）+企业+家庭

（家委会）。

（3）跨地区：国内＋国外。

（4）跨学科。

## 二、协同

协同，就是指协调两个或者两个以上的不同资源或者个体，一致完成某一目标的过程或能力。研学整个过程中，涉及政府主管单位、学校、企业、家庭四个协同方。

（1）需求调研协同。

（2）产品研发协同。

（3）过程实施协同。

（4）结果反馈协同。

（5）评价体系协同。

## 三、整合

整合就是把零散资源通过某种逻辑方式彼此衔接，从而实现系统的资源共享和协同工作。其目标在于将零散的要素组合在一起，并最终形成有价值有效率的一个整体。研学旅行至少需要以下的资源整合：

（1）学校资源整合。

（2）师资资源整合。

（3）旅游要素资源整合。

（4）产品（课程）资源整合。

## 四、颠覆

颠覆，就是把以前的制度、观念、思想等东西彻底地改变过来。2001年新一轮基础教育课程改革也已经进行了快20年，新的教学理念层出不穷，教学方式也在不断变革，一些传统课堂教学模式在新信息技术背景下被颠覆。但现实情况受诸多因素制约，追求升学率、高分仍然影响着素质教育的全面实施。

从传统的应试教育到素质教育，研学能解决一定程度的问题。研学旅行并不是针对中小学传统教育的颠覆而是非常重要的补充，研学强调发挥学生主体性，强调实践与学科知识的融合，强调创新，能够配合教育部要求的核心素养提升，全面提高国民素质，使之有能力担负起中华民族伟大复兴之重任。

（1）传统教育。

（2）传统旅游。

## 五、升级

升级就是从较低的级别提升到高的级别,通过改革创新,转换思路与方法,对原来的体系进行改造,以符合现在及未来发展需要。互联网+时代以技术升级为基础,通过品质与内容升级完成消费升级与产业升级。

(1)技术升级(数字化、在线化、智能化)。

(2)品质升级(价格敏感型、性价比型、品质型)。

(3)内容升级(教育+文化+旅游+科技+其他)。

(4)消费升级〔从温饱到小康,从常规到特色,泯然众到CC(Cultural Creative,文化创造)一族〕。

(5)产业升级(需求多元、内容个性、产品体验、服务品牌)。

## 六、回归

回归意指回来原来的地方,做任何事都有个初心,所谓不忘初心方得始终。研学旅行市场哪怕再怎么火热浮躁,各方逐利角力,最终都要回归到教育的初心上面来,"传道授业解惑""读万卷书行万里路""知行合一"等。在教学服务上要深耕细作,大力重视教研和教学效果,强化口碑和产品的重要性,培养符合新时期及未来需要的高素质高能力人才。

(1)价值回归。

(2)教育本质回归。

原文发表于2019年3月19日

# 研学短论5:研学市场乱象丛生的原因及简要对策

近年来,研学市场火爆,但同时也存在诸多问题,其体验和价格不成正比,"只游不学"是提到的最多一点。

## 一、造成研学市场乱象丛生的原因是什么?

其实主要还是市场发展得太快而政府及行业监督指导没能跟上,研学市场近几年火爆表象背后是乱象丛生。大凡有些教育或者旅游资源,都想进入研学市场分杯羹,一时间群雄四起,硝烟弥漫。个人认为主要有如下原因:

1. 政策规范与引导不够深入

国家对研学旅行的放开与鼓励,导致研学市场出现报复性消费。原来一直被压制或隐藏的需求被一下子激发出来,市场野蛮疯狂生长。同时教育与旅游主管部门虽然出台了一些标准与要求，但规范与指导性还有待进一步加强。比如条款界定得比较宽泛，缺乏细致的执行细则与条例，都导致相关部门的监督引导不够深入，也缺乏相应的鼓励与惩罚措施。

2. 行业自律性不够

研学市场的迅猛发展，行业中出现了以整合资源为目标的社会组织，如全国性的各种研学旅行联盟，挂在一级社团下面的研学分会、研学教育共同体等。这些社团的初衷都是要整合资源与规范市场，通过做团体标准、举办研学会议、搞研学导师培训与认证等方式扩大本组织的影响力。但各种组织多了之后，基本上都是各自为战，很难进行组织与组织之间的横向联合，这导致资源的区块分割与垄断，适用标准的混乱，以学校为主体的消费者在鱼龙混杂的研学课程与产品中难以抉择。行业供给主体资质不一，良莠难辨，行业整体缺乏自律性。

3. 行业评价机制欠缺

目前看来，政府部门与业界（教育、旅游）都缺乏对于研学旅行的行业评价机制。当然，这种评价体系也不适宜由政府和供给方来管理。需要由中立的第三方机构来实施，来保证评价机制和体系的公平、公正与公开。政府和供给方可以提供政策指导与业界反馈，更重要的是，一定要用户端（学校与家委会）积极参与进来，用户才是研学的使用者与消费者。

## 二、如何防范"只游不学"的研学陷阱？

目前这个问题比较突出，很多研学产品玩的多，学的少。不过称之为陷阱倒也谈不上，只是个现实问题而已。避免或改善这种现状，要回到这个问题的源头，也是研学产品的源头，即产品课程的设计由谁来做的问题。之前我有写到研学产品的四方共建问题，这四方是政府部门（教育口）、产品服务商（旅游口）、产品需求方（学校）与最终用户/消费者（代表学生的家委会）。

建议对策如下：

（1）研学旅行的产品课程要四方共建。四方共建虽然看上去有些麻烦，但我们也知道，越想省事到头来越是麻烦不断，难以省事。由教育口牵头，大家各司其职，各自做各自擅长的部分，分工协作。

（2）产品服务商要执行到位。服务商，如承接研学的旅行社或机构，要能按照四方共建后的产品课程体系遵照执行，确保每个步骤、环节能够规范执行，保证研学的教育效果。

（3）尽快制定出评价机制与体系。这点可以参照电商平台或类似米其林餐厅的评价体系，四方参与，可以通过一票否决、末位淘汰、竞赛评选、奖优罚劣等方式，给予那些产品设计新颖、效果显著、服务专业的研学服务商更多鼓励与奖励，避免出现劣币驱逐良币的现象，推动研学市场的健康规范良性发展。

### 三、未来研学市场发展的方向是什么？

1. 规范化

先乱而后治，随着政府部门监管深入及行业自律增强、评价机制建立，研学旅行市场将逐渐规范起来，学校在选择上将有研学标准可依循，有第三方评价体系可参照。

2. 精细化

研学是个大命题，按照逻辑维度，在产品课程上将更加精细化。可以按照受众群体年龄阶段来划分，可以按照区域地域来划分，可以按照主题来划分等。

3. 专业化

专业的人干专业的事儿。这里的专业化指产品课程设计的专业化、研学旅行服务的专业化、监督评价的专业化等。

> 本文系接受《中国城市报》记者张亚欣采访，刊载于《中国城市报》2019年4月15日看点栏目，原文标题为"游学蛋糕，好看不好啃？"，本题目为自拟

## 研学短论6：董小姐65岁进军旅游业，落子工业研学

刚网上搜了下董明珠，没想到这个商界铁娘子已经65岁了。65岁，比普遍女性55岁退休已经多干了10年，比普通男性退休多干了5年，目前看还要继续干下去。董小姐不但立志做生活电器的世界领导者，今年还进军了教育界和旅游界。

进军教育界是格力要自建小学和职业学院，进军旅游业则是自建工业研学实践教育基地。据新闻称：2019年7月4日下午，格力电器（000651.SZ）在珠海总部举行工业研学实践教育基地揭牌暨启动仪式。该工业研学实践教育基地将结合格力电器的企业精神与文化内核，实现青少年服务价值观教育与爱国主义教育的升华与统一。据悉，未来格力将针对不同的学生群体灵活设计课程内容，营造健康向上的研学氛围，将工业研学实践教育基地建设成为粤港澳大湾区、广东省，乃至全国研学实践教育基地的标杆。

董小姐的心很大，也很务实。借这个事情，我也来聊聊研学与工业旅游相结合的工业研学。

研学火爆之后，也在进行市场细分。主要按照主题的方式，从产品/课程上细分为自然主题研学、科普主题研学、国学主题研学、军事主题研学等，工业主题研学也是其中之一。从工业旅游到工业研学，正是研学的内核从旅游到教育的一个缩影，弱化旅游概念，强化教育属性，寓教于学，乐享于游。

12月22日全国大学生旅游创意大赛决赛中有一个作品叫"锈迹"，就是个工业研学项目。对该项目的点评我写道：我向选手提问，什么样的工业企业适合做研学？从研学角度来说，要弱化工业旅游，而把教育要素提到前面去。项目设计中包括了工业百科、工业博物馆、综合体、创意产业园等，都是比较大比较远的事项。我的建议是重点

思考定位问题，比如生产的产品是直接面向消费者的工业企业，才是我们的重点资源拓展及产品设计的关键所在。我带孩子参加过几个付费的工业旅游活动，如参观三元工厂，而三元生产的产品大部分都是给到个人用户的。

类似格力这种的，也是我上面说到直接面向消费者C端用户的工业企业。相对于研学其他主题，工业研学更窄也更聚焦。在工业研学的课程上，除常规企业宣讲外，要重点突出用户体验性，让孩子们更多的不只是停留在看上面，而要思考与更多动手实践。

以格力为例，除参观工厂车间实验室荣誉墙外，要准备相关教具/研学材料包。格力电器品类多，以最常见的冰箱、空调为例，可以做出类似乐高、立体拼图的材料包，研学时一个重要环节是拼装电器产品，增强孩子们的动手能力，提高参与感与成就感。当然，也在潜性地培育潜在客户。

工业研学作为研学的细分品类，未被列入百度指数统计，看看这里搜索到的"研学"数据吧。

搜索研学的热度从2017年开始爆发，之后真的是井喷式增长。这与国家政策出台直接相关。2016年底，教育部等11部委推波助澜，发布了《教育部等11部门关于推进中小学生研学旅行的意见》，2017年5月，原国家旅游局《研学旅游服务规范》正式执行。

从事工业研学的业者，应该先把眼光投入到这10个城市当中，从中找寻工业研学的基地与客群，进而连接提供聚合服务。从大海里找小河容易，从小河中找大海就难了。

最近网曝折戟沉沙的大集团多半是多元化扩张太快造成的，所以沉下心来做事非常关键。不怕做细分市场，但做就要做到细分的头部才有更多机会。须要知晓日拱一卒，功不唐捐。

附工业研学延伸阅读：

《全国工业旅游发展纲要（2016—2025年）（征求意见稿）》，预测未来五年，我国工业旅游将进入一个黄金发展期，接待游客总量将超过10亿人次，旅游直接收入总量超过2000亿元，在全国创建1000个以企业为依托的国家工业旅游示范点，100个以专业工业城镇和产业园区为依托的工业旅游基地，10个以传统老工业基地为依托的工业旅游城市。

2018年11月，工业和信息化部印发《国家工业遗产管理暂行办法》（以下简称《办法》）。《办法》提出，支持利用国家工业遗产资源，开发具有生产流程体验、历史人文与科普教育、特色产品推广等功能的工业旅游项目，完善基础设施和配套服务，打造具有地域和行业特色的工业旅游线路。

《办法》提出，支持有条件的地区和企业依托国家工业遗产建设工业博物馆，发掘整理各类遗存，完善工业博物馆的收藏、保护、研究、展示和教育功能。鼓励利用国家工业遗产资源，建设工业文化产业园区、特色小镇（街区）、创新创业基地等，培育工业设计、工艺美术、工业创意等业态。

原文发表于2019年12月26日

# 第三节 乡村民宿

注：系列文中的民宿指乡村民宿。

## 浅谈民宿1：民宿的核心是民而不是宿

昨日，应晓军兄邀请，参加了中国旅游协会民宿客栈与精品酒店分会举办的第一届全国民宿标准化建设研讨会，听各位高朋畅谈时也有些自己的想法，写个小文记录下。

### 一、宿是基础，民是核心

作为大住宿业的后起之秀，住宿仍是民宿的最基础功能，这一点上民宿与宾馆酒店客栈农家乐等并无区别。而对于宿，则要求干净整洁舒适的内环境与布草。比如室内和卫生间有没有异味，布草是否温馨舒适？现在稍微上点档次的民宿在卫生环境上都不错，但布草选择上却大有文章，这里不展开，大家可以到亚朵或隐居乡里看看它们的布草，特别是亚朵黄隐居蓝。

而民宿的核心是什么？是民，也就是人。这也是民宿，特别是台湾民宿上表现得淋漓尽致。把住当成核心，民宿根本无法与五星以上酒店相比，而客人之所以住民宿，很大一个原因就是看人。

客栈盛行那会儿，大家奔着最美老板娘过去。民宿概念来了，老板娘还是卖点，主人还是卖点。客人住民宿，很大程度上是想和民宿主人交流。比如台湾民宿，主人的身份多重，是老板房东服务员厨师村民等，同时也可能是个画家、音乐家等。游客去了后，不但是看美景吃美食住美宿，更重要的是与这个画家、音乐家交流艺术，获得心灵上的体验和成长。

反观大陆民宿，多数都是抄了人家的皮，丢弃了人家的魂。为何如此？还是套用酒店那套体系，业主投资方运营方等多方共存，最重要的主人变成了经理或者店长。试想下，你平时住酒店，会想着和酒店总经理或者店长去聊聊天吗？一般是不会的，你只是在酒店里吃饭洗澡睡觉看电视而已。

民宿最重要的主人不见了怎么办？退而求其次，所以出现了"管家"。以隐居乡里为例，管家是当地农村妇女经过培训后，为客人提供房间打扫整理、一日三餐及有限陪伴的工作。进而拉近与客人的情感距离，增加入住体验度，提升客人尊崇感，打造品牌美誉度。

## 二、产品是根，服务为魂

有了建筑物那些硬件，再来谈谈软的部分，产品与服务。梁宁曾说过旅游贩卖的两点是体验与谈资，都与产品和服务有关。

先说产品，产品不是简单的资源罗列和堆叠，而是基于消费群体心理的要素有机组合。比如以亲子度假群体来说，产品设计上要充分考虑孩子和成人不同的消费需求，如室内设计的无障碍与少儿易使用，标配小孩拖鞋、浴衣、牙刷等洗漱用品，书架上要有儿童绘本和故事等，都是为了让孩子方便满意进而让家长满意，毕竟，支付费用的是家长们。

而对于大人，需要有个相对独立的社交或阅读区域，可喝茶、咖啡、软饮等，书架上随便放置几本《平凡的世界》《乞力马扎罗的雪》《资本论》等，都让空间格调超高，方便客人九宫格晒图，这点可向亚朵竹居学习。

服务自不用再多言，我也说过运营是最后一公里，服务则是最后一米。虽说海底捞你学不会的不仅仅是服务还有供应链，但服务的重要性大家都清楚。这里以一个民宿老住客的角度来谈下我认为两点理想的民宿服务。

1. 有限服务不骚扰

有限服务不是随时随地的外面候着，而是适时适度出现。比如提前和客人约定重要的时间节点，三餐（下午茶）的时间和餐品，适时的村庄历史人文讲解，预订的体验活动环节等。这样客人的其余时间可自行安排，服务人员隐形，不会造成视觉骚扰，客人另有需要时再行与其联络。

2. 热情真诚有力量

人心都是肉长的，对于热情真诚从眼神和表情中能看得出来。迎来送往，真诚问询，如家人或亲友般的感觉是民宿主（管家）给客人提供的最大价值所在。热情不伪善，真诚不空虚，才能达到情感有力量，极大提供客人体验度与满意度、回头率与口碑。

## 三、标准为骨，非标为相

民宿概念刚兴起时，为与传统住宿业区别，被称为非标住宿。近几年在全国迅猛发展，野蛮生长的同时也带来诸多问题。民宿市场火爆到逐步规范后，民宿需要在标准和非标之间达到平衡点。

标准是骨架，就好比每个人基本形态与构成是一样的，非标是皮相，就是每个人又长得不一样。这种比喻用在民宿上我感觉很合适。标准的那部分，和酒店类相同，如卫生消防安全等，这个目前行业已经有些民宿标准出台并发挥作用。

作为皮相的非标这块，我想有以下几点：

（1）基于不同地域特征的建筑设计。

（2）基于不同设计师风格的室内设计。

（3）基于不同消费人群的主题产品与个性化服务。

（4）基于不同基因的策划营销传播手段。

（5）多说一句，定位与位置很关键。

原文发表于 2019 年 9 月 11 日

## 浅谈民宿 2：单纯卖房间是没有前途的，必须民宿 +

国人做民宿的初心不一，有的是情怀玩自己玩，有的是做项目搞投资，有的是政绩工程。回到商业的本质，搞民宿能不能赚钱，能赚多少钱，值不值当，是否有更高更快回报的投资项目等问题都像是针对灵魂的拷问，时时回荡在民宿主的心里。

做单体民宿因为投资过大、产能过小而导致很难盈利或盈利微小，所以大家在想着民宿的规模化和连锁化，想着上规模上量吸引机构投资，这是做酒店搞连锁的套路。当然，与城市酒店连锁不同，乡村民宿发展连锁化上参与的各方更复杂。既可以是市场上的投资机构，还可以加进去如政府基金、扶贫基金、银行授信、合作社自筹等多方，共同参与提振乡村振兴下的旅游扶贫与民宿发展。

民宿产能有限的情况下租金及为保证品质的运营成本居高不下，怎么破？跳出民宿窠臼，升维思考，建立自己的民宿 + 体系是破局必经之路。

基于民宿及周边乡村空间，可根据自己的基因与优势，建立民宿 + 体系，这里列举几种，供大家思考。

### 一、民宿 + 研学

正巧前天听到江苏畅行文旅董事长萧去疾关于"民宿 + 研学"的分享，索性放到下面来先说。萧总分享时提到民宿即使入住率百分百最终收入也是有限的，那能不能做到百分之一百二或以上？单纯卖房是做不到的，所以才要拓展边界，增加综合收入。于是萧总在浙江新昌后岱山村做了松鼠部落 & 森林学堂开展营地教育和研学活动，将民宿与研学完美结合。

结合 2019 年 7 月绍兴日报与绍兴网的报道：后岱山村山清水秀，发展乡村游有资源，但缺人才。东茗乡经过调研由村里出面聘请萧去疾为荣誉村委主任。她从 1 月开始先后在该村投资 400 余万元，建起了"十里云上""青石居"等民宿。5 月 31 日正式被聘为"荣誉村委会主任"，随后她立即策划了研学游、乡村采风等活动。一次研学游活动，她就引来了 800 余名游客。上任仅 8 天时间，就为后岱山村引来 3000 多名游客。之后的短短一个多月，萧去疾搞策划、建民宿，村庄接待游客量增加了一万多人次。现今她已制订后岱山村打造特色美食集聚区、研学旅游区、民宿集群区的计划，力争将后岱山村做成乡村振兴研学营地、乡村旅游培训基地。

## 二、民宿 + 乡土特产

乡村民宿因地处乡村，盛产各种土特产。多半是车主的自驾游客人，在品尝当地美食后，都有需求带些当地特产回去自食或送朋友，这个也是现在不怎么提的后备厢经济了。以隐居乡里为例，除了卖房间，也带动了当地的苹果、玉米、小米、山楂、红薯等粮食果蔬的销售，从而在民宿 + 乡土特产上做了成功的探索，起到了良好的带动作用。

针对村庄农产品品质好但量小的特点，隐居乡里帮助村里专门成立合作社，通过网络平台专门针对高端用户进行销售，村里的纯天然农产品卖出了老百姓不敢想的好价钱。2017 年，下虎叫统一种植了 50 亩优质甜糯玉米，秋收时节，隐居乡里通过合作社按 1 元 / 根的价格面向农民进行收购，并通过网络平台和小院进行销售，收购甜糯玉米 6 万根，农民亩产直接增收 2000 元。2017 年，下虎叫村合作社的股民发展到 20 多户，并且实现了分红。农民们细细地算了一笔账，下虎叫种植业全年增收 30 万，实现总额 90 万的收入。而从 2018 年开始，隐居乡里的连锁效应发挥到极致。在其运营的 10 家连锁民宿中，均使用下虎叫村种植的绿色优质小米和野生山楂，当年 5 月，下虎叫所有产出的小米已经销售一空。

## 三、民宿 + 文创

这里以河北保定大激店匠人谷为例，其初始核心是晴耕雨读民宿群。大激店村里有 21 处特色民宿院落，共有客房 70 余间，可同时接待 150 位至 200 位游客。今年端午期间，这里的民宿全部售罄，预订民宿的游客大都来自京津冀周边。

2016 年，河北云乡居集团董事长路景涛带着团队，与大激店村委会达成协议——围绕千年古村落打造别具一格的精品民宿。2017 年，"晴耕雨读"院子诞生。之后，观荷听雨、花作、红炉、白院、杨院等 21 处特色院落相继诞生，共同构成了现在的大激店村民宿群"晴耕雨读"。与民宿群配套的还有艺术家文创园——九亩竹院、从生活的当下通往灵魂的彼岸——路美术馆、生活美学空间——水在堂问竹等，共同构成了中国匠人谷文创小镇。

2018 年 8 月，保定市文化创意产品设计中心成立仪式在大激店路美术馆举行。当天还召开了文创工作座谈会。2019 年 8 月大激店九亩竹院的路美术馆内，为期一周的保定市乡村文旅商品展，易水砚、曲阳石雕、大激店刘氏剪纸等千余种产品吸引了大量的京津冀游客和当地村民。目前，中国匠人谷文创小镇已引进非物质文化遗产项目 20 余个，包括谷馨、木艺、扎染、活字印刷等，带动村民就业 100 余人，孵化乡村小微项目 25 个，带动本地新增旅游服务商店 36 家，累计 1950 人受益。

## 四、民宿+社交

这个指的是基于民宿及乡村空间，开展社交活动。如基于团队的聚会、团建、党建等中小规模活动，非常好理解，就不过多展开了。倒是下面这个基于民宿的青春创业社交节目有点意思。

据珞思影视研究组报道：2017年四季度，东方、湖南、江苏、浙江四家一线卫视同时布局民宿类综艺成为当红现象。10月7日每周六晚起正式在东方卫视开业的原创综艺《青春旅社》，将创业和社交综合起来，用"青年旅社"的形式，将素不相识的年轻人聚在一起，打破独居状态，开启一场有梦想、有情怀、有交互体验和分享精神的友谊之旅。社交属性能够展现民宿魅力，《青春旅社》的交友诉求和民宿精神达成了高度契合。节目用轻松、自然、欢快、治愈的画风，强烈激发起观众对于这种美好的向往。

## 五、民宿+科技

科技助力民宿，是什么样的？智能门锁？物联网？ AI（Artificial Intelligence，人工智能）？还是PMS（Property Management System，酒店经营管理系统）？这里还是从民宿主商家端说说吧。科技让民宿管理更加轻松高效的话，必须借助于PMS。PMS系统目前在酒店业已经得到普及，而基于住宿属性的民宿，同样需要科技手段的支撑。

据网络报道：随着房东人数和经营规模的提升，对专业化经营服务的需求也在提升。不同平台房态无法及时同步、房源价格同步难、收益管理难等问题，成为影响用民宿主用户体验的痛点。

2013年7月4日青芒果旅行网正式宣布面向中小酒店行业推出免费酒店PMS系统"青芒果房管家"。2016年9月28日起青芒果旅行网与微信合作，将青芒果自主研发的客栈免费云PMS系统全面接入微信支付。现在改为迎客PMS-智慧营销赋能的便捷房态管理软件。

2018年5月，独立客栈民宿技术服务商云掌柜与小猪短租达成战略合作协议，双方联合开发针对短租民宿场景的管理系统软件（PMS），以有效解决房东经营中的实际痛点，提升民宿短租经营的便利性。

除了老牌的青芒果（迎客）、云掌柜、番茄来了还有新近冒头的猫窝房东等PMS，大家可以都试一试，最终决定选择自己用着更顺手的那个。

## 六、民宿+康养

随着中国老龄化社会程度的加深，康养也日渐成为有闲有钱人群的刚需，在特色小镇中也有主打康养主题的，而中山大学何莽团队及攀枝花政府近两年中出台了相关的康养标准。

据中国台州网-台州日报报道：塔后村被誉为"仙草生长的地方"，中药材资源丰富。以天台大农场建设为引领，以康养塔后为品牌核心，打造"中药材种植+深加工+销售+服务+旅游五位一体"的产业链，推动康养产业集群发展。

塔后村村委会主任陈孝形介绍说：发展康养旅游业，关键在景，核心在人。围绕民宿产业发展需求，塔后村每周组织一次实用性培训课程，如中医药膳、易筋经研修、插花、摄影、舞蹈、茶艺、安全教育、家风家训、乡风文明等，不断提高从业人员的业务能力。"康养产业还能带动村民就业，带动民宿的发展以及土特产销售等，民宿村正向'康养福地'转变。"

注：以上内容来自个人思考及网络信息综合，不妥之处，欢迎批评指正，谢谢！

原文发表于 2019 年 9 月 12 日

## 浅谈民宿 3：民宿也有基因论

最近一次听到关于基因论的话题，是在 2013 年黑马大赛总决赛时。那年我刚发起成立中国旅游创业家协会，也负责了这次大赛旅游赛道项目的招募工作。2013 年 11 月 19 日上午，新东方创始人俞敏洪发表了主题演讲，聊到了基因的问题，网搜那段话大致为"今天，不管你做出多么正确的商业政策，都有可能死掉，因为你计划的基因不在原来成功的基因里。原来新东方成功靠个人努力、个人讲课能力、个人辛辛苦苦勤奋的能力，但是今天这种能力没法跟互联网、移动技术相结合。未来想让新东方更加成功，就必须更换我本人的基因，同时更换整个新东方发展基因。更换基因这个坎过不去，基本上就要死。"

当时这段让我感到很震撼也经常思考关于基因的问题。俞敏洪当时谈到新东方在互联网时代已经落后，要想超越时代或不被时代淘汰，必须要改革基因。而这几乎是致命或者涅槃的选择，更换自我基因无异于抽筋拔骨，且不是一个人的事情。新东方要想转换，光是创始人、股东改变没有用，必须要创始人股东、高层、中层、基层这四层整体全部改变，才算是真正意义上的改变，才算是更换了基因。可以想象这是件多难的事情。不过 7 年过去了，新东方依然在，也有了网校和网课，在线教育这块也做得非常不错了。

传统观念里是老子英雄儿好汉、虎父无犬子、根正苗红之类的辞调，但也有王侯将相宁有种乎的呐喊。时至今日，我们依然看到国企与民企、外资与中资、创业与打工等存在很大的差异，你可以归于国情、体制，或者是基因不同。举例来说，几个国企旅游企业花再长时间再多金钱也做不成市场化的 OTA。

基因的一个重要特性是会传承，就是种下一颗黄豆的种子不可能长成绿豆。而另一个则是在内外力作用下发生了变异，如杂交水稻，但那还是水稻，不是麦子。看多了名人传记后，都会发现名人企业成功背后的逻辑，如贵人相助、自身努力、天时地利人和名人自身的特质。

前面铺垫了那么多，这里聊聊民宿的基因论问题。成功的民宿主或民宿品牌的基因主要来自人：

比如名人 & 洋人：

以国内早期的民宿聚焦地莫干山为例，与民国名人深度关联，加之老外进入发展起了"洋家乐"，进而在民宿领域声名鹊起，成为南方民宿重要代表地之一，备受业内关注及成为学习借鉴的对象。

当然是名人也未必做得好，以投资圈里声名颇大的王功权为例，他为人熟知的是他的私奔事件。在民宿领域，他创办了"青普"，主打人文度假，网上被吐槽房间贵，但服务却差之甚远。我之前也说过运营是最后一公里服务是最后一米，再好的资源产品营销，到头来验真的还是服务。

而王功权是参与花间堂买卖的重要参与者，花间堂曾是度假住宿业的第一品牌，2018年卖给了华住，品牌创始人张蓓出局后创办了十里芳菲。

比如创始人：

创始人之于企业，如张朝阳与搜狐、丁磊与网易、马化腾与腾讯、马云与淘宝等，王志东出局新浪这里就不说了。创始人于自创企业，是绝对的核心与灵魂，分析创始人的成长经历与特质，就能看出这家企业的发展脉络与未来。

随便说几个民宿品牌吧，比如北方民宿的重要代表——隐居乡里的创始人陈长春，是多年的老朋友，从军官到 CEO，从策划到运营，从线上到线下，绝对的 O2O 和躬身入局且走在成功的路上。长春很轴很直，有时数落我很讨厌，哈哈，但又讲义气，大事上不含糊，是个可交之人，属于外冷内热表面商业骨子文艺的文青。这家企业擅长策划营销，这是他们成功的核心特质，但双脚插在泥里才是隐居乡里从 2016 年起步，时至今日已有百多院子的奠基石。策划虽俏但运营却是苦活儿脏活儿累活儿，是逃脱不掉的重要环节。

比如张晓军之于唐乡。唐人智库主业为旅游规划，率先提出旅游规划的运营前置理念。近几年来发力民宿领域，不但创建了自有品牌唐乡，也引领一帮志士成立了中国旅游协会民宿分会，成为中字头国家级民宿行业组织之一。晓军兄每次见到我时都开玩笑地说是我把他引领上民宿的道路，那是 2015 第六届中国成长型连锁酒店发展大会"酒店遇到乡村游"板块，我邀请他参加，他大受触动进而进军了民宿领域。

而中国 2019 年十大民宿品牌排行榜中排名第一的松赞，也是创始人白玛多吉全力打造的。国内知名民宿的成功大多数与创始人特质相关，没有这些创始人，品牌只剩下名字和空架子，核心的灵魂和骨肉随之远去。在国内，太多甲方只认企业的老大，别人来谈没用，老大过去就搞定，这是个人品牌的巅峰，但老大的时间精力产能总是有限的，所以很多企业未来的隐忧是老大不在了怎么办，还能活得下去不，还能活得好吗。

搞民宿，找到和建立自己的基因至关重要。基因不止于人，也是自然人文，史海勾沉，时代凯歌。从基因到定位进而外化表现为设计上的各种风，产品的有机组合及服务管理的精益。个人IP做得好的民宿主，其民宿也相对做得好。刨掉创始人IP后，依然要回到资源把控力、产品设计力、网络运营力和服务执行力这四个力上，才能做好民宿。

原文发表于 2020 年 6 月 2 日

## 浅谈民宿 4：疫后民宿发展六大趋势

COVID-19（Corona Virus Disease 2019，新型冠状病毒肺炎）肆虐了中国旅游业五个月后，基本被我国强力控制住了，而国内旅游从五一后渐渐缓慢恢复。虽然逝去的时间和金钱不能被追回，目前跨省出境的禁令也暂未打开，但总体旅游在向好的方向发展，旅游人对未来发展也还充满信心，毕竟"逝者不可追，来者犹可待"，接下来的端午暑假国庆春节等才是旅游人关注和回血的重点期盼所在。

虽然 2002 年，浙江莫干山出现了第一家民宿颐园，但从我的角度来说 2016 年是乡村民宿发展的元年，之后迅猛发展接着泡沫破灭市场进入冷静期。互联网的名言：大潮退去才知道谁在裸泳，民宿业火爆之后已有不少研究者进行了冷思考，加之受新冠肺炎疫情影响有人认为是雪上加霜，但事情总不会是那么极端，民宿业没有想象中那么脆弱，旅游业的坚韧性也依然支撑民宿的生存与发展。

作为大住宿业的新生力量与创新排头兵，疫后民宿业的发展我想有以下几个趋势供大家研讨：

### 一、集群化

单体民宿除了玩票外，难以独立市场化生存，所以大家要抱团取暖，利用地域集中化与单体特色化优势，聚众阻击周边城市的客户群分层，并与景区、度假区（村）等合纵连横，形成营销合力。比如北京房山黄山店村"民宿集群"、北京延庆姚官岭村"民宿集群"、四川雅安雨城"民宿集群"等，而习总书记 2017 年 1 月 24 日视察过的张家口市张北县小二台镇德胜村，也正在打造全新民宿集群，以实现京北民宿旅游第一村的战略目标。

### 二、连锁化

单体民宿的痛，相信其经营者深有感触。为实现低成本高效率快速发展，民宿品牌连锁化是必经之路。虽然这脱离了"真正"的民宿定义，但规模化第一向来是互联网的基础思维之一，民宿企业要想获得更多流量、政策、金融等支持就必须在可控的情况下快速发展规模。所以有人说国内民宿只是披了个民宿的外衣，走的是乡村精品酒店的路子。

我想连锁化没什么问题，毕竟企业是以营利为目的，做民宿不只是乡愁的田园情怀。只有连锁化后，才能更好地服务于用户，服务于地方经济，更好拿融资，也更方便与诸如分时度假类的大渠道商合作。

## 三、托管化

托管化的缘由是专业的人干专业的事儿，这几年以玩票和投机心理进入的民宿主现在进退两难，重金打造的水泥木头疙瘩犹如鸡肋，但接盘侠也不是那么好找的。而品牌连锁民宿也正在从重到轻，转向轻资产管理运营模式，一拍两即合，托管代运营业务应运而生。你出资源我出客户，利润分成，大家好才是真的好呢。

近期隐居乡里凭借北方网红民宿的先发优势，三年多来积攒了三高个人用户及大量的团建企业用户，自身无法完全消纳，所以提出了"隐居乡里同行者计划"，招募优质民宿源，分享其溢出客源。所以接下来被托客将成为上不上下不下的单体及小体量民宿主的较佳选择。

## 四、并购化

说到并购，大家熟悉的是2018年中国头部民宿品牌花间堂卖给了中国领先的多品牌酒店集团华柱，创始人们套现退出。酒店集团传统业务板块近几年发展速度减缓停滞甚至有些倒退，所以需要新的利润增长点和资本故事点，而收购连锁民宿品牌是最快的方式。但要想被头部酒店集团收购，首先也是达到一定的体量，最好是已经连锁化完成，若因此被收购，是创始团队比托管更好的退出方式。

## 五、标准化

经历了2017年洱海民宿一刀切后，以非标为标签的民宿发展业内发生了争论，非标与标准如何和谐统一，非标就一定要与别人完全不一样吗？之前我曾写过民宿的基础功能是住宿，所以与安全等相关部分必须标准化，才能合法合规，避免后期损失。

为了规范促进民宿发展，国家旅游局公布的《旅游民宿基本要求与评价》行业标准于2017年10月1日起正式实施。业内人士评价：标准的出台明确告诉业界，民宿也应该有标准。一味地野蛮生长不能带来行业的健康持续发展，在发展个性化的同时，民宿业需要一个基本的要求与规范。据介绍，标准提出了传递生活美学、追求产品创新、弘扬地方文化、引导绿色环保、实现共生共赢五大评价原则，提出了民宿的基本要求，并对民宿的安全、环境和设施、卫生和服务做出了规定。

## 六、自治化

这个非常有意义，相关法律法规及标准不可能制定得事无巨细，所以自律和自治很重要。2018年2月3日，莫干山民宿行业协会年会上，其所属会员民宿都签署了《莫干山民宿行业自治公约》，这也是全国第一个民宿行业自治公约。2019年8月7日北京市怀柔区渤海镇正式发布《民宿行业自治公约（试行）》，以规范渤海镇乡村民宿经营行为，提升管理和服务水平，助力渤海民宿长足发展，树立民宿品牌。

我想这是个很好的开端，未来会有更多的民宿社团倡议公约自治，律己律人。以市场化为基准，用生态文明、健康规范、共享互利的原则，避免恶性竞争品质下滑口碑负面等不利因素出现，维护当地民宿品牌声誉，提升当地民宿知名度与美誉度。

原文发表于2020年6月3日

## 浅谈民宿5：取个好名字是成功的第一步

我们每个人都有名字，通常是父母起的，也有爷爷奶奶起的，当然还有找人算的，最后还有自己改的。通常来说，名字通常寄托我们对下一代（未来）的希望或者期待。而民宿的名字也不是随便起随便叫的，通常也是主人或经营者情怀及对自身定位、未来发展的综合考量。

民宿的名字通常有两层，一是民宿自身的品牌，二是民宿品牌下面院落/房间的名字。民宿品牌方面，通常基于四条逻辑，自然环境、历史人文、建者情怀与未来发展。名字和我们人的名字一样，不要过于生僻到字都不认识，也不要太过"高深"让人看不懂，也不要过于直白落了俗套。既要有意境，又要多数人能够稍加思索可以理解，才能容易被记住及传播。

我们来看下某媒体评的十大民宿品牌及十大新锐民宿品牌，官方说是根据选址环境、设计风格、人气口碑、经营特色、发展潜力等标准对入围民宿进行综合评定的，但榜单背后深层原因这是不讨论，大家认真读读这些名字，再和我上面列的四条对一对。

十大民宿品牌：

松赞绿谷、山里寒舍、浮云牧场、过云山居、花间堂、原舍、西坡、不负艺术、山水间、喜悦秘境。

十大新锐民宿品牌：

梵境民宿、花筑、想宿、耕读民宿、星宿·雾灵山居、陌上海心谷、观舍西山、木可千寻、在田间、胡同派。

这榜单居然漏掉了北方民宿代表隐居乡里，作为隐居乡里首席品牌推广官，其案例解析我4年间已经人肉推广了约五万人，但以陈长春的性子，通常不会主动去参加，被动地也没时间搭理这些评选活动，所以不在榜单也正常。

民宿品牌会让首次听到的人产生联想，并生出进一步去了解的欲望。之前有讲过，欲望是旅行的第一步。比如听到隐居乡里，就会想到在田园避世隐居。听到花间堂，就是鲜花盛开的地方。听到浮云牧场，就会联想到远处云海近处牧场等。

而民宿品牌旗下院落的名字，通常也是根据当地情况，从自然历史人文情怀等方面抽取元素进行命名。有些院落是有名字，但院落里每个房间不一定有名字，但也有每个房间也都有各自名字的，房间的名字比较常见的是二十四节气、自然区域内山水名字罗列等。

这里聊下院落的名字，以我熟悉的隐居乡里为例，其在各地的院子名字各有不同且名字长短不一，但都很有特点，毕竟是传媒公司基因，找出卖点很轻松。大家来看下这些院落的名字：

山楂小院、先生的院子、姥姥家、黄栌花开、桃叶谷、云上石屋、左岸花园、牧马人、蜡笔森林、麻麻花的山坡、青籽树、楼房沟、杏花山上、五把椅子。

以上名字大家品品，细品品。山楂小院是2016年隐居乡里第1个院子，是试验品和实验室。当初长春给我打电话让我过去看看，说自己在延庆搞了个民宿，我说叫啥，他说叫山楂小院。这一下子就勾起我的兴趣，毕竟时年那部《山楂树之恋》电影、书籍、歌曲等都非常的流行。我当时产生联想，电影里山坡上那棵山楂树开的是红花，小院里那棵开的是什么花呢？现实生活中山楂花开的是白花，而电影里那棵开红花是因为英雄的鲜血染红了它。有了这个联想，山楂小院在宣传推广方面节约了很多时间力气，称之为蹭热点抱大腿也不为过。

因今年给德胜村做了文旅发展高级顾问，德胜旅游自身的民宿还没有品牌，18号上午我们一起就起名字做了次头脑风暴。目前总的民宿品牌还没有敲定，德胜人家这个名字中规中矩倒没有什么问题，但如果叫德胜的院子，以院子做主打的话，有些牵强。村里的小二楼虽然有院子，但面积普遍较小，视觉及体感都较为局促，不适宜以院子作为品牌中的主打项。这里面主要问题是要否抛开地域标签，如果抛开德胜这个地域标签，再想名字就可以天马行空，结合张北的自然历史人文较为容易想出一个适宜的名字。

目前德胜旅游旗下有8栋已经建成使用，其他还在陆续建设中。这8栋在风格与元素上有红色、波希米亚、蒙元、亲子及4套中式、2套偏古典、2套偏混搭。

到乡村来度假，首先想到的关键词要考虑：闲、慢、舒、忘、享等。

（1）红色风格：其实内里有早些年的物件及陈设，激情燃烧的岁月。身处其中仿佛穿越到20世纪七八十年代，我想不妨起名叫：时光里。在时光里，让小孩子年轻人了解半个世纪前的中国，也让五〇后、六〇后、七〇后回到当年青春或儿时岁月。

（2）波希风格：波希米亚主打自由与浪漫，卢卡提到吉卜赛人，但我感觉过于流浪感不好。卢卡起的名字是"一米阳光"，我首先想到的是白色恋人？浪漫满屋？但这个较为俗套了，再形而上可以从古代浪漫诗派或现当代普希金、徐志摩、舒婷等的诗句里找找灵感，比如"星辉斑斓"。

（3）蒙元风格：这个较为常见，张北草原，有草原就有蒙元。我想的名字是"牧歌"，或者"坝上牧歌/塞上＆塞北牧歌"。前面是区域，牧歌是草原意境。

（4）亲子风格：这个比较简单，我想叫"趣童年"也不错。童年是人生中最有趣的了，可以自由任性地奔跑，肆无忌惮地童言和"我还是从前那个少年没有一丝丝改变"。

至于那4套中式，因为没有过于明显的风格，所以可以根据德胜村及儒家五常"仁义礼智信"、五德"温良恭俭让"，再配以安居乐业的居字，可以拿出十套，分别叫德仁居、德义居、德智居、德信居等。

另外有些颇有意境的名字：半日闲、春风里、渡春风等也招人欢喜，如果我自己以后有机会开个民宿，我已经早早想好了名字，就叫"希望的田野"。

原文发表于2020年6月20日

## 浅谈民宿6：如何做出自己的民宿特色

怎么做出自己的特色？这是个好问题，适于所有的民宿乃至任何的经营服务类项目，毕竟大家都知道要有特色，要做出差异化，要"我们不一样"。这也是个通用问题，我将以张北德胜村为例撰文阐述。

我想做出特色，至少分为两个阶段，一个是基础阶段，一个是特色阶段。在基础阶段里，你首先达到常规水平，或者说和别人差不多的水平，比如保洁、接待这些细碎的事情能够做好。这些细碎的事情看上去简单，但真正想做好也不是那么容易，需要被培训及加强自律和主动服务意识。

在基础阶段达标后，进入了特色阶段，在这个阶段里逐步找到并树立及加强自己的特色。我想可以用制宜这个关键词来说明，比如因地制宜、因时制宜、因人制宜及因事制宜。

### 一、因地制宜

地域的差别是旅游需求的重要诱因之一，好比那句从自己待腻的地方到别人待腻的地方去，北方南方、西部东部、内地边疆，大家都想去看看不一样的世界。回到本地域，怎么从地域这个因素中挖掘出特色？

自然山水、历史文化及原乡肌理，前二者大家都好理解，关于原乡肌理这个问题，我们可以展开说说。我知道很多地方政府对当地村庄改造时会对介入的运营商提出保留原乡肌理，这也是个传承与创新的关系。

原乡肌理，我理解就是能够凸显乡村风貌的外化和内在的重要特征，这个特征可以是房屋建筑、传统习俗、餐饮特色、手工艺品等。比如百里乡里一期，院子里的房屋从外面看还是旧的平房，旧的木制小窗户、木门和砖制小烟囱，但里面现代化，居住更舒适。院子里有的还保留了牛棚，也是比较少见的。客人来了后，可以直观地看到村子的前世今生，也是亲子重要的教育环节支撑。另外我也观察到当地的老房子山墙上会有双喜字，而这个"囍"字在二期的建筑上也有体现，我认为这就是种传承，或者原乡肌理的一个符号。

张北德胜村因是旧村改造而来，原有的破旧平房院落没啥特点，保留意义也不大，所以全部拆除重建，现在呈现给大家的是中式徽派建筑的直观观感，与该地域原有建筑风格迥异，也是个不破不立的好卖点。至少从初次来参观的各路人群反馈来看，都是感觉很有特色。

所以对于原乡肌理而言，建筑特色能够保留的尽量保留，没有必要保留的也要果断舍弃，另起炉灶。从软性的角度，餐饮及民俗是更重要的原乡肌理表现，当地的吃食，当地的风俗，对于游客更具有吸引力及传播力。

以张北为例，土豆与莜麦是重点作物，品质高，那么在餐饮后可作为重点突破，研发土豆宴等特色餐饮，并用标准化工艺来制作，达到口感独特、绿色健康及文化内涵于一体的德胜特色宴席。

## 二、因时制宜

这个时，指的是时代与时机。要想发展，就要顺应时代大潮、抓住市场需求来找到和做出自己的特色。中国民宿业作为大住宿业的创新力量，近几年发展势头迅猛，其市场也在从前期的火爆无序过渡到现在，逐渐冷静有序起来。

近几年来，消费人群发生了变化，最明显的趋势就是市场细分化。消费者们的消费需求日趋明确且偏好明显，目前最具消费力的人群就是亲子，方式就是度假。而从民宿角度，也是最适合亲子度假的消费场所之一。这就是新消费时代，必须要适应且迎合。

比如八渡爸嘟，其他条件都一般，但院子里准备了十几个小孩子可以单独骑行或合作骑行的小车子，成本低，利用率高，孩子们来了顾不得吃饭一玩就是一两个小时。德胜村的院子系列之趣童年，除软装偏重儿童风格外，配备的滑梯、沙坑、乐高墙等少儿喜闻乐见的设施，都让孩子们玩得不亦乐乎。孩子开心，家长就开心，就认为钱花得值，就愿意口碑传播。

再说下时节，就是因季节不同匹配不同的体验类活动。比如春耕秋收，夏水冬雪，各种手作体验，达到一年四季都有的玩，且玩得特色鲜明。特别是后疫情时代，如何要教育孩子尊重生命、尊重人类、尊重自然，在活动设计上都需要着重考虑。

## 三、因人制宜

人是民宿中最重要的核心要素，就是主人文化，但在民宿日益规模化、连锁化的今天，主人文化是缺失的。这个主人应该是原住村民＆房东，但限于村民房东通常不能胜任民宿从设计到运营的系统性工作，所以我们看到的情况多半是他们将房屋出租出去，而接手的基本上是外来人。而整村改造的，更是外来公司打包，本地人通常只负责服务接待和种养殖等配套性工作。

单以接待条件或舒适性来论，民宿与高星酒店是无法比拟的，那民宿的卖点是什么？在农家乐和民宿之间，是大家之前熟悉的客栈，而客栈传播上最大的卖点，就是老板娘，比如最美老板娘之类，这就是典型的主人文化的代言人。但现在大多数国内民宿的主人是相对缺失的，所以主人缺位的情况下，代替主人的变成了管家。

在德胜，将负责民宿的人称为民宿主，这种叫法也不错，但对民宿主的挑选和培训是非常重要的工作。能够胜任民宿主的人员在选拔上的条件：

（1）本地村民：具备良好的道德品质，具备亲和力和沟通能力及服务意识，女性优先。

（2）外来人员：条件同上，但要求具备一定的专业能力，在某领域有一定研究，拥有个人魅力，特别是在文化艺术领域有所研究者。

目前看，德胜民宿在建筑内外设计上不具备突出优势，毕竟我们不是设计师民宿集群，每栋民宿都由不同的设计者负责设计，具备个性鲜明的设计风格。在运营时间上，整个北方到了冬天都是淡季，以张北气候论，最为适宜的运营时间为6~9月，4个月时间，也可前后延展到5个月时间。季节性的限制非常强，所以在人的上面应该狠下功夫。如果能够拥有数十个个性鲜明的民宿主群体，就可以大大削弱因季节带来的不利影响而打出自己的特色。毕竟除了户外看景，在室内（民宿内/公共室内空间）也可以做非常多的体验类事情。

### 四、因事制宜

德胜文旅发展，考虑的不能只是德胜村的事情，要跳出村走出市跨出省面向全国甚至世界。要抓住每年的一些重大事情时点，结合自我优势进行会议会展。

比如2021年是建党100周年，就可以结合德胜村史馆这个红色资源进行全年系列党建活动的筹划。当然目前的村史馆还是1.0版本，还需要进行智慧化和互动性的升级，变成智慧红色场馆。

还要结合业务板块打造一些自有的品牌活动，比如在绿建方面、生态农业方面、民宿方面等。一方面要打造自有活动品牌，另一方面要积极开展多方合作，把全国性的一些行业活动引流到德胜村，形成月月有会议、周周有沙龙的聚人、聚智、聚资的聚集传播格局。

原文发表于2020年11月3日

## 浅谈民宿7：探索乡建教育之道与民宿人才培养

乡村振兴任重道远，乡建之路道阻且长。乡村双创的典型代表——乡村民宿是乡村振兴及乡建的先行践行者和试验场，各行业的发展都离不开人才，民宿也是如此。与城市的工作岗位大有不同,民宿的岗位,特别是中基层岗位(一线)只能在地化培养才能留得住,干得好,待得久。与空降兵追求头衔和待遇不同,本地人才在地化培养,是基于每人都有的我为家乡出点力的朴素愿望和有望海阔天空自我实现的共情。

民宿的一线中基层岗位,指的是与客人有直接接触的岗位,中层管理人员为店长,基层服务人员为管家,还有部分后勤支持岗位。这些岗位人才的培养,不但需要一定实务理论的支撑,更需要从实践中来到实践中去的知行合一,需要手把手地教授及实地训练,也需要浪淘沙的筛选机制,如此,方能得到本地化选拔在地化培训的星星火种。

可喜的是,北方民宿学院在这方面做了大量的探索与实践工作。据悉:2021年2月2日,由北方民宿学院与留坝县政务培训中心共同出资成立的留坝青山乡建技能培训学校在秦岭留坝落成,这标志着以乡村人才为主要受训人群的职业教育机构在秦岭正式挂牌,一场浩浩荡荡的"乡村人才培养计划"正在开启一个新征程。

青山乡建,"青山"是学校对乡村事业"咬定青山不放松"的态度,坚定的意念、长足发展的决心,既符合国家"绿水青山"乡村发展的大政方针,又与秦岭繁茂的自然特点,以及与发展乡村旅游的县域振兴目标相吻合。"乡建"寓意学校将投身整个乡村建设事业的人才培养中,每个人都为乡村这个大舞台添砖加瓦,每个人用自己的真知灼见与实际行动把乡村建设得更像乡村,把乡村建设得更有骨气和尊严,让这里的每个人都能骄傲地说一句,我来自美丽乡村!而学校要做的,就是让所有乡村人通过自己的勤劳努力和付出,有能力有资格站在"乡建"的历史舞台上,成为这场时代大变革的主人翁。

上面一段新闻中忽略了最重要的关键词,那就是技能培训。青山是主旨,乡建是方向,技能才是目标。培养乡建的适用人才,才是这所学校的核心工作所在。

这所学校源于北方民宿学院为秦岭楼房沟精品民宿带来的在地化人才培训,普普通通的农村妇女经过培训后,成为可以服务于高端客户的乡村民宿管家,这是针对民宿基层一线岗位的培养成果。同时针对中层管理人员的"乡村经理人火种计划"也已实施。

2020年12月下旬,由北方民宿学院与山西省沁源县政府共同举办的山西沁源"乡村经理人火种计划培训班"圆满落下帷幕。8名年轻人横跨五省市、融入隐居乡里10个项目点、实操不少于五个民宿相关岗位后,终于学成归来,带着自己对培训的感悟及对乡村民宿运营的见解回到家乡,向家乡人分享了自己6个月的所学、所见、所闻、所感。培训班的结束,正是这批年轻人在乡村大展宏图、实现自我价值的开始。

在过去六个月的培训课程中,学员们从最基础的刷马桶、切土豆丝做起,深入学习、实践了乡村餐饮、旅游接待服务、客房打扫基本功,学习了摄影、文案、品牌营销、产品销售技能及乡村项目的运营实操技法等。导师们手把手地教,学员们在实际岗位中实操训练,成就了"乡村经理人"的十八般武艺。

"乡村经理人"是乡村产业转型中的核心力量,是乡村价值的直接转化。为当地培养优秀的乡村工作者，为当地产业发展提供优质的人才储备，为即将大力展开的产业转型提供核心造血能力，这也是"火种计划"的终极要务。

据了解，学员们仅在销售培训岗位上就已创造了不小于 50 万的销售业绩，用市场验证了自己的学习成果，为进入乡村做足了充分准备。目前培训班的全部学员，都已纳入隐居乡里乡村运营人才库，隐居乡里将对学员特点及岗位进行匹配，真正帮助当地实现乡村人才力量转化。2021 年，我将以隐居乡里人才储备官的身份，为其及北方民宿学院搭建与全国各高校青年学生的实习实训通道，助力乡建人才储备及培养。

留坝青山乡建技能培训学校的校训是"真诚、敬畏、实干"，真诚是与人相处及待客之道，敬畏是与自然相处之道，实干是工作之道。对人真诚，对自然敬畏，对工作实干，希望留坝青山乡建技能培训学校能成为乡建人才的孵化器、加速器和乡村振兴双创教育的生力军，扎根留坝，立足秦岭，面向全国，让我们拭目以待。

注：本文部分素材来自北方民宿学院公众号。

写于 2021 年 2 月 2 日晚

## 浅谈民宿 8：民宿 3.0 时代的民宿细分化趋势——以非遗民宿为例

### 一、大陆民宿史的断代

关于民宿的断代说法较多，如有种说法是：民宿有着 1.0（情怀时代）、2.0（度假时代）、3.0（产业时代）等不同的发展阶段。还有 2017 年 10 月 18 日安水水在《短租民宿的"场景革命"变迁史 未来将出现更多场景化元素》一文中提出："1.0 时代：以宿为'家'、2.0 时代：多维增值服务、3.0 时代：游娱购一体化"等，以上两种说法都较虚，我还是赞同用时间段来划分，我的依据是百度指数，也与诸君商榷。搜索关键词"民宿"，时间选为全部，从时间段来看在 2014 年之前的曲线一直处于低位徘徊，直到 2015 年开始曲线快速上升，2016 年超过均线上下震荡直到 2019 年跌回均线盘整至今。

1. 民宿 1.0 时代（2002—2014 年）

大陆民宿 2002 年从夏雨清的莫干山颐园开始，到 2007 年高天成的裸心乡、2014 年司徒夫法国山居建成使用，莫干山民宿聚落逐渐形成。

2. 民宿 2.0 时代（2015—2019 年）

2015 年莫干山聚集了近百家精品民宿，成为民宿行业发展的重要旗帜，随后莫干山的民宿效应在全国被效仿学习，国内民宿热潮兴起，资本和创客蜂拥而至。从 2016 年开始，民宿搜索指数突破均线，民宿行业正式进入 2.0 时代。民宿的热潮下暗流涌动，2017 年洱海民宿一刀切整治，2018 年文旅融合口号提出后出现一个有史以来的次峰值，原来比拼硬件的民宿开始加大文化内涵的竞争，市场也在泡沫中洗牌盘整，2019年春节前后达到有史以来的最高峰值后持续下落，直到疫情之前。

3. 民宿3.0时代（2020年至今）

2020年因新冠肺炎疫情影响，整个旅游业遭受重创，民宿也不例外。直到上半年暑假前后放开国内禁令有所提升，又随着10月国庆后淡季及随后多点散发的疫情重新跌回均线之下直到现在。疫情是个分水岭，疫后民宿发展呈现出多种趋势变化。在笔者2020年6月《疫后民宿发展六大趋势》一文中提出民宿发展的六大趋势为：集群化、连锁化、托管化、并购化、标准化与自治化。

## 二、以非遗民宿为例看民宿发展的细分化趋势

随着疫情对中国旅游业及民宿业的影响逐步加深，民宿发展态势已经从数量增长型转为质量提升型。鉴于文旅融合的深入，为了避免比拼硬件的价格竞争及突出自我标签，发展趋势上除上述六点外，又在细分化上更进一步。细分有两个维度，一个是人群细分化，如亲子民宿；一个是主题细分化，如非遗民宿。

这里聊下主题细分化下的非遗民宿。

1. 非遗民宿的定义

2020年11月17日温州市人民政府网新闻《33家民宿上榜我市首批非遗民宿创建名单》中提道：在民宿业主自愿申报和各地文旅局推荐的基础上，经民宿业主的陈述、专家组的评估，温州市文化广电旅游局选定下垟大宅、圣井左舍、元觉花岗渔村、寒舍迴塘、迷途·七厝等33家民宿作为温州市首批非遗民宿创建单位。

在新闻中，非遗民宿的定义为：以非物质文化遗产体验性传播为核心，在设计、建造、经营管理与服务中，通过对非物质文化遗产的形态、技艺、观念的展示和表达，为游客提供独特文化、情感、消费体验的民宿。

个性与特色，是这批非遗民宿创建单位的"标配"。如位于乐清市黄檀硐古村的下垟大宅民宿，每天会向游客提供非遗项目体验菜单，游客可以自主点单，选择特色非遗，如传统织布、蓝夹缬技艺、细纹刻纸、米塑等；或者民俗体验，如捣麻糍、传统剪纸、农家耕作、瓦片画等，民宿根据点单情况报价，邀请非遗传承人前来上课交流、授艺互动。

2. 非遗民宿发展：从非遗进民宿到非遗在民宿

非遗作为文旅融合的典型形态之一，基于非遗的强文化属性及民宿这个空间复合出非遗民宿。在早期，只是把非遗传承人、非遗产品不定期间断性地放在民宿这个空间里做些活动、展示销售等，目前已经发展到民宿主人即是非遗传承人、民宿在软装陈设餐食上融入非遗元素，同时搭配大量以非遗为题材的注重参与及体验的活动、课程、展销等内容及形式。

如非遗进民宿：桐庐县富春江镇天空民宿每天会提供游客免费的非遗项目展示和交

流，游客可以冲泡传统的芦茨红茶，学习制作米筛爬、灰汤粽、清明粿等非遗主题的美食，或者体验古法烧炭。

如非遗在民宿：苍南县钱库镇的柴房别院民宿，走进去就能看到那一抹蓝，墙上、展示柜上各色蓝夹缬民俗老物件和非遗产品琳琅满目，各种日常用品中也不乏蓝夹缬的色彩与纹样，让住在这里的游客沉浸式感受国家级非物质文化遗产蓝夹缬的魅力。半山丽舍民宿位于矾山镇，在装修、装饰中则嵌入了另一种当地非遗——矾塑，由当地人利用丰富的明矾矿产资源制作而成，其内部材料五彩缤纷，外部结晶的明矾晶莹剔透，已成为每一位入住游客的打卡必备。

年关将近，隐居乡里与冇Mao原创生活实验室联合研发的"秦岭年礼系列"因将在地非遗技艺与国潮结合备受好评，上线不到两天就已卖断货。而妫水人家与北京交通广播联合"一路奔冬奥"在延庆石光长城精品民宿进行了"视频直播家乡年"活动，云上及现场体验长城脚下的非遗年俗文化也颇受关注。

3. 非遗民宿标准有待制定

为了规范促进民宿发展，原国家旅游局公布的《旅游民宿基本要求与评价》行业标准于2017年10月1日起正式实施。2019年7月24日，文化和旅游部公布了新版《旅游民宿基本要求与评价》(LB/T 065—2019)，游客以后可以根据星级挑选民宿，避免选择困难。新标准将旅游民宿等级由金宿、银宿两个等级修改为三星级、四星级、五星级3个等级（由低到高）并明确了划分条件。在五星级民宿舍要求中有提道：周边宜有地方非遗、风俗、生产生活方式等活动体验点。

最新有关民宿的国标是2020年9月29日实施的《乡村民宿服务质量规范》(GB/T 39000-2020)。在8.3.6休闲体验服务一节8.3.6.3中提道：宜提供农事、非遗、文创、科普、研学、体育、艺术、康养等体验性或参与性活动项目。

浙江省文化和旅游厅已出台的《浙江省乡村民宿提质富民三年行动计划（2020—2022）》中明确提出"开展文化主题民宿、非遗文化主题民宿等民宿新业态标准研究，出台一个文化主题（非遗）民宿地方标准，将当地文化注入民宿，使民宿拥有灵魂"。

但目前为止，关于非遗民宿的单项标准还没有出现，不论是国标还是行标、团标，我想应该是从团标开始较为妥当，如南方&北方两个民宿联盟体系联合，或者中国旅游协会&中国饭店协会下的民宿分会联合来提出及制定。

写于2021年2月5日深夜

# 第四节　周边游

## 携程进军周边游市场，哀鸿遍野还是有始无终？

昨日（2014年7月25日）一篇《携程上线"周末游"为十亿游客解决"周末找好玩"》新闻像一颗石头扔进湖里，激起水花一片，荡起无数涟漪。

原文观点：

据统计，我国每年30多亿人次的旅游者中，1~3日的周边短途游占了七成以上，其中又有一半以上是周末出游。周末游游客规模可达十亿级，人均消费数百元，市场规模保守估计也在数千亿。

但市场上并没有专门的周末游产品，传统旅行社还是以跟团游为主，不重视一日游市场。短途周边游市场缺乏品牌服务商，为旅游者提供成体系、有保障的服务。这成为一个巨大的市场空白和痛点。

就此事，看看业内相关人士的反应：

我熟知做周边游及短途游的几家，如要出发丁根芳、爱打听周边游王明凯、周末去哪儿肖鹏等对此事没有评论，微信都未转；只有周末去哪玩文龙做了回应：

"携程周边游新闻一出，很多人问我，我只想说我们这些人都是为了生存搭上全家拼了命去创业的小伙伴们，平日上班，周末带团跑商户！有投诉我们上门道歉亲自陪游，真正用心去呵护品牌成长，况且地盘足够大，各地差异化大，老大进场助威，小弟们信心更足，小腿儿跑得更快了……"

童子军户外网创始人（原千夜旅游联合创始人）冯钰大声疾呼：狼来了！

"周边游是比签证机票更靠前的旅游用户入口，是大佬必争之地。频次高，在家庭消费中比重大于长线游和出境游，客户消费特征明显，目前市场混乱。

大佬们进入有利于整合资源方，规范市场，对用心做产品的同学是好事，至少不用面对素质参差不齐的本地小平台；对利用信息不对称倒买倒卖、没有核心竞争力的小平台是噩耗，赶紧转型或求包养吧。

……周边游是一个远比门票、客栈更有价值的入口，周边游的小平台们，你们做好准备迎接这最后一战了吗？此役之后，周边游平台，要么成为大佬，要么消失！"

对此智游啦创始人汪博评论道：

"任何有明显机遇的市场老大们肯定都是要来晃荡晃荡的，要不就一定要把这事儿想得比他们清楚，从做事的方法布局上甩开他们，要么就在区域性或细分性市场跟丫亮亮剑。"

而去哪儿当地人业务负责人孙朝晖当日发了条微信：

"每天看到各种业内狗血，更了解一句话：一个行业只能有一个领先者，他唯一可以采取的策略就是防守，也只能有一个跟随者，他的策略只能是进攻。如果已经没有其他小弟或小孩子跟着投机钻营，只能说明这个行业过度成熟了。"

好吧，说说老张的观点吧：

曾于 2007—2009 年做了 3 年相关的京郊旅游信息化（嬉游网）工作，包括数据采集分析整理、标准制定及电子商务尝试。周边游如果放在北京，以京郊游为主，当时那些存在的问题时隔六七年依然存在，而这些问题不是单纯靠钱能砸出来的。

周边游频次最高，客单价低，适于冲动消费，易于做消费决策。没有全国性的大服务品牌，各地都是独守一片天地，市场确实混乱。而且在网络这么发达的今天，信息不对称依然存在，甚至还加大了。

酒店先拿出去不做讨论，京郊游的主体主要是农家院，客栈都极小。据统计北京至少 3 万家农家院，虽然已经普及网络，但整体服务品牌、意识、体验都还较差，特别是信用机制和契约精神较差，作为平台方，在旅游旺季来临时非常被动。

好吧，有看官说了，人家携程就是有"门票+酒店"自驾产品，拜托，京郊游的就是山水乡村，感受民俗风情，就是要住在村里农家院。

而结合携程攻略社区就更有点扯了，以北京为例，大量自助游自驾游用户都集中在那几个社区论坛里，如绿野、出城网等户外或农家院网站里，这些虽然不是全国性大网站社区，但在北京本地影响力巨大，黏度甚高，强龙要压地头蛇，得看你能不能持久……

但既然猛龙过江，定是挟风雨而来，就怕水土不服。周边游市场这么些年死掉很多项目，真不是有钱就能解决的。况且各地周边游差异化很大，难以用一方法一刀切，在全国各地建分站也不现实，团购全国分站的失败可谓前车之鉴。

要么能解决周边游的痼疾，我不看好，携程真要把北京黑一日游的问题解决了，我每天烧三炷香，那真是利国利民的大好事啊。

其实就旅行社行业，在周边游领域也有做得很标准、用户规范的，如世纪中润、银河快车等，莫要一棍子打死。

总之这件事：

（1）携程想一统周边游天下，难！本地市场壁垒不是靠钱能砸出来的。

（2）建议收购全国各地本地化有影响力周边游平台，如周末去哪玩、要出发、周末去哪儿、爱打听周边游、一村网、绿野、磨坊、小羊军团等，那就厉害了。

（3）区域性强势本地周边游平台依然存在，当然只限于产品设计新颖服务体验好的。

（4）目的地旅游，大部分重合于周边游，而目的地旅游是各大 OTA 必争之地及角力主场,市场盘子足够大,大家都有得活。

(5)说归说,做归做,最终还是要看做。

可能,我说的都是错的!

原文发表于 2014 年 7 月 24 日

## 湾区人游湾区——粤港澳大湾区旅游未来发展应重视周边游

粤港澳大湾区(Guangdong-Hong Kong-Macao Greater Bay Area,GBA),由香港、澳门两个特别行政区和广东省广州、深圳、珠海、佛山、惠州、东莞、中山、江门、肇庆(珠三角九市)组成,总面积 5.6 万平方公里,2018 年末总人口已达 7000 万人。它以全国 0.6% 的面积贡献了 12.4% 的 GDP,人均 GDP 是全国的 2.5 倍,是中国开放程度最高、经济活力最强的区域之一,在国家发展大局中具有重要战略地位。

"粤港澳大湾区"从学术界的讨论到地方政策的考量,再到国家战略的提出,历时 20 余年。其中较为重要的时间节点是:

2017 年 10 月 18 日,习近平在中国共产党第十九次全国代表大会上做报告,明确提出要支持香港、澳门融入国家发展大局,以粤港澳大湾区建设、粤港澳合作、泛珠三角区域合作等为重点,全面推进内地同香港、澳门互利合作,制定完善便利香港、澳门居民在内地发展的政策措施。

2019 年 1 月 11 日,国务院港澳事务办公室主任张晓明表示,中央对粤港澳大湾区的战略定位有五个:一是充满活力的世界级城市群。二是具有全球影响力的国际科技创新中心。三是"一带一路"倡议的重要支撑。四是内地与港澳深度合作示范区。五是宜居宜业宜游的优质生活圈。

2019 年 2 月 18 日,中共中央、国务院印发了《粤港澳大湾区发展规划纲要》,并发出通知,要求各地区各部门结合实际认真贯彻落实。

截至 2017 年底,粤港澳大湾区高速公路里程已经超过 4000 公里,是全国高速公路网密度最高的地区之一,核心区的路网密度已经超过纽约、东京、伦敦三大湾区;水运方面,基本形成了以西江干线和珠江三角洲"三纵三横三线"为骨架的江海直达、连通港澳的高等级航道网。2017 年,粤港澳大湾区内河航道通航里程已经超过 6000 公里,位居全国的前列;同时,粤港澳大湾区是世界上沿海港口和机场分布最为密集的地区之一。2017 年,粤港澳大湾区沿海港口集装箱吞吐量 8000 万 TEU(Twentyfoot Equivalent Unit,标准箱),民航旅客吞吐量超过 2 亿人次,均位居全球湾区之首。

粤港澳大湾区涵盖香港、澳门和珠三角九市,总面积 5.6 万平方公里,总人口约 7000 万,虽然占中国国土面积不到 0.6%,但 2017 年,粤港澳大湾区 GDP(国民生产总值)超过 15 000 亿美元,在全国占比约 12%。三次产业结构中第二产业占比 32.7%,

第三产业占比66.1%。同时，粤港澳大湾区2017年人均GDP超过22 000美元，远远领先全国8800美元的平均水平。2017年大湾区人均可支配收入接近12 000美元，相当于全国城镇居民人均可支配收入的2倍。2017年，粤港澳大湾区（剔除港、澳）全社会研发强度达到2.9%，高于全国水平的2.1%。大湾区内，人均GDP最高与最低的城市之间相差9倍。（数据来自中金公司）

不过，与世界级湾区相比，粤港澳大湾区的经济发展质量依旧存在差距。纽约都市圈、旧金山湾区和东京都市圈是世界级的三大湾区。粤港澳大湾区尽管在GDP总量、人口、面积等维度已接近甚至超过上述地区，但是发展质量上有不小的差距。粤港澳大湾区的总量大，人均水平在国内处于领先地位，但是存在着区域发展不平衡、土地等资源的供需错配等结构性问题。

在粤港澳大湾区建设中，旅游业发挥着重要作用。2018年全国旅游工作会议提出，要树立"粤港澳大湾区旅游一体化"品牌，建立旅游一体化发展协调机制，编制粤港澳大湾区城市群旅游发展规划，开展"粤港澳大湾区旅游季"系列活动，建立粤港澳大湾区"一程多站"旅游精品线路和项目库。

2018年4月20日，粤港澳大湾区城市旅游联合会第一次成员大会粤港澳大湾区城市旅游联合会第一次会议在广州召开。会议研讨决定，11个联合会城市将从整治市场、制订大湾区旅游发展规划、包装大湾区整体形象、建设旅游大数据平台、旅游人才培养交流和产品融合六个方面推出实质举措，促进粤港澳大湾区的旅游合作。

2019年2月18日印发的《粤港澳大湾区发展规划纲要》内容非常具体，尤其对于粤港澳大湾区共同合作发展健康产业，包括旅游业、养生养老等内容丰富。目前诸多相关旅游、酒店企业已经开始摩拳擦掌，关注旅游投资商机。比较具有代表性的包括中国旅游集团、岭南集团、华侨城、长隆主题公园等。中国旅游集团方面目前在粤港澳大湾区已有较好的布局，比如其有香港到澳门的喷射船客运，在广东、香港地区、澳门地区投资建设的多个主题景区，还有珠海海泉湾休闲度假区和多家酒店等。岭南集团则计划打造"3小时邮轮旅游圈"，同时加强粤港澳大湾区重要节点的会议会展设施投资建设力度，打造一系列配套设施和服务。

2019年3月26日，博鳌亚洲论坛2019年年会对过去一年以E11（新兴11国）为代表的新兴经济体状况、亚洲一体化进程、亚洲国家竞争力排名进行分析。报告称亚洲竞争力整体增强，亚洲已经成为全球经济增长最快的地区，对世界经济增长的贡献率接近60%。同时区域经济一体化进程加快，国家对外开放研究院执行院长林桂军认为未来亚洲应重点关注由制造业向服务化和数字经济转变的趋势。

关于大湾区旅游未来发展，也与中国在亚洲的竞争力排名产生相当大程度关联。旅游业不但是生产力，也是竞争力。旅游不仅仅只是玩，更可以做到：旅游促进外交，旅游促进和平，旅游促进发展。大湾区旅游格局中入境游是非常重要的部分，关于这部分研判请参看保继刚师生的文章《粤港澳大湾区入境旅游空间格局与新态势（上）、

(下)》，这里不再赘述。从区域内协调发展与旅游一体化角度，我认为大湾区内的周边（短途）游应该在战略上重视起来，形成"湾区人游湾区"的重大战略行动目标。

之所以提出要重视周边游，开展"湾区人游湾区"也是基于如下角度：

1. 区内人口基数巨大

大湾区内七千多万人口，约占全国人口总数的二十分之一，人口基数可谓巨大，完全具备湾区人游湾区的基础。同时这也是拉动内需的重要手段。先让区内的人自己通过旅游流动起来，激发市场潜力，就可以产生相当可观的经济效益。

以资源整合和创新产品市场营销走在前列的山东省为激活省内市场，自2008年2月春节期间首次尝试开展"山东人游山东"活动。2009年6月集中开展"谁不说俺家乡好——山东人游山东"四季旅游主题活动，组织开展系列主题旅游活动，并配合推出各种惠民旅游措施，让广大游客在四季旅游活动中得到实惠，极大地激发了省内旅游市场活力。而山东省最近一次"山东人游山东"活动是2018年4月，由山东十七地市主力旅行社联手打造，系统地整合了山东各地不同时节的优势资源和节事活动，形成不同时节的系列产品体系，便于市场推广和消费者选择，活动期间每次参加人数均过万人，形成了良好的经济效益与社会效益。

2. 区内交通已形成海陆空立体全方位格局

我们知道发展旅游首先要解决可进入性的问题，根据数据上看，大湾区内交通设施优良，海陆空一样不差，而后续还在进行基础设施建设与提升，以后交通会更加便捷高效。但我们需要知道交通版图的改变直接造成旅游版图的改变。以高铁为例，高铁通到哪里，哪里的旅游经济都会得到一定的提升。但同时高铁的发达不但削弱了原来枢纽城市的中心集散地位，也带来快进快出难以留客的普遍问题。

这需要进行基于运营与服务的全域旅游顶层设计，通过区内旅游产业生态链（圈）的打造，达到"快行慢游"的目标。同时随着生活水平提高，城市人群车辆保有量极大催生出自驾游的需求。现今一二线城市自由人群增速迅猛，也都是旅游交通发达及旅游信息化程度大大提升的结果。

3. 区内经济发展高度不平衡

从数据上看，区内城市间收入差距过大，经济发展高度不平衡。近几年来虽然城市间的绝对差距得到改善，但相对差距仍非常显著，如人均GDP最高与最低的城市之间相差9倍。

如何解决经济发展不平衡的问题？除了继续巩固与优化原来一、二产业外，作为生活大消费领域的现代服务业——旅游，可以解决一定程度的问题。旅游不但是幸福产业，也是经济发展的重要动力。不但能够提升国民幸福指数，也能带动当地经济发展，是解决在地贫困问题的重要手段之一。

通过"湾区人游湾区"这种自旅游机制，可以逐步缩小区内城市间收入差距过大的问题，最终实现较为平缓的经济发展阵列。

4. 港澳融入国家发展大局

我国香港澳门虽有过辉煌历史，但毕竟弹丸之地，发展空间极为逼仄，背靠祖国大后方，通过大湾区建设，可以共享区内各类资源，为自身发展提供源源不竭的雄厚保障。

数据上看，大湾区2017年民航旅客吞吐量超过2亿人次，入境游发展十分强劲。但我认为发展区内周边游是港澳融入国家发展大局的重要抓手。因为周边游与国内长线或出境游相比，其特点由低频次、长决策转变为高频次、短决策、常态化。以城市人群，每个家庭一年周边游12次（平均每月一次）为例，光周边游市场每年就要超过3亿人次。如果区内城市人群每月二至三次的话，则可能产生6亿~10亿人次的巨量市场。

通过区内周边游加快九市二区旅游消费者互联互通，增强民众之间相互了解和信任程度，稳步建立及推动区域身份认同感，和风细雨式融入才能更好地服务国家战略大局。

5. 打造"粤港澳大湾区旅游一体化"品牌目标

大湾区旅游一体化，不是一朝一夕能够完成，需要有条不紊持之以恒地进行，而通过区内周边游，不失为一条非常可行的路径。

（1）顶层设计要科学严谨，务实前瞻。

（2）建立健全区内相关部门利益分配、权责匹配与协作体系。

（3）重视智慧文旅和大数据系统建设。

（4）搭建智慧文旅人才培养体系。

（5）品牌建设需要系列优势资源与节事活动支撑推动。

（6）行政指令与市场力量相辅相成。

（7）全社会参与共建共享共融共通。

在此，借"共游 共融 共进——首届粤港澳大湾区旅游发展观音山研讨会"（2019年3月29日）举行之际，不揣浅陋，提出"湾区人游湾区"的初步设想，希望能够助推粤港澳大湾区旅游健康快速发展。

本文系2019年3月29日在广东观音山做主题演讲时的讲稿，刊载于2019年6月《检察风云》期刊，新视点专家视点P24~25

## 微度假和周边游是一回事儿吗？

**采访背景：**

近期，"微度假"的概念悄然流行，"微度假"是指人们在城市或周边2小时车程内进行的、短时高频的、满足完整度假需求的消费行为。

**采访提纲：**

1. 据了解，一个功能完善的"微度假目的地"需要满足最基本的周末游功能：休闲、住宿、餐饮、服务。您认为"微度假"概念的提出,对周边游带来了哪些影响?可以提振周边游市场的发展吗?

答:网搜"微度假"这个概念最早提出在2014年,从定义上看,"微度假"与我们原来熟知的"周边游"非常类似,但又有所区别。区别在于周边游的核心在游,偏重观光性质,而微度假的核心在度假,偏重的是度假性质。

大众旅游消费的三个阶段,从观光到度假及深度体验。微度假从闲暇时间的度假需求出发,对目的地提出了更高的要求,可以认为是周边游在度假维度的升级。微度假概念的提出,区别于中长时间的度假,时间上以短时度假为主。以周边游为基底,微度假可以提升周边游的品质,增加游客出行欲望,刺激消费并对原周边游目的地业态的整理、品质提升、供应链整合有促进作用。

微度假角度出发,要求目的地在原旅游"吃、住、行、游、购、娱"资源六要素基础上,更加充分考虑"商、养、学、闲、情、奇"等主题六要素,以人为本,做好微度假产品运营与精细服务。

2. 共享农庄是指把农田、农房、农产统筹考量,把农村闲置住房进行个性化改造,形成"一房一院一产一地",并根据需求改造闲置农房,再通过互联网对外出租,满足市民田园度假和度假养生等需求。将"微度假目的地"的思维融入"共享农庄"之中,可以创造出哪些新业态?

答:微度假是生活方式,共享农庄提供物理空间,在乡村振兴大背景下,与发展乡村旅游相得益彰。业态创新上,与住宿接待结合可以是特色乡村民宿,与教育教学相结合可以开发农事研学课程,与健康产业相结合可以形成康养基地等。

延伸阅读:关于共享农庄的几则新闻

2017年9月,北京创新创业"双创周"上有消息称用农村闲置房改造的"共享农庄"正式投入北京市场,住在城区的市民也可以租赁农房当"农户"。

2017年9月12日,味道网在其"共享农场,品质生活"开启新征程大会上宣布将共享经济概念融入生鲜电商行业,并正式提出"共享+个性化"的模式的"共享农庄"理念。

2017年6月,海南省入选全国田园综合体建设试点省,提出"我在海南有农庄"专项行动,把"共享农庄"作为建设田园综合体的落地抓手,以共享农庄的思路来发展田园综合体,建设田园综合体和美丽乡村。

2018年6月10日,哈尔滨市首家共享农庄试点村推进会在平房区工农村举行,哈尔滨首家共享农庄成立。

2019年12月16日,苏州市农业农村部门和市文化广电和旅游局为加快推进农村一、二、三产业融合发展,发挥财政资金的激励和导向作用,积极组织开展了2019年苏州共享农庄(乡村民宿)推荐工作。经自愿申报、市(区)初评推荐、部门复审、材料完善、专家现场考评、联席会议会商等程序,全市14家单位获评苏州共享农庄(乡村民宿）。

2019年2月23日，中国首部共享农庄主题电影《没有冬天的村庄》在海口冯塘绿园开机，这也是春节后在海南开机的第一部电影。将以浓郁的海南特色彰显共享农庄特点，展现新农村建设。

据海南省农业农村厅休闲农业负责人介绍：发端于海南的"共享农庄"已成为海南的一张绿色名片、金字招牌。策划这部共享农庄电影，用电影艺术形式加强对海南共享农庄的宣传，是希望把共享农庄这个地方品牌，打造成为一个有综合价值、有衍生效应、有多层潜力，走向全国的独特大IP。

本文系接受《中国城市报》记者张亚欣采访，刊载于2020年1月6日《中国城市报》旅游版，原文标题为《微度假走俏，让一站式体验更讲究》，本文题目为自拟

## 聊聊疫后周边游的那些事儿

旅游业因新冠肺炎疫情影响，损失是惨重的，这是旅游业的脆弱性，但同时旅游业也具备坚韧性。疫后旅游业几时能够恢复？也有人说疫后不是复苏是振兴。不管是恢复还是振兴，业内基本是两派观点。一派是报复派，因参考SARS（Severe acute respiratory syndrome，重症急性呼吸综合征，又称传染性非典型肺炎），疫后旅游业将迎来报复性增长，高歌猛进。一派是包袱派，因疫情造成消费&心理&时间&运营等四座大山，疫后旅游业不能过高期望盲目乐观。当然也有持谨慎乐观的温和派观点，号召要苦练内功、心态积极等，不赘述。

但目前各派就疫后旅游业恢复的顺序基本共识为周边游（含短途）、中长线、出境与入境。谈到周边游，不禁想起从前一些事。在线旅游创业最火的几年中，在周边游移动端这个赛道涌现出了四大天王——北京的周边去哪玩、上海的周末去哪儿、广州的要出发和一块去。2016年资本寒冬前后，京沪折戟，五羊顽韧。所谓"剩者为王"，一饮一啄，冷暖自知。

各地创客特质不同，有人说北京创客是学院派，上海创客是洋务派，广州创客是务实派，我感觉不全对，但确实有一定道理。以移动互联网时代周边游四大天王来说，从2013—2015年均是群星闪耀，从融资情况要出发看最为猛烈，外加李开复加持，更为璀璨。但2016年资本寒冬来临后，北京的周末去哪玩最早关闭，创始人张文龙之后转战大健康领域，创办桔子瑜伽。之后是上海的周末去哪儿应于2017年关闭，创始人肖鹏的朋友圈也久未更新。虽然一块去的APP似从2016年末就不再运营下架而保留微信公众号，但至少广州的这两家仍在运营之中，其创始人的朋友圈正常更新，尤以要出发创始人&CEO丁根芳朋友圈更新最为频繁，基本上每天都是要出发的各项产品推介。一块去创始人陈作智朋友圈倒也正常更新，但频度较低，且半年可见，没有其任何产品

信息。综合而言，周边游移动端的这一轮PK（对决），要出发已经完全胜出。

周边游四大天王当年斩获融资多多，主要原因有三，一是移动互联网时代来临，PC端向移动端转移时抓住了技术创新优势，二是基于周边游市场近年来持续蓬勃发展，三是在线旅游投资热潮中热线多多。资本寒冬后，考量的是项目本身的真正价值及对市场的踏实贡献。

新冠肺炎疫情汹涌而来，目前在国内尚未完全消退，且因国外疫情更是猛烈，输入型病例成最近国内严控目标，综合而言，能够在上半年国内疫情结束旅游业恢复正常已是万幸。但随着国内疫情可控，复工复产复学后，便是复商复游。近期也有新闻报道部分地区景区人满为患等，都是周边游首先在疫期复苏的重要标志。

疫期及疫后，周边游市场复苏，也是最早能够体现"报复性增长"的重要领域。原因如下：

（1）部分地区（域）疫情防控机制短期内不能完全解除，中长线旅游现实中障碍重重。

（2）积攒的各项工作事务及暑期将被大大压缩，导致难以进行中长途旅行。

（3）疫期无法正常工作，已经掏空了很多人的家底，作为生活非必需次刚需，预算有限。

（4）安全角度考虑，自驾车出游是最为安全的方式，而自驾最常规是周边游（短途）。

（5）部分地区2.5天假期若全国采用铺开，将大大刺激利好周边游市场。

所以疫后对周边游创客们是个机会，虽然目前技术平稳，尚未出现更新的互联网形态，但四大天王若能抓住此数载难的机会，有可能翻盘或者再进一步。但与从前不同，伴随着因疫情人们对健康更为重视的前提下，城市周边游目的地，如景区精细化管理、卫生及安全措施提升、产品分级分群分区及服务进一步完善、科技赋能隐到后台等，都将被市场倒逼，或将引发目的地旅游新一轮优胜劣汰。

基于航空业及高铁的快速发展，周边游原来以自驾车以某城市为中心划圈的方式不再唯一，航空及高铁以线状发散出去，加之2.5天假期的普及，人们可以更加方便快捷地往返心仪的旅游目的地。全域旅游会进一步深化，原来单点作战将会更多转向跨区域联合作战，跨区域的旅行产品线路设计及资源整合纵深推进，更多跨区域旅游资源合作联盟出现，短板效应完全向长板效应转移。

疫后周边游市场值得期待！大家准备好了吗？

原文发表于2020年3月26日

## 疫中周边游：限令是压垮旅行社的最后一根稻草吗？

定义：本文提到的周边游，泛指城市周边及短途游。旅行社泛指传统旅行社及OTA。

先来看几则消息：

## 一、暂停 & 关闭

国家文化和旅游部要求，为做好文旅系统新型冠状病毒感染的肺炎疫情防控工作，《关于全力做好新型冠状病毒感染的肺炎疫情防控工作 暂停旅游企业经营活动的紧急通知》发布。从1月24日起，全国旅行社及在线旅游企业暂停经营团队旅游及"机票+酒店"旅游产品。该通知还要求各地要认识此项工作的重要性，指导辖区内旅游企业服从服务大局，妥善处理好游客行程调整和退团退费等合理诉求。

2020年2月20日，成立14年的游多多旅行网官方公众号宣布关站。2020年2月28日百程旅行网发布内部通知称，因疫情影响，资金不能维系公司继续运转，决定关闭公司并启动清算准备。

## 二、2020年4月7日

中国旅游研究院《2020年清明节假日旅游市场研究报告》：自3月中旬开始，国内旅游业转入防控型复工新阶段，25个省、自治区、直辖市的旅游企业恢复了辖区内的旅游业务。清明假日三天，严防控、重安全、不聚集仍然是各地文化和旅游系统工作主基调，旅游市场以家庭出行、都市休闲和周边游为主，总体上呈现出"城市休闲复苏，周边旅游活跃"的市场特征。与往年清明节假日相比，旅游市场以周边短途自驾为主，近程非过夜游引领市场回暖清明期间，各景区客流结构以省内客流为主，都市休闲一日游、近郊周边游回暖复苏，自驾出行比例上升，家庭自助游成市场主力，居民出游除交通、通信等必要支付外，其他消费支出同比下降幅度较大。

重庆、江苏、云南、四川、陕西、上海等地，除跨省和入出境团队旅游及"机票+酒店"旅游业务外，已经恢复了旅游企业的相关业务。各大旅行社和在线旅行服务平台严格执行文化和旅游部门的工作要求，在确保安全生产和疫情防控的基础上，通过产品创新和市场促销推动市场有序恢复。其中，品质高、服务好的旅行产品备受欢迎，高星住宿、小众团和私家团较多。

## 三、2020年4月8日

政治局常务委员会召开会议，习近平指出要做好较长时间应对外部环境变化的思想准备和工作准备。

## 四、2020年4月10日

据新华社消息：日前，应对新冠肺炎疫情工作领导小组印发《关于在有效防控疫情的同时积极有序推进复工复产的指导意见》（以下简称《意见》），部署在有效防控疫情的同时，积极有序推进复工复产工作。《意见》提出七个方面的要求，在第5条中明确要求全国性文体活动及跨省跨境旅游暂不恢复。

以下是个人观点部分：

目前从网上搜索综合看来，旅游业第一季度亏损至少在1.2万亿~1.6万亿。旅游业12要素均遭受重创，而作为旅游服务中间商的旅行社更是重中之重的被重创。现在很明显出境肯定是做不了也不敢做，做了也可能没人敢出境，都寄希望于周边短途游和中长线市场的次第性恢复。现在限令一出，跨省跨境暂不恢复，旅行社能做的也就剩下不跨省的周边短途游和本省性的文体旅等活动了。

不跨省的周边游：好新鲜的定义方式。通常我们说的周边游，一般以某城市为中心划圈，方圆多少公里以内，车程几个小时以内。后来交通工具升级了，不单纯是自驾车（包车租车等），而是高铁几个小时以内，飞机几个小时以内都算是周边游。比如某男星飞几个小时去国外广场喂鸽子之后回来吃晚饭也是周边游的一种范例。

旅行社的优势不在于资源端和客户端，在于资源整合与服务执行能力。就像我出差到外地，不想麻烦或者没有当地朋友，我也会报个OTA的一日游或两日游之类的。报团的原因无外乎是旅行社能提供两种能力：安全与便捷。2013年在线旅游创业火爆之时，旅行社老板们一度害怕与郁闷得不行，认为这些玩互联网旅游的要来颠覆传统旅游业，实际上，这也是O2O的发端，从线上到线下，从线下到线上，最终线上线下实现循环，即O2O2O。

所以当时我有个论调，就是旅行社在相当长的时间内都不会消亡，当然，这种形式会升级迭代，也可以向两端延展，向上到资源方，向下到用户方。有点扯远了，回到主题，旅行社不能做跨省跨境业务，对旅行社来讲真是万点暴击。疫中苦熬的旅行社，以为疫情渐渐过后，春天总会来临，而且情况确实逐步好转了，又出了一纸限令。

跨省跨境线路，正是旅行社最为擅长或者最有优势的产品形态。而在本地周边游市场，其实是散客、自驾游的主场所在。以亲子为形态，以自驾为工具周边游近几年大行其道，其消费能力叹为观止。但这些群体，都不会选择旅行社来提供服务。当然，会选择从OTA平台来订房、票，但不会选择打包服务。

与我们判断相同，清明这个报告可以管中窥豹。在限令开放之前，或者是在疫期内，亲子家庭自驾的主力旅游方式周边游所占比重将会大幅度提升。而旅行社这段时间就像没了利牙的老虎，没了肉食。但又不能不吃饭，素的也得吃才能活下去。

限令不应成为压垮旅行社的最后一根稻草，怨天尤人是无济于事的，危中求机或许是能够活下去等待未来好日子的最优方式。所以我们看到身边很多旅行社的朋友在做微商，朋友圈卖货。社交电商平台们抓住这次疫情机遇，大上快上。但旅游人主动或被迫席卷其中的，到底谁是镰刀，谁是韭菜，可能更多的是韭菜吧。但要是与宣传家乡美景、直播带货本地农副土特产相结合，则具有更大的社会效益，也会挖掘出其中的金矿。

当然，不跨省的周边游里也孕育大量机会，就是本省人游本省。像早年的"山东人游山东"，前段时间的"江淮大地串门游"，2019年3月我也曾提出"湾区人游湾区"，都是看上去土但特别接地气，最有顽强生命力的产品形态。旅行社可以发挥在交通、车辆、导服及包价等方面的优势，组织本省内的短途旅游，将一、二日游拉长到三、四、五日，从中获取相对城市周边游更多的规模效应与经济效益。

据说这个五一将放5天假，这对旅行社来说是个绝好的机会。抓好资源，不是拼凑行程而是用心做有特色的产品，都是旅行社必须要花费时间、金钱、精力要做的事情。所以上面有提到产品创新问题，我想小众高端旅行社要与大众中低端旅行社相结合，优势互补，共同吸引更多省内游客，发挥长板效应。定制旅游公司也要放下身段，与传统旅行社磨合产品，发挥协同效应，为优质客户提供更多类型旅行产品，共同做大省内旅游蛋糕。

原文发表于2020年4月10日

## 聊聊周边游3.0及其发展态势

### 一、周边游定义

从网络搜索而来周边游的定义为：以大城市或省会城市为中心，覆盖其周边及邻近省份城市的旅游市场，行程主要以1~3天为主，周六日为主要时间点的旅游。而业内通常定义为3个2，即用户开车两个小时到达200公里左右的目的地，进行两天游玩。或者是3个3。总结来看周边游可被定义为开车两三个小时左右到达两三百公里左右进行为期1~3天的旅游形态，也可称为城市周边游或周边短途游。

其特征在《旅游创业启示录——互联网+时代的周边游》一书中提到是"短平快"，即距离短、消费平、决策快。旅游对于生活消费来说是个低频的事情，但周边游是相对高频的旅游消费形态，且能覆盖到更广泛的旅游消费者，具有普世价值。

### 二、周边游发展阶段

依个人看法，可以时间段来划分周边游的发展阶段，欢迎各位共同探讨：

1. 周边游1.0

1980—2010年 农家乐占据周边游消费市场多年

周边游初期主要是乡村旅游为主要形态，以"住农家屋、吃农家饭、干农家活、享农家乐"为主要消费方式。中国农家乐最初发源于四川成都，后渐发展到全国。网搜：真正以"农家乐"命名的乡村旅游始于1987年，在成都郊区龙泉驿书房村举办的桃花节。

农家乐阶段，接待设施较为一般或简陋，只能满足基础的吃住，虽消费便宜，但体验差，口碑一般。进入到 21 世纪以来，有三高人群因不满足农家乐，开始自建条件较好些的客栈，但目前为止，传统的农家乐形态依然存在，以低价为主要竞争手段，面向低端用户市场。

2. 周边游 2.0

2011—2020 年　客栈民宿蓬勃发展

2011 年专注于客栈在线预订的专业 OTA 松果网成立，客栈在接待服务条件及特色上较农家乐提升不少，接着民宿发轫，有人称 2012 年是中国民宿元年，但相对发展到有规模的民宿市场是 2016 年，此后名字叫客栈的越来越少，基本都称自己为民宿，民宿赛道火爆一时，野蛮生长，乱象丛生。随后 2017 年 4 月以洱海一刀切关掉 2500 多家客栈民宿为开端，国家及行业相继出台相关标准规范，民宿市场趋于洗牌及冷静期，直到 2020 年疫情暴发冲击民宿市场（乡村民宿+城市民宿）。

3. 周边游 3.0

2021 年后，因新冠肺炎疫情，倒逼周边游进入到更高阶段

在过去的 2020 年，特别是上半年因一直未放开跨省出境旅游禁令，助推国内周边游市场发展，本省人游本省成为省际旅游重点人群，方式以车主自驾为主，国内旅行社在其中难以分羹。依目前国外疫情状况，预估 2021 年出境市场仍难以放开，这也持续倒逼国内三高人群将旅游消费转向国内中长线及高品质城市周边游，同时刺激周边游供给侧改革，以满足高中低收入人群的分层消费需求。周边游向着性价比提升、品质提高、产品丰富度增强、个性化差异的方向发展。

## 三、周边游发展态势

1. 交通工具多样带来更多选择

原来以城市为中心划圈的界定已经过时，鉴于高铁航班等的日趋发达，现在的周边游已从单一的车主自驾全面覆盖到了高铁、航空、游轮等交通工具。

中国高铁的迅猛发展，不但改变了中国交通版图，也改变了旅游版图。原来坐特快也耗费时日，现在时速两三百的高铁动车也可以让你半日即达。以北京为例，一个小时就可以到张家口，两个来小时到乌兰察布和呼和浩特甚至大同等，而原来自驾到呼市大同等地至少要五六个小时。当然这也带来了快进快出的问题，所以有人提出快行慢游，这涉及生态圈产业链的问题，这里不展开。

同时航空业发达后，特别是通航机场的增多，也给周边游提供了更具体验的游玩方式。刚从航旅纵横上看，通航线路在售机票包括内蒙古、山西、山东、北京、浙江、黑龙江等地 13 条通航线路，这既提供了多项选择，也会有另类的交通体验。

关于游轮，以内河游轮为主，这个在我国也具备条件。但从游轮到邮轮，也不只是简单的名称变化，档次提升的不是一星半点。前几日上船吧价值 18 800 的"天价"内河游轮产品掀起争议，虽有炒作嫌疑，但高价高质高特色的内河游轮产品也有相对精准

小众的消费拥趸。这年头不怕东西贵，但必须物有所值甚至物超所值。

2. 主力消费群体转向亲子游及研学市场

早年间周边游要么报团旅行社，要么自驾。现在不但可以车行周边游，还可以高铁游周边，消费群体也逐渐发生了变化。高中低端三类消费人群依然存在，但高端供给也可下沉到中端，但中端供给难以和低端供给PK，最为难受，低端的依然以低价获客。

近几年乃至以后，亲子/研学群体依旧占据周边游的主力消费人群，这同步催生出基于民宿的亲子/研学体验类项目，如民宿在设计时就充分考虑到亲子/研学需求，并在活动组织上与专业团队合作共同打造亲子/研学游线路。

3. 周边游从乡村转向城市

原来以自驾报名为主时，受限时交通工具和时间，多半都以城市郊区为周边游览主要区域。随着高铁及航空河运的发达，周边游的目标已经从乡村转向城市。如上面1中提到高铁周边游的目标是城市，这不但考量目的地城市整体环境，也考量目的地的全域旅游接待服务设施。这其中城市民宿将会更多受益。

4. 从乡村旅游到乡村振兴的战略升级

原来是基于农旅融合的乡村旅游，但现在战略升级到了乡村振兴。周边游不但是乡村旅游的重要抓手，也是乡村振兴的重要抓手。乡村振兴，周边游先行。在乡村振兴这个大时代背景和长达30余年规划期内，周边游拥有更加重要的地位，并成为乡村振兴的重要支撑部分，发挥其作用。

原文发表于2021年1月3日

# 第五节　非遗文创

## 《中国文化报》访谈：旅游纪念品——旅游者的遗憾

哪里有旅游，哪里就会有旅游纪念品。如今，文化与旅游的结合催生出一个巨大的文化旅游市场，很多景区开始借助文化内涵提升旅游业的层次。相比较而言，作为文化与旅游结合的最直接载体，旅游纪念品却难以找到合适的定位，发展状况令人担忧。统计数据显示，旅游发达国家旅游纪念品销售额占旅游总收入比例超过30%，而我国仅占旅游总收入的5%。一个明显的事实是，国内旅游纪念品既无法满足市场需求，更难以让旅游者爱不释手，已成为制约国内文化旅游产业发展的"软肋"。

**造型雷同　缺乏创意和地域特色**

随着我国旅游经济的不断发展，旅游纪念品的开发也在加速。但全国各旅游目的地的旅游纪念品普遍存在造型雷同、缺乏创意和地域特色等方面的缺陷，以致旅游纪念品对游客吸引力不强。

中国移动旅游俱乐部高级经理张德欣由于工作和自身爱好的缘故，每年都要去全国各地旅游。每次旅游，张德欣最头疼的事就是回去时给亲朋好友带点什么当地的旅游纪念品。令他失望的是，大多数旅游景区的纪念品要么种类单一、缺乏地域特色，要么做工粗糙、质量低劣，令人难以满意。

中国工艺美术协会一位不愿透露姓名的负责人表示，现在很多旅游纪念品是从浙江义乌等小商品城购买小零件，交给农村的一些家庭作坊加工成产品，然后再对其进行收购。流水线式的批量化生产，必然带来产品的雷同。他认为，旅游纪念品应注重本地开发，要和当地的文化和风土人情结合起来。

"旅游纪念品应是某个景区的个性垄断，并且是排他的。如果全国各地都能买到，就成了工艺美术品而非旅游纪念品。"中华民族文化促进会旅游文化研究中心副主任研究员张融说。他表示，在开发旅游纪念品时，应遵循"四就"方针，即"就地取题材、就地取材、就地加工、就地销售"。用当地的材料去生产当地景点特色题材的艺术品。这样既有助地方经济的提高，又成功制造了有本土特色的旅游纪念品。

### 质量低劣　文化内涵缺失

旅游纪念品本该是一个旅游目的地的外在形象、内在文化的综合反映，但目前旅游纪念品市场普遍存在粗制滥造、质量低劣、文化内涵缺失等情况，对文化旅游业产生了不利影响。

"出现这种状况的原因主要是旅游纪念品行业缺乏管理，即使有管理也不规范。"文化中国网总编高松表示，旅游市场开发成熟的国家和地区，其旅游纪念品行业都有着健全的法制和严格的监督，旅游纪念品无论大小、价格高低，每个产品从设计到制作都十分考究和精致，并且极具当地文化特色和特点，而粗制滥造的东西极为少见。

一个好的旅游纪念品就是一个文化使者。"而国内大多数旅游纪念品文化内涵融入欠缺或不足。"张德欣说。对此，高松表示认同："提升旅游纪念品的文化品位要坚持本地化，做好有本地民族特色的创意开发，可以通过地域文化中的一些非物质文化遗产，设计开发旅游纪念品。"

"利用非物质文化遗产优势来发展旅游商品包括纪念品是一举两得的途径。"中国工艺美术协会不愿透露姓名的负责人认为，它一则可以提升纪念品的文化内涵，二则可以在客观上保护非物质文化遗产，使之得以传承和发扬。他建议，可以在旅游景区配套建设文化旅游纪念品市场，逐步建设一批规范的定点文化旅游购物场所，完善文化旅游产业链，拉动文化旅游消费。

### 知识产权保护不足　缺乏有竞争力品牌

为进一步促进文化旅游产业的发展，文化部、国家旅游局《关于促进文化与旅游结合发展的指导意见》提出：深度开发文化旅游工艺品（纪念品）；鼓励创意制作符合地方文化特点的文化旅游工艺品（纪念品），挖掘旅游品牌的形象价值，拓展旅游品牌的产业链条；举办全国文化旅游工艺品（纪念品）博览会和全国文化旅游工艺品（纪念品）创意设计大赛。鼓励有创新特色的文化旅游工艺品（纪念品）申请外观设计专利，加强对文化旅游工艺品（纪念品）的知识产权保护。即将于10月23日举办的首届中国国际文化旅游节，也将举办旅游商品博览会等活动。

"文化旅游纪念品的知识产权保护，是制约旅游纪念品市场发展的又一个瓶颈。"张融说。国内一个好的旅游纪念品刚一出来，便会出现一窝蜂地仿制，粗制滥造，争相压价，因此没有企业敢花大力气开发新产品。这在很大程度上制约了企业的发展，也就很难形成有竞争力的品牌。

中国社会科学研究院知识产权中心主任李明德认为，当前我国旅游商品市场可以用散、小、乱、差来概括。从事旅游商品生产、销售的企业和个人分散，资本集中度低，市场难以形成具有核心竞争力的品牌优势和集约优势，使整个旅游购物业的市场形象难以树立。他认为，旅游商品市场要健康发展，旅游行政管理部门必须对旅游商品开发、生产和经营进行宏观引导和管理，制定发展旅游商品的战略、方针、目标和相关政策，提供市场情报信息等。

"多数旅游纪念品企业未建立起品牌观念，未形成足够的知名度及影响力，在生产与销售上维持低水平运转，长远来看，不利于当地旅游经济，特别是文化旅游纪念品市场的发展。"张德欣表示。他建议，政府相关部门应制定文化旅游纪念品的设计及制作标准，并进行有重点的、统一的市场宣传与推广。生产者应提高产品质量，强化品牌意识，结合传统营销与互联网营销手段，多方位全角度立体复合做营销。固化全国性旅游纪念品比赛及全国展销会，以利于全国各地旅游纪念品关联方互相学习与借鉴。

本文系接受《中国文化报》记者郭人旗采访，
刊载于《中国文化报》2010年10月21日，有删节

## 非遗文创要怎么活（火）起来？

2019年12月7日，应邀出席在北京联合大学举办的2019北京工艺美术论坛并就"非遗与文旅双创"做主题演讲，当天就想写篇小文来着，各种事拖得快没心气儿了，还是赶紧写写，正好是平安夜，再不写就跨年了。

从演讲PPT里抽出一页，就非遗文创存在的问题与解决办法和大家聊聊自己的看法。欢迎搞非遗与文创的朋友们过来狠狠拍砖。关于非遗与文创的关系这里不展开讨论，有的非遗适宜搞文创，有的则不行。这篇文章里聊非遗文创指的是可以做成文创产品的非遗项目。

存在问题很多，拣自己认为重要的说说。

## 一、传承人才匮乏

这个没啥说的,人才的重要性大家都知道。人才的痛是每个业者心里都深有感触。关于人才,《天下无贼》中黎叔早就说过:21世纪什么最贵,人才!产学研等方面也都早已意识到这个问题并为之努力使之改变。如2019年7月北京联合大学成立非物质文化遗产学院,成为北京高校领域中第一所非物质文化遗产学院。据悉非遗学院设立非遗传承、非遗研究、非遗传播三个中心,非遗传习所、社区工作站、中小学非遗课堂三个基地和一个"智慧"非遗传承平台,将在民间美术、传统手工技艺、传统音乐、民间舞蹈、传统戏剧、曲艺、民俗等非遗领域开展传承工作。

成立专业学院是好事儿,从非遗教育入手,培养管理、研究及应用人才,涉及产教融合、产学研用相结合问题。许多非遗在时间的长河里慢慢遗失了,没有传承人是其中重要的关键所在。而没有传承人的原因多半是这项手艺不赚钱、苦、脏、累、没前途等,而这几个原因和接下来要聊的几项有直接关系。

## 二、传承与创新

传承与创新的关系何在?首先是传承,老的物件、老的工艺、老的方式等,之后是创新。创新是基于这个时代而来,能够符合这个时代的非遗能够继续存活并发展,反之则慢慢消亡,能在纪录片里出现的已是万幸,更多的恐怕无声无息地没了。

1. 产品过于传统

我是搞旅游的,也有较多机会去外地学习考察。打卡景区、商业街区等时,心里在想着要买些纪念品,但实际上我看到的杂七杂八的旅游商品纪念品多半是义乌批发货,而真正能体现当地历史文化的非遗产品又过于传统。

比如我去南昌讲学,到滕王阁打卡。拍照后想买个纪念品,四处看。进到一个剪纸店里,确实是非遗,但都是些传统的图案、福字等,为什么不能把福字去掉,把滕王阁的样式剪出来卖呢?我到高密探访莫言旧居,高密剪纸为什么不能剪莫言头像呢?我肯定会买的。这就要求非遗要突显地方特色,具有深厚鲜明的地方色彩(地标&代表人物)才能促使游客冲动购买。

2. 叫好不叫座

这也是老问题了,国礼重器类的不说,说些和生活有关系的。2018年1月,我去了趟唐山,适逢路北区旅游局在唐山陶瓷博物馆开会,确实里面有许多好瓷器,东西是好,就是太贵,所以只能在朝堂或收藏。可以理解真东西好东西贵是正常的,但非遗如何走进百姓,走进生活呢?

2017年10月,我去贵州到了黄果树,瀑布确定壮阔。看完后想买个纪念品,最终花10块钱买了3个小竹杯子,到家后不久就裂了,北方太干燥。从自身出发,到外地旅游是需要给家人朋友带些当地物产,土特产有些不好带,纪念品相对好些。但价格上，通常会接受 10 块 20 块左右才可以多买些送亲友，而高于 50 块或 100 块的，不可能大量买。国人消费目前还没有那个高水平，普通百姓买东西还是要经济实惠。

3. 设计美学与实用美学相悖

这个问题和叫好不叫座直接相关。设计师多半清高，认为我的东西是作品，一旦到了作品这个心理状态，就不可能便宜下来，所以卖不动。想让非遗进入百姓生活，一定要具有实用性。这个实用性可以是短期的，也可以是长期的。短期的如孩子满月、百天等需要的首饰，长期的比如锅、碗、瓢、盆等生活用品。

当天的会议上，我看到有个创客就国家级非遗花丝镶嵌做了个白海棠品牌，分享时谈到要经常给设计师洗脑，不能全是阳春白雪不接地气，得用传统元素设计出真正能让现代人佩戴的首饰，让这项工艺手艺进入更多家庭。

叫好又叫座，就要求设计美学与实用美学合而为一。好看不贵还实用，说起来简单，做起来是极难的，这就要求匠人及设计师打破原有桎梏，突破传统思维，跨界思考，贴近生活。

先看看这个陕西非遗虎头卫衣，传统时尚实用，哪项都不缺。再来说说这个网红杯，全名是"佩奇游春马蹄杯"，2018 年 4 月在网上走红，文物爱好者还根据传统文物的定名方式，将其命名为"珐琅彩山水佩奇游春马蹄杯"。当时不少网店都推出了同款瓷杯，售价为 399 元，风靡一时。个人以为，这款产品也是传承与创新充分融合的极好注解。

### 三、活化与智慧化程度低

从影像里、书本里到生活中，目前非遗的活化与智慧化程度极低。

1. 关于活化

我想活化至少要有思路活、手段活、人群活、宣传活等。

一是思路活，该固守的部分固守，该创新的地方就要创新。首先从思路上来转变，进而传递到行动上。21 世纪已经过去了 19 年，这个世界发生着巨大变化，像洪流裹挟着每个人主动或被动地变化或被改变。适者生存，这也是亘古不变的真理。思路活这块必须要认清势，要取势，不抓住或跟随这个势，原有的优势会逐渐或迅速丧失，进而被边缘化或被市场遗忘。有人讲不换思路就换人，真的如此。

二是手段活，不能窝在家里等客上门。走出去请进来两条腿走路，特别是主动走出去宣传自己，刷存在感也罢，树立品牌也罢，都是要让更多人知道自己要做的事情，进而增加合作与销售的机会，如此，方能掌握更大主动权与灵活度。

三是人群活，时代变了，主流消费人群从五〇后、六〇后到七〇后、八〇后，目前要前瞻性地考虑九〇后与〇〇后。他们与八〇后之前的人群相比，家中经济基础要好，舍得花钱，自我意识强，个性差异大。要去了解掌握这些年轻人的消费需求，才能让自己跟得上时代。

四是宣传活,要善用移动互联网时代的重要载体——手机,善用直播特别是短视频平台。最近火起来的李子柒很有借鉴价值,当然前期是你得有真东西是好东西。酒香也怕巷子深,宣传是必须的,而且要不断去强化,直到把烙印打到几代人骨子里。

2017年6月6日至18日,移动社交直播平台花椒直播举办"传承·匠新——非物质文化遗产巡播"第一季,探索"直播+非遗+电商"模式。"玉雕""龙泉剑""古法制香"等10余个非遗项目及其传承人,通过直播吸引了超过700万网友围观,并为手艺人带来上百万元订单收入,推动了非遗产业的商业化进程,对于在新形势下传承非遗文化起到良好的示范作用。

抖音自称已经成为国内最大的记录非遗的短视频平台。2019年4月16日,抖音正式宣布推出"非遗合伙人"计划。该计划将通过加强流量扶持、提高变现能力、打造非遗开放平台及开展城市合作等方式,全方位助力非遗传播,培养挖掘年青一代对非物质文化遗产的了解和好奇心,帮助发掘非遗的文化和市场价值,让非遗被更多人看见。

截至2019年4月,1372项国家级非遗代表项目中有1214项在抖音上有相关内容的传播,覆盖率超过88%。这1214项国家级非遗内容,在抖音,共产生了超过2400万条视频和超过1065亿次播放。

2. 关于智慧化

非遗文创与智慧旅游大数据等IT/DT技术&平台结合。智慧化一方面能把非遗先数字化之后立体呈现,低成本高效率地让大家更快了解非遗。另一方面,借助于大数据电商平台,把非遗文创产品搬上网,铺开渠道打开销路,为非遗传承人生活与小康致富提供从自我技术到商业变现的平台保障与赋能。此类的平台还很少,希望有社会责任感的技术平台关注与深入到非遗这个领域里。

## 四、破局非遗运营

1. 缺乏有品牌影响力的非遗电商平台

我以"非遗电商平台"为关键字搜索,出现了几个还算强相关的资讯。

2015年7月中国非遗电商平台"e飞蚁"上线,当时称e飞蚁是联合国教科文组织(UNESCO)文化领域内唯一签约合作互联网电商平台,是与中国非物质文化遗产保护协会签约并受其直接指导,并致力于非物质文化遗产保护与传承。搜索上看,2017年后没有新闻发出。刚在应用市场搜索也没搜到,应该是不再做了。

2018年5月20日创新C2M（Customer to Manufactory,顾客对工厂的电子商务）品质家居生活平台"华作天成"宣布正式上线,一系列的国礼、非遗产品、高端匠心精品将触手可及,同时,由此实现的中国传统文化与现代商业模式的创造性融合,开启了中华文化的复兴传承新路径。

2019年3月,绝艺非物质文化遗产艺术品交易所有限公司作为一家以互联网为基础的"金融+文化"公司,团队自主开发非物质文化遗产线上博物馆,运营非物质文化遗产电商与拍卖平台绝艺APP，并以"老手艺+酷玩法+新设计"的方式，整合非遗匠人，设计师及供应链管理体系，满足新消费的品牌化、品质化的市场需求，绝艺非物质文化遗产交易平台携手20位中国非遗传承人受邀登上纳斯达克巨幅屏，标志着中国文化及中国手艺再次站在世界的中心。

2019年7月9日，在济南举行的非遗扶贫就业工坊产品展示展销会上，全国首个综合电商非遗专业平台——京东非遗频道宣告正式上线，首批展示了近3万件各地非遗美物，全国数家非遗扶贫就业工坊以集合店——文化尚品官方旗舰店的方式入驻京东。

还有些地方性的非遗电商平台影响力就更弱了，目前看，我更希望类似京东、淘宝这种流量电商平台，能够充分重视非遗这一品类，深入到城市农村传承人。而绝艺类的专业非遗APP更应重时尚化与国际化。

2.非遗经纪人出现

虽然去中心化这个词说了好几年，但应区别对待的是非遗市场需要中介，需要翻译，需要创变者。所以我们看到李媛媛在做传PLUS平台，在做非遗经纪人。通过非遗经纪人，"和明星经纪一样，我们也需要给非遗定品牌，做包装、打造、传播、营销。我的每一个展，就类似给艺人做演唱会，是给非遗做演唱会。"李媛媛观察到，目前多数非遗品类仍旧单纯依靠手工作坊口传心授来传承，具有一定的局限性；而将"非遗"打造成品牌，依托当代先进的管理模式和商业规律会大大加强其延续性。因此，她给"传PLUS"下了一个定义：依托"传二代"，一起梳理非遗品牌，最终通过非遗创新型展示的方式进行非遗产品的销售和非遗概念的传播。

我想我们需要更多的非遗策展人、非遗经纪人，才能让非遗传承人更多地完成自身技艺与市场需求的接轨，让非遗走进百姓，走进生活，走出城乡，走向世界。

3.国家鼓励非遗

国家级非物质文化遗产代表性传承人制度是非物质文化遗产保护的基本制度，是非物质文化遗产保护体系的重要组成部分。自2008年起施行的《国家级非物质文化遗产项目代表性传承人认定与管理暂行办法》对于鼓励和支持国家级非物质文化遗产代表性传承人开展传承活动，规范国家级非物质文化遗产代表性传承人管理，发挥了重要作用。2011年，《中华人民共和国非物质文化遗产法》颁布实施，从法律层面对非物质文化遗产代表性传承人制度进行了确认，需要根据法律的规定和要求，修订现有规章制度与法律相衔接。

2019年12月，文化和旅游部近日发布《国家级非物质文化遗产代表性传承人认定与管理办法》（以下简称《办法》），将于2020年3月1日起施行。《办法》中认真总结近年来我国非物质文化遗产代表性传承人认定与管理的经验和做法，将工作中形成的一系列理念成果和行之有效的经验予以固定和规范，激励国家级非物质文化遗产代表性传承人进一步做好传承工作，着力培养好传承人，一代一代接下来、传下去。

一是明确国家级非物质文化遗产代表性传承人认定与管理的指导思想和工作原则。二是完善国家级非物质文化遗产代表性传承人认定条件和程序。三是规范国家级非物质文化遗产代表性传承人传承活动。四是实施国家级非物质文化遗产代表性传承人动态管理。

据悉，目前文化和旅游部已认定了五批共3068名国家级非物质文化遗产代表性传承人。中央财政给予国家级非物质文化遗产代表性传承人每人每年2万元的传习补助，支持国家级非物质文化遗产代表性传承人开展传习活动。

原文发表于2019年12月25日

## 非遗中的剪纸如何创新？

剪纸作为传统的中国民间艺术，也是非遗重要的品类之一。传承不谈了，这里谈谈创新。

今天是2020年第1天，突然发现儿时曾遥不可及的21世纪已经到了20年代，新的时代起点，孕育巨大机遇。国家行业及个人的发展，2020，不容忽视。

在新的时代，过于传统未必是好事，正如农家乐并不一定要越土越好。剪纸的创新，我想有以下几条路径：

### 一、内容创新

剪纸的图案在传统的福寿等之外，是否有新的内容可以发掘？上文曾提到在目的地各大景区&网红商业街区的店铺里有剪纸销售，但没有和当地历史文化很好地结合，所以一定要结合目的地创新：

（1）地标建筑类：如黄鹤楼下的剪纸是需要剪出黄鹤楼放相框里的。

（2）历史人物类：如襄阳城的剪纸是需要有郭靖黄蓉的。

（3）新时代人物类。

（4）及时类：比如今年是鼠年了，所以要应景。

### 二、材质创新

除了传统纸的材料，如单色纸、彩色纸、竹浆纸、金银箔纸、宣纸等，是否还有其他材料可利用？如阜城剪纸与旗袍相结合。其实早在南宋时间，就有工匠将剪纸与陶瓷相结合，现存江西省博物馆中有件文物"黑釉剪纸贴花三凤纹盏"，正是当时剪纸在材质上的创新探索。

### 三、工具创新

剪纸就一定要用剪子剪吗？有人弃剪操刀：

20世纪50年代，王万田老先生从师于天津西关万盛栈1号花样铺学艺，1962年回家乡支援农业生产之余，通过对其他派系剪纸的潜心研究，取其精华，弃其不足，并对

剪纸所用工具进行改进，弃剪操刀，改为制版雕刻，形成了风格独特、别具魅力的阜城剪纸。（来自河北新闻哥）

当然到了现在，一定要结合高科技。如果要制作下面第四项造型创新中的多层剪纸，要利用激光雕刻机。

## 四、造型创新

从单层到多层，从平面到立体，或者从剪纸到纸雕塑。

美国艺术家艾瑞克·斯坦利（Eric Standley）在这方面做出了精彩的剪纸作品，他利用激光雕刻机制做出令人惊叹的多层剪纸。精巧唯美、错综复杂，内藏神秘暗格，极富立体感。

## 五、需求创新

原来是卖方市场，现在是买方市场，所以讲供给侧改革，讲定制。定制的模式之一是C2M。作为非遗文创，定制伴手礼是适合的方式。以下几类企业可重点考虑：

（1）银行和保险公司。
（2）大企业工会部门。
（3）目的地文旅厅局。
（4）古镇古村古街管委会。
（5）其他G端、B端客户。

## 六、渠道创新

这里主要指销售渠道，除常规的店面销售外，要擅用移动互联网时代的工具和平台。

（1）直播和短视频平台。如抖音里个人主页的商品橱窗。
（2）社交电商平台。类似小红书、马蜂窝、京东芬香等。
（3）研学平台。这个很重要，剪纸作为非遗课程，是体验性极强的一个研学类目。要和研学专业服务机构联合，设计剪纸类实践课程及材料包套装，促进传播与销售。

原文发表于2020年1月1日

## 非遗中的打铁花如何创新？

据网搜：

打铁花是原流传于豫晋地区民间传统的烟火，历史悠久，可以追溯到春秋战国时期，鼎盛于明清时期，至今已有千余年的历史。打铁花技艺历史悠久，表演气势磅礴，场面宏大。打花艺人在千余度的铁花中赤膊上阵而能进退自如,不被烫伤,现代烟花的灿烂夺目和传统绝技的神秘惊险交织在一起,令人叹为观止。打铁花涵容了道教文化、商贸习俗、民间工艺等内容,丰富了中华民族的民间艺术宝库,为活跃人民群众的文化生活、提高民族自豪感和增强民族凝聚力发挥着重要作用。

确山铁花又名"打铁花",2007年入选河南省非遗游艺、传统体育与竞技类,2008年入选第二批国家级非物质文化遗产代表性项目名录民俗类,是国内最早入选也是目前唯一国家级非遗的打铁花表演。确山打铁花这一千年绝技本就起源于老乐山道教文化,是一种由民间工匠及老乐山道人共同祭祀道教始祖太上老君而举行的活动,后来演变为综合性民间传统庆祝仪式,也是河南省仅存的大型民间传统焰火。

时至今日,打铁花目前已有多个不同的打法和流派。其一是架设花棚,用打火棍敲击操火棍中的铁水,让铁水冲向花棚后分散,形成绚丽的铁花。此种打法以河南确山、河北井陉为代表。其二是以铁水泼洒在城墙上形成烟花,俗称反弹法。此种打法在河北张家口一带多见。其三是用钢丝沾上铁水抡起来,形成烟花。最后一种是一人舀起铁水抖入空中,另一人用木板像击打棒球般将铁水打出铁花。此种在山西泽州仍然可以看到。

目前,打铁花已成为多地新春民俗旅游的重要观赏项目,但多为短期性行为,而把这项非遗日常化做得较为成功的是北京的长城铁花。长城铁花发源地是北京市延庆区石峡关段古长城,是当年李闯王进京破关的地方,是烽火狼烟岁月兵戈之争中文化交融碰撞的产物。在长城铁花第四代传人孙泉带领下,长城铁花近几年得到了快速发展,2015年成立了长城铁花(北京)民俗文化传播有限公司并获得了营业性演出许可证,在专利保护上,2019年也就"一种打铁花装置"进行了专利保护申请。

长城铁花演出2016年以来一年四季做到了常态化演出,其演出票可在OTA等各平台买到,在携程上评分为4.7。长城铁花作为特别的一类非遗文化正在走向社火极品道路,一些旧有传统打法无法想象的铁花设计,如"长城铁花之佛光普照、冰火两重天(冬奥)、普天同庆"等难度更大更震撼打法也在测试当中。

从长城铁花的发展上,打铁花这项非遗有如下几点创新可供同类产品借鉴:

## 一、打法创新

长城铁花是孕育于北京延庆古老长城脚下的特殊民俗文化,初源于炼铁工匠们的祭祀活动,经过后人的努力和大胆创新,现在的长城铁花已由单一的打树花发展为击花、泼花、拍花等多种方式。

打铁花不同于传统的打树花。打树花是流传于河北省张家口蔚县、河南禹州和确山、山西、山东等地的汉族传统民俗文化活动。这种别具特色的古老节日社火是用熔化的铁水泼洒到古城墙上,迸溅形成万朵火花,因犹如枝繁叶茂的树冠而称之为"树花"(泼花打法),其习俗一直延续至今。打树花是打铁花众多打法中的一种,充分挖掘打树花活性基因的打铁花包括各种打花绝技(泼花、击花灯),犹如打花"百花园",更为惊绝的"飞火流星""空中击花"等视觉冲击力极为震撼。

## 二、工具创新

长城铁花的工具是由专门的师傅打制的木制工具，主要有木勺和击棒。木勺的勺头呈长八边形，厚约五厘米，勺碗分为椭圆形和葫芦形两种。据铁花艺人李留江说椭圆形木勺最常用，葫芦形木勺则能打出多点散开的铁花。这种细微的区别看起来不起眼，但却是一代又一代的长城铁花匠人不断研究改进的成果。

长城铁花打花工具、服装、材质都遵循古法又加以改良，也正在研发更大场面的铁花秀、与多种技术融合的铁花，以满足更高层次更重要场景的需求。

## 三、输出创新

除延庆主演外，积极参与各地各种活动的助演之中，这对传播铁花文化起到了重要作用。近几年作为延庆区级非物质文化遗产，长城铁花去全国各地进行展演、助演交流，走过河北、广西、湖南、湖北、浙江、山西、江苏等地，成为延庆区传统文化发展交流的一个亮丽名片。长城铁花表演队伍也由最初的十几人发展到现在的55人（2019年），并已发展成公司化运作，成为打铁花传承与创新的排头兵。人才接续上，目前培育的主要是第四代第五代弟子，主要核心师傅23人。

因为表演独具特色，长城铁花的名气越来越大，还受到了中央电视台、北京电视台等媒体的特别关注。在2017年1月1日零点跨年时刻，长城铁花还被邀请到北京奥林匹克公园，他们登上了30米的高空，为跨年活动表演助兴。2018年7月在第三届河北省旅游产业发展大会进行了"中国最有温度的表演"。

从2008年老艺人亲手教授，到铁花弟子闭门静心操练，再到2016年面向观众成为常态化接待游客，长城铁花走过了一段艰辛历程。现在长城铁花也已走出国门，目前第6代中有来自乌克兰、马来西亚等地的弟子。

## 四、内容创新

由单纯的打铁花单体项目进行内容升级创新，创新出"二龙戏珠""火树银花""惊涛骇浪""空中劈火""徒手风雷"5个篇章的铁花表演节目，并由故事性逻辑串联而成。长城铁花有段时间曾经尝试把打铁花升级为实景演艺做了一定探索，限于场地、人员、经费等原因，最后回归到以打铁花为主，穿插通俗演艺的方式，但对于普通观众，特别是首次观看者也已够用。

当时我和孙泉就这事儿交流过，想获得更大的品牌知名度及市场份额，铁花演艺化是必然的发展趋势。想在旅游演艺市场中分羹，需要有专业机构介入，由导演、制作、舞美、专业演员（非铁花艺人）组成的专业演艺团队与打铁花艺人团队进行碰撞磨合，并结合各种黑科技、新科技方能做好更高段位的演艺秀。

### 五、传播创新

在《爸爸去哪儿》第二季及《延禧攻略》中，均有打铁花等相关情节。在新媒体 C 位的当今，电视媒体仍占据传播链条的重要位置。长城铁花曾走进北京电视台倾力打造的非遗传承人栏目，在《长安十二时辰》中，长城铁花也有参演。在《当一天中国人》节目里，好莱坞演员柯南也换装上阵，亲自体验长城打铁花文化。但在短视频平台里，长城打铁花并未建立自己的根据地，这点需要提起足够的重视。

另外在创意上还需要多做头脑风暴，比如这个凤舞九天，中间的圆环效果特别像《奇异博士》里切换时空的火花圈圈传送门。试想如果奇异博士突然出现，会有多震撼？！

我想，如果不能放烟花，看打铁花或许是最佳的替代选择了。

原文发表于 2020 年 1 月 20 日

## 第六节　模式探索

### 站着赚钱、X 程大战、标配等的最终命运

关于站着赚钱：

最近看有人在提站着赚钱，其实挺难的，姜文也是靠武力（强势力量）解决的。办会需要成本，越大的会成本越高，总得有人来负担。要么自掏腰包，要么拉赞助，要么收参会者的。

收赞助商钱不可耻，不收赞助商的钱也没什么值得高调的。用自己的钱太肉疼，还是用投资商的钱？收参会者的钱？总之总得有人出这个钱。

记得某总说过"赚用户的钱是可耻的，应该烧投资商的钱"，此处不多做演绎。站在道德制高点上自吹自擂，且待几年之后再看。

身边诸多朋友均提：做公益不是做慈善，但之前我确实做了太多现在看来是慈善而非公益的事情，其中一部分，恐怕还会继续做下去。好吧，穷人做慈善，可想而知。

关于 X 程大战：

昨天发了一篇老故事，下面评论甚多，但提到对用户有好处者少，破坏生态系统，最终也会损及顾客。而另据某友网上搜索查看，价格上也没有特别大的优势，更像事件营销。

水流湍急到平缓，渐渐失去活力，需要鲇鱼搅动搅动，让大家奔跑起来，对用户或者顾客而言，在这个生态系统里充当什么角色？水草？还是虾米？

服务是有价格，更有价值的，希望不要因为低价而影响了客户利益。我宁可多花点钱，也希望服务上更加细心贴心让我满意。

关于标配的命运：

历数互联网变迁，总是后浪推前浪，绝大部分前浪死在沙滩上，还有极小部分前浪往复成为小强。

LBS：

曾经火火的签到类网站，基于LBS（Location Based Service，基于定位的服务），看上去很先进，很牛，像街旁、玩转四方、切客等，成为网站或应用标配后，基本上消失了。

团购：

团购最火的时候据统计有两三千家团购网站，拿到钱的以亿计来烧钱，没有拿到钱的其中一部分鱼目混珠。成了网站标配后，除了美团、糯米等屈指可数的几家后，都死掉了。

二维码：

曾经单独的二维码应用也红极一时，有公司迅速扩张，但成为标配后，已经很少在市场上发出声响。现在已经极少有人使用单独的扫码工具，该项功能已经被高度集成。

尾单：

最近在思考尾单的未来，特价尾单现在途牛和驴妈妈也已经有了专门的频道，接下来还会有更多大佬把尾单列为标配，那独立的尾单项目怎么办？

尾单是资源型产品，最终话语权还是在资源方，比如景区酒店，比如包机商、包船商、包专列商等，尾单的辗转腾挪会处处掣肘。除非你有活跃度和忠诚度高的死忠用户，但尾单用户是最没忠诚度的，他们只对特价忠诚。或者你能拿到一手资源或者自己就是资源，资源很多都是用钱赌的，看你胆子够不够大，看你资金信用。

那么尾单成为标配后，最终命运是大部分的尾单项目死掉，极小部分在互相整合并购后拥有了话语权，类似团购的现状，我想最多三家吧。

专业的人做专业的事儿，资源方有时也懒得自己做，还是需要有专业尾单公司消化这些库存，最后比拼的，是特色、规模、占有率和可持续性能力。

偶感而发，叔妄写之，姑妄听之吧。

原文发表于2014年7月16日

## 该来的总归要来，出来混总是要还的，聊聊UGC和商业化

昨天有两则消息，想必大家也都知道了。一是彭韬的面包旅行收购刘亮的在路上旅业旗下山水假日旅行社，二是原今夜酒店特价高管韩哲跳槽穷游做CCO负责穷游整体

商业化。而在此前，在路上 APP 重金挖脚携程高管，搭建商业化团队，这样从旅游分享 APP 排位最前的几家中，只有 TouchChina 还未公布有动作了。

先说说面包，面包一直以小资情调的定位，召唤成分更多是出境游分享者，其功能本身与在路上并无太大差别，也和其他旅游分享 APP 大同小异，只是用户定位不同而已。而收购了山水，不但资质有了，渠道和部分资源也有了，互补性还是很强的。山水有出境游产品研发能力，也有机票资源，二者交汇，面包的用户是最匹配的，聚焦在面包上的几百万手机用户可以直接从面包下单出境游，逻辑还是没有问题。现在就看面包用户对商业化接受程度，其实这样的问题，不仅面包会遇到，早先的旅游分享 UGC 社区，如马蜂窝、穷游等也都会遇到这样的问题，就是定位既是快速聚拢用户的基础，也是削弱用户黏性的阻碍，这个接下来再说。

在路上旅业以强势机票代理起家，这次也算剥离附属业务了。保留核心业务并继续专注，是个果敢的选择，刘亮兄大开大合，敬佩。这个有点像张海军，剥离度假业务，专注机票酒店。总体上来说，面包收购山水，是件好事儿。面包，如能与穷游合并，就完美了。

第二件事：韩哲入职穷游 CCO（Chief Commercial Officer，首席商业官），对，CCO，不是 COO 或 CXO，据说这个 CCO 职位是为韩哲特设的，挺好！作为出境游攻略分享网站的领导者，穷游一直在坚持，虽然不赚钱，这似乎是个悖论，马蜂窝和穷游，或者在路上与面包等，动辄几百万上千万用户，但在流量变现上都有些问题，没有太好的转化模型，这其中因素很多，从我个人而言，可能还是因为定位问题。

国人非常之奇怪，按理说看游记找攻略接着订机票、酒店、落地、租车、周边游等就应该是一条龙下来的，现在全部被切分开了，比如看攻略，用马蜂窝和穷游，订机票、酒店，用去哪儿、携程、艺龙，记录旅行轨迹，用在路上、面包，城市导览用 TouchChina……

定位，在发展初期快速聚集某一类有特质用户，并渐渐形成自己的风格，所谓物以类聚人以群分，比如大家都是来你这儿看攻略的，不是来你这儿订机票、酒店的。我是来你这儿分享我出游的照片心情的，不是来你这买度假产品的……所以对我而言，这个定位在巨大用户群后，就成了商业化的障碍。

我们从 2006 年开始做 Web2.0 时，就已经考虑网站的流量变现问题，但担心用户反水，就最终没有实施。旅游分享类的网站或 APP，最初想法和我们是一样的，但有了用户和流量，没有盈利，总归不是长久之计，但又担心用户接受不了，所以一般都采取和风细雨渗透式商业化。

比如马蜂窝有特价的嗡嗡，穷游有折扣，几家 APP 也做做度假产品，门票的活动，让自己圈来的用户习惯有商业化的东西，借特价是个好方式，吸引眼球，快速切入，慢慢再过度通用产品上去。

想起去年和某协会领导交流，该领导要建设中国的智慧旅游网，号称一站式解决方案,啥意思,就是大家来我这个智慧旅游服务网,就不用去其他家了,我这儿可以看攻略,订机票、酒店,也有租车、度假产品,还有社区和APP。这只是设计者的逻辑,不是用户的逻辑,看到我此文的人,你说自己会上这样一个网站吗?大多数我想不会,还是该有哪部分需求就去哪个网站或APP。不然的话,那些链节上的佼佼者不早就死掉了。

大家对在路上有些模糊,对,有两个在路上,一个是陈伟的在路上APP,一个是刘亮的在路上旅业,在路上APP做旅游分享记录,在路上旅业偏重机票、线路、传统资源。其实,你们两家应该合并,从资本角度,在路上APP收购在路上旅业较为合适,这桩生意,被面包抢了先,呵呵。

据说现在出境社资质非常紧俏,至少150万~200万元,所以老语云:机会总是留给有准备的人,咱要早些年搞几个出境社,现在光卖壳也不错。那不但有壳,也有肉的就更值钱了。新旅游法出台后,资质成了标配,不管你做国内游业务还是出境游业务,不管你是旅游网站还是旅游APP或微信账号,最终都要有这个资质。

昨天在"旅游创业会"微信群和大家聊天,某家和某家也要达成类似面包和山水此类的并购,这里不透露了。正好沈卓立冒泡,我问他你也该收购收购了吧?他笑谈他得求包养,我就戏言你看众信怎么样,刚上市,呵呵。但其实TouchChina的有些工具类产品,可能大众点评更合适或者出门问问也行。

在路上和穷游通过挖能人来构建商业化畅想,面包通过收购来实现,TouchChina从技术型公司是否还要接着向旅游类公司转化?做互联网的,总是想着我有用户,钱就来了。但其实这类人逻辑更适合线下,比如线下旅行社每接一个人就赚一个人的钱,真金白银。当然,大家玩的路子不一样,需求与目标各有不同。

线上,有用户再有钱,过程有些漫长,略理想化,但现实的骨感英气逼人,迫你就范,而所谓O2O,就是天地贯穿,打通任督,至于先从哪个O先开始,并不重要,中间的2很重要。我知道有人在做O2O,不仅想要取消组团社批发商专线商,将用户直接导入地接社服务,而是想连地接社都甩开,将用户直接和资源方打通,这个更加短链扁平,能否实现?效果如何?等我5月中旬出山后找这家公司创始人聊去。

2014,旅游业激荡风云,大事迭起,吐啊吐就习惯了。该来的总归要来,管你湿身赤裸,还是玉面含羞,没有做不到,只有想不到。从用户角度来说,天下没有永久免费的午餐,出来混总是要还的,你白白看了攻略,记录旅行,你总该在这个平台上买张机票订个酒店,搞条旅游线路吧?

**原文发布于2014年4月22日**

# 在线旅游 C2C 有"钱途"吗？

中国旅游研究院联合携程旅游共同发布了首份《中国自由行发展报告》，报告揭示出旅游者旅行方式选择的新取向：在我国旅游业散客化和网络化时代背景下，自由行成为旅游者主要倾向于选择的旅游方式，比如沙发客、互助游等。此种新趋势提供的市场土壤孕育出了"地主网""沙发客网"等为自由行游客服务的旅游网站。"而这些网站其实就是旅游消费者对旅游消费者 C2C 电子商务商业模式的雏形。"中国旅游创业家协会秘书长张德欣在接受本刊记者采访时表示。

虽然我国还没有成熟的旅游 C2C（Customer to Customer，从消费者到消费者）电子商务模式，但在线旅游 C2C 雏形的应运而生已表明："在线旅游 C2C 能够满足一些旅游消费者群体的价值取向。"因为任何商业模式的诞生都是基于市场需求。那这部分市场是否具备足够的潜力来促进在线旅游 C2C 发展壮大，并能让其商业模式的主体——旅游 C2C 电子商务平台看到"钱景"呢？

## 在线旅游 C2C 有较大的市场潜力

"目前，我国旅游电子商务模式仍以 B2B（Business to Business，企业对企业）同业平台与 B2C（Business to Customer，商业对顾客）直客平台为主，在线旅游 C2C 还未获得持续、稳定、快速的发展，其所占市场份额还很小。主要是由于在线旅游 C2C 的客源市场是那些追求个性，想摆脱俗套；资金窘迫，想便宜旅游；想体验当地风土人情；想在旅游活动中进行社交的旅游者，这些类型的旅游者目前主要夹杂在自助游和背包客人群中，数量不多。"张德欣分析。以互助游游客为例来说，据不完全统计，每天仅有约 1500 名网友在体验互助旅游。

"但这些旅游 C2C 客源群体的数量会继续增长。长远来看，旅游 C2C 电子商务模式具有比较大的市场潜力和盈利空间。"六人游旅行网 CEO 贾建强在接受本刊采访时告诉记者。在《中国自由行发展报告》的分析中也可窥见端倪，2012 年，我国国内旅游市场规模接近 30 亿人次，其中组团游游客数量只占整个市场不足 5% 的比例，散客化自由行游客占绝大部分。而在大比例的散客化自由行游客中，有大量的旅游爱好者希望通过一种新型的互换方式体验旅途，同时也能够节约旅游成本；也有很多游客希望通过旅游结识更多的朋友；还有很多旅游者希望与其他旅游者分享旅游智慧、经验、心情、快乐等。"这些旅游价值取向都是在线旅游 C2C 所能够带给旅游消费者的。"贾建强表示。再加之这种类似于摆地摊的个人对个人的电子商务模式让旅游交易变得简单。因此在线旅游 C2C 必然将迸发旺盛的生命力。

## 在线旅游 C2C 发展现状和问题

要想将旅游 C2C 的市场潜力转化为在线旅游 C2C 平台"钱途"的铺路砖，需先认清旅游 C2C 电子商务模式的发展现状以及存在的问题，才能有的放矢，找到发展的最佳路径。

10年前国内有人首次提出"互助游"的设想,标志着旅游C2C开始萌芽。作为一种新兴的旅游电子商务模式,"互助游"网站凭借其经济、自主、广交朋友等多种优势日渐受到广大旅游爱好者的青睐。然而旅游C2C在国内发展至今,还没有形成一个综合类旅游C2C平台。

张德欣先生告诉本刊记者,目前,一些效仿国外知名C2C模式旅游房屋租赁网站Airbnb的在线交易平台如蚂蚁短租和小猪短租,都获得了近千万美元的融资,并通过向房东收取成交金额5%的交易佣金,以及在房东给出价格的基础上溢价12%来盈利。这一切看上去很美,但短租只是旅游产业链中一个细分子类,无法给在线旅游C2C平台带来持续、稳定的盈利空间,因此这种旅游C2C网站在国内能存活多久是个未知数。

还有一类旅游C2C网站,是为自助游游客提供一个相互分享旅游攻略的在线平台,比如自助游攻略类网站"远方网"和"马蜂窝"等。但这类单一分享旅游攻略的C2C网站需要经历漫长的积累用户期,如马蜂窝自2006年上线以来,截止到2012年下半年,共积累400万用户,但尚未盈利。其之所以能维持运营是由于资本的支撑,截至2013年4月,马蜂窝共获得今日资本500万美元的A轮融资,以及启明创投1500万美元的B轮融资,并获得由今日资本提供的200万美元无息贷款。但在这个长期积累用户的过程中,并非所有的旅游攻略类C2C网站都能像马蜂窝一样幸运,若无法获得投融资,将直接影响旅游攻略类C2C平台的生存。

另外,目前旅游C2C电子商务还处在商业化开发的初期,即介入交易的商业运营还未成熟。比如沙发客网,其就依然处于公益分享的发展阶段,但天下没有免费的午餐,纯免费的旅游C2C模式对其在线平台本身是没有价值的。又比如马蜂窝,其自2012年下半年开始在商业化上做尝试,包括广告以及与国家、地方旅游局合作等,但仍处于"摸着石头过河"的阶段。

**如何开拓流光溢彩的"钱程"**

一个能满足旅游消费者价值主张、有广阔市场潜力的C2C电子商务蓝海正日渐明朗,但因未构建出具有合理、持续赢利来源的商业模式,在线旅游C2C目前还没有呈现出稳定、快速的发展态势。所谓"玉不琢,不成器",那如何理"旅游C2C"之璞,得其宝呢?张德欣建议:可在一定程度上借鉴日本旅游C2C创业网站Voyagin的商业模式。Voyagin就是一个综合类旅游C2C平台,旅游者可以在Voyagin网站上找到日本、印度、印尼、泰国、越南五个国家的美食、文化、聚会、运动、怪诞等各种旅游活动,这些旅游活动可以是"教你骑泰国的大象""带你逛清迈的夜市""教你制作越南家常菜"等。

至于盈利模式,可参照Voyagin的交易抽成方式。Voyagin网站上的每个活动都是明码实价,旅游者可以在网站上直接向提供这些旅游活动的目的地居民购买,而Voyagin则会从每笔交易中抽取15%的佣金,以及收取3美元的手续费。

还有专家建议构建一个综合旅游C2C社交平台。假设,中国游客想以自由行方式去美国纽约旅游，可以在此 C2C 在线平台搜索"目的地纽约"，平台随后自动筛选出符合条件的目的地旅游服务类型以供游客选择，比如翻译、咨询、订票、住宿、伴随游览等。至于服务费用，可不以明码标价的形式，而是由交易双方自由协商决定，作为此种在线旅游 C2C 商业模式主体的电子商务平台则通过抽取交易佣金来赢利。另外，由于此种在线旅游 C2C 商业模式偏社交性，用户活跃度必然很高，通过用户积累、流量增加，也可将广告等纳入其赢利模式中。

但张德欣同时强调，国内外旅游 C2C 电子商务模式发展的市场土壤不同，要实现中国本土化，应予以变通，单纯的拿来主义是没有意义的。严格的用户审核机制、有效的赔偿制度、健全的信用机制、强有力的行业监管等，都是需要有志于构建在线旅游 C2C 商业模式的企业去思考的因素。Voyagin 在解决用户审核和信用问题方面的做法也可为国内有志于投入在线旅游 C2C 领域的创业者理性地借鉴。Voyagin 网站上所有提供旅游活动服务的旅游目的地当地人都通过了 Voyagin 审核，其中有 90% 还跟团队人员有面对面的交流，而且这些当地人都能用英语沟通，很好地避免了旅游 C2C 交易中的欺诈行为。

自由行"当道"为旅游 C2C 清出了一条大路，但 C2C 依然是在实物在线交易领域叫得响亮，那是因旅游 C2C 纠结于商业模式的混沌以及与其相关的各种外部因素。旅游 C2C 能否奔向美好的"钱程"，需要致力于旅游 C2C 的企业探索、打破商业模式的混沌，理出清晰的赢利模式，但同时也需要行业、主管部门等为旅游 C2C 营造发展的客观环境。

原文发布于 2014 年 1 月 26 日，刊载于《大旅游》杂志 36 期

## 旅游答疑如潮汐还是贴心小棉袄？

晁夕兄弟最近搞了个"旅游答疑"APP，他不好意思自我评论，我就来拍拍砖，请戴上头盔。

这兄弟已经跨界了，从旅游圈、媒体圈到娱乐圈，小弟实在是佩服得紧。不说人，聊聊项目。

据称这款手机软件的核心价值是"快捷和精准地解决问题"。确保快捷和精准的方法很诱人，即答题悬赏。俗语云：天下熙熙攘攘，皆为名利。又云：重赏之下，必有勇夫。10~100 元的悬赏是否能打动用户？

老张 3 年前带团队做过一款社会化问答"快问 APP"，不过已成先烈，当时初衷是用户可以充分利用碎片化时间来解答别人抛出的问题，将自己的智慧和见解分享给更多的朋友。对于发布问题的人来说，从而可以通过快问集中众人的智慧，给自己提供参考意见和辅助决策。

现在想来，败在哪里？没有和 LBS 紧密结合？范围过大？没钱推广？时机不对？

用户行前行后现在基本都搞定，行中出现的问题确实费踌躇，计划被打乱，没有备用方案，会让原来很美的计划变得一团糟，特别是自由行，没有导游，没有当地人，没有朋友，傻眼了吧？

谈谈看法：

（1）关于悬赏。精神奖励和物质都是必要的，单纯热心的事情做不长久，热心人也需要被体现出价值。求助者如果需要帮助，而且是有价值的帮助，花点钱也是乐意的。受助也可以通过电话，更增加了及时性，问题是有多少人愿意这样做？

（2）关于时效性。一条信息具有四个特性才有价值，分别是真实、准确、完整和及时。及时是最难的，而作为旅游答疑，求助者无疑希望得到最及时的回馈和支持，不然帮助就失去了意义。就如同在一个论坛里发了求助帖，发帖者在线等，几小时甚至几天后也没人来回应和解答。

（3）关于达人。现在达人很多，有真有伪。笔者认为的达人，应该是生活在某地的当地人或在当地生活有些年头的人，所谓本地通。单纯全中国全世界转悠，浮光掠影走马观花的，不算真正意义上的达人。

（4）体量与活跃度。用户数量不足，产生不了规模效应，原本正确的问答机制将会形同虚设，解决不了"及时性"问题。活跃度不够，难以形成持续正向的问答信息流和社区氛围。

（5）关于 LBS。LBS 成为标配后，应在后台自动运行，搜索与匹配与 POI（Point of Interest，兴趣点）相关信息，更有利于分析求助者当时情况，进而自动将问答推送到当地达人及具有共同标签的达人手里，解决"度日如年在厕所里外冰火二重天"。

（6）关于付费。平台出钱？求助者出钱？平台出钱，注册马夹自问自答赚点小钱不错。求助者出钱？那没有客观标准的情况下只能主观评定了。旅游的 C2C 模式，目前没有做大的，缘于中国特色。

结论：晁夕有空来喝酒。

原文写于 2015 年 1 月

## 从"我在·旅行网"甘肃采风之旅思辨"深度体验式主题旅行"模式

2014 年 8 月 8 号至 12 号跟随"我在·旅行网"主创团队，一行 12 人进行了为期 6 天的甘肃自然采风之旅，部分行程颇有"眼睛在天堂，身体在地狱，灵魂在路上"的感觉。而我在旅行号称深度体验式主题旅行创导者，究竟实践离目标还有多大差距，作为实验小白鼠，我也来谈谈自己的看法：

## 一、目的地旅游

今天大家都推崇目的地旅游，泛指刨除了大交通，落地之后的旅游，也可以说是目的地周边短途游，是迎合自助游、自驾游及自由行的趋势和人群而言的。TripAdvisor（猫途鹰）宣布以2亿美元收购全球最大的目的地旅游和活动网站Viator，也对此类市场表示了极大的肯定。

## 二、主题旅游

主题旅游相对容易理解一些了，包括最近携程宣布进军主题旅游市场，先从高尔夫旅游开始，包括之前收购的世纪明德，也是做游学市场的，游学也是主题旅游的一种。

2006年做旅游网站设计时，就归纳旅游的各种主题至少五六十种，从各个维度来分，这些细分垂直的市场都值得深挖细作，做好后不但成为地头蛇，也能在巨头阴影下从容漫步或者未来并购时有更大话语权。

## 三、深度

何谓深度？多深为深？住上十天半月算深度？在当地吃、住、行、游、购、娱一条龙算深度？混迹达官贵人圈算深度？还是屈尊平民市井算深度？每个人对深度的理解不尽相同，特别是从产品设计者和使用者角度来看，太多时候大相径庭，结果使用者认为设计者是在忽悠。就好像一条线路图文表述后的真实还原度，如果低于一定数值，游客心理落差过大，就会造成上当受骗的负面体验及口碑。

## 四、体验

这个是旅游最主要的两个要素之一，另一个是谈资。现在做各行各业都在谈用户体验，但如何定义"用户"，设计者本身是个用户，也可能是个典型用户，但也只是一种画像，设计者通常都过分放大自己的需求，认为是其他人的需求，而实际上，自己不过是千分之一万分之一或亿分之一而已，更多不同画像的用户需求和设计者是不完全相同甚至是相逆的。怎么解决这个问题？大量的实地调研来佐证。

我知道有种理论是引领需求，比如苹果，不过乔老爷几百年出一个呢？教育用户太难了，还是先从满足用户需求开始，再去设计需求引导更为靠谱。

体验具有区域性递进式个性化特点，同样的体验标准放在不同用户群上达到的效果是不同的，还是要框定用户，针对特定标签的用户去设计产品提供服务。

## 五、小包团

小包团的形式非常好，虽然数量小但更容易从服务和体验上获得增值，做精品小包团的六人游已经拿到B轮。如深度和体验角度，也适合小包团形式，三五家庭部门同事，在乎的是和谁一起去。而正是因为彼此熟悉，在游玩中更能获得良好体验。

### 六、目的地主题旅游

集区域性和主题性两个要素，更容易做出名堂。不过，非常考量对当地资源特别是特色资源的掌握程度及产品经理的产品设计水平。这两点都是核心竞争力，对资源把控能力是硬壁垒，依赖于政策或资本，而产品设计能力，则是持续领先竞争对手复制自己的撒手锏。

不怕被抄袭模仿，只要保证自己比别人快，比别人专，比别人好！如何保证？提高产品的附加值，增加产品的增值力。而附加值是不好用价格定义的，这也既保证了利润又增强了自身竞争力。

### 七、本次行程有待改善提高的地方

（1）行程还是过于紧张，应留出足够自由时间以保证深度体验。
（2）核心价值及产品的附加值提供得还不够，应继续挖掘植入。
（3）产品流程工厂流水化作业操作，尚待更多磨合提高。
（4）小细节常常影响大体验，要想得做得再细些再细些。
（5）善用社会化营销手段，做好正向口碑传播。

最后感谢"我在旅行"创始人丁凯团队提供的采风调研之旅，让新朋友成为老朋友，老朋友更朋友！


## 酒店经营那些皮毛

昨天应驿家365连锁酒店之邀，参加了其内部"旅游型城市酒店经营方案研讨会"，学了不少东西，和大家分享分享。

何谓旅游型城市？是不是能旅游的地方就可以叫旅游型城市了呢？首先定义要明晰，分类型、分维度、分指标确定是不是旅游型城市，这些没有参数测定，后面就难以细化落实下去。

中国地大物博，旅游城市，有些是全年，有些季节性极为明显，比如北方。也就5~10月，甚至更短，以北戴河之类的为例，能下水的季节就更短了，去海边，不下海玩水，那还有什么意思。

那在北戴河这种地方开酒店，旺季的自不必说，淡季时如何经营？据我所说，很多宾馆酒店冬天就全部停业了，指望着干三四个月赚回一年的钱。当然，这有点野路子。应该是全年营业才是最好，那就需要解决旺季房不够，淡季没人住的问题了。

旺季房不够咋办？现盖来不及。一个房间内加折叠床，既省钱，也更方便。还有搭帐篷也不错，玩玩野外的感觉也不错。

淡季没客人咋办？季节不好没有游客过来，那就要做好本地化服务了。酒店附近的小区、写字楼、高校、政府机关等都是可以宣传发展的区域。

游客不足时，必须要用商务及本地客人来弥补。削峰填谷，是个大学问。

驿家365有近百万的会员，是个巨大的财富，守着金山是一码事儿，能不能挖出金子则是另一码事儿了。这个数据挖掘，其实也是大数据了。

大家也都知道维护老客户与发展新客户的成本，如何做好老客户的情感关怀至关重要。后台能否分析出会员的各种属性，如工作地、居住地、年龄、职业、消费水平、喜好等数据，只有有了这些数据，才能在后面的活动推送、产品促销中更有针对性，接近智能匹配。

这个方面可以向佰程学习，佰程对会员的数据分析已经有很强的功底，当然，除了前瞻意识、IT系统的架设、数据模型推演、产品匹配等都不可缺少。

旅行社未来发展，中介的作用会弱化，会向两极演进，一种是往后退，退回资源方，控房控车控景区等，但这需要相当数量的资金来支持；另一种是旅行数据服务商，未来最值钱的就是游客的数据了。

旅游型城市可进，但如何进？评判标准要有一套数据模型，看肯德基、麦当劳是如何选址，万达如何选址，位置还有其他因子。数据模型的好处就是一个项目成功之前，尽可能抽取增大成功概率的要素，再配比组合。一个完善的超大型会议室可能成为某家店的卖点并持续带来会议客人，必须把这种偶然性转化为必然，才会形成科学的方法。

硬件重要，软件同样，管理团队，特别是店长的特质与风格，对酒店经营也有很大的影响。总部的标准流程，制度规范再加上店长等分店管理团队落实执行，才能最终保证运营的成功。完全按套路，既死且僵，无法突破。完全不按套路，管理随意，无预案无推演，拆东墙补西墙，最终也将破绽百出。

保持规范的同时，保持适度的灵活，保持变通。水无常形，以柔克刚。趋势是最大的优势，要么主动拥抱接受，要么被甩在后面抛弃。

原来的销售渠道要保持，如与OTA，与旅行社，与大客户。跟随移动互联网趋势，从旅游网站到旅游APP再到旅游微信公众账号，都要跟得上。

产品形态上，不要只是卖房，可以捆绑成机酒、车酒、景酒等组合产品，除了整合自己，也整合别人，大家互相整合。再加上跨界，未来想象空间很大。

外行扯了这么多，大家多拍砖，嘿嘿。

原文写于2014年1月3日

## 旅游投资机构，服务 Yes！投机 No！

中国城市报：作为专业的旅游创业服务平台创办人，您认为我国旅游产业未来的发展趋势和方向在哪？投资点在哪？

旅游业这些年以来一直都是朝阳行业，且随着大众生活水平及休闲意识的提高，未来 5 年内将会有更大规模的发展。整体来看，将会有如下趋势：

1. 旅游方式从观光走向度假，但大众普遍消费仍是主流

从大城市特别是一二线城市来看，旅游人群已经不满足于传统观光游方式，"上车就睡觉，下车就撒尿；到景点拍照，回来一问——啥也不知道。"这首打油诗真实还原了传统观光游的特性。而大城市人群，更追求休闲与体验，观光游已被摒弃，大家就想找个风景不错的地方住个一周半个月，目的地不是太强的游览，宽松的时间安排，灵活的行程调整等。并且度假也不再简单享受下酒店的娱乐设施，而追求代入感和扮演感，像当地人一样的生活。

但从三四线及广大农村市场的大众旅游消费来说，仍然是观光为主，传统的旅游服务及操作方式仍然适用，我称之为"区域逐级下降，传统仍有市场"。但也开始有相应品质的提升，如北京能地接 5 万人的世纪中润旅行社，除了带老人们看故宫、天安门、鸟巢、水立方等，还带老人们到剧场看演出听相声，并举办"最美不过夕阳红"老年歌舞晚会，带领老人们自编自导自演，孩子全心参与，气氛热烈融洽感人，促进了家庭和睦也提升服务体验。

2. 自由行和自驾游将加速扩张，网民旅游需求日趋多样化

旅游人群特别是互联网旅游人群的迅猛发展，传统跟团游的市场进一步萎缩，除了精品小包团之外，自由行的份额日趋增大，而众多旅游网站提供了多种多样的自由行产品，更有尾单特价深深刺激了自由行用户的出行。行程较为自由，时间较为宽松，选择自由度大，用户找回了以我为主的感觉。而汽车的日渐普及，让自驾游同样火爆，每逢大小节假日各条高速公路都堵车的窘况也侧面看出这个市场的情况。

游客个性化的需求，不仅体现在自由行和自驾游上面，还体现在主题游上面，情侣们要去蜜月游，姑娘们要去海岛游，修心的人要去禅修，吃货要去美食游，爱拍照的要去摄影游。而正是用户多样化的需求，催生了大批做细分市场服务的在线旅游创业公司。

3. 伴随科技进步，旅游业将更有效率，游客也将得到更好的服务体验

IT 技术对旅游业的改造及升级是巨大的，从 2006 年旅游 Web 2.0 到现在的智慧旅游，互联网和移动互联网与旅游业的宽泛及深入的整合，使整个行业都变得越来越有效率，而从游客来讲，基于各项技术的细分服务让出行更加便捷安全有保障。旅游创业者，更专注于小而美的平台，做好垂直细分，也更加能满足用户个性化及私人定制的需求。而智慧旅游从顶层设计到落地执行，虽然还需要相当时间的探索实践，但都将让政

府、产业、行业、企业及广大游客受益巨大。

从投资角度来看，我从三个维度来谈旅游业新的创业机会：

1. 区域性或地域性

从目前情况看，做全国或全球性的平台越来越难，这不仅是受限于资本、资源还受制于团队人员。而初创期项目，各方面条件都较为薄弱，聚焦某一特定区域或目的地更有利于该项目的成长，更能把现有的精力、资源等全力投入，比如有做泰国的米线旅行，做东南亚的游啊游，做韩国的OMG旅行网等，都是先从一个目的地开始进行深挖，中国人古老的故事叫"挖井"相信大家都懂的。

2. 主题性

除了目的地之外，选择主题旅游的创业项目也很有想象力，这部分人群更加遵循内心需求，目的明确。携程也于2014年宣称进入主题旅游市场并先期推出了高尔夫旅游。但旅游从主题来讲，分出几百个来都没问题，所以市场空间更为巨大。

做主题游创业项目的，比如做海岛游的泡泡海，做境外导购的小红书和GO购全球，做境外美食推荐的舌尖旅行，做海岛加蜜月的悠悠海岛之家等。

3. 目标人群

这个就很好理解了，针对不同人群的旅游需求就会衍生出不同的专业服务机构来。针对老年人做夕阳红，针对孩子做亲子游，针对情侣做蜜月游等。

综上三个维度，做好"打井"，也称"穿透力"，聚焦专注，做到垂直细分市场的老大老二，都会有很大的机会。两个机会，一个是被投资机构关注和投资的机会，另一个是被用户所关注和使用的机会。

中国城市报：据您了解，目前我国旅游产业投融资生态环境如何？有哪些不足？

整体来说，这个生态环境还需要进一步健全与完善。从2014年来看，投资并购安全105起，额度超过120亿元人民币，超过之前两年的总和。而从国家政策层面，2014年8月9日，国务院以国发〔2014〕31号印发《关于促进旅游业改革发展的若干意见》等众多利好政策的出台及2014年9月国务院总理李克强在天津举办的2014夏季达沃斯论坛上说："要在960万平方公里土地上掀起大众创业、草根创业新浪潮！"等都对整个旅游创业及旅游投融资市场有了相当大的信心提振与市场表现，从而在年末交出了一份很有分量的答卷。

目前来看，还有以下不足之处：

（1）投资机构鱼龙混杂，良莠不齐。

（2）相对于TMT（Technology，Media，Telecom，科技、媒体和电信）、医疗、教育等，旅游业投资仍显不足。

（3）部分投资机构其实是投机为主，并非真心做天使投资。

（4）部分投资机构较为阴暗，创业者处于弱势地位。

中国城市报：针对上述不足，您有何建议？

创业者需要的支持还是多方面的，如：

（1）政策上：继续鼓励创新创业，并出台更加详细的支持措施；这里不仅包括大学生创业，也包括更多的草根与大众创业者的相应配套政策。

（2）投资机构：需要更加走心地为创业者提供支持，不仅限于资金，在资源及相应辅导上也能提供帮助。虽然现在孵化器众多，但在专业性上仍显不足，对创业者整体及全局支持不够。这里投资机构也需要和另外的资源方及专业机构合作，真正为创业者打造一条龙的可执行有成果的系统支持。

（3）学术界：从学术研究及理论指导层面，如何运用方法论并结合国内外行业实践，为创业者进行思想辅导及理论支持，也是个很值得研究的课程。好在我已经看到不少的学术机构在做这方面的探索工作。

（4）人力支持：创业项目从始至终其实最缺的是人才，无论是在创业初期还是中后期发展，都需要不同层次不同职位的人才，而最终的竞争不仅是资金和资源的竞争，更是人才的竞争。人才的合理搭配及充分利用，是项目成败的重要因素。

中国城市报：2015年是"美丽中国——丝绸之路旅游年"，您认为对于业界来说，今年的机遇和挑战在哪？

国家旅游局每年都推出新的旅游年主题，2014年是智慧旅游年，今年是丝绸之路年。每个主题旅游年，都会促进该类主题相关的市场、企业、项目的发展，也使服务该类主题旅游的机构与个人获得收益。

丝绸之路不但历史悠久，线路行程非常长，跨越中外，贯穿海陆，这就从地域上、交通方式上、主题、载体上等，都会产生非常大的机会，旅游从业者和旅游服务机构可认真考虑，从自身资源和优势出发，自行或联合开发有关丝绸之路的旅游产品，并推向市场做好服务。

挑战在于：

（1）丝绸之路旅游产品的设计如何既能尽可能地还原历史也能顺应时代潮流。

（2）丝绸之路相关的资源整合把控能力非常有挑战性。

（3）旅游服务机构的分工合作显得尤为重要。

（4）新媒体营销的作用还没有真正发挥出来。

本文系接受《中国城市报》记者张亚欣采访，

刊载于2015年1月19日第8期B15版

## 景区何时摆脱门票经济

"听说了吗？旅游景区门票又要涨价啦！""什么？又要涨？"这样的对话在近期时有发生。"三年禁期"一到，内地景区门票频频涨价，越来越多"破百"的票价让市民大倒苦水，引起沸腾声一片。游客直呼"玩不起""吃不消"。

"许多景区不愿在科学管理、创新服务等方面下功夫，因此涨价是景区赚取高额营收最便捷的途径。"有业内人士分析，这才是一些景区宁愿不入选"价格信得过景区"或不惜违背承诺，也要启动涨价的根本原因。

管理人员工资要涨、设施要修缮、景区本身也要升级……大家常常听到这些冠冕堂皇的解释，似乎要维持景区的正常经营只有涨价这"华山一条路"。话虽如此，但这不是景区"躺着赚钱"的借口。从长远来看，"门票经济"无异于"饮鸩止渴"，充斥着浓郁的功利主义色彩，始终不是景区健康发展的正道，中国旅游亟须摆脱所谓的"门票经济"。

**鼓励消费 VS 门票涨价**

国家旅游局日前发布的数据显示，今年上半年我国旅游业逆势上扬，呈现旅游消费和投资两旺的良好态势。旅游消费总额创历史新高，旅游投资继续保持高速增长，入境旅游继续回升。随后，国务院又发文鼓励旅游消费，在这样的时代背景和政策鼓励的风口之下，迎来了"三年一涨价"解禁年，这是否会与我国此前的鼓励性政策相冲突？

"从百姓角度来看，这肯定是冲突的。"旅游创业家协会会长张德欣在接受中国城市报记者采访时坦言。他认为，中国目前旅游市场还以大众观光旅游为主，昂贵的票价势必会消减部分百姓出游的兴致，压抑旅游需求，导致旅游消费降速。"热门景区受到的影响较小，但常规景区会受到较大的影响，部分景区会遇冷。游客在景区选择上会更加理性并寻求降低游玩成本的方法，相应就会促进旅游电子商务和移动互联网的发展。"

**何时打倒门票"拦路虎"**

"门票依赖"使旅游"成也萧何败也萧何"。确实，门票一涨，马上有钱，经济利益滚滚来。可是，无节制的涨价已经严重影响了公民的旅游意愿，无论是"世界那么大，我想去看看"，还是"一次说走就走的旅行"，门票都会成为一道门槛。从这个角度看，门票涨价不利于景区的可持续性发展，更有损于旅游大时代的健康持续发展。

提起这么多年来一直困扰旅游业发展的门票经济，张德欣说："门票经济是短期见效快的单一收费模式，简单粗暴，在部分地区出现，无疑是'杀鸡取卵''涸泽而渔'式的经营行为，更会形成'门票经济综合征'"。

**面对门票经济这样霸道的"拦路虎"，中国旅游业何去何从？**

张德欣认为，我国现阶段应大力发展综合性复合型旅游消费模式，促进区域旅游一体化发展，打造基于区域旅游资源的旅游产品与服务。此外，他表示非常同意"打击门票经济不能处于提醒层面抑或依靠地方自觉，更需要国家从提升国民福利、促进旅游业长远发展的高度，在立法层面着墨"这种观点。

涨票价并非增加旅游经济收入的唯一途径，专家在接受采访时均表示，杭州市采取的西湖免票的经验值得借鉴。

据悉，西湖景区自2003年开始免费，数据显示，景区每年因此直接减少门票收入

2530万元，但门票免费带动了景区商业网点经营价值的提升。通过拍卖、出租或承包景区商业网点经营权等市场化手段，不仅抵补了损失的门票收入，而且使景区管理部门增收逾亿元，带动了杭州旅游产业新增经济效益上百亿元。

**让人"脑洞大开"的转型方法**

"给你推荐一个好玩儿、减压的东西——《秘密花园》。""哦，我知道，最近特别火的一个填色书！"近日，填色书风靡全球，这款来自西方的舶来品也迅速被中国本土化。据记者了解，今年10月左右，故宫将推出《点染紫禁城》系列填色书。

近年来，故宫博物院陆续不断推出的文创产品常常让人眼前一亮。据报道，目前故宫的文化创意产品已经超过7000种，2014年给故宫带来9亿元的收入，高出故宫门票收入2亿元左右。

"掌握游客心理，进行产品和营销方式的变革，在品牌上力求亲民，促进故宫文创品牌落地及扩散。"张德欣向记者道出了故宫获得成功的秘诀。

多数旅游产品特别是纪念品千篇一律，是目前我国旅游业存在的短板。我国以历史悠久、文化灿烂而闻名，不少景区都有其独到的历史与文化价值。然而，却在这方面深耕不足。其他景区不妨效仿故宫在文创产品或是旅游衍生品上做文章，让每个游客更愿意在这里消费，早日走出"门票经济依赖"的困局，而这更需要的是观念上的革新。

本文系接受《中国城市报》记者张亚欣采访，

原文刊载于2015年9月5日，有删节


# 当小长假遇到共享单车

**【导读】**"五一"小长假期间，各大景区又开始热闹起来。和往年不一样，景区内多了"新鲜事物"，这就是风靡各大城市的共享单车。随着共享单车的热潮兴起，骑车出游成了不少游客的新选择。

**一道亮丽风景线**

"叮叮当、叮叮当……"眼下，在北京的大街小巷，随处可见"小黄车""小绿车"的身影。据了解，"五一"小长假期间，前门、天安门周边、鸟巢、水立方等旅游景点都是共享单车的热门骑行区域。

"五一"小长假首日，记者来到奥林匹克森林公园，发现景区内游人如织，骑共享单车的游客尤其多。来自北京的游客马紫辰在接受记者采访时表示，"一般旅游旺季，奥林匹克森林公园周边肯定很堵，开车的话很难找到停车位，所以就选择骑单车，不管是逛逛公园，还是在附近吃饭，都很方便。"

单车游到底有多火？5月1日上午，记者专门在什刹海烟袋斜街路口做了统计，从上午10点到10点半，有超过百辆共享单车从这个路口路过，平均20秒就有一辆。沿着烟袋斜街走进什刹海，记者看到很多共享单车停放在小巷边，有的游客走累了拿起手机扫一下码就可以骑行。

记者注意到，这些共享单车既包括市政公共自行车，也有摩拜、ofo（小黄车）、bluegogo（小蓝单车）、酷骑等共享单车，绿的、红的、蓝的以及黄色的车子行驶在各大景区，成为一道亮丽风景线，一种出游好方式。在共享单车未进入景区以前，游客在景区游览主要靠步行，部分景区花一天的时间也逛不完。而骑单车旅游，既消除了交通堵塞带来的烦恼，又可走街串巷欣赏隐藏在城市深处的景点，好多游客对共享单车的出现大为称道。

"共享单车绿色游是新倡导的一种城市绿色出游方式，特别在周末、节假日，景区及周边自驾车、旅游大巴拥堵严重，共享单车容易避开拥堵，快捷出行，不仅利于降低环境污染，且更快到达短途周边目的地，提高游玩效率及体验度，值得合理提倡。"中关村智慧旅游创新协会会长张德欣提到。

**一场管理大考验**

记者了解到，共享单车的出现原本是好事，但"共享单车无序停放在景区周边"这一幕却开始在多地上演，部分景区被大量涌入的共享单车"挤爆"，也有部分旅游景点周边出现了被共享单车包围的状况。原本摆放整齐的共享单车是"一道亮丽的风景"，乱停放的单车却成了煞风景的存在。实际上，针对共享单车在景区周边无序停放的问题，在"五一"小长假期间，部分景区已经做好预案。

曾饱受过共享单车乱象困扰的西湖，在节前发布相关公告。据悉，杭州市交通运输局、杭州市城市管理委员会、杭州市公安局和杭州市西湖风景名胜区管委会四大部门联合发出公告：在"五一"小长假期间，对非机动车实行临时管控，设禁停和禁行区域，严格控制非机动车在西湖景区人流密集场所及周边区域停放。

"五一"小长假前夕，中山陵园管理局组织摩拜、ofo、bluegogo、hellobike（哈啰单车）、町町、酷骑、7号电单车等单车企业举行了共享单车管理工作座谈会，企业与景区共同签订《共享单车企业诚信规范管理承诺书》，向社会公众做出承诺：遵守景区共享单车规范管理相关实施意见，引导用户文明骑行、安全骑行、规范停放，共同维护景区良好交通秩序。

记者在北京南锣鼓巷南口探访时注意到，街区入口处放置了一个标牌，标牌上专门写明，禁止共享单车通行，游客只能骑行到南锣鼓巷的南口或者北口，再步行进入街区。

采访间隙，记者恰巧遇到正在疏导单车停放的ofo志愿者徐峰浩，他告诉记者，每天早上九点到晚上八点，他们都会全程盯着单车停放区域，并引导游客合理停车。

与此同时，摩拜单车也开始尝试发布小长假出行大数据，对"五一"小长假单车交通形势进行分析预判，向社会和广大骑行用户发布安全预警提示，提醒骑行用户合理选择出行时间、出行线路、出行方式，避开出行高峰、易堵路段，安全骑行。

**一个最大公约数**

五颜六色的共享单车涌入景区,在为游客提供方便的同时,确实也给景区带来了一些困扰。如何规范共享单车?如何找到使用和管理的最大公约数?

张德欣建议:目前看,共享单车最大的问题是无序停放及人为损毁的问题,需要规范引导、人性管理。第一要设立易于停放、出入容易的专属(临时)区域,二是设立专人进行引导,规范管理,三是提倡与鼓励共享单车使用者加强自律。

本文系接受《中国旅游报》记者邢丽涛采访,<br>原文刊载于 2017 年 5 月 2 日,有删节

## 可持续与旅游营销兼顾——以隐居乡里为例

这个会议非常好,现在学术界和产业界有点脱节,希望可以通过更多产学研的结合予以打通。虽然很多朋友都感觉丽江已经非常商业化,但是它们的一些传统文化也是因为商业化才得以传承。这时我们需要考虑的是我们是否需要固守我们 100% 的传统,如果过于传统,可能会随着时代的变迁被人们遗忘。我想传承传统与创新时尚必须相结合,比如乔家大院的砖雕上除了有葡萄、蝙蝠等传统要素,还有当时的新鲜事物——火车,跟整个时代接轨也是很有必要的。

对于可持续旅游营销,一个是可持续,一个是营销。营销希望人来得多,可持续希望人来得相对少一些,尽量减少人对整个环境的破坏,这二者之间如何解决?我举个例子。现在中国的好多村子,年轻人都出去打工了,出现了太多空心村。好多有着几十年甚至几百年历史的老村子剩下了老弱病残,房子如果不住、不维护就会倒掉。我们有家会员企业叫作远方网,他们现在做了一个叫隐居乡里的乡村度假平台,把一些废弃的民宅甚至把整个村子签下来,然后按照现代城市人的审美标准去进行农村闲置房和空心村改造。美学分为设计美学和实用美学,设计美学就是这个东西好看,但大家可能买不起,实用美学就是这个东西日常也能用,大家都容易购买。这家会员企业在延庆做了家民宿,名字叫山楂小院。让当地的农户与村集体签约,然后由他们进行整体改造与运营。目前他们这个产品每晚 1500~1800 元,在网上销售火爆。

在设计上,原有院落房屋基本保持原貌,但是里面有别于传统农家乐,有了翻天覆地的变化,内部的部分设置如高星酒店,如床品布草、卫生洁具等。有很多人不愿意住农家乐的原因就是感觉农家乐的被褥都不干净,虽然花布有当地特色,但大家都更习惯酒店的白床单,认为白床单看起来更干净卫生,毕竟民宿的主要消费客群是城市人群,所以不是什么东西都是越土越好。远方网在做隐居乡里平台时,在某种程度上解决了可持续发展与旅游营销之间的问题。因为定价较高,一般在每晚 2000 元左右,还有每晚 3600 元及定价更高的院子,但因产能有限,也不需要接待成千上万人,如一天 50 个房

间，接待 100~200 人就可以了。所以，它是用价格做杠杆，把一部分相对来讲对价格不是很"care"却追求一种所谓的情调、品位的相对高端的人群吸引到它这儿。

之前有嘉宾谈到村民与开发商之间有矛盾，如断水断电等，为什么会出现这种情况：因为你作为一个开发商或外乡人进入这个村，当初你以相对低廉的价格租下了当地老乡的房屋，用来做客栈和民宿。但是当你赚钱了之后，由于中国现在契约精神和诚信机制还是有所欠缺，在你经营火爆后就会出现各种纠纷。类似于（村民与开发商之间）这种问题，那个企业是怎么解决的呢？首先，他们是直接同村集体进行签约，不是直接同村民来进行签约，村里出问题由村委会去解决，远方网解决房屋改造与运营问题。比如，在当时整体收入利润的分配上，村里拿 75% 的利润，作为运营公司他们只拿 25%，大部分利润都是归了村里和村民，能站在当地农民或者农村立场上去看问题，把自己与村民绑在一起，就不会出现丽江、大理等那些很难看的纠纷。他们在做民宿的时候也雇用了当地的村民，给村民做了简单的培训和指导后让村民充当旅游管家的角色，实际上就是服务人员。这个旅游管家的作用就是做饭、打扫房间，还有最重要的任务就是带着客人到村里去转，到山上去玩，体验当地风土人情。情感关怀非常重要，你需要把你的游客或者是顾客当成亲人和朋友，你后面的生意就好做了。在这种模式下，盘活了整个空心化的村子，帮助当地村民解决了一部分当地富余劳动力就业的问题。

隐居乡里在营销方面面向的是高端人群，没有做任何的地推工作，完全是在互联网上用新媒体做营销。具体的操作方式是用专业摄影师拍照片，因为专业照片才能够吸引人，然后再由专业的写手去写文案，可能寥寥数语就打动了我们内心最柔软的地方，让我们开始一场说走就走的旅行。另外请一些旅游达人去做采风体验，旅游达人就是类似于"大V""网红"，这部分人群是草根意见领袖，对粉丝有权威性和引导作用。用互联网新媒体营销方式，就把山楂小院炒红成了网红民宿。我个人看，在可持续性与营销相结合方面，这个案例还是比较成功的。再回到关于创意与创新这块儿，这家企业比较擅长做内容营销，通过精心撰写的图文吸引互联网用户到它的民宿来进行消费，再通过不断提升改进管家服务来增加品牌与回头客光顾，最终达到可持续与营销兼顾，经济效益与社会效益良好结合的效果。

注：本文是我 2016 年 12 月 4 日应中央民族大学可持续旅游与减贫研究中心主任李燕琴教授邀请，参加中央民族大学"首届可持续旅游营销论坛"时的主题发言，后被收录进《可持续旅游营销：进展与案例》（2018 年 5 月出版）第 58~59 页。隐居乡里案例收录在第 71~73 页。

## 官厅公共艺术小镇：概念与落地

20 日去张家口河北北方学院法政学院讲课，21 日下午到官厅艺术小镇，22 日下午返京，感谢小镇朋友们接待。

官厅公共艺术小镇，地产＋旅游，一岭二岭已建设完毕，正在启动三岭建设。地产方面有别墅、公寓，基本卖光了。旅游方面有个 GOART PARK，建有水上运动、团队拓展、亲子体验相关项目，住宿有酒店、房车与集装箱可供选择。整体来说，作为亲子与休闲度假的场所，因可亲水，可进入性好，基本条件已具备，但要想有更大的品牌与效益（地产销售＋旅游综合收入），还有很多可再深化提升的地方。

目前小镇发展方向之一是体育旅游，毕竟官厅有天然的水面资源。但如以体育旅游为主，比如 2016 年想打造国际体育营地，那不如叫体育小镇，但当初定这个公共艺术小镇名义相信也是大费周章，而且中途改名，本身也是不智之举。

目前与体育、亲子、休闲度假的相关设施已经布置了一些，但因设计问题，过于拥挤，体量普遍不大，不能够应付大团队与大流量的客群游玩与接待，目前看用于业主增值服务没问题，想发展旅游，还是要再通盘考虑。

基于现状，还是要从公共艺术这个名义出发，商讨下一步发展方向。转了一圈又和运营小伙伴交流后，公共艺术这四个字，除了官厅书局关联较强外，其他地方我没有看出公共和艺术来，起了个好名字，内容和内涵没有填充出来。

之前的体育旅游方面与公共相关，艺术与文化旅游相关，想要更大空间，还是要站在全局立场看这个项目。在规划之前要重点考虑运营，不然又走了老路子。

以公共艺术（人）为核心，从活动入手，打造自己的独立 IP，再通过强运营巩固拓展，做成名副其实的公共艺术小镇。

## 一、艺术家导入

想要与艺术相关，艺术家导入是必须的，要让小镇的艺术气息浓郁起来。我看到之前在搞"和山计划国际艺术家驻留营"，想法不错。最近有消息说北京近万名自由艺术家面临外迁，咱们是否能接纳一批呢？栽得梧桐树，引得凤凰来，又想人家花钱又想人家干活，那怎么能行。给这些人以生活保障及自由创作空间，才能打造出画家村、作家村等。

## 二、公共艺术空间

（1）雕塑。举办全国性艺术雕塑大赛，发动各美院及自由设计师参赛，优胜作品建设一个雕塑园长久留存，一般作品散落在小镇角落，处处有景。

（2）绘画与摄影。同样用比赛方式，会产出很多优秀作品，作品可拍卖与展示。业主与游客都可以欣赏或购买，用原创的绘画及摄影作品装饰空间的走廊与房间，营造艺术气氛。

（3）博物馆＆艺创空间。非遗对于弘扬传统文化、地方文化，提升文化自信均有极大促进作用，可以考虑筹建河北省非遗博物馆、张家口市非遗博物馆，或者用艺术创客空间的方式也可以，展示非遗技艺、为这些传承人提供便利条件，更是培育公共艺术基因的良好方式。

（4）涂鸦。举办全国或世界性的涂鸦比赛，划出单独空间使用。

### 三、拓展体育活动

（1）官厅自行车环湖赛。不一定要全部柏油路，加以沙石越野路段、田野路段等，降低投资成本，提升赛事难度与趣味性。

（2）官厅铁人三项赛。

（3）发挥水面价值。规范与丰富水上运动项目，也可打造自有 IP 赛事。夏天玩水冬天玩冰，特别是冬季，把汽车俱乐部整合进来。

### 四、自有 IP 设计打造

（1）全国（国际）公共艺术雕塑园 & 大赛。

（2）全国（国际）公共艺术摄影 & 绘画大赛。

（3）非遗 & 百博 & 创客。

（4）全国（国际）公共艺术涂鸦大赛。

（5）全国（国际）井盖彩绘大赛。

（6）官厅书局，这个可以再做很大的延展。

### 五、渠道建设

（1）专业内容提供商。

（2）公共艺术类专业相关高校。

（3）高端精英圈层俱乐部。

（4）常规户外、自驾、亲子等俱乐部或机构。

（5）旅行社及 OTA（待后续）。

（6）达人组织。

（7）自组织。

小总结：区位优势、资源优势都不错，再往下走，就是从引领与适应市场环境角度，基于文化旅游融合，丰富与完善自身，公益与商业同步协同。

写于 2018 年 4 月 23 日

## 从代理到管家，20 年 OTA 到 ITA 江湖风雨路

2019 年 3 月 20 日，同程艺龙（0780.HK）发布了 2018 年的年度业绩公告。公告

显示，按合并基准，同程艺龙 2018 年度的收入为 60.9 亿元人民币，同比增长 16.5%；经调整的净利润为 11.4 亿元人民币，同比增长 66.8%；经调整净利润率由 2017 年的 13.1% 上升至 2018 年的 18.7%。

自 2018 年 3 月完成合并后，同程艺龙的交通、住宿及其他出行服务的整合效果超预期，协同效应得以显著释放，成长为服务品类齐全的一站式出行平台。2018 年度，同程艺龙交易额达到 1315 亿元人民币（合并口径），同比增长 28.5%。

而前不久携程 2018 年 3 月 4 日在 2018 财报中提到，2018 年全年净营业收入则达到 310 亿元人民币（45 亿美元），同比增长 16%；全年集团总交易额（不包括天巡在内）增长约 30%，达到 7250 亿元人民币（1050 亿美元）。

同艺合并一年后，终于交出一份还算满意的答卷。虽然离在线旅游一哥携程还是有很大差距，但公告称借助大数据及人工智能科技，同程艺龙在过去的一年里持续优化用户体验，推出了多项基于智能化技术的服务及产品创新。在自主开发的"慧行"系统支持下，同程艺龙向用户提供铁路、飞机、汽车及轮渡产品组合的智慧出行选择；在机票预订服务中，同程艺龙推出的"如来"系统能够智能满足不同用户的需求；此外，同程艺龙还推出了"智慧酒店"方案，让用户在试点酒店的预订、入住、住宿及离店全过程尽享先进技术带来的益处。

能够取得这些成绩，其称是缘于以智能科技驱动服务创新的战略生效，把自己从 OTA 变成了 ITA。而这个 ITA，并不是我们想象从 OTA 平移过来的概念，不是 Intelligent Travel Agency，而是 Intelligent Travel Assistant，智能出行管家。这个提法很有前瞻性，也很有意思，算是业界首创。

我们知道自携程 1999 年创办以来，为与传统旅行社相区别，加之基于互联网，所以被称为 OTA，Online Travel Agency，在线旅行线/在线旅游代理商。OTA 的出现将原来传统的旅行社销售模式放到网络平台上，在当时看来已是革命性的创新。随后同是这种模式的艺龙、去哪儿、途牛、同程等纷纷创办并绵延至今。

十余年后，区别于传统 PC 端的 PC 互联网或"传统互联网"，基于移动端的移动互联网来了。2014 被称为移动互联网元年，这一年最具代表性的事件是三大运营商一齐发力 4G，而 4G 逐渐普及直接推动移动互联网的迅速发展。与此同时，在国家双创战略影响下，大量旅游创业项目集中在移动端。2012—2016 年这 5 年，可以说是中国在线旅游创客们的黄金五年，大量投资 TMT 类项目的资本进入旅游领域，当时你要天使轮低于五百万，人家都笑话你。也正是从 2012 年起我开始关注双创，并于 2013 年成立中国旅游创业家协会，关注与服务旅游创客们。

2016 年初我们正式注册了旅游创业家协会。2016 年中，中国股市遭遇到了股灾，之后在线旅游创业项目投资几乎戛然而止，之后一直到现在都是低位运行。大火之后的大冷，从经济周期角度看也是可以理解的。股灾后的几年里，在线旅游投资市场冷静运行，拿到新投资，持续拿到投资，投资数额大的项目少之又少，所以这几年资本寒冬下来，小微创客几乎哀鸿遍野，市场似有天下三分之势。

移动互联网时代来了，2013年9月18日携程旅行网CEO梁建章在接受新快报采访时透露，目前移动互联网的飞速发展，携程将从OTA（Online Travel Agency，在线旅行社）向MTA（Mobile Travel Agency，移动旅行社）转型。随后去哪儿、艺龙等OTA企业也开始全面向移动端转型，移动APP的功能、独有业务成为各家争夺的焦点。当时业内有分析指出，PC市场相对固定，移动市场的竞争将成为下一个决定OTA行业市场格局的领域。

携程从OTA到MTA的转型，非常快速跟上了科技力量的迭代，所谓"取势 明道 优术"，取势最重要，因为趋势才是最大的优势。携程在移动互联网时代因此顺风扶摇而上，历20年终成就OTA王者，在线旅游老大和巨无霸。

2019年是个非常重要的年份，比如旅游电商从携程1999年创办在中国已经走过了20年，我们也正在编写一本《中国旅游电商简史》。又比如5G（5th-Generation，第五代移动通信技术）在2019年正式商用，3月联通5G布局河南安阳林州红旗渠。红旗渠景区利用联通大数据产品建成了红旗渠大数据分析平台，同时在全国首先引入5G通信技术，发布了国内首批5G智慧旅游系列应用，以"5G+大数据"应用打造智慧景区，推动景区全面升级。

我认为5G的作用，能够快速推动AI在旅游业的应用。国家旅游局从2014年首提智慧旅游年以后，智慧旅游和大数据在旅游业也逐渐得到政府与行业重视，业内也涌现出如中智云游、大旗、任我游、泰久等关注在该领域的专业性平台服务商。智慧是个很大很深的词儿，现阶段的智慧旅游，我想叫智能旅游更合适，除非AI融入有更多飞跃性发展。

所以同程艺龙提ITA（Intelligent Travel Assistant）智能出行管家，而不是智慧旅行社，是比较恰如其分的。从OTA到MTA再到ITA，不再过分强调网络和技术，而是将重点转移到以人为本的服务上来。管家其核心至少有两处：一是专业，二是专属。在现今业界，产品同质化、价格透明化、APP集中化，想树立品牌黏住客户，必须以服务为王。旅游业是服务业，而且是现代服务业，消费者旅游需求的最终实现也是通过服务来完成的，服务决定着客户的体验度、复购率、转化率及口碑。而管家是大家惯性思维中最能够做好服务的专业人员。比如精品民宿的管家，会提供全程服务，从你下来接行李到最终将行李给你送上车，迎来送往中让你感觉管家只为我服务，所以事后体验好、口碑好。

20年里，艺龙这个首代老二被去哪儿小弟以绑着大哥打的策略远远抛下，途牛从休闲领域杀出血路，而同程发展数年方向多变以致定位不清更无法和携程老大相比，众多中小微创客争抢缝隙市场。在资本利齿下，最终艺龙、去哪儿退市被携程吃掉，随即又推动艺龙与同程合并，借助微信生态，同程艺龙发展迅速，并最终找到了自己的新定位：智能出行管家。

OTA、MTA、ITA，在线化、移动化、智能化。这是旅游信息化发展的不同阶段。而 ITA，关注的不是技术而是人，是服务。其实在 MTA 概念之后，2017 年 10 月，海航提出 MTS（Mobile Travel Services）概念，即基于人的移动场景旅行服务，并上线海航 HiAPP。HiAPP CEO 柯生灿表示以 MTS 为切入点构建人流生态平台，围绕人流生态推进各类场景应用及服务的数字化，在全球范围内高效配置基础资源及服务，打造数字化新旅游平台。

海航的 MTS 与这次同程艺龙提出的 ITA 有异曲同工之妙，核心都是围绕人与服务。2019 年，接续开启中国旅游电商发展新的时代，希望 ITA 模式能够让大家的出行更加省心、省力、省事、省钱。嗯，我的未来不是梦。

简要时间线：

（1）1999 年以来，OTA 概念出现（Online Travel Agency）。
（2）2013 年 9 月，携程首提 MTA 概念（Mobile Travel Agency）。
（3）2017 年 10 月，海航首提 MTS 概念（Mobile Travel Services）。
（4）2018 年 11 月，同程艺龙首提 ITA 概念（Intelligent Travel Assistant）。

原文发表于 2019 年 3 月 21 日

## 从教材是学生的世界变成世界是学生的教材

**背景：**

为贯彻落实《国家职业教育改革实施方案》和《国家教育事业发展"十三五"规划》，北京开放大学、中国饭店协会、中国旅游出版社等单位于 2019 年 3 月 23 日在北京发起成立"全国高校旅游课程教材建设共享联盟"，教育部、中国旅游协会、中国饭店协会、中国管理科学协会、中关村智慧旅游创新协会、首旅集团以及来自全国近百所高校的领导与嘉宾共同见证联盟成立，会上我被选为联盟副理事长并就"新时期旅游教育课程教材建设论坛"发表观点，下文为会后个人记录与总结。

目前国内旅游类课程教材存在的问题也是老生常谈的话题了，因为课程与教材密不可分，这里以教材为例，存在主要问题如下：

（1）教材严重落后于时代发展，内容陈旧，与实践脱节。
（2）教材数量很多但精品很少。
（3）教材权威性与规范性不够。
（4）教材市场条块分割，出现叫好不叫座或叫座不叫好。

之所以会出现这些问题：

（1）相关职能部门对教材重视程度不够，未给予合理地位，对教师职称评定中教材所占比重无助力或助力很少，导致青椒对写作教材缺乏动力。

（2）权威教师因功成名懒得再写教材，青椒却因深入市场不够，知识结构与体系欠缺，教材写作训练不足，导致写作出的教材难以成为精品。

（3）发论文的科研压力如达摩克利斯之剑，比如三年不进级就走人的重压力，青椒能上好课就已不易，更遑论需要利用大量时间和精力来写教材。

（4）新时代下号称新新人类的新一代学生其学习行为、方式和学习心态发生了改变，但教材未能充分及时调整与之适应。

应对建议：

（1）相关职能部门加强并提高对教材的重视程度及精品教材支持鼓励力度。

（2）教材改革应分层分级，一本二本高职中职等都应各有体系，不能混用，以充分匹配其特性。

（3）校企合作产教结合中，要充分考虑到各方利益诉求，才能解决结而不合的问题。

（4）共享二字，应建立在各方信任互惠互利契约制衡的基础上。

（5）从建设角度要考虑国际化背景、体验经济、信息化与标准化及职业心理。

个人观点：

（1）重视及发挥社团、智库与企业的作用，特别是企业参编，以紧密理论与实践；经典的学术研究教材要保持，所谓经典的归经典，其他和实践相结合的，都要与一线切实接轨并保持一定的迭代。

（2）加强联盟接下来的务实工作，特别是推动优秀教材的评定评价与推介机制，以解决院校在教材选择上的选择恐惧症、焦虑症和盲目性及自我封闭。

（3）重视在线教育手段，教材上也要实现数字化、在线化与时尚化；特别是时尚化，要用现在学生喜闻乐见的方式方法改进课程与教材，激发学生学习的兴趣与动力。嗯，就是那个寓教于乐。

论坛金句：

郑向敏：用过去的知识教现在的学生应对未来的问题是不行的。

张振笋：从教材是学生的世界变成世界是学生的教材。

原文发表于 2019 年 3 月 23 日

## 一部手机游 ×× 是个伪命题？

业内人最熟知的恐怕就是一部手机游云南了，毕竟一个省府与中国老互联网三巨头之一的腾讯合作而成。听名字，你以为是一部定制化手机或是某手机厂商的品牌活动，但其实是一个 APP，一个号称囊括全云南旅游相关 POI 及各种高大上黑科技的 APP，自称"中国第一、世界一流",这个嘛,喊喊口号还是可以的。相关信息请自行网络搜索。

2017年8月16日,云南省长在省政府工作会议上确定打造"一部手机游云南"项目并在十九大期间再次提及。2018年3月2日,"一部手机游云南"在京举办上线试运行产品推介会,之后接踵而来"一部手机游甘肃""一部手机游乌鲁木齐""一部手机游烟台""一部手机游武隆"等,再后来到河北、湖北、辽宁本溪等地纷纷发布消息称将加快"一机游"项目建设,"一机游"项目"扎堆儿"上线。目前已知的是一部手机可以游××省、游××市及游××县。

作为一个互联网老兵,资深非著名游客,我想从用户(游客/消费者)的角度来谈谈这件事:

## 一、语境有问题

移动互联网时代,移动端(以手机作为重要载体)成为主流,也成为人们身上的离体器官,手机好像什么事儿都能做,因为上面装了无数的功能性APP。所以从一部手机来说,岂止可以游云南,游中国、游世界都是可以的。

## 二、手机桌面争

手机之争是手机厂商间的竞争,另一重的竞争则发生在手机内部,即手机桌面上的APP之争。虽然理论上手机可以安装N多APP,2018年末有449万个但毕竟一是容量有限,二是安装太多查找不便,三是功能有精专也有大一统。当用户新鲜劲儿过去后,会逐渐删除不常用或不重要的那些,保留非常必要的APP。

那么保留哪些?删除哪些?用户自会有其标准。不能以我为例,因为在旅游预订APP中我只保留了携程,看航班选座位我保留了航旅纵横,导航我保留了高德,订火车票我保留了12306,支付为了"养大树"我保留了支付宝,打车倒是保留了神州和滴滴(一个贵但安全,另一个便宜点且车多),再有就是几家医院、银行、院线的APP。当然不排除会有一些人会各个旅游APP都安装,之后挑来挑去看价格的。

当我是个用户,我或许为了去云南或某地而下载安排了"一部手机游××",但离开后我会删除,毕竟对于大多数用户来讲,经常去某地的可能性不大,很多地方都是几年甚至十几年或者更长时间才有可能再去。那这个APP用户的留存就是个严重问题,这里且不谈这个APP里资源是否足够,价格是否动人等其他问题。

用后即删,有点阅后即焚的意思,这和APP制造商的初心可是完全不同。制造商希望的是你永远都保留着并使用,但实际上呢,用户是用脚投票的。大家觉得用户的手机上会装几个或者将来十几、几十个"一部手机游××"吗?如果不是非常挑剔的人,我想一个OTA的APP加一个社交电商的APP,或者再有几个相对专业度更强的,如定制类、主题类的APP,是不是就足够了呢?

### 三、阳谋之逻辑

设想下，当全国所有省市自治区直辖市特区都有了各自的 APP，甚至下面的各市县也有了之后呢？国家层面是否有相关部门来统筹与监管及服务它们？文旅部管吗？如果这些 APP 不是同一家开发商或不是按同一体系开发，那么之后它们之间的互联互通都是问题，会不会又是一轮信息孤岛？

而将来如若真能形成一个统一的一部手机游中国或游世界的平台后，从 C 端，则意味着这个 APP 将直面和老牌 OTA（携程、去哪儿、同程艺龙、驴妈妈等）及平台电商（飞猪、美团）、社交电商（马蜂窝、穷游）碰撞，正面刚。如果真能做到这个地步倒是不错，但能够实现这盘棋的，一定是个布局高手才行。那么，腾讯是这个高手吗？

### 四、腾讯薄情郎

从我踏入旅游圈开始，腾讯对旅游从心里就没有太重视过，允许尝试，但不会力挺，毕竟旅游从来都不是腾讯的核心业务。2009 年之后的几年，腾讯甚至把旅游频道都外包给了阳光远波。2011 年，腾讯一千万收购了梁宁创办的旅人网（绿人网），整合后成为自己新的 QQ 旅游。但诡异的是当时腾讯旅游至少有两个入口，travel.qq.com 和 go.qq.com。2013 年时，我们和旅游这块几个负责人接触，以为旅游这块他们能接到巨大流量，所以协助其接入大量优质旅行社供应商，结果呢？腾讯是有巨大流量，但各部门之间也争夺得厉害，最后一年多时间，这个被腾讯收购的绿人网，品牌消失了，团队也解散了。

再之后，腾讯把官网上的旅游口接给了艺龙，目前官网上旅游频道回归到了资讯。腾讯对旅游业来讲，其实是个投资公司。从来，也不会把旅游业当成自己的终生事业，只是一笔投资罢了。

腾讯对在线旅游业投资不完全统计：

腾讯产业共赢基金成立之后，2011 年发生了 3 起：1 月，入股同程网，占股 30%，交易金额在 5000 万到 6000 万元之间；5 月，以 8400 万美元购买艺龙发行的约 1100 万股股份，持有艺龙 16% 的股权，成第二大股东；7 月，全资收购旅人网。

2015 年腾讯联合万达、中信资本斥资 60 亿元追投同程旅游，此外还投资了主打高端精品旅游的赞那度。

据 IT 桔子的不完全统计，截至 2016 年底腾讯在旅游业共参与了 10 起投资，投资了带我飞、同程旅游、面包旅行、我趣旅行、艺龙旅行、马蜂窝、美团点评等，合计金额达到 83.6 亿元。而在 2017—2018 年，腾讯投资主力方向则是在文娱方面，旅游类项目不占主流。

一部手机游云南，只是腾讯政务的一个小事情。同程艺龙合并接入微信放手一搏，或许不过是短暂蜜月时光。有点悲伤地说，同艺之于腾讯，可能或者是红玫瑰或白玫瑰甚至谈不上，抑或南柯一梦罢了。

### 五、自欺欺人乎

或许这真是个伪命题，在信息充斥人心浮躁的时代，手机里的 APP 会进一步加剧竞争，不常用，功能能够被大一统替代的都会被用户删除或遗忘，虽说有点悲观，但中小微创业者，特别是小微创业者，在移动端想获得立足之地，将越发艰难。

这里只从 C 角度来变谈，如果从 B 或 G 角度，也可引发大家思考。

留存（不被用户删掉）是生存之本，活跃度与黏性是发展之根。选择更多，价格更优，服务更好，人性更强或许是一个 APP 必须要考虑的问题，如此方能在强手如林中脱颖而出，一骑绝尘！

原文发表于 2019 年 4 月 2 日

## 二谈一机游：一机游没必要商业化，更适合做旅游信息公共服务平台

今天上午在"中国青年旅游学者联合会"群里，由劲旅网魏长仁发到群里一篇关于一机游的文章"省级目的地电商：云南 2021 年酝酿的这个大招靠谱吗"引发讨论，我把群聊对话整理下，同时也会阐明我的观点。

劲旅网魏长仁："一部手机游云南"作为一个综合性产业解决方案，正在努力和云南旅游企业做朋友，通过服务和赋能，帮助后者脱离困境，迭代升级。至于"云南旅游业的朋友们"是否买账，我们也拭目以待。

政府和市场各自有各自的诉求，尊重规律，提倡创新，鼓励实践。需要不断化解各种风险，不容易。应该再有两三年时间的实践，一机游就应该会有阶段性成果和结果的。

北京第二外国语学院邓宁：一机游在不断试错和迭代，现在对于什么是正确的模式还处于探索阶段，对于平台运营模式效用如何评估其实也刚起步，未来可能目的地公共服务平台的模式也会有 ABCD 多种选项，各有利弊，各省市也需要根据自己的实际情况去选择合适的模式，取长补短，因为进入到互联网运营的环境，没有一成不变的模式，拥抱变化才是不变的原则。厘清政府与市场的边界，也依然在路上。

在一机游方面，我觉得可以探索目的地"公共服务+内容聚合"的思路，但今天的公共服务，也不是单纯报报天气、交通的，而是要连同企业一起，建立运营下沉的本地化运营能力。就跟美团外卖深入到了每一个县级市的餐馆，每个餐厅的点菜、订座都能完成，但政府要制定接口规则，与平台一起（借助资本力量）完善公共信息服务的频次、质量、体验等，例如可以把餐馆营业情况、热度等囊括进来，成为动态的公共服务。与此同时，目的地公共信息服务平台还应该具备官方权威、及时、独家的某些属

性，成为游客首先能想到的一个旅游线上服务入口，借此，可以加入预订（聚合平台内容），也是从公共服务视角进行优选推荐，质量品质把控。这样还可以跟平台产生一定引流、变现能力补足公共服务运营费用。指着一机游卖东西挣钱不现实，只要能带动衍生消费，与平台有一定流量分成，维持运营开销，不让政府无限度投入陷入与互联网公司烧钱的节奏，就可以持续了。

因为一机游和大数据中心是涉及各个地方目的地数字化转型最主要的两个抓手，基本各地都会上马，市场规模投入无疑巨大，也是目前业界最活跃的部分，其实对于运营模式的探索需要产学研联动，这里机制问题很多都没破解。起初旅游局体系下，都由信息中心统领信息化建设，但信息中心更多是业务落地，对于模式创新，和平台竞合关系的研究可能不是强项，也导致很多地方陷入建设后僵尸系统状态。智慧旅游目前看，技术层面问题基本是可预见和可解决的，商业模式与可持续性层面则还有待研究，还是有待市场迭代与试错，后面因为各地也成立了文旅投等市场化主体，很多运营职能又从政府剥离，这里面还是很多值得研究的东西。

上海商学院邹光勇：政府没有边界，一旦企业做得好规模做得大，影响了生态，政府就有了进入的机会。纯粹的平台其实不太容易盈利，需要实行"补贴"才能生存。单纯从平台自身来说，因为没有"补贴"难以生存，有合适机会政府也可以考虑将其"国有化"。一部手机游云南是政府干脆自己来做平台，基本的平台职能不越位的情况下是可以的。

北京第二外国语学院李彬：这个逻辑很好（指劲旅文章观点），但需要政府主管部门的大力支持，关键在于政府的治理理念和合作机制，一机游平台也是治理体系和治理能力建设的抓手。目前我所在的部门（房山区文旅局）也在推"一键游房山"小程序，也是类似思路。

政府与市场（企业）的二元边界，正在受到平台经济的影响，当平台企业成长到一定规模或者其功能、影响到一定程度，就很可能处在企业与政府边界的模糊地带，政府对平台类企业的治理与监管，是个重点话题。

中山大学张朝枝：我超级赞成这个观点，好几年前我就在一个场合谈过这个问题。（指一机游是个伪命题）。

我的观点：

希望不要变成面子工程和圈钱工具就好。大家懂的。所以不是啥都能跨界，要有界限。否则浪费资源和金钱，造就一批僵尸。一机游市场化必要性不大，如果34个一机游整合成一个，无疑再造一个携程，当然，这也是伪命题，各自为政，谁能强力整合，除了政府。政府不会以这种方式介入市场吧。

关于一机游，2019年我有两篇文章与此相关，参看：《一部手机游××是个伪命题？》与《旅游目的地平台：地方性互联网旅游企业的发展之路》。两文的核心观点之一是：一机游是个伪命题；观点之二是省级旅游目的地平台（LOTS）是本地化旅游电商企业向往及可行的一条蜕变之路。但请注意，一定要注意基因问题。

这里提出我第三个观点是：一机游的出路，作为旅游信息公共服务平台比较合适。王兴斌老师提出的增补基础二要素，信息和公共服务，都适于在一机游上体现。我们都知道旅游的基础六要素是吃、住、行、游、购、娱，那增补的这两项要素之说法从何而来？

王兴斌老师在2015年1月27日其博客《"商养学闲情奇"是旅游发展"新要素"吗？——六说2015年全国旅游工作会议》中提出："行、游、住、吃、购、娱"并没有穷尽旅游产业的基本要素和全部内涵，必然在无限丰富、不断升级的旅游服务中拓展与深化。从现在的认识看，笔者（王老师）认为应再增加两个基本要素，一是"信息"，电子信息化的发展使旅游的消费、服务、经营、管理发生革命性的变革，正在走向信息智能化的阶段，就其重要性而言"信息"应列为旅游诸要素之首。二是"公共服务"，如游客中心、语言环境、标识系统、咨询系统、环卫系统、医疗系统、安全系统、救援系统、投诉系统、培训系统和出入境管理等。随着旅游散客化、自助化、个性化和游客国际化的发展，旅游目的地的公共服务显得越来越重要。把"信息"与"公共服务"列为旅游服务的基本要素、必备要素，有助于推进旅游现代化、信息化和国际化的进程。

我非常赞同王老师的说法，更认为各地的一机游工程没有必要做过多的商业化探索，本质上还是政府惠民工程，而不是用来赚C端钱的。或者一机游作为导流入口赚个过路钱，能够养活平台，不让政府继续投入就好。

一机游最重要的功能是旅游信息公共服务平台，能做好这点就已经不容易了。一条有价值的信息需要四个特性：真实、准确、完整、及时。看似简单的四条，非常不容易做到，包括穷游、马蜂窝在信息PGC/UGC上多年，也不能百分百做到这一点。当然，有了大数据技术，信息化的速度会逐步加快，从旅游信息化到智能旅游再到数字文旅，终极目标是智慧文旅，这条路，还很长很长。

写于2021年2月3日晚

## 小白门店，瞧携程干的好事儿

**采访背景：**

今年有834万应届毕业生进入就业市场，促进大学生就业成为全社会关心的问题。在国内外旅游成为我国居民消费热点的背景下，占全国就业人口10%、蓬勃发展的旅游业，成为吸纳就业、创业的一大方向。

近日，携程发布"小白门店"创业项目，为90后大学生提供旅游创业平台，在全国20多个省市，范围招募培训无创业经验的年轻群体开门店创业。

有新闻报道称这是携程集团"渠道下沉"战略的最新一步，携程拿出名额、资金和人力物力，专门成立了"携程门店学院"，并设立"小白门店"项目，培养年轻创业型店长。

对此我的看法是：

总体说这是件好事情，对于旅业双创来讲，是非常务实的措施。我在和各高校学子分享时，反复提到大学生不要盲目创业的问题。原因是创业是个系统工程，涉及团队、资源、资金等十几个要素，而这些要素之间的关系是相乘而非相加，换而言之，只要一项要素为零，则创业不会成功。而年轻人身上最富贵的财富是 idea（创意），好的创意，但对于大学生来讲，相对于社会人创业，从创意到落地，这中间至少隔着三层，即团队、资源与资本。以此来看，携程的小白门店计划正好补齐了这至关重要的三层，毕业生加入这个计划，依托携程的流量与资源，资金及为之匹配的团队，更容易把事情做成，从而为自身更大布局的创业提供最为关键的训练与成长过程。

从 2014 年政府首提双创到现在已经 5 年了，但旅游业的双创已经进行了多年，比如从携程 1999 年创立，开启了在线旅游的发展史。经历了 20 年的发展，携程已经不是当初在机场车站狂发卡片的初创者，而成长为旅游在线电商领域的王者，巨头，阿灭。虽然中小型 OTA 及各种创业公司都不被携程放在眼里，它上升到大生活消费领域与阿里与新美大展开新一轮的竞争，但商业史的巨头也经常性地错过了新时代而被边缘化甚至在市场中慢慢消失。

携程此举是一举多得。一是顺应国家双创政策推动大学生就业创业，为自己作为一个有社会责任感的企业加分增彩；二是彰显自己老大哥的江湖地位，出人出钱出资源带个好头；三是加速渠道下沉战略实施，用小白的热血和激情为自己跑马圈地占码头；四是借此与其他旅游电商平台快速拉大差距，激发团队狼性，保持市场领先位置；五是助力年轻人实现创业梦想，更快更好更强。

对于年轻人特别是大学生创业，有点肺腑之言给大家说说：

关于创业其实最应该注意的，也是最重要的就是认清理想和现实的差距，保持清醒的头脑。媒体过多地渲染了创业成功者，看上去创业很容易成功，实则不然，创业可谓九死一生，九十九死一生甚至九百九十九死一生。对创业者来说，失败是必然的，成功是偶然的，所以创业的过程远比创业成功与否更加宝贵，这是个非常难得的学习和成长、成熟的过程。

在选择创业方向时，不要盲目跟风，但也不要自我臆想。要多看行业新闻，多去参加行业会议，多与一线的创客们交流，多去参加创业创新创造创意类比赛，反复领悟"Stay hungry, Stay foolish"的精髓，想最终成功必须要具备"情怀、责任、使命"三种伟大精神。

本文系接受《中国城市报》记者张亚欣采访，刊载于 2019 年 7 月 1 日第 14 版，原文标题为"前方，90 后创业大军如潮般涌来"，本文题目为自拟

# 上海迪士尼变了吗?

**采访背景:**

日前,上海迪士尼度假区官方微博发布的消息,该度假区将从10月8日起实行兼顾年龄和身高的儿童票新标准,即在游园当日年龄在3周岁(含)至11周岁(含),或身高1米以上至1.4米(含1.4米)的儿童游客可以享受上海迪士尼乐园门票价格约7.5折的优惠,而当日年龄在3周岁以下或者1米及以下的婴幼儿可免票入园。

此外,上海迪士尼在禁止游客自带食物入园问题上做出了妥协,对相关规定进行了调整。调整后,除去有刺激性气味、需要再加工的个别食品类目之外,大多数原来不许入园的食品饮料都不再会受到影响。

**采访问答:**

1. 事实上,在中国,仅以身高作为门票是否减免的唯一依据的景区不在少数,近年来已有部分景区陆续改革。作为业内专家,您认为推行参考儿童身高、年龄的双轨制购票标准,在我国实施起来的难度如何?

答:新标准会在短期内丧失一些自身收益而受到部分景区抵触,导致实施有一定的困难。但长远来看双轨制购票标准对于少儿群体是科学与公平的做法,应该在全国范围内得到推广与普及。

作为最具消费力的群体之一,孩子游玩是家长们非常乐于支出的重要家庭消费项。据某旅游网统计,亲子人群成为暑期旅游市场的消费主力军。境内旅游的主要结伴类型为亲子游和家庭游,带小孩出行的比例达到30%,家庭出游的比例为26%,占比过半,而迪士尼乐园和环球影城则深受亲子游人群的青睐。所以从长远看及可持续角度,上海迪士尼改用双轨制儿童票标准是非常明智的选择。

2. 此前,有业内人士指出,考虑到国民素质问题,一旦上海迪士尼准许食物入园,园内卫生问题将无法保证,也很担心迪士尼沦为类似宜家一样供人随意吃喝躺的场所,对此担忧,您怎么看?

答:这个担忧是正常的,国人的旅游素质确实还需要一定的时间来逐步提高。日前有媒体报道称一位游客在入园时带了包子和一个已经开裂的西瓜,包里还有一把水果刀,这种行为为园区环境及安全带来了隐患。所以提升公民素质倡导文明旅游不只是一句口号,更应在游客心中深深扎根,成为自觉意识。

2015年4月,为建立文明旅游长效工作机制,原国家旅游局依法制定的《游客不文明行为记录管理暂行办法》施行,全国游客不文明行为记录管理工作同时开展,随后各地陆续贯彻落实办法。但只是把不文明游客拉入黑名单并不能从根本上解决问题,而应倡导正能量的文明旅游行为。2019年以来,北京、武汉、陕西、内蒙古等省市开展了与文明旅游相关的优秀案例评选与展示等相关活动。

如文化和旅游部市场管理司近期将审定文明游客、文明督导员以及文明旅游宣传引导优秀实践案例,并由《中国旅游报》及其旗下融媒体对文明游客、文明督导员以及文明旅游宣传引导优秀实践案例进行全面宣传报道。树立文明旅游榜样,传播文明旅游礼仪,引导践行文明旅游行为,营造文明旅游氛围。

3. 上述迪士尼的"妥协",有人认为是对"双标"的更正,有人认为是其对中国市场的布局,您认为迪士尼刚发布的新规有着怎样的意图?

答:叫妥协更正与布局都对,毕竟中国国内这么大的市场,不做一些调整是不行的。这种做法用成语来讲就是"因地制宜",是应对当地旅游消费者而做出的改良行为,也是国际化 IP(项目)本土化策略的实施。

迪士尼本土化策略至今,取得了不错的成绩。如在饱含中国风元素产品基础上,加入更多中国区域特色元素。迪士尼(中国)的创意团队不断将迪士尼人物故事与本土创意有机结合,助力升级迪士尼中国本土化策略,加深品牌与中国各地区消费者的情感共鸣,而其最终目的是为各地消费者提供符合其各自生活方式的优质产品与服务和超出预期的身心体验。

本文系接受《中国城市报》记者张亚欣采访,刊载于 2019 年 9 月 16 日看点 3。
原文标题为:上海迪士尼出新规能否抚慰游客"受伤的心",本文题目为自拟

## 拼多多抖音搅局旅游业,是几条大鲇鱼来了吗?

旅游业从来都是创业创新主战场之一,自携程 1999 年创办于上海至今已 20 年,可以说改革开放中国旅游业发展 40 年里有 20 年是中国旅游电商的发展史。经过 20 年的发展,携程已成为在线旅游的阿灭,而这个时点,携程已跳脱出与旅游同业的竞争,而进入大生活消费领域与阿里飞猪、美团点评进行正面竞争。而从大生活消费领域二分天下的阿里与新美大也觊觎旅游业这块看起来巨大的蛋糕而布局下渗降维攻击。

原想着旅游业巨头携程、阿里飞猪、美团酒旅三分天下大势已定,却发现新对手跨界而来层出不穷。旅游业的门槛真的低吗?还是旅游业的蛋糕太蜜汁?毋庸置疑,旅游业一直处于朝阳产业行列,并在近几年名列五大幸福产业之首,并在文化自信、旅游外交等方面获得了长足的发展,各种数据大家自查。全国工商联旅游业商会提出的旅游促进和平、旅游促进发展、旅游促进外交理念也得到高层的支持。习总书记的两山理念也渐入百姓人心,拥者众。

鲇鱼效应,大家都是知道的,旅游业的活力来源于政策支撑、百姓富足、创业创新。新时代下,各行各业都在加速度。取势明道优术,势才是最重要最为核心的因素。携程一统江湖后,飞猪和新美大是新来的鲇鱼,而它们三分天下后,又来了小红书、拼

多多、抖音新的鲇鱼。

小红书这里不说，毕竟2013年我和毛文超认识那会儿，小红书主做的就是旅游，后来发现水太深、见效慢、耗不起转而做电商，但欣慰的是，文超没有忘记做小红书的初心，旅游终是他不可忘却的情怀。

小红书走的路子其实和马蜂窝与穷游一样，已经不是平台电商而是社交电商。而回想起老牌社区天涯多年上市无果，而基于社区的流量变现就像玻璃瓶里的苍蝇，前途光明道路曲折。数年间，似乎只有军事主题社区铁血网趟出了流量变现的路子。

拼抖入局旅游业，基于如下共识：

（1）社交电商探索已渐成熟，如马蜂窝、穷游、铁血、小红书。
（2）消费人群年轻化，老式老牌传统旅游平台电商渐遭其抛弃。
（3）娱乐经济时代，花椒抖音等直播、短视频平台崛起。
（4）一二线城市市场消费格局基本已定，渠道下沉十八线势在必行。
（5）坐拥巨大流量，当然不满足于营业执照经营范围。

但我从业十余年，旅游业虽说是块蛋糕或五花，看上去门槛极低，个人或企业都可进入。但不入行，不会想到旅游业产业链非常长，水非常深，绝不是外行人眼中的那么简单。自2013年以来，在线旅游迅猛发展直到2016年资金寒冬来临，进而转入平静冷静期，旅业投资由轻到重，而所谓的重即重资源、重资产与重运营。

我认为这三个重才是旅游业的核心门槛所在，之前写过一篇《目的地旅游腾飞的四个力》，大家可以研读下。

到底什么为王？流量为王，资源为王，产品为王，服务为王？各有各的道理。这里又不得不提O2O。原本是线下的旅游资源方，在互联网与移动互联网时代遭遇到线上旅游互联网电商公司，大家转而争夺线上流量。风水轮流转，在线旅游这几年也下沉线下，因为现在线上流量太高，线下流量反而便宜起来，更能保证客户体验度。

而当初无论是阿里飞猪、新美大，还是现今的拼多多、抖音，也是因为有了流量，才觉得哎哟不错杀了进来。但实际上，要想成为旅业巨头，资源把控力、产品设计力、网络运营力和服务执行力这四个力，也是重资源、重资产、重运营三个重交叉结合而需要突破的真正壁垒。

对于这些个鲇鱼，我持欢迎态度。几家老牌平台电商对用户已有所倦怠，新鲇鱼的出现让他们有危机感，更加重视消费者，进而能够提升产品与服务，让游客们也有了更多选择，是个好事儿。但拼抖等核心优势以流量为主，也有自己的核心业务，旅游业不过是顺手玩玩而已。种草种草，草虽种了，但拔草的还是旅游资源方、旅游平台电商和旅游服务机构。大家各自O2O，分工协作，优势互补，切分市场蛋糕。

这里不得不提到"基因论"的问题，大家基因不同，所以走上不同的道路。这里不展开讲了，有空再单聊。

原文发表于2019年9月25日

# 体育旅游融合的"江山模式"与扶贫探索

## 一、融合与整合

1. 何谓融合

据百科对于融合的解释：融合是指将两种或多种不同的事物合成一体。物理意义上指熔成或如熔化那样融成一体。心理意义上指不同个体或不同群体在一定的碰撞或接触之后，认知、情感或态度倾向融为一体。

2. 融合与整合

整合在百科上的解释是把零散的东西彼此衔接，从而实现信息系统的资源共享和协同工作，形成有价值有效率的一个整体。

可以看出，整合的各种要素间保持各自特点但为同一目标而衔接工作，但融合是如熔化一样成为一体，所以在融合前先要整合，没有经过整合阶段而直接达到融合是不可能的。

## 二、体旅融合

1. 体旅融合从体育+开始

体旅融合是体育与旅游的融合，从整合到融合，而整合阶段其实就是体育+。

体育+：这几年各种"+"盛行，比如体育+旅游、体育+农业、体育+文化、体育+扶贫等，这些+都是融合的前期阶段即整合。通过以体育作为核心产业，辅以城市及目的地发展的各项要素配置，进而推动城市与目的地经济转型或发展。

2. 体旅融合前景

体育产业是较为传统的产业，旅游产业则是近20年来蓬勃发展的朝阳产业。在旅游从观光度假过渡到深度体验经济时代，旅游业与各行业正在进行有机整合与深度融合。

近年来，我国相关部门多次发布文件，鼓励"体育+旅游"融合发展，在消费升级、政策红利等推动下，体旅融合越发受到重视，并进入了快速发展的阶段。在"全民健身、全域旅游"两大战略支持下，在"体育+"顺着体育改革发展大潮奔涌向前的背景下，中国的体旅时代已经来临。

2016年10月25日在国务院办公厅出台的《关于加快发展健身休闲产业的指导意见》（以下简称《意见》）中，对健身休闲产业发展提出了指导思想和一系列工作部署，大力发展体育旅游产业成为其中的一大亮点。《意见》从宏观层面要求制定体育旅游发展纲要，实施体育旅游精品示范工程，编制国家体育旅游重点项目名录，发展一批体育旅游示范基地；从微观层面要求支持和引导有条件的旅游景区拓展体育旅游项目，鼓励国内旅行社结合健身休闲项目和体育赛事活动设计开发旅游产品和路线。

2019年8月10日，国务院办公厅颁发《国务院办公厅关于印发体育强国建设纲要的通知》提出打造现代产业体系：完善体育全产业链条，促进体育与相关行业融合发展，推动区域体育产业协同发展。扩大体育消费，广泛开展群众性体育活动，增强体育消费黏性，丰富节假日体育赛事供给，激发大众体育消费需求，拓展体育健身、体育观赛、体育培训、体育旅游等消费新空间。

目前最新政策是2019年9月17日由国务院办公厅发布的《关于促进全民健身和体育消费推动体育产业高质量发展的意见》中第29条提道：鼓励体旅融合发展：探索将体育旅游纳入旅游度假区等国家和行业标准。实施体育旅游精品示范工程，打造一批有影响力的体育旅游精品线路、精品赛事和示范基地。规范和引导体育旅游示范区建设。将登山、徒步、越野跑等体育运动项目作为发展森林旅游的重要方向。（文化和旅游部、林草局、发展改革委、体育总局负责）

而就在9月25日，为深入贯彻党的十九大精神，全面落实"健康中国"国家战略，践行"绿水青山就是金山银山""冰天雪地也是金山银山"的发展理念，促进体育产业与旅游产业融合发展，满足人民群众节假日期间多样化的体育旅游需求，国家体育总局会同文旅部共同发布了"2019十一黄金周体育旅游精品线路"。

3. 体育旅游人才培养

大家都知道21世纪最贵的是人才，体旅融合更需要大量专业人才的支撑。以赛事中的马拉松为例，中国田径协会发布的2018年中国马拉松大数据中提道：

2018年度中国马拉松年度总消费额达178亿元，全面赛事的总消费达288亿元，年度产业总产出达746亿元。

2018年800人以上马拉松及相关赛事共1581场，涨幅43.43%。

中国田径协会认证赛事339场，增加83场。

全国马拉松累计参赛人次583万，增长85万。

285个地级市举办了马拉松赛事。

2019年初中国田径协会发布了"关于进一步规范马拉松赛事注册、认证、国际联络及标牌申报工作的通知"。马拉松的办赛水平一直受到各方关注，而跑者们对赛事体验与服务也越发重视。办赛的组织、服务能力和细节把控力往往都成为大众及媒体的聚焦点。马拉松和越野跑等赛事发展速度太快往往质量就会跟不上，招致骂名与负面口碑。办赛的行业经验和人才积累都需要时间，赛事机构在人才储备和经营管理上都需要苦练内功。

基于以上背景，体旅人才培养与培训极为重要。鄂尔多斯市体育旅游协会作为国内第一家体育旅游领域的行业协会对相关资料摘录整理后分享如下：

①鼓励体育院校和旅游院校开设体育旅游专业；②体育总局和旅游局联合在相关院校或科研机构设立体育旅游研究基地；③组建跨学科、专业化的国家体育旅游智库，鼓励沿线地区组建体育旅游专家人才库；④各级体育和旅游部门组织开展战略性、基础性课题研究，为体育旅游发展提供智力支持；⑤组织编写体育旅游系列教材；⑥在业内广

泛开展体育旅游业务培训；⑦形成体育旅游统计体系，测算体育旅游市场规模；⑧建立体育旅游数据观测点，组织相关研究力量，定点开展体育旅游数据研究；⑨结合数据统计，发布年度体育旅游发展报告。

而在体旅人才科班培养上，北京体育大学体育休闲与旅游学院于2018年开始招收旅游管理（体育旅游方向）本科生，也是国内第一家设立体育旅游方向的高等院校。2019年上海体育学院的体育旅游本科专业获得批准，成为国内第一家设立体育旅游本科专业的高等院校，同时开设国内第一个体育旅游硕士专业方向，并建立了体育旅游与文化大数据研究中心。

但即使如此，面对蓬勃发展的体育旅游产业人才前所未有的匮乏，而科班生至少要到2021—2022年才正式毕业，数量上可谓杯水车薪，远远解决不了产业需求。另外体育旅游方面的各类社会性&技能性培训也极为稀少，这也是为什么近年来众多赛事频出问题的主要原因之一。

### 三、体旅融合的"江山模式"

注：以下资料由江山市文化广电旅游局提供，本人认为在城市这一层级中，江山市在体育旅游融合发展方面做得最好，其可作为典型案例供学界分析参考与研究。

## 江山市推进"旅游+体育"融合发展　打造全域旅游新名片

江山地处浙闽赣三省交界，境内拥有江浙沪唯一的世界自然遗产江郎山、江南毛氏发祥地清漾等独特的旅游资源。近年来，该市找准旅游和体育协同发展的契合点，通过外引赛事增人气，内增动能促提升，深化推进"旅游+体育"互促共进、融合发展，着力打造全域旅游新名片。近三年来，已累计举办或承办全国新年登高健身大会、全国健美操锦标赛等省级以上大型赛事30场次。今年1至8月，全市接待国内游客994.4万人次，实现旅游经济总收入57.7亿元，分别同比增长20.1%和25.2%。

### 一、强政府引导，三位一体抓统筹

一是实施全域规划。借助创建国家全域旅游示范区契机，启动《江山市全域旅游总体规划》编制，突破传统观光游概念，将体育旅游确立为主要业态、主体功能、主打品牌，并贯穿全域旅游发展始终。结合全域旅游"一心、两轴、三区"建设布局，启动"旅游+体育"融合发展的规划设计和项目谋划，将城区南部整体划片，布局休闲运动业态。丰富仙霞古道及江山港沿线，以及江郎山国际文化旅游产业集聚区、月亮湖等重要节点的体育旅游业态。目前，已初步形成以"户外运动+乡村休闲"为主线，以徒步、骑行、登山、溯溪、越野等为关键项目的全域化体育旅游体系。

二是注重政策引导。制定出台支持"旅游+体育"融合发展政策意见，将旅游发展资金由 1000 万元提高到 3000 万元，下设市级体育产业引导资金，对精品赛事、创新型体育企业和体育产业基地建设等予以扶持。大力扶持和引导本市体育产业实体申报省体育产业引导资金，切实发挥引导资金效能。截至目前，已成功帮助该市航宇公司、赢牌体育等企业争取省引导资金 320 万元。同时，完善政府购买公共体育服务机制，鼓励和引导体育企业向社会提供更多体育产品和服务。

三是激发民资活力。按照谁投资谁受益原则，鼓励民间资本直接投资"旅游+体育"项目，采取政企联合、区域联合的投资及运作模式，走多元化投资经营道路。得益于"旅游+体育"的深入实施，带动该市户外休闲用品产业蓬勃发展。截至目前，全市已有体育器材、户外休闲产品生产企业 120 多家，年产值 20 多亿元，运动休闲企业从 2014 年的 2 家增长到目前的 18 家，其中航宇公司成为中国羽毛球生产基地，产品远销韩国、泰国、马来西亚等国家。赢牌体育公司生产的玻璃钢篮板在国内销量位居前茅。近三年，该市运动休闲产业投资已涌现浮盖山漂流、山里河马场、龙潭湾运动休闲基地等有一定影响力的运动休闲品牌。

## 二、扬生态优势，聚焦项目促融合

一是擦亮绿色生态金名片。围绕"大花园"建设目标，抢抓国家东部生态文明旅游区、浙西南生态旅游带建设契机，坚持把良好的生态条件这一"金名片"作为吸引大型体育赛事落地的基石，以雷霆之势全力打好"五四三"专项整治组合拳，努力做好山水家园和旅游胜地文章，全力呵护得天独厚的绿水青山。成功创建仙霞岭省级自然保护区，目前正在加快推进国家级自然保护区创建。去年，该市被联合国全球人居环境论坛评为"全球绿色城市"，是国内获此殊荣的 9 个城市之一。今年，江郎山·廿八都旅游区成功创建国家 5A 级景区。

二是打造旅体结合精品线。积极抢抓体育政策密集出台和全民休闲游到来的有利时机，将体育元素融入江郎山养生小镇、凤林光谷小镇等规划建设中，加快推进铁人三项、房车基地等一批项目建设。沿仙霞古道及江山港两大运动休闲轴，建设环江山健身步道。推出世遗江郎风采线、七彩保安风情线、古镇养生风韵线、幸福乡村风光线等六条乡村游线路，深度融入体育旅游元素，使其既是乡村休闲旅游精品线路，又成为适宜户外骑行的美丽绿道。先后引进绿然腾农场、耕读农庄等一批"体育+旅游"项目落户该市。目前，浮盖山漂流、江郎山登山被评为省运动休闲旅游优秀项目，浮盖山景区（露营）—浮盖山峡谷漂流（皮划艇）—山里河马场（马术）运动休闲旅游线路，被认定为省级运动休闲旅游精品线路，浮盖山被认定为省级运动休闲基地。

三是完善基础功能大配套。坚持城乡体育休闲旅游基础设施同步推进、一体完善，启动占地 500 亩（1 亩 ≈667 平方米）的城南片区体育中心 PPP 项目招商。推进 EZ bike 骑游平台、江郎山极限运动小镇等一批亿元项目招商落地。加快"百里须江·美丽长廊"风光带建设,将须江两岸打造成为城区"旅游+体育"的风景道。深化市域休闲运动旅游节点建设,相继建成 11 公里西山生态骑行绿道,并将坛石、峡口、碗窑、大桥等地自行车绿道连线成片。从旅游要素着眼,年内相继完成金陵五星级酒店、君澜·国际大酒店改建提升工程,新改建沿线旅游厕所超 200 座,完成 37 个旅游咨询服务点及 381 个免费 Wi-Fi 热点设置,分批次建成 100 个新能源电动汽车分时租赁网点,投入新能源汽车 300 辆,全面提升该市作为休闲运动之城的舒适度和满意度。

### 三、借赛事东风,全民参与扩影响

一是打响新年登高健身大会品牌。紧紧抓住国家体育总局原局长刘鹏亲临江山考察全国女子举重锦标赛契机,积极争取新年登高健身大会承办权,2016、2017 年分别在该市江郎山和北京八达岭设立南北中心主会场,使江郎山与北京八达岭长城齐名,共同为 2022 年北京冬奥会、杭州亚运会助力加油,有效扩大该市旅游精品江郎山的知名度和美誉度。该市还全力争取固化新年登高项目,2018 年新年登高健身大会中心会场也由此列入我省首批重点培育品牌体育赛事名录库予以培育。2019 年成为全国新年登高健身大会唯一中心主会场,这是我市连续四年承办全国中心主会场活动,也是连续第二年成为全国唯一中心主会场。

二是开展重大极限赛事营销推介。突出极限赛事的专业性、挑战性和观赏性,成功引进世界排名前三、被誉为越野跑世界杯的 Maxi-Race China 江山 100 国际越野跑,世界排名前三的越野跑运动员与百余名越野跑爱好者同台竞技。邀请美国翼装侠杰布·克里斯成功穿越江郎山一线天、奥地利蜘蛛侠迈克·凯米特极限挑战江郎山。结合各大专业赛事活动,开展大事件营销。在杰布·克里斯成功穿越江郎山一线天活动期间,湖南卫视《直播大事件》现场直播,新华社、人民网、美国 ABC 电视台等国内外知名媒体竞相报道,吸引了全球近 6 亿观众的眼球。在承办的新年登高健身、助力亚运登高、全国山地竞速赛、全民健身展示等活动中,30 多家国家级主流及专业媒体参与活动宣传报道,提升了该市的点击率和影响力。

三是激发群众参与休闲运动热情。立足该市户外运动资源丰富实际,进一步细分老年人、年轻人和专业体育人士市场需求,实现小赛事活动"常年持续不断、四季皆有特色",大赛事活动"办成品牌,扩大影响",让广大游客更多参与体验各项体育运动,享受运动带来的乐趣。近年来,该市先后在廿八都镇、保安乡、凤林镇白沙村等地,承办长三角运动休闲体验季、仙霞古道徒步游、省生态运动会等大型赛事,来江参与体育旅游的人数与日俱增,较好地实现生态、旅游与体育健身活动的完美结合。(江山市府办)

### 四、体旅融合与乡村扶贫

注:以下案例由中华户外网提供,该机构成立于 2003 年,数年以来,一直深耕户外休闲与体育旅游领域,是国内领先的赛事运营及目的地文、旅、体赋能机构,国务院批

准成立的国际山地旅游联盟（IMTA）创始成员单位，全球体育＋旅游大会的发起人等。

**淅川：统筹精准扶贫和乡村振兴**

项目背景：

河南省淅川县是南水北调中线工程核心水源区和渠首所在地，也是国家级扶贫开发工作重点县、河南省深度贫困县。既要守护一库清水，还要让贫困人口如期脱贫。

2018年11月，淅川创新思路，把脱贫攻坚和体育赛事、旅游开发相结合，构建"体育＋旅游＋扶贫"的发展模式，首创体旅扶贫赛事，组织了Mountain Hard China中国淅川·丹江湖国际越野赛，发挥了体育综合带动效应，推动库区的旅游发展，带动贫困家庭增收致富。通过赛事，初步梳理并推出了淅川丹江湖周边生态资源，提升了丹江湖旅游的知名度。

架构设计：

在举办国际知名赛事基础上，利用丹江湖以及周边伏牛山、武当山等两山一湖客源优势，采用国内领先的PPP项目BOO开发架构，依靠国开行扶贫政策贷款，发挥金融推动产业脱贫攻坚优势，在已建设的环湖绿道、旅游示范村等基础设施基础上，引入市场经营主体，重在运营和盘活，发展体旅扶贫示范工程，培养体育旅游休闲业态，让淅川绿水青山变成当地群众的金山银山，助力淅川从精准扶贫到乡村振兴的跨越式发展。

项目建设目标：

国内首个体育＋旅游＋农业＋扶贫的示范工程

国内首个从精准扶贫到乡村振兴的统筹发展工程

河南省践行"两山"理论，实现高质发展的样板工程

**策应消费升级，发展体旅融合新业态的典范项目**

一般步骤：

按照"创新、协调、绿色、开发、共享"五大发展理念，为淅川量身打造的国内首个体育＋旅游＋农业＋扶贫的示范项目，发展路径如下：

按照国务院体旅扶贫精神，梳理和评估淅川全域体旅资源。规划淅川精品赛道，串联有发展山地旅游、乡村旅游潜力的贫困村落。

引入Mountain Hard、Maxi-race、Hero等国际赛事品牌矩阵，导入人流，拉动消费，发挥赛事带动效应和乘数效应，实现消费扶贫。

向赛道沿线贫困村民以及合作社提供培训，购买服务以及劳务（赛道维护、赛事组织、赛事补给、赛事接驳），带动贫困户增收。

响应党的十九大号召，广泛开展全民健身，向本地居民免费提供国际级比赛的参赛体验名额。

扶贫先扶志，通过赛事举办，从需求侧激发赛道沿线民众、合作社发展乡村旅游、山地旅游意愿，树立主动脱贫信心。

通过赛事宣传，提升淅川旅游目的地知名度，增加出行者与淅川旅游目的地的信息

对称（2W2H，让出行者知道淅川在哪里、怎么来、怎么玩、玩什么）。

与旅游扶贫示范村合作，优选淅川本地农户、合作社农特产，进行包装和行销提升，通过线上电商平台和跑友渠道，将淅川农特产行销全国。

借由赛事，展示淅川全域资源以及投资环境，吸引外部智力和资本投资淅川，参与产业扶贫。

借助政府支持，援建基础设施的赛后遗产打造，辅以中华户外网的山地旅游、乡村旅游开发培训，客源渠道导入，驱动村民参与体旅扶贫项目。

围绕消费升级，中华户外网联合台创文旅团队，与淅川政府平台公司联合成立丹江湖体旅扶贫投资开发运营公司，帮助淅川导入头部业态IP（民宿、观光工厂、营地、研学等），培训本地管理和服务人才，实现精准扶贫的同时，带动乡村振兴、文化振兴、人才振兴、产业振兴。

与村集体因地制宜地设计体育+旅游+农业+扶贫融合发展模式，导入淅川体旅扶贫发展的各种外部资源，落地体旅扶贫综合工程等项目载体，实现对目的地综合运营赋能（架构设计、IP打造、产品开发、人才培训、客源导入、融资创新、行销包装、运营管理）。

通过体旅扶贫工程推进，探索出扶贫攻坚、乡村振兴以及产城融合发展的"淅川经验"，形成体旅扶贫"河南淅川样板"。

注：部分数据来源于网络，案例相关内容由鄂尔多斯市体育旅游协会、江山市文化广电旅游局及中华户外网提供，在此对任雅冬会长、姜淑芬局长、张海峰董事长表示由衷感谢，希望业者能从中得到参考与启发，也可进行更加深入的案例研究工作。

原文发表于2019年9月30日

## 2019年末，12306也进军旅游业了？

### 旅游业有多火？

据称中国旅游业连续多年保持两位数增长率，占GDP比重达到4.53%，已成为国民经济中举足轻重的战略性支柱产业。三大旅游市场持续保持高速增长，预计2019年国内旅游人数将达到60.15亿人次，较1993年增长了近14倍；入境旅游人数将达到1.44亿人次，较改革开放初期增长了79倍；出境旅游人数将达到1.68亿人次，较1998年增长了近19倍；旅游总收入将达到6.6万亿元，较1993年增长了近75倍。

目前最新版的12306客户端2019年12月10日的4.3.6版本中，我发现增添了酒店入口，或许这是12306正式进军旅游业的第一步吧，这个动作很低调，网上没有相关新闻。我巡讲时常提到跨界这个词儿，跨界凶猛，跨界打劫，朋友们都应该对这个环节印象很深刻。

旅游业的迅猛发展，吸引大量跨界者进入，都想要从中分块蛋糕分杯羹。头几年地产商进入后搞了个文旅地产，现在则是移动互联网时代的流量平台，比如高德、拼多多、抖音，借助庞大的流量搭建旅游入口切入流量用户出行需求，最新的我想就是12306了。

| 名称 | 用户数/下载量 | 统计时间 | 创办时间 |
| --- | --- | --- | --- |
| 微信 | 11亿+月活 | 2019Q1 | 2011年 |
| 支付宝 | 9.6亿+（中国用户） | 2019Q1 | 2004年 |
| 高德 | 7亿 | 2018Q1 | 2002年 |
| 拼多多 | 4.8亿+ | 2019Q3 | 2015年 |
| 抖音 | 5亿+月活 | 2019Q3 | 2016年 |
| 12306 | 10亿+（数据不确定） | 2019Q4 | 2008年 |

12306创办于2008年，目前已成为中国最大的铁路出行预订平台，七麦数据上显示已有10亿的下载量，不排除有人同时用两三部手机，我估计至少要超过5亿用户吧。坐拥如此巨大的流量，怎么会不考虑变现的事情。之前只是卖火车票，后来逐渐增加了保险、餐饮特产、约车等功能。

与旅游相关的，除了餐饮特产外，首页有"旅游服务"，点开后只有两则资讯，估计还在调整中。而点开"我的"，在"旅游休闲"里也是资讯类内容，主要是天气和新闻，新闻由腾讯新闻提供。

在12306APP主页居中位置是"订单"，点开后目前有4项，最下面是酒店订单，接着点下单进入预订功能，由铁旅科技提供预订服务。因这周没有出差计划，所以没有下单测试，常规来说，应该是接入某OTA平台。

上面都是引子，我想说的是流量平台日趋大型化甚至巨型化，介入旅游业导流变现只是小菜。但从目前来看，非旅大平台要自己做酒旅，要考虑自己的基因问题。有没做成功的，比如万达文旅后来甩给了同程。有做成功的，比如美团旅行、飞猪，这取决于这两家的生活消费交易属性。旅游是生活消费的一部分，所以生活流量平台介入旅游就比较容易，相当于降维攻击。

以高德为例，以前我只是用它导航，后来换了手机后，就没有再安装叫车软件，比如滴滴神州等，因为高德直接有叫车入口，而且可以多平台同时叫单，效率大大提高，对高德用户来说很省事，没必要再单独安装叫车软件，这种打击对纯粹叫车软件可能是致命的。

想起从前，原来扫码有专门的扫码软件，现在微信、支付宝等早已内部集成，所以专门扫码软件消失了。比如团购最火时，国内曾出现过上千家团购网站，但大平台开了团购频道后，千团大战止戈且全部消亡。还有签到软件，当初也火过一段时间，但现在各软件可直接定位，所以独立签到软件也消亡了。

好像是很悲观是不是？专业 APP 就没活路了吗？当然不是，要寻找自己的市场缝隙，毕竟有缝隙才有光不是。要下沉，服务特定目标人群，要么做好产品与服务，要么在当地打造资源壁垒，要么平台极具赋能，单纯的中介 OTA 没有前途。做细分市场必须要做到这个细分市场的头部，同学们可还记得我说过老大和老二 PK，老三没了那个段子？

对于 12306，缺少一个功能，就是类似航旅纵横的航线图，高德地图的点亮城市 & 出行里程这种记录自己火车出行线路、里程站点汇总等信息一览。自从用上 12306 以来，我真的希望能知道我的火车出行轨迹。

各大流量平台进军旅游业并不可怕，对于用户来说，出行会更加方便。对于旅业创客，找准定位与市场缝隙，做好自己的那部分就可以了，毕竟能在纳市上市的在线旅游企业曾经也就是 4 家，现在只剩下了 2 家。

《这个杀手不太冷》里小萝莉问大叔，生活如此艰难只是童年如此吗？大叔回曰一向如此。人生短短几十年，谁也没想活着回去。2019 年快要过去了，感觉一年比一年过得快，孩童时遥不可及的 21 世纪，竟然已经过去 19 年了。

那啥，心若在梦就在，大不了从头再来。

期待 2020 的到来！

原文发表于 2019 年 12 月 24 日

## 坐井观天热气球

一提起热气球，大家可能会想到电影《环游地球 80 天（成龙 2004）》《飞屋环游记（2009）》《热气球飞行家（2019）》等热气球相关电影，也能在头脑中想象出五颜六色的热气球升空时绚烂夺目的视觉效果。飞上天空一直是人类的梦想，目前在国内用作飞行体验的飞行器材或航空器，主要有双人滑翔伞、动力伞、动力三角翼、直升机、热气球等，其中热气球以视野开阔、体验好、可多人乘坐、前期投入低、视觉震撼、传播效果好等诸多优势广受市场欢迎。然而，比起全世界最成功的热气球旅游目的地，中国热气球的现状只能算萌芽。

**现象级成功案例**

土耳其的卡帕多奇亚是全世界热气球空中游览商业运营最成功的目的地。自 1991 年第一家热气球公司创立，迄今已有 25 家热气球公司，最多时每天飞行的热气球数量高达 165 个。疫情前每年至少 50 万名游客从世界各地慕名而来搭乘热气球飞行，旺季均价在 230~240 欧元 / 人次（约 1800 多元人民币），一票难求，为当地带来近 10 亿欧元的旅游年收入。无论从单一景点运营，还是从全域旅游来看，热气球之于卡帕多奇亚旅游业的繁荣，都树立了难以逾越的成功典范。

热气球旅游的成功模式可复制吗？理论上可行。可为什么在中国没有出现？且从营收规模上，全世界也很难找到第二个堪与卡帕多奇亚匹敌的热气球旅游目的地。

中国为什么没出现现象级热气球旅游目的地？

有人说，是因为中国空域管得太死，审批难，监管严。

有人说，是因为政府保守，担心飞行安全，暗中限制。

有人说，是因为中国气候问题，很难找到适合热气球日常经营的基地。

有人说，是因为中国游客消费水平偏低，缺少冒险精神。

还有人说，是因为产业环境不成熟，大资本看不上。依靠自身缓慢积累，难以提供规模扩张所需的资金、资源、人才，所以只能困在圈内。

以上，都有些道理，却不是核心原因。我们认为热气球在中国没有出现现象级目的地的核心原因在于，与旅游业之间的产业认知鸿沟。

长期以来，热气球从业者如同困在井底，只看见巴掌大的天空，沾沾自喜于商业飞行表演带来的百万级收入，或闭目塞听，或受限于格局眼界，既缺少与其他行业的思想交流，广纳新知，更鲜于认知输出，启发相关行业进行创变。

景区往往倾向于以热气球博眼球，带动门票收入。从未以产业视角，去研究、洞察热气球空中游览这门大生意。

重术，轻道；舍本，逐末。

迄今为止，双方尚未找到对话、协作的产业接口。

热气球是一门什么样的生意？

1. 低投入，高回报

一套11级国产标准适航热气球，价格仅20万左右，一次搭载16名乘客，按每位乘客收费800元、扣除人工、燃料成本后毛利润500元计算，仅需飞行25次、旺季不到2个月即可回本。

相比动辄数亿的开发投入，仅需不到2000万就能打造一个拥有数十套热气球规模、中国最大热气球旅游目的地，每年创造数千万到数亿不等的现金流。

2. 隐性门槛高，避免同质化、价格战

从事热气球空中游览，需通过民航局的经营许可、运行合格审定，取得相关资质证照，只是行业准入第一步。

选址专业眼光、飞行安全管理、机组团队培养、媒体运营及资金运作等，才是考验一个团队是否具备应对产业化、规模化扩张的真正挑战。

中国的空域监管要求，很难出现同一片空域同时批给3家以上通航类公司共同使用的情况，加上地方政府出于安全考量的制约，因此一旦做火一个基地，必会形成寡头垄断的市场格局，有效避免同质化竞争，避免无所不在的价格战，保障长期稳定收益。

3. 自成景观

热气球数量达到一定规模，本身也会成为一道亮丽的空中景观，与地面景点交相辉映，为游客带来震撼人心、终生难忘的飞行体验。

以台湾的热气球嘉年华为例，对场地所需不过是一块大一点的郊区草地，不需要独特地貌风景吸引游客不远千里赶来观赏乘坐。

4. 媒体效应显著

热气球天生抓眼球、亲媒体，是难得一见的媒体宠儿。日常飞行，引无数路人翘首观望，心生喜悦。

11月30日云南腾冲热气球事故，虽作为负面新闻，其在抖音、微博热搜、央视专题报道等短短一天内引发数亿人关注的传播能量，确实令人震撼。

如合理利用其亲媒体的属性，辅以适当的公关推广策略、热气球嘉年华及飞行表演赛事，对新基地的破圈宣传会起到事半功倍的效果。

5. 社会效益强

热气球飞行受天气影响较大，阵风风速超过3.5米/秒（不到三级风）就无法飞行，通常只在日出2小时之内或日落前1小时安排飞行，因此游客必须留宿当地，这对周边5~10公里范围内酒店、餐饮、交通、其他景点门票等旅游综合收入的带动性极强。

当然，项目前期阶段，周边不成熟的旅游业生态会对热气球规模发展形成制约，但从长远来看，会形成互相促进、良性共生的生态关系。热气球会成为全域旅游的核心吸引物之一，当之无愧的画龙点睛之笔。

我们认为，中国的热气球旅游目前仍处于农业/手工业阶段，距离实现产业化、规模化，成长为现代服务业尚需一场破局。

热气球旅游因自身制约条件，并非适合所有景区景点。气候、景观、场地、空域等影响因素众多，如何选址决策，不能靠外行隔岸观火拍脑袋，也要避免被持"短期利益最大化"心态的圈内人忽悠而乱投一气。建议选择志同道合的专业团队合作，以长远计，量身定制方案，少走弯路。

**从专业视角谈热气球安全问题**

热气球曾被国际航空联合会列为最安全的飞行器。然而，自2020年10月以来云南腾冲、湖南株洲等地陆续发生多起意外，造成地勤工作人员伤亡，经抖音、快手等媒体一顿算法操作，震惊行业内外。

其实，如同汽车一样，大多意外是由人为因素引发，不安全的"锅"不应强加于热气球。用中国第一个热气球飞行员刘连成之子刘翔（曾六次取得中国热气球锦标赛冠军）的话说，"如果热气球不安全，我父亲和我为什么会让自己的孩子从事这项运动"？

企业安全管理、人员培训机制、政府安全监管，就是通过控制负面人为因素有效降低事故发生概率，防患于未然。任何行业在市场需求旺盛，处于快速扩张上升阶段时，难免出现良莠不齐、优胜劣汰、监管不到位的现象。作为企业而言，行业意外对自身是警示教训，一方面必须予以重视，加强自律和管理；另一方面不能因噎废食，裹足不前。

近年来，民航局、国家体育总局陆续颁布或修订了《热气球运行指南》《通用航空经营许可管理规定》《载人自由气球适航规定》等文件，对热气球飞行员标准、热气球适航管理、飞行和着陆要求等进行了规定，为热气球运营公司提供了翔实的指导依据，有效保障飞行安全。

疫情之下，出境游无限期冻结。我们相信，虽然出不了国门，可是对高品质旅游服务的需求不会消失，如同一旦习惯了美味佳肴，就很难再忍受粗茶淡饭，2020年火爆的西北自驾游，就是这些需求流入内循环的明证。

天空很辽阔，我们一起飞。也许中国热气球旅游崛起元年，就在2021。仙踪行航空，作为中国热气球旅游的先行者，期待与有识之士共同破局。

注：本文系张德欣与刘锋联合撰写，刘锋系仙踪行热气球乐园CEO。

成文于2021年1月9日

## 滴滴进军旅游业，OTA和TMC你们怕了吗？

滴滴也进军旅游业了！旅游业真是块香饽饽，大凡手里有流量的平台，都对旅游虎视眈眈，这两年难成这样，也阻挡不了这些流量平台的觊觎。关于××为王的说法很多，都有道理。但从互联网源头来说，首先是流量为王。手里有了流量，做啥不行？当然家家都有自己的核心业务，流量放着也是放着，能变现不是更好？挖存量增新量，又能赚钱又能提高自有客户的附加值，何乐而不为呢！

今日有新浪科技张俊放出新闻："滴滴企业版试水商旅业务 寻找To B领域新增长点"引发各方关注。2月2日下午消息，滴滴企业版已于近日在滴滴员工内部完成商旅预订功能测试，并开始定向邀请企业客户体验，预计在今年中旬开放全量。

从内测账户的画面截图来看，滴滴企业版APP在首页增加了酒店预订入口。酒店预订业务的上线，标志着滴滴企业版从提供单一打车服务正式向提供多品类企业消费服务迈进。

回头看：滴滴对旅游业的野心从2015年开始就初见端倪，先是用滴滴巴士在北京和深圳开通50多条旅游专线试水周边游市场，接着又与TripAdvisor猫途鹰、洲际酒店相继达成合作切入酒旅市场，又通过被BooKing投资以及投资OYO加深对酒旅市场的布局，试图打通住宿、出行等对客户的全方位服务。2020年5月曾有媒体发现滴滴注册成立北京小桔国际旅行社有限公司一事。随后的报道指出，北京小桔国际旅行社有限公司经营范围包括境内旅游业务、入境旅游业务、旅游信息咨询、火车票销售代理等业务。这被外界误认为是滴滴入场OTA的信号。

一名接近滴滴内部的人士告诉新浪科技，滴滴入局OTA的可能性非常低，原因是出行流量很难直接转化成OTA流量。相较于OTA，商旅管理（TMC）是更适合滴滴的场域。上述知情人表示，TMC 中最高频的场景就是企业用车，滴滴企业版有 35% 以上的订单来自差旅用车。滴滴企业版一大优势，就是能用打车贯穿商旅流程始终，提供一站式管理服务。

公开资料显示，滴滴在 2015 年推出 2B 业务，通过"企业支付 + 规则管控"，为企业提供一站式出行服务及费用管理解决方案。截至去年，滴滴企业版已累计服务 30 万家企业，覆盖超过 1700 万职场用户。

看了上面的新闻，旅游圈的朋友们有何感想？

首先很抱歉的是在我换了这部手机后，所有的打车软件我都没有装，因为一个高德就够了，这是大平台集中化的趋势，也是专业平台的困境所在。流量平台进军旅游市场由来已久，从阿里、美团到微信、支付宝再到高德、抖音、拼多多（拼多多抖音搅局旅游业，是几条大鲇鱼来了吗？）、12306（2019 年末，12306 也进军旅游业了？）等，不一而足。我的观点一直都是这样：目前看除了阿里美团，其他的都是搂草打兔子。

新闻中提到，滴滴入局 OTA 的可能性非常低，原因是很难直接转化成 OTA 流量。这种说法是正确的，关键词一是很难，二是直接，反义理解为滴滴流量要间接转化。确定，大凡反射弧长的都有这个转化问题，如早期的社区流量变现很难，天涯熬了多年才勉强上了新三板后又退市，只有铁血论坛卖军品趟出了路子。旅游圈时的马蜂窝和穷游这两个以社区攻略起家的老牌创业公司到现在商业化也做得不理想。这是什么问题？这是基因问题。

滴滴不入局 OTA，所以 OTA 先不怕。新闻中又提到主要进军的是 TMC 商旅管理，这估计美亚等老牌 TMC 企业会不会睡不着觉呢？其实多想无益，不服就干，干就完了。另外现在的时代是分工协作的时代，一家难以独大，大家携手共建和谐生态圈才是解决市场恶性竞争之关键所在。新闻里说的是滴滴企业版，所以正面 PK TMC。下一步滴滴个人版里，想来会顺理成章地添加旅游消费入口，这将会硬刚 OTA。

什么情况都会出现，只是个概率问题。另外现在 OTA 也发展到全业务链，拿 TMC 业务来说，携程、阿里、途牛等都有涉及商旅的业务，头部 OTA 们也都是 TO B 和 TO C 两条腿走路的。

谈不上怕，对用户，无论是企业用户和个人用户，滴滴现在及未来添加旅游入口都是件好事情，较之前各平台跳来跳去，会更加方便快捷，当然，这对于价格敏感型用户除外。

另外虽说旅游市场一直朝阳，但水深坑多，外行跨界而来，若没有专业团队及资源资金等支撑，极易陷身泥沼。所以这些流量平台进来后，多半只是在各自平台上添加了旅游消费入口，导流到其各自合作的 OTA 或专业 TMC，赚个过路费，具体的产品与服务还是由各 OTA 和 TMC 来提供。

这对于双方都是共赢的事情，分工协作的时代，就是专业的人干专业的事儿。你有流量不假，但你提供不了产品与服务，落地的事儿是苦活儿脏活儿累活儿，流量平台是不会做的。所以与专业的合作伙伴来分工协作，是最优解，可以低成本高效率赚导流费。

旅游对于旅游圈的人来说是大市场，但对于生活消费领域则成了窄众市场。我们欢迎更多的流量平台进入，让他们的用户可以更加方便快捷选购旅游产品和使用旅游服务，享受祖国的大好河山之美和幸福和谐之乐，而我们做好产品与服务就足够了，毕竟旅游是最看似没有门槛又门槛很深的一个行业了。

注：新闻数据来自新浪科技及网络综合。

写于 2021 年 2 月 2 日

# 第七节　创新趋势

## 红色旅游创业创新与扶贫富民

近 4 年，我们一直围绕"旅游创业创新"服务平台做事情，包括创立"中关村智慧旅游创新协会"、发起成立"旅游创业创新研究院"，出版《中国旅游创业创新智库丛书》，举办中国旅游创业创新高峰论坛等，所以这里我从旅游创业创新方面谈下对红色旅游扶贫富民的看法。

结合 4 月 26 日发布的中国旅游企业创业创新信心指数报告（2017），我们通过对来自旅游大企业、旅游创业企业、投资机构、旅游学界、政府及协会机构等 26 名专家对未来一年的我国旅游双创领域情况进行咨询和问卷调查，得出结论为我国旅游整体双创信心指数为 74.9，说明了打分专家对未来一年旅游双创领域的信心持谨慎乐观态度。

具体与红色旅游结合来说，无论是互联网＋还是旅游＋，红色旅游必须与互联网深度融合，善用互联网科技手段，可以从 4 个方面进行创新：

### 一、技术创新

每一次技术变革都推动旅游业的变革，造成市场洗牌及创造大量市场新机会。近几年智慧旅游、大数据、物联网、云计算、移动互联网、AI 等方兴未艾，从概念走向落地，我国红色旅游发展应紧密围绕及结合以上新兴科技力量，建立统一的红色旅游服务平台，进行红色旅游大数据监测及调度，方便政府管理及运营指导。

### 二、产品创新

随着国民大众旅游日渐普及化，涌现出更多个性化及深度体验之需求，而目前市场上缺乏相应旅游产品提供，红色旅游供给侧改革亦应深化。此时需要对红色旅游产品进行细分，针对不同地域不同人群分门别类给予旅行参考建议。特别是针对90后及更年轻人群，要用更有趣，参与感与体验感更强的方式吸引并影响他们。

## 三、服务创新

即便拥有超强的资源把控力及产品设计力，最终能否给游客更高旅行体验还原度，还是取决于服务执行力。而服务创新不能简单地改善服务态度和转变服务观念，要结合技术创新与产品创新，"走心""用情""超出期望"，带给游客更好的服务体验，造成更好的口碑传播。

## 四、业态创新

社会进步和游客品位提升后，简单的"红配绿"已不能适应现阶段发展需要，业态创新升级势在必行。除常规的红色旅游景区外，根据当地自然环境与人文历史，打造有国际影响力的红色旅游实景演艺，建设高技术含量的红色旅游VR体验馆；升级原有红色旅游景区周边接待服务设施，结合民宿概念，重视主人文化，充分发挥老红军及其后人作用，推出红色旅游精品民宿。

而促进红色旅游领域的创业，则要重视以下四个方面：

1. 政策方面

建议从国家、各地层面出台相应政策与细则，在电商财税、融资、用地等方面明确政策支持。从战略高度重视，行业角度倾斜，鼓励发展红色旅游创业孵化基地，尤其是与互联网深度结合的旅游电商项目，可将老区旅游及土特产推向全国、全世界，帮助老区人民脱贫致富。为欠发达县域及农村贫困地区完善旅游电商生态链，实施旅游电商精准扶贫。

2. 资本方面

资本作为助推剂非常重要，除建议政府设立红色旅游创业创新引导资金外，要善用市场资本的力量。建议各地政府联合类似中信文旅、赛伯乐、复星旅游、达晨创投等行业知名投资机构设立红色旅游联合发展基金，建立红色旅游创新示范基地，完善红色旅游O2O产业链。

3. 渠道方面

加强与旅游OTA、OTS（Online Travel Service，在线旅行服务商）的合作，打通旅游业销售渠道；加强与教育体系合作，夯实爱国主义教育培训渠道；加强各种异业、跨界合作，有助于创业成功率。

4. 人才方面

人才仍然是重中之重。特别是高科技人才与旅游电商运营人才。可采取与高校、OTA、先进科技企业、旅游电商运营机构联合办学，培训培养红色旅游人才。举办红色旅游创业创新大赛、相关路演、论坛等，将双创工作与扶贫富民结合起来。

本文系 2017 年 5 月 4 日在全国旅游系统红色旅游工作专题培训班上的主题发言

## 高校创新创业教育改革现状及发展趋势

### 一、创新创业教育深度融入高校人才培养体系

主要表现：

第一，高校着眼于国家经济建设和区域经济发展，对人才培养方案重新修订，把创新创业工作纳入学校建设、学科发展、人才培养的整体规划中，把双创教育提升到学校发展战略高度。

第二，体现在对教育教学主体机制的创新，包括培养机制、教学组织等多方面，为双创教育深入教学具体环节创造空间和机会。

第三，在运作吸收前期创业班等局部改革"实验区"经济基础上，很多高校开始面向全体学生开展普及性、普惠式的双创教育。

### 二、创新创业教育课程日益体系化、专业化

全国高校普遍开始强调创新创业与通识教育理念的融合，从创业基础、创业管理等单独、专门型课程向全校性、体系化课程发展。

注重将双创理念有效融入专业教育之中，使创新精神和创业能力的培养成为专业教学导向之一；重视学科互补性和多学科交叉的有机结合。

强调理论课程与实践课程有机结合，实现可操作性强、内容多样化的双创教育，逐步建立健全中国特色双创教育课程体系。

现有双创课程进一步梳理优化，实现体系化的规划实施、核心式的集中建设，强化对创业者核心素质的训练、核心素养的塑造。

双创课程专业化步伐加快，加强双创课程教学制度建设，如学习考核评价机制、学分互换替代、校际课程共享共建等。

### 三、创新创业教育更加强调实践性

中国高校正大面积开展以实践实训为基础，提升学生创新能力体系工作，对学生课内教学、课外实践的覆盖。整合学校、政府、企业、社团等多方资源，提供政策、技术、培训、融资等一条龙服务，有效促进更多有条件的学生参与创业。

主要做法：

高校积极在校内拓展大学生创业实践的机会空间。

通过创业实训方式，串联理论教学与实践行动，实现理论联系实践、达到实践育人的目的。

结合创客教育理念，开办"创业训练营"等主题式创业活动。

### 四、创新创业教育国际化成果不断涌现

以双创为主要内容的国际合作，正超越原来简单的教师出国进修或学生出国参与国际比赛的初级阶段，转为与国际一流创业教育机构和资源的课程共享、师资交流、学术会议、联合孵化等多方面全方位的合作，成为推动中国高校创业教育发展的重要潮流。

双创国际合作向实效化发展，上升到高校教育教学组织、师资队伍建设层面。

中国高校开始规模化、定期化派出学生到国际一流大学开展以双创为主题的研学活动。

中国主办、国际参与的大学生双创类竞赛开始产生国际影响力。

### 五、创新创业教育合作组织发展迅速

目前具有全国影响力、形成系统性工作机制的组织有中国高校创新创业教育联盟、全国大学生创新创业实践联盟、中国高校创新创业孵化器联盟、中国高校创新创业学院联盟等。

上述组织通过政府和高校两个层面双重驱动，以"共同体"形式把各高校的创新创业要素聚集在一起，利用成员学校的特色和优质办学资源，在资金扶持、项目导入、院校交流、创业比赛等方面开展互补性合作、搭建广阔的平台，提升成员的创新创业教育质量。

**中国高校创新创业教育联盟（教盟）**

中国高校创新创业教育联盟（教盟）成立于2015年6月，清华大学为理事长单位。首批联盟会员包括清华大学、北京大学等137所高校和百度、阿里、腾讯、英特尔、微软等创新型企业及部分事业单位和社会团体。

致力于打造一个公共平台来汇集众多高校和各行各业的力量、最大限度为社会提供优质的创新创业教育资源，提升创新创业教育质量。

盟大教育

**全国大学生创新创业实践联盟（实盟）**

全国大学生创新创业实践联盟（实盟）成立于2017年6月，厦门大学为理事长单位。首批共有486所高校和4家企业，如厦门大学、北京大学、中国人民大学、南京大学、同济大学、武汉大学、哈尔滨工业大学等。

致力于深入探索高校双创教育实践教学体系，组织开展双创实践理论研究、资源共享、经验交流等活动，以大学生创新创业实践为抓手，推动联盟成员与社会各界合作，建立产教融合的协同育人新机制。

乐易考教育

**中国高校创新创业学院联盟**

中国高校创新创业学院联盟成立于 2018 年 6 月,采用轮值主席制,首届联盟轮值主席单位为山东大学。联盟首批会员单位由山东大学、同济大学、大连理工大学等 120 所高校及 31 家企业组成。

联盟成立后将发起创新应用类大赛,提供创新创业师资培训,并定期举办创新创业学院院长论坛,为成员单位提供交流和学习共享等公益性服务。联盟对企业会员持开放态度,将努力探索产教融合,校企共创创新创业教育的模式。

**中国高校创新创业孵化器联盟**

中国高校创新创业孵化器联盟成立于 2016 年 9 月,联盟主要由各类产业园、高新开发区科创园、孵化器、众创空间、孵化器研究机构、企业管理咨询机构、创新创业培训机构、科技中介服务机构、科技企业、专利事务所、会计师事务所、律师事务所等机构,以自愿方式共同发起组成,是一个非营利性社会公共服务组织。

联盟主要为中国"互联网+"大学生创新创业大赛项目提供对接联盟成员单位的服务,肩负着为中国高校创新创业者提供落地支撑和平台服务支撑的重要任务。

### 六、高校因地制宜已形成若干有代表性的双创教育模式

代表模式:

第一种,目前最重要的模式是以高校为核心,辐射所在区域,构造涵盖政府、企业、资本、社区(园区)等创新创业主体的创业生态系统,典型高校如人大、清华、北大、华科、浙大、中大等。

第二种是基于高校创新创业活动构建的国家级大赛平台,如中国"互联网+"大学生创新创业大赛,已成为深化高校创新创业教育改革的重要载体、促进大学生全面发展的重要平台、推动产学研用结合的关键纽带。类似的还有由共青团中央、中国科学技术协会、教育部、全国学联主办的"挑战者杯"全国大学生课外学术科技作品竞赛和"创青春"全国大学生创业大赛等。

第三种值得关注的模式是投资人和投资机构针对大学生创业活动建立的自组织系统,如"全国高校创新创业投资服务联盟",该"投盟"提供投资融资、产业对接、专业咨询、项目孵化等全程深度创业指导服务。

### 七、高校创业生态系统要素之间仍存在不平衡和不充分发展

具体表现:

(1)大多数大学生特别是创业大学生对创业教育的需求非常高,64% 的大学生愿意或比较愿意接受创业教育。但只有 54% 高校进行了创业教育满意度调查,30% 实施跟踪调查,说明高校对于创业课程重开设轻闭环改进流程,因此有必要加强课程教育质量

跟踪分析和持续改进，让课程更加丰富实用。

（2）大学生最希望高校提供的创业扶持政策包括"创业算学分"（23.9%）、"实验设备向学生开放"（17.1%）和"学校科研成果优先向创业学生转让"（16.8%），而实际高校提供的政策二者存在一定的不匹配性、不平衡性，有必要深入调研学生需求，制定出更符合学生需求的创业扶持政策。

（3）大学生创业者对于政府、风投和创业园区等创业生态系统环境要素的需求较高，然而实际上这些要素发展相对滞后，导致超过50%的大学生认为资金短缺为最大障碍，75%的大学生创业来自自有资金，未来应大力发展大学生创业融资体系，缓解资金瓶颈，加强创业指导，打造"友好型"的创业生态环境。

本文写于2018年7月12日，于2018年7月18日在2018中国创业创新博览会（乌兰察布）高校创新创业教育高峰论坛上做的主题演讲

## 互联网+时代的旅游创业与创新

2018年，是中国改革开放四十周年，也是书写奇迹的四十年。在互联网+背景下，我们见证了一批"不忘创业初心，接力改革伟业"的优秀企业家的诞生，我们的生活也因为他们的创新精神而发生质变。

改革开放下的创业板块层出不穷，今天我们聚焦旅游，作为提升国民幸福指数的重要生活方式，旅游在改革开放背景下越发蓬勃发展。于是，我们看到大规模的旅游创业队伍，也看到了创新带给旅游的"智"变。

### 互联网+的旅游时代 流量为王

笔者认为当前"互联网+"还处于概念阶段，《互联网+》一书中提出它有六大特征，即跨界融合、创新驱动、重塑结构、尊重人性、开放生态、连接一切。这是国家战略行动计划，"互联网+"提出之前的大背景，是千万企业需要转型升级的大背景，后面的发展趋势则是大量"互联网+"模式的爆发性应用以及传统企业的"破与立"。"互联网+"推出的另一个原因，是在这个大众创业万众创新的时代，大部分创业项目或多或少都与移动互联网相关。我们可以把搜狐和新浪那一代的网络，理解为PC互联网，或者叫传统互联网，而以手机为载体的称为移动互联网。当前中国互联网有三大巨头，即BAT，B代表百度，A代表阿里巴巴，T代表腾讯。移动互联网时代出现了三大流量小花TMD，T代表今日头条，M代表美团，D代表滴滴。如今还有新的视频类流量入口，如快手、抖音，高流量意味着高用户量，当前大家都在寻找流量，创业成本越来越高，很大一部分原因是购买流量的成本越来越高，创客们必须解决流量从何而来的问题。

随着数字化进程的推进和数字经济的发展，互联网所能承载的服务越来越多，应用

场景不断扩大，互联网、大数据、人工智能与实体经济深度融合，促使制造业、农业和服务业向新型、现代、智能的方向转变，电子政务使得公共服务的实效性得到保障，企业和人民群众获取信息、办理业务方便快捷，这些便捷服务平台因互联网技术的发展，得以赢得更多的线上流量。

在此基础上，中国网民发展规模惊人。根据今年8月第42次互联网络发展统计报告提供的数据，中国网民规模已达到8.02亿，占全球网民数量的五分之一，互联网普及率达到57.7%。互联网基础设施建设不断完善，数字化战略得到系统阐释，互联网服务持续渗透，网民规模保持稳健增长。

随着互联网的蓬勃发展，越来越多的用户通过网络实现衣、食、住、行、游、购、娱的体验。以旅游市场为例，截至2018年6月，在线旅行预订用户规模达到3.93亿，较2017年末增长1707万人，增长率为4.5%；网上预订机票、酒店、火车票和旅游度假产品的网民比例分别为23.8%、25.7%、40.1%和12.1%。其中，预订旅游度假产品的用户规模增速最快，半年度增长率为9.7%。

在线机票领域，OTA（全称为"Online Travel Agency"）平台机票业务国际化、规模化发展缓解了营销渠道调整带来的影响。国际票务方面，得益于出境游市场需求增长和OTA平台海外市场持续拓展，国际机票预订量大幅增长带来稳定营收；国内票务方面，受消费升级趋势影响，民众旅游需求潜力被激发，OTA平台国内机票业务量规模化增长缓解了零佣金影响，"提直降代"促使中小票务代理转战三四线城市或进行业务转型，商旅管理服务成为OTA平台拓展机票业务的着力点。酒店预订领域，OTA平台整合供应链资源，加速直连供应。上游酒店供应商集团化运营提升供应链效率，下游OTA平台借助B2B渠道实现酒店直连打造核心竞争力。酒店直连模式由于捆绑了酒店供应商和OTA平台的品牌、技术、资源和服务，整合出新的服务价值链，将突显强强联合的"马太效应"，打破原有的生态格局，重新分割酒店预订市场的利润空间。旅游度假产品预订领域，我国居民消费水平升级和旅游需求潜力激发促使旅游度假产品预订市场快速发展。国家统计局数据显示，2018年上半年，全国居民人均消费支出的增长幅度略高于可支配收入的增长，且人均消费支出占可支配收入的68.3%。2015—2017年间，我国全年实现旅游业总收入增速在10%左右，出境游人次保持在5%左右的增长速度，旅游业的快速发展带动旅游度假产品预订用户规模的快速增长。

**风口下的旅游创业 团队是魂**

在互联网+浪潮下，在线旅游行业成为投资圈的"香饽饽"。2015年，BAT投资旅游业累计超过160亿元。金融业与旅游业深度整合。2016年，国内旅游领域直接投资额超过1.25万亿元人民币，当时的国家旅游局预测未来3年我国旅游直接投资将超过3万亿元，并将带动15万亿元以上的综合投资。同时大型非旅集团纷纷介入旅游业发展，跨界资本成为主力。

资本大规模流入旅游市场，给旅游行业创业者带来强劲动力。这批创业者有些显著的特征，比如在线旅游创业公司的创业大军中，25.6%的人有海外学习或工作的经历，即所谓的"海龟"，而74.4%无海外学习或工作经历的创业者，大家开玩笑说是"土鳖"。在旅游创业大军中，"土鳖"相对容易成功。"海龟"的强项在于掌握先进的技术与理念，但"土鳖"更了解中国国情。国外谷歌、雅虎退出中国市场的原因是水土不服，旅游创业若想在中国获得成功，必须扎根于中国土壤。旅游创业大军中，专业背景文理各占半壁江山，但学计算机专业的较易占据主动，毕竟这是个互联网+的时代。

旅游创业是个系统工程，集结了人脉关系、团队、技术与专利、管理能力、产品设计、经验、商业模式、渠道资源、专业背景、市场营销、资金等诸多要素，其中团队更是重中之重。笔者了解到，创业团队中团队成员的互补性与创业成功率存在正比关系，同时团队成员之间的熟悉程度也助力创业的成功。成功的创业企业中，成员达到"比较熟悉"程度的占比47.4%，达到"非常熟悉"程度的占比42.1%。创业团队要生存，必须找准定位并深耕细作，明确用户的痛点，掌握团队的能力，聚焦细分领域，深耕细做。

**新一轮的创新"智"造 以人为本**

2015年不少旅游企业加速线上线下融合，线上企业积极布局线下，O2O也出现了三种实践模式：

（1）线下资源+线上平台：代表有锦江国际集团+驴妈妈、张家界+携程。

（2）线下综合资源+线上平台：代表有上海景域集团+驴妈妈、海航旅游+网易、万达集团+同程等。

（3）线上渠道+线下渠道：代表者有众信旅游+悠哉网、港中旅集团+芒果网、华远国旅+携程、去哪儿+旅游百事通、凯撒+京东等。

目前投资方向也出现新的特点，首先是投资方向多元化。从投资行业来看，景区、酒店等重资源项目为投资热点、服务平台投资热还将持续发酵；从投资类型来看有特色小镇、精品民宿、冰雪旅游、汽车露营、主题公园、文化演艺、体育赛事等。其次是投资领域全球化。新一轮旅游地产的全球化将主要由中国企业主导，兼并收购仍是主要方式。最后是投资模式多样化。以全面运营为核心的旅游要素投资将成为新热点。

从资本市场的角度，他们更青睐于有明确用户定位的旅游创新企业。这里，不得不提一个新的概念，即微细分。它是细分的深化和递进，基于不同偏好因素将消费者划分为更为具体、特定的群体。通过微细分形成的微细市场中顾客数量不大，其偏好行为能够被精确预测并被相应的营销活动直接影响。微细分不是市场营销的进步，是运营技术的进步和信息分析的进步。微细分不是完全的个性化和定制化，而是在群分的基础上定制。

当前微细分方面做得较为成功的例子，有携程旗下的私人定制品牌"鸿鹄逸游"，该品牌有精准的用户定位，即高端品质客户。2017年鸿鹄逸游推出"环游世界80天"的旅游产品，从香港出发，历经22个国家和地区，涵盖五大洲以及南北极，仅有10席，售价 138 万元，一经推出即售罄。为什么会有这样的效果？笔者以为，这场旅游满足了鸿鹄逸游目标客群的需求，即实现超出常规的体验与谈资。高端客群不差钱，他们的消费诉求是品质与不同。鸿鹄逸游明确掌握了自己客群的特征与需求，才能推出具有市场价值，同时给自己带来巨大利润的畅销产品。

改革开放以来，旅游行业的创新"智造"种类繁多，比如一些智能手表、智能运动服等可穿戴设备；用于呈现立体照片的全息技术；VR 虚拟现实技术以及 AI 人工智能技术等，都为旅游带来全新的体验。这些体验或是满足我们的需求，或是创造我们的需求，但创造的初衷，都是为了让我们得到更好的体验。（注：部分数据来自 CNNIC 互联网统计报告）

本文刊载在《检察风云》2018 年第 23 期 28~29 页，新视点栏目之专家视点。

系根据 2018 年 10 月 20 日我给复旦大学 MTA 做双创讲座时的课件整理稿。

感谢复旦大学 MTA 学员《检察风云》杂志夏春晖编辑的整理与推荐。

关于《检察风云》：

《检察风云》杂志创刊于 1993 年 8 月，已有近 26 年历史，系全国核心期刊、中国法制新闻综合期刊。

## 互联网 + 时代的老年旅游发展趋势

### 一、时代趋势

1. 互联网 +

"互联网 +"是互联网思维的进一步实践成果，它代表一种先进的生产力，推动经济形态不断地发生演变，从而带动社会经济实体的生命力，为改革、发展、创新提供广阔的网络平台。

通俗来说，"互联网 +"就是"互联网 + 各个传统行业"，但这并不是简单的两者相加，而是利用信息通信技术以及互联网平台，让互联网与传统行业进行深度融合，创造新的发展生态。

它代表一种新的社会形态，即充分发挥互联网在社会资源配置中的优化和集成作用，将互联网的创新成果深度融合于经济、社会各领域之中，提升全社会的创新力和生产力，形成更广泛的以互联网为基础设施和实现工具的经济发展新形态。

近些年来，"互联网 +"已经改造及影响了多个行业，当前大众耳熟能详的电子商务、互联网金融、在线旅游、在线影视、在线房产等行业都是"互联网 +"的杰作。2014 年 11 月，李克强出席首届世界互联网大会时指出，互联网是大众创业、万众创新的新工具。

2015年7月4日经李克强总理签批，国务院日前印发《关于积极推进"互联网+"行动的指导意见》（以下简称《指导意见》），这是推动互联网由消费领域向生产领域拓展，加速提升产业发展水平，增强各行业创新能力，构筑经济社会发展新优势和新动能的重要举措。

2. 大众创业、万众创新

李克强总理在公开场合发出"大众创业、万众创新"的号召，最早是在2014年9月的夏季达沃斯论坛上。当时他提出，要在960万平方公里土地上掀起"大众创业""草根创业"的新浪潮，形成"万众创新""人人创新"的新态势。此后，他在首届世界互联网大会、国务院常务会议和各种场合中频频阐释这一关键词。

2019年6月13日，李克强总理在浙江杭州出席2019年全国大众创业万众创新活动周并发表重要讲话。李克强指出，大众创业万众创新实质是通过改革解放和发展生产力，调动亿万市场主体积极性和社会创造活力，更大限度激发每个人的潜能潜质。"双创"是个重要支撑，依靠更大激发市场主体活力和社会创造力，可以顶住经济下行压力，保持中国经济长期向好的基本面。

"双创"有力支撑着就业。就业是最大民生，"双创"为我国丰富的人力资源特别是年轻人打开了广阔就业空间，有利于促进比较充分的就业，让每个家庭有安身立命之本。"双创"是创新发展的重要抓手。中国经济发展到今天，必须加快新旧动能转换。"双创"聚众智、汇众力，利用"互联网+"平台，促进了新动能加快成长，这是中国未来发展的巨大潜力所在。

3. 文旅融合

2018年3月，十三届全国人大一次会议召开第四次全体会议，听取国务委员王勇关于国务院机构改革方案的说明。国务院机构改革方案显示，不再保留文化部、国家旅游局，组建文化和旅游部。王勇表示，做出上述调整旨在"为增强和彰显文化自信，统筹文化事业，文化产业发展和旅游资源开发，提高国家文化软实力和中华文化影响力，推动文化事业、文化产业和旅游业融合发展。"

文化和旅游部部长雒树刚在2019年全国文化和旅游厅局长会议上就文化和旅游融合提出具体要求，其融合路径是"理念融合、职能融合、产业融合、市场融合、服务融合、交流融合"。

推进文化事业、文化产业和旅游业融合发展，必须坚持以习近平新时代中国特色社会主义思想为指导，深入贯彻习近平总书记关于文化和旅游工作特别是文化和旅游融合发展重要论述精神，全面领会文化和旅游融合发展的重大战略意义和现实意义，把思想和行动统一到习近平总书记重要论述上来，统一到以习近平同志为核心的党中央决策部署上来。总的思路是，坚持"宜融则融、能融尽融"，找准文化和旅游工作的最大公约数、最佳连接点，推动文化和旅游工作各领域、多方位、全链条深度融合，实现资源共享、优势互补、协同并进，为文化建设和旅游发展提供新引擎新动力，形成发展新优势。

## 二、老年旅游与长寿旅游

### （一）中国老龄化社会

国家统计局 2019 年 1 月 21 日公布的 2018 年经济数据显示，截至 2018 年年底，我国 60 周岁及以上人口达 24 949 万人，占总人口的 17.9%；其中，65 周岁及以上人口 16 658 万人，占总人口的 11.9%。

一般认为 60 岁及以上老年人口占人口总数达到 10% 即意味着进入老龄化社会。全国老龄办副主任吴玉韶介绍，我国从 1999 年进入人口老龄化社会到 2017 年，老年人口净增 1.1 亿，其中 2017 年新增老年人口首次超过 1000 万，预计到 2050 年前后，我国老年人口数将达到峰值 4.87 亿，占总人口的 34.9%。

### （二）老年旅游

#### 1. 定义

2016 年 3 月 1 日，为了充分保障老年旅游者的合法权益、规范旅行社的经营行为和服务内容、提高旅行社行业的服务质量而制定的法规，《旅行社老年旅游服务规范》由原国家旅游局批准予以公布并由 2016 年 9 月 1 日起正式实行。

在该规范中称：

老年旅游者：年龄在 60 周岁以上（含 60 周岁）的老年旅游产品消费者。

老年旅游产品：旅行社根据老年旅游者的旅游需求特点，专门为老年旅游者组织与开发的包含交通、住宿、餐饮、游览、导游等旅游服务在内的包价旅游产品。

#### 2. 前景

据统计全国老年人有出行意愿的人数比例达到 87%，表明绝大多数老年人将出游作为自己休闲度假的方式，老年旅游市场发展潜力无限。老年人旅游需求非常旺盛，已成为目前旅游市场中最具潜力的目标人群之一。

根据我国旅游局的相关数据，目前国内老年旅游比例已占到旅游市场的 30% 左右，在旅游淡季，这一份额达到 50% 以上。2018 年国内旅游人数 55.39 亿人次，实现旅游总收入 5.97 万亿元。按照 30% 的市场比例保守计算，2018 年我国老年人市场中，人数超过 16 亿人次，收入规模达到近 1.8 万亿元。

#### 3. 三大目标、四个现状、七大特征、九大趋势

3.1 三大目标

行程舒适，安全保障，精神愉悦，成为老年人旅游的三大核心诉求。

3.2 四个现状

（1）老年人收入高，可支配资金自主性强。

（2）老年人出游时间自由，说走就走。

（3）老年人注重快旅慢游，多以观光和健康养生为目的。

（4）老年人喜欢结伴而行，多选择报团旅游。

3.3 七大特征

地域集中性强、短线游比重大、费用来源多样化、休闲养生类受青睐、中意淡季出游、深度体验游获青睐、出游同伴选择范围小。

3.4 九大趋势

年纪高龄化：70岁以上占老年游群体的20%

时间非节假：引领错峰旅游新风潮

旅游成孝礼：老年游多为子女预订

客单价提高：从重价格向重品质发展

追求个性化：老年定制游迎来春天

喜爱乡村游：老年人带火民宿、农家乐

游玩半径长：走出国门，走向世界

选择更时尚：老年人成邮轮旅行主力军

服务规范化：银发旅游更有保障

4. OTA布局老年旅游市场

由于老年人对价格比较敏感，在假期上限制性很小，银发族往往成为节后错峰游主力，不仅形成了淡旺季市场的"互补"，也直接扩大了旅游业淡季业绩增长的空间。

携程：爸妈放心游，在线旅游行业首个针对中老年人的跟团游品牌，2010年推出。

途牛：乐开花爸妈游，2016年3月推出。

同程：百旅会，2016年9月推出。

驴妈妈："夕阳红"系列跟团游，2016年9月推出。

### （三）长寿旅游

1. 定义

长寿旅游是指以延年益寿和健康生活为目标的旅游方式。与康养游目标类似。医疗游（康养游）：康养旅游即健康养生类旅游，国际上，一般被称为医疗健康旅游。

2. 康养背景

顶层设计持续加码迎来政策福利。从2013年"加快养老服务业"，2014年"医养结合+农村养老服务设施"，2015年"中医药+医养结合+智慧养老"，2016年"健康中国2030规划"，2017年养老政策"质量提升年"，到2018年"新设老龄健康司"，六年来出台各种优惠补贴、土地政策及支付体系细化专项鼓励政策百余项。在"健康中国"战略引领，健康服务业业态指引，养老服务设施用地保障，养老服务市场培育激活，养老支付体系逐渐完善的背景下，标准化、规范化、多产业融合成为我国康养产业主基调。

多业态撬动亿万蓝海市场。需求和政策双重利好下，大健康、基因测序、生命医学、中医养生、养生旅游等众多康养产业相关概念备受市场和资本关注，房企、险企、国企等复合型企业纷纷进军养老产业。消费升级趋势下，复合型高端化康养消费呈趋势化。

大健康产业带动医疗养老。《"健康中国2030"规划纲要》《关于开展健康城市健康村镇建设的指导意见》指出我国大健康产业要"立足全人群和全生命周期两个着力点,突出解决好妇女儿童、老年人、残疾人、低收入人群等重点人群的健康问题"。在大健康行业细分子领域中,健康养老服务呈高速增长态势,有较大投资机会。

3. 康养数据

数据显示,目前,世界上有超过100个国家和地区开展健康旅游,2013年全球健康旅游产业规模约为4386亿美元,约占全球14%的旅游产业总体规模经济。2017年康养旅游行业预计将产生6785亿美元的收入,占世界旅游收入的16%。

2017年中国医疗旅游市场规模1291亿元,预计2019年将突破2000亿元,2021年市场规模有望达到2643亿元。

### 三、康养在长寿之乡

康养旅游的建设应该有国际视野,为旅游的增长预留足够的空间。旅游管理者应投入相应的公共资源,并充分调动和整合企业、社会团体甚至国外企业的力量,为康养旅游参与者提供更加满意的旅游公共服务。

**(一)康养旅游产品打造**

康养旅游产品该遵循旅游发展规律和旅游市场的需求,分层次和成体系科学地打造,康养旅游产品应分为高、中、初级旅游产品体系。

(1)初级产品应以环境美化、自然观光、美丽乡村为主,打造"养眼"的观光系列基础产品。

(2)中级产品应以健康养生、运动康体等为主,打造"养身"的休闲系列重点产品。

(3)高级产品应以历史文化、少数民族文化、宗教文化等为主,打造"养心"的文化系列特色产品。

这些产品按一定的比例配置,满足多层次的康养旅游市场需求,最终把项目地打造成为康养旅游目的地。

**(二)乡村旅游、休闲农业与康养旅游如何结合?**

1. 景观资源——以静养生

乡村景观如山、水、生物等风光展现了"天人合一"的精神本质,使人心灵上受到美的熏陶,产生与自然融为一体的感觉,进而沉淀浮躁与喧嚣,释放郁闷与压抑,调节机体的免疫系统,起到养生、保健、治疗的作用。

2. 空气资源——以气养生

空气中的负氧离子具有养生功能。现代科学证明,当负氧离子浓度达到4000个/$cm^3$时,可以满足人类疾病预防及治疗和健康长寿的要求。可将负氧离子与疗养保健机构、相关仪器等结合,实现负氧离子对相关疾病的针对性治疗。

### 3. 农耕活动——以动养生

原始农耕，可让人们体验古老农耕文化，感受对天地的敬畏之情；农场租赁，可利用都市人闲暇时间修身养性；科技农场，让人们在农业科技的魅力中得到养生锻炼。

### 4. 人文资源——以和养生

乡村人文资源包括乡村文化、民间习俗和传统节庆等。乡村的生活习惯、民俗活动以及对自然的敬畏思想等，都是养生的人文资源，让游客参与到乡村丰富多彩的民俗艺术中，让乡村的人文活动陶冶游客的身心，实现乡村养生与传统文化传承的双赢。

### 5. 饮食资源——以食养生

饮食是生命赖以存在的物质基础，乡村的"以食养生"主要体现在时令养生和有机养生两方面。

时令养生指根据季节，注重"春生、夏长、秋收、冬藏"的不同养生之法，坚持"不时不食"的理念；有机养生则是指由乡村提供的绿色、无污染食材构建的养生食品。

### 6. 环境资源——以睡养生

良好的环境有助于人的睡眠，而睡眠与人体健康与否有密切关系。

城市睡眠环境和乡村睡眠环境有很大差异，乡村中的各种声音构成了一首美妙的催眠曲，人们更容易养成健康的生物钟，进入深度睡眠，进而实现"以睡养生"的目的。

## （三）特别要注意的问题

（1）注重环境保护。

（2）注重生态圈打造。

（3）着眼于未来发展。

（4）做好国际化工作。

以上数据及观点仅供各位参考，祝愿巴马及长寿之乡们在康养事业发展上再上新台阶！

注：本文由网络公开数据信息整理而成，于2019年6月25日巴马，新一届长寿之乡认定标准发布会上的主题发言。

# 夜游经济与创新发展

夜游经济，旅游消费创新的新风口。

对城市与旅游目的地而言，可提升创新力、提高竞争力、提拉贡献率。

夜间旅游作为满足人们对美好生活的向往、拉动旅游消费、推动供给侧改革和丰富深度文化体验的重要途径，将为旅游经济的持续健康发展提供新的动能。——中国旅游研究院《夜间旅游市场数据报告2019》

## 一、夜游经济的崛起机遇

### 1. 时代

对于一二线及经济发达地区的城市人群而言,旅游消费行为从观光、度假再到深度体验时代依次递进,游客对旅游有了更深的理解与更多更高的要求。这对于各地区发展旅游经济提出了更具难度的挑战,要充分考虑供给侧改革的需要,适应新时代下中国旅游快速发展的潮流与趋势。

### 2. 政策

我国夜间经济正在迅猛崛起,北京、上海、天津、南京等城市纷纷发布推进夜间经济发展的实施方案,积极发展培育各地区夜间经济消费。相应举措主要从促进夜间经济协调机制改革、丰富多种消费业模式、延长夜间经营时间、有条件的放宽夜间市场管理限制条件、编制夜间消费指南、加大资金支持力度、增加行业研究等几个方面出发,同时研究施行环境改造、亮化工程、增加休闲配套、加强公共服务配套、风险防范机制等措施,如"夜京城""夜上海""夜津城""夜金陵"等均具备一定代表性。

### 3. 产业

夜间经济,是城市经济中重要的构成要素。而夜间旅游,又是夜间经济的重要的组成部分。夜间旅游不仅为旅游者创造了美好生活的空间,同时也促进了城市的社会经济、交通、科技等产业发展,更是推进了文化业和旅游业的深度融合。

以哈尔滨为例:哈尔滨的旅游产品开发已经形成规模和知名度,冰雪旅游、夏季旅游已经形成全国影响,哈尔滨旅游业也实现了从"一枝独秀、一季红火"到"两季繁荣、四季发展"的转变。哈尔滨旅游业,正在成为拉动全市经济社会发展的新引擎。但是在这种情况下,哈尔滨旅游如何提升旅游对社会经济的贡献率,扩大旅游对相关产业的拉动力,强化旅游社会文化的穿透力,是未来哈尔滨旅游转型发展的重要问题。而加快哈尔滨夜晚旅游经济的发展,构建夜间旅游经济的产品体系和服务体系,是哈尔滨实现旅游产业转型发展的重要内容。

### 4. 人群

据统计,在北京、上海、广州、深圳等一线城市,夜间消费的比重早已占到全天消费的50%以上。商务部相关报告显示,60%的消费发生在夜间。对消费者而言,夜间消费正逐渐成为刚需。以80后、90后为主体的年青一代是当下夜间旅游消费的主力军,占比分别达到40.0%、19.8%,引领夜游风尚,24小时书店、话剧、院线电影等吸引了大批青年游客。中青年群体是情侣出游、家庭亲子出游的主体,也是收入较高愿意为更高品质旅游买单的群体,夜游花费同样处于较高水平。

### 5. 技术

数字多媒体视觉技术离不开发展迅速且日益完善的互联网 & 移动互联网、大数据、云计算、物联网、智慧旅游、AR/VR、AI、5G等新兴科技及软硬件平台系统应用。

## 二、夜游经济的创新趋势

1. 技术创新

全息投影、裸眼 3D、无人机、体感技术、人机交互（脑机接口）、MR 交互展示系统。

2. 组织创新

基于对夜游经济前景的看好，以下组织于 2019 年纷纷成立：ITIA——艾蒂亚夜游专业委员（2019 年 3 月），北京联合大学——中国夜游经济研究院（2019 年 4 月），巅峰智业——中国文旅夜游经济联盟（2019 年 5 月）。

3. 市场创新

随着时代的演进，代沟在快速地缩短，原来十年一代人，上下两代人相差 10 岁有代沟，现在这个代沟已经缩短为 5 年、3 年、1 年甚至半年。要充分考虑到市场受众分层，50 后、60 后、70 后、80 后、90 后、00 后、10 后等各有自己的消费心理与产品偏好，而接下来要特别考虑到 00 后和 10 后这些更年轻人群的消费需求，方能在未来发展中抢得先机。

演艺市场同样因地域差异不同有着淡旺季，很多人都在想着反季节销售，但首先要考虑的是存量挖潜。通常情况下，能把旺季做好，做得更旺，就可以了。淡季可以考虑转换思路做些副业来补充。同样市场也存在 5+2 的问题，就是工作日和周末客流不一，也要先集中精力把周末做好。

4. 模式创新

载体：演艺的物理载体可以是山水楼塔，也可以是海陆空等。

效益：演艺的经济效益来自门票＋衍生品（周边）及商业综合体和泛地产。

北戴河碧螺塔"鸡尾酒"模式：基于碧螺塔演艺，搭建涵盖房车营地、海洋时尚艺术客栈、婚纱摄影基地、酒吧、博物馆等旅游创新业态的夜游经济综合体。

5. 产业链创新

从资源驱动到产品驱动、服务驱动、品牌驱动、创新驱动。

## 三、夜游经济的四个不能

1. 不能唯技术

发展夜游经济不能单纯地炫技，设施上一般也会经历从亮化到美化最后是文化的过程，而声光电的高科技＋海陆空的视听体验只是基础罢了。要搞好夜游，在场景设计上要考虑到情感按摩，突出人文关怀。毕竟旅游是个三有三感的事儿，三有为有温度、有情感、有故事，三感即为参与感、体验感及仪式感。

2. 不能唯官方

不能以政绩工程或应付节庆活动为核心打造夜游产业。一座城市夜间经济形态的丰富程度，往往被看作是其现代化水平与经济繁荣的重要标志。在发展推进夜间经济发展必须从提高认识，形成政府部门合理引导，公共文化机构积极对接，社会公众共同参与的良好氛围,以此培育新的消费市场,引导新的消费观念。

3. 不能唯演艺

演艺作为夜游经济的重要组成部分,发挥着重大作用。一部剧带火一座城,比如印象系列、又见系列、盛典系列等,但能火起来的理由也是基于当地旅游资源禀赋与城市生活丰沛度。城市夜游经济是综合性商业业态有逻辑的组合,不能唯演艺而不顾其他。百姓夜市与特色商业街区、图书馆、茶楼、电影院、24小时书店、城市亮化工程、灯光秀、水秀,甚至不同类型的酒店、公寓、客栈、民宿等,都是夜游经济不可分割的组成部分。

4. 不能玩"三拍"

所谓"三拍",指的是拍脑门、拍胸脯、拍屁股。搞演艺,不能灵光一现不做充分调研拍脑门就想个主意,不能不通盘考虑就硬干蛮干拍胸脯保证各方满意,更不能最后收了钱干不下去拍屁股走人,留下烂摊子。

这台演出位于号称大理双眼(大理古城的南北两个水库)的北水库,据报道该水库有50余年历史,虽年久失修但并未完全废弃,还负责周围几个村庄农田的灌溉。修建剧场以后,为优先保证演出用水,村民灌溉受到一定影响,这也造成了运营方与村民的矛盾纠纷。

常规民族地区的实景演艺,都是结合当地历史文化和民族风情,突出原生态。望夫云这个故事讲的是当地白族的爱情故事,应该非常突出白族风情文化。而陈导为彰显自己和别人的演艺不一样,声称绝对不搞民歌、绝对不跳民族舞、不搞民族小歌舞晚会,结果把这场演艺搞成了中西混杂不伦不类的梦幻神话剧,与原来传统故事语境出入较大,也引起很大争议。

## 四、夜游经济创新发展的建议

(1)充分的资源盘点与详尽的市场调研。

(2)科学严谨完备的顶层设计及市场专业机构&运营公司全程介入。

(3)善用新媒体、新技术、新社群,重视正面引导与规范。

(4)正视胡焕庸线地区差异。

## 五、夜游经济探索案例

### (一)大同

"在政府部门积极引导与产业经营者主动作为双重合力下,大同夜间旅游渐成气候。"为契合游客夜间休闲的需求,2018年以来,各行业主管部门有意引导古城内的商家着力发展夜间经济,形成不同的服务供给。2019年不少文旅活动在筹划初期已锁定"夜游",如永泰门夜市、潘家园夜市、代王府游园等,这些活动特色鲜明、体验丰富,成为"夜游大同"的重要内容。另外古都灯会、方特夜游等夜游项目也受到游客欢迎。"夜大同"还对周边相邻市县休闲需求产生广泛覆盖,市旅游集散中心统计数字显示,大同正成为怀仁、朔州、丰镇等地民众周末休闲的首选项,品牌效应初显。

### (二)台儿庄

2018年,台儿庄古城接待游客700余万人次。2019年,至9月接待游客530余万人次,其中夜间游客占62.3%,夜间旅游消费同比增长19.8%。

1. 打造夜游品牌:科学规划布局,突出精品意识

台儿庄古城重建之始,已重视夜间游览,城内建筑注意主题文化。中秋假期举办"拜月大典""双月闹中秋""火龙钢花"等融合时尚元素的传统民俗演艺,吸引了来自全国各地的12.53万人次游客共团圆、赏明月、品盛世。

2. 创新融入方式:做好空间对接,实现古与今的承续

"感受博物馆文化之夜"是实现古今承续的主要举措。花灯会成为台儿庄古城不断整合链接旅游资源,挖掘年文化的重要手段。

3. 再现"中国最美水乡":提质扩容,优化服务设施

如今乘摇橹船夜游古城是台儿庄旅游的"王牌",同时是"中国最美水乡"不得不体验的项目。内河航线的增加和夜间航线的全面亮化促使夜间乘船人数大幅上升,整体营收逐年以30%至40%的速度上升。

4. 不断丰富业态:融入运河文化、非遗文化

台儿庄古城不断探索夜游经济,推出各种演出,将运河文化、非遗文化与区域文化、美丽夜景有机结合。

5. 产业融合互通:打造夜间消费圈

这个消费圈是成熟商业圈+历史文化圈+特色餐饮圈的结合。

6. 持续提升,使其成为大运河流域文旅消费新动向

台儿庄古城不断探索夜游经济,将运河文化、非遗文化、鲁南民俗文化、美丽夜景及民俗演绎等有机结合,延长游客停留时间,走出了一条具有地方特色的夜游经济发展模式。

结语:夜游经济正当时,情感为魂,创新为核,体验为王,服务为本。

注:本文系出席2019年10月17日大同夜游经济发展论坛上的主题演讲提纲,部分内容与数据来自网络。

## 损失惨重 信心坚定 应对有力——关于新冠肺炎疫情对中国旅游景区影响的小调研

**编者按:**

2020年春节因为新冠肺炎疫情,中国旅游业初开年即遭受了巨大损失,相信每位旅游人对此都深有感触,虽有政策救市但更多的还是要靠行业抱团与企业自救。搞旅游

的也在祈祷钟南山院士的预言"疫情有望4月前结束"能够实现，若如此那真的是对旅游业旅游人最好的结果了，当然对全社会全行业全国人民也是最好的结果。

2020年第一季度的市场哀鸿一片已是定局，无须掩饰，这次做小调研也是希望得到行业与市场最真实的现状、预期及应对方法反馈，以期对更多业者有些启发及借鉴作用。有人说旅游业被按了暂停键或停止键，有人说旅游业是极其脆弱的，任何一点风吹草动都会对旅游业造成不良影响、不同程度的损失乃至可能摧毁。但旅游业也是最为坚韧的，数年来一直是朝阳产业，近年来是幸福产业与战略产业，加之与各行业的融合深度"+"与民间大量旺盛需求，都为旅游业的发展提供了坚实基础、牢固保障及社会普适需求。

我从事旅游业也快有15年了，当初奔着朝阳产业而来，而事实上它也从没有让我失望过，我在其中也倾注了我的情感，做了一些工作，也一直衷心祝愿旅游业持续健康发展并在其中发挥自己的一点点作用。这次NCP（Novel Coronavirus Pneumonia，新冠肺炎），对文旅业是个大考，也是机会，疫后不但洗牌，也将会催生更多互联网+旅游应用，5G、AI、无人机、大数据、无接触技术与服务、OA（Office Automation，办公自动化）协同、线上教育等将获更多迅猛发展机会。

说真的，真想睡一觉后，2020年重启。

统稿于青岛崂山2020年2月14日

## 一、调研说明

本次调研景区15家，主要来自北京、河北、安徽、山东、贵州、河南、湖北及山西，其中5A景区6家、4A景区6家、3A景区2家，另有1家景区是转调研不明。非常感谢各景区从各自实际情况出发，坦诚相告，并提出可落地能执行有效果的解决办法。

本次调研主要基于3个问题：

（1）如何评估景区在疫情中的损失及应对？

（2）如何判断疫情结束后景区下一步的发展情况？

（3）如何降低疫情对于景区的影响？

虽然样本数不足，但管中窥豹，我从调研反馈中总结出如下结论，与各位分享及商榷。

## 二、疫情影响与应对心态

（1）现阶段景区都在积极响应国家号召封闭景区，万众一心，共同打赢疫情保卫及阻击战。

（2）因疫情导致春节黄金时段收入损失惨重，大量前期准备丰富春节假期的各类活动投入泡汤，各种品牌宣传计划完全停滞，收入全部归零，第一季度整体收入势必断崖式下降，我判断第二季度收入次第性恢复取决于疫情结束时间节点及政策扶危济困到位情况，第三季度市场信心完全恢复加剧收入反弹，第四季度旅游集中爆发期；

（3）大家在做好防护时在积极筹划苦练内功，准备迎接疫后旅游市场恢复与增长发展。首先要以各种形式开源节流，确保景区资金链不会出现问题，能够坚持到疫情结束及影响期的结束。其次，要做到宣传工作不能中断，时刻准备着待疫情结束后尽早迎来转折。

（4）针对疫情中无法挽回的巨大损失及短期内资金周转的困难境遇，希望政府在针对民营旅游企业在专项资金扶持、贷款贴息、减免税费或职工社保等方面给予扶持。

## 三、应对措施

（1）及时适时调整全年战略预期，充分练好内功，做优深挖存量，做大做细增量，积极创新思考及硬核实施。

（2）特殊时期内要充分考虑员工心理波动及情绪安抚与多手段鼓励，积极组织员工进行线上培训，充分做好各岗位人员的培训和考核工作，为疫后景区再度开放迎客做好准备。

（3）加强景区精细化管理，对景区的环境与服务质量要常抓不懈，做好对景区内商家、居民的应急管理，积极协调景区内商家与本景区或业主的租赁关系。

（4）做好疫情过后景区的营销策划工作，积极研究政策及对策，如制定应对市场新变化可快速恢复市场的新举措，关注新产品、新技术、新活动、新渠道、新手段等。

（5）营销策略上，前期要从消除人们恐慌心理释放旅游热情角度进行筹划，产品形式以季节性主题类周边游短途产品为主，中远期做好品牌传播，加强跨界与异业合作，拓展中长线与国际市场。

（6）充分重视二销及衍生周边等新消费，加大文旅新产品研发力量，以产品、活动、技术、服务为切入点，打造主题多样、创意频出、技术创新、游客满意的旅游消费体验。

以下为调研样本的反馈实录，部分文字从语顺角度有所删改。

1. 北京某 5A

疫情的损失现在无法评估，因为是全停业，停到何时也没法确定。疫情传染性强，即使开业迅速恢复也非常难。非典因为北京是重灾区，景区没停业，经济损失是6000万元，这次应该也不会少。现在在全力防治疫情，今年按计划是大力发展二销和研学，现在看目标不变但步伐会放缓，二销继续，研学这块受影响会很大。我们现在执行的是收支两条线，压力还好。

对疫情后的旅游业发展我还是持比较乐观的态度。但前提是疫情彻底结束。五一应该是起点，国家也应该给予旅游业支持，因为旅游业的拉动性强，所以五一、端午、暑期、十一将是关键点，国家应多鼓励拼假，多一些小长假，虽然今年春节假期超长，但都闷在家里，旅游需求受到压抑。小长假对拉动国内旅游好处多，暑期应该能好于往年。

旅游业是非常脆弱的产业，国泰民安是发展前提。苦练内功是积累，但没有游客也不会有作用。人员流动是旅游的先决条件，但目前是最不允许的，所以现在旅游人都是有劲没处使。现在我们要做的是做好培训（线上为主）、完善设施（三方公司上班，比如实名制入园、人脸识别、体温检测等）、研究政策（主要是应对市场新变化为快速恢复市场的新举措、新产品，不排除价格优惠等措施）、加强二销产品研发。然后就是做好自己，迎接复苏。

2. 河北某 5A

疫情发生以来我们积极响应国家号召，本着为全体游客、全体职工负责的态度，在春节小长假这个黄金周之前及时关闭了所有的景点并且对景区按照要求和标准做了防护和消杀工作。景区属于四季开放的文化类型景区，游客认可度很高，景区在今年春节黄金周期间门票和观光车以及其他旅游衍生收入为零，造成了 2020 年开年的旅游收入断崖式的降落。对比往年春节我们的门票收入和观光车收入，今年的春节期间旅游收入遭到重创。

虽然没有收入没游客，但是我们有文物，我们绝对不能放松对疫情的防控心态，在加强文物保护的同时对安保和值班人员配备了一系列的保障措施，提供防护用品、工作期间对工作场所进行消毒防护，加大力度做好文物巡视和安保工作，认真做好文物交接，禁止任何外来人员进入景区。通过严格的文物管理制度和严格的疫情防控体系，使景区在疫情面前巍然不倒，我们想疫情过去后旅游收入和游客人数会双丰收。

疫情过去以后，景区应该会迎来春天。参考 2003 年的非典时期，当时非典解禁以后旅游业迎来了新高峰，所有的景区的人数、酒店的住宿人数、宾馆的用餐人数都是几何倍的增长。所以我们相信本次新冠疫情过去之后，景区人数会激增，适逢每年传统意义上的旅游旺季也会到来，这样的话，景区收入会上一个大的台阶。当然我们也不能只是在家里傻等，也要主动出击做好众多工作：加强对周边京津冀市场旅游推介会，二级市场的开发也要同步进行，并且景区内部在遵循 5A 景区精细化管理的同时，对文化类型的展览要进一步升级，文物展出要多增加主题，文旅融合的新产品等要进一步优化，让文化成为景区主导力量，加强景区员工的培训，对景区内部硬件服务设施进行改造和升级，让文化成为景区业的新的增长点。

本次疫情对于旅游业是致命的。据业内人士估算，春节期间的旅游业（含旅行社车队酒店和旅游景区）损失至少在 50 亿元左右。疫情是天灾、不可抗力，做好防护，把损失降到最低。做好景区防护就是对景区最好的保护。当然被动防护只是一方面，如何让疫情损失降到最低才是工作重点，我们要在疫情结束以后把这段损失补回来，作为重点工作方向。旅游并非生活必需人人需要，但是每个人都愿意去旅游，当生活条件和物质条件达到一定水平人们才会出来旅游，而且旅游从休闲游逐步向文化旅游转化，要求我们这些文化类型的景区做好对外宣传营销的同时，更要做好自身内部提升，无论是展览内容和文旅新产品开发，都是要以文化先行，打破传统的亲身亲地旅游传统向开发VR全景、网上博物馆、旅游新商品研发的方向迈进。总之，疫情当前，不能放松警惕，疫情结束后，工作任重道远。

3. 北京某3A

在这样的形式下，作为实体企业的旅游景区在清明节前能够营业就不错。上半年集体活动不能组织，上半年的收入就很少了。但是成本依然是一样的，企业的开支是一样。重要的是人力资源成本，减员不行，不减员没有游客量，员工没事干，成本太高。同时作为季节性景区，今年的招工也是个问题。总之今年是要坚持下去的一年，为以后打下基础。疫情过后游客主要来源应该是家庭游，低密度的错峰游是理想选择。希望政府能够宏观出台一些促进旅游的政策引导来拉动整体旅游业发展，对实体企业给予一些政策性的支持。

4. 安徽某3A

疫情的暴发无一例外都是出乎人们的意料的，为应对疫情的蔓延政府必然会迅速进行相关处置。旅游景区人员相对密集，封闭旅游景区无疑会是应对疫情发展的必然选择。面对突如其来的疫情，封闭后的旅游景区门票收入为0，门票销售、旅游产品滞销……除此之外，在这场疫情中，景区还要支付关闭期间的人员工资及社保费用，以及景区设施的日常维护费用。景区何时能够重新营业，还是个未知数，对一些中小旅游企业来说很可能不堪重负，最终倒闭。针对这一状况首先需要政府扶持政策的大力支持，政府应根据当前情况，在一定阶段，甚至是一年、两年免收所得税，并给予一定的资金扶持，使企业能够顺利渡过难关。其次，旅游企业自身也要有应急预案和措施，景区旅游有淡季和旺季之分，根据不同的时期灵活制定用工人数及人员工资，在这特殊时期要上下一心共渡难关。

疫情对景区业的影响还是要有很长一段时间负面效应，疫情过后一段时间内景区的发展还是不容乐观的。首先是人们的恐慌和紧张心理还没消退，疫情虽过，但很多人不愿或不敢出门旅游，要恢复疫情前的景区游客状况可能要半年以上的时间。其次要考虑到人员流失问题，由于疫情对旅游业的影响，使得经营业态不景气，从事旅游行业的人员很有可能要转行，另谋职业。针对上述问题，景区要做好预案，一方面要稳定住员工，另一方面要做好自身宣传。由于疫情景区错过了春节黄金周，可能还要错过五一黄金周，但十一黄金周很可能是一个好的转折点，景区要大力做好宣传方案，前期要针对消除人们心理恐慌进行，中期推出一些优惠的政策，吸引游客过来旅游，后期还要合理开发一些有创意的、引人入胜的旅游产品，激起游客的兴趣，刺激游客消费。

首先就是要争取政府的扶持政策。政府应该根据疫情受损情况给予一定的资金支持，此外还要根据实际情况在一定的时间里免收所得税，使得旅游企业能够恢复运行。其次是旅游企业自身的灵活应对。旅游企业应该根据实际需要制定用工制度，淡季、旺季、关闭期间，灵活制定薪酬和福利待遇，既能帮企业渡过难关，又能留住人才。此外还要制定一套完善的应急预案，将偶遇疫情应急方案增添进去，以防万一。最后就是做好宣传工作。疫情过后最重要的工作就是在做好自身防护措施的同时加大宣传力度，尽快消除人们出门旅游的恐慌心理，并针对行业萎靡的状况，制定一些优惠政策，为游客提供低廉的价格、超值的服务，还要推出一些新颖的产品，抓住消费者心理，刺激消费，转亏为盈。

### 5. 山东某 5A

就我们景区而言，每年春节七天长假，都是作为开年第一战来对待，春节庙会收入能占全年收入 10%。春节庙会已举办八届，因新冠疫情闭园，投入过百万的演艺、氛围、落地及宣传费用血本无归，二月来看开园无望，这直接导致景区一二月收入为零，三四月旅游收入现在还不好预估，但适逢山岳景区的旺季起步，保守估计也得下降超过 30%~40%。综合来看，景区第一季度旅游收入呈现断崖式下降。

一方面，旅游作为刚需，复苏是必然，报复式井喷也有可能，山岳景区更具有天然优势；另一方面，对景区的业态提升、服务管理、产品研发也是考验提升，快速反应的更能适应壮大，也有慢热景区会式微。

大的层面，政府要出台一系列政策优惠进行旅游业的专项扶持，包括后续带薪休假、法定节假日的安排调整也要提上日程，带动旅游消费；具体操作层面，无论是旅行社还是景区，要做好 2020 年过苦日子、紧日子的充足准备，适时调整好全年战略预期，练好内功，做优存量，找准突破，做大增量，早一点跳出疫情周期的不利影响，走上正常稳步发展轨道。

### 6. 北京某 4A

评估此次新冠疫情给旅游业带来的损失，从经济角度来说可以对比近三年各景区的财务报表等情况，社会效益方面要从各景区地域、经济、自身特点来衡量。景区在疫情期间如何把损失降到最低，把防控做到最严，把疫情过后的市场如何快速启动并针对各自特点推出短期针对性的产品来满足广大游客心理，从而达到经济效益、社会效益的补足。

这次新冠疫情不容忽视，疫情之后个人觉得景区整体恢复往常需要至少 1 年左右，还有季节明显的景区一旦错过最佳旅游黄金期也许是两年，而一些新景区、刚起步的景区也许就此终结。当然封闭期和恢复期也是各景区自我调整转型升级的一个机会，所谓不破不立，那就看各景区实力及认识程度有多高。

有效降低疫情对旅游业影响首先要能控制疫情，恢复正常生产、生活、人气。前两个是基本，最后的人气最关键，多方合作，短期促销，产品推新等。其次是旅游业要做好疫情过后的反弹，有针对地做出各种安全预案，面对几倍增长的接待量及工作量能否保持一如既往让游客满意也是关键，一旦口碑、安全等一系列问题出现，那损失不比疫情带来的小。最后就是旅游业及旅游景区是一个长期发展向上的趋势，好与不好还要看整体是否能够满足旅游者需求。

7. 贵州某 4A

受到疫情冲击及国家政策的临时调控，居民终止出行计划，各大景区强制关闭。1月 20 日各景点、场馆等陆续叫停。1 月 24 日文旅部叫停所有旅行社及线上旅游平台，暂停经营团队旅游及"机票加酒店"旅游产品。1 月 30 日，全国各地区陆续开始要求所有人在所在地自行隔离 14 天。这三大重拳联合出击，第一关闭了旅游目的地，第二斩断了旅游出行途径，第三从源头上阻断了游客来源。因此疫情期间，旅游业全面阻断，断崖式下降。至于应对处理方式，个人觉得应从以下几方面着手：

（1）响应国家政策，坚决关闭景区，谢绝游客进入。

（2）做好对景区内商家、居民的应急管理，包括体温检测、返乡登记、大范围消毒等措施。一定不能在本景区内出现确诊病例，这将会本景区造成严重的负面打击，甚至在疫情解除后，部分游客也不愿意来"可能存在残留病毒"的景区。

（3）积极协调景区内商家与本景区或业主的租赁关系。疫情期间是否免租问题已经在各大媒体及网络平台发酵。作为景区管理者，我们不能寒了商家的心，也不能忽略业主的应得利益。因此，必须充分发挥管理者的协调作用以及景区自持物业的带头作用。

（4）做好团队培训及后续规划。景区关闭不等于企业无所事事，趁这个时间对员工的信心注入、拓展培训、后续规划等工作必须展开，消除长期闲置带给员工的迷茫及懒散。待疫情解除后，保证每个员工都能及时回到岗位并且目标清晰，有事可做。

（5）尽量压缩闲置期的景区开支。

旅游业必然回暖，但不会是爆发式的，而是渐进式的。疫情不会戛然而止，没人敢说从今天起，绝不会再出现病例，所以应是分区域、分阶段地放开防控，我将之称为过渡阶段，过渡阶段人们的首要需求，第一是回归工作岗位，第二是亲朋聚会，第三是下馆子打牙祭，第四是逛街散步让被禁锢的灵魂透透气。过渡阶段对于餐饮业、零售业等会有较为明显的回升，但很难马上兴起大范围的旅游热潮。在过渡阶段结束后，结合当时的长假，才会迎来一波旅游热潮。根据疫情结束时间，最早是五一，但可能性很小，其次是暑假、国庆、春节。但经过这次疫情，在持续一段时间内，各大景区的卫生条件、实名登记、应急处理机制等方面将会成为相关部门监管的重点。

旅游企业自身必须开源节流，及时止损，保障自己的现金流，稳定团队，不要还没看到曙光便轰然倒塌。提前制订疫情结束后，过渡期的宣传和营销计划以及回暖期本景区的引流亮点打造。做好景区开放后的卫生消毒、实名追踪、应急疏散等制度，有助于尽快通过相关部门检测营业以及加强游客前来游玩的安全感。各地政府已经针对该问题下发了一些文件或进行座谈。政府在疫情可控的情况下，逐步解除限制及实行引流措施，以及制定疫情期间对于旅游业的优惠政策十分重要。

8. 河南某 5A

新冠肺炎疫情的暴发，对大部分行业都产生了难以估量的影响，服务业更为显著，旅游景区作为一个高度依赖人群聚集的行业，疫情的发生相比其他行业受到的影响应该更大一些。1月23日起全国景区纷纷响应政府号召，果断暂停营业，取消各类庙会、灯会等大型春节活动，景区关门、旅行社退单，大量春节活动投入泡汤，各种品牌宣传计划停滞，收入全部归零。主要影响表现如下：

经济收入损失严重。与2019年第一季度相比，估计收入下降在90%以上。

运营压力越来越大。在疫情没有彻底结束之前不仅不能经营，而且还要承担巨大的人力成本支出和必要的设施维护费用，景区内经营商户提出退还或减免租金，小企业运营尤其困难，个别小景区面临破产压力。

人力资源出现问题。个别小景区因运营压力解聘了聘期较短的保洁、园艺工人，复工后面临招工困难。部分职工因长期休息，会产生较为严重的懈怠情绪，复工后面临较大的培训压力。

疫情解除后无外乎三种可能：

一是受疫情防控心理恐惧心理的持续影响，游客还不愿意出门，景区可能更长时期游客量难以上升，经营需要一段爬坡，市场开发压力巨大，运营一时难以恢复，经济收入达不到预期。

二是迎来旅游小高峰。如果疫情能按预期在三月底或四月中旬完全解除，景区也正好可以赶上一年一度春游高峰期。大众被关了几个月，急切需要放松，大家可能会一窝蜂地外出。我们景区会迅速进入旅游高峰旺季，这当然是我们期许的结果。

三是我们不希望看到的就是疫情时间超过预期，个别企业面临经济、人力等多种困难已无力恢复，面临倒闭。

企业提升自身应对自救能力，减少疫情的负面影响。疫情期间，旅游企业应积极探索完善应对危机的对策，勇于挑战，创新工作，尽可能减少疫情的负面影响。一是在积极开展防控宣传，勇于承担防控责任的同时，通过加大防控工作宣传，借力提升旅游区的影响力。二是主动作为，通过网络办公，借机调整经营战略、规范企业管理标准、加强员工培训，提升服务能力，把危机转化为发展的良机，为旅游复苏做好充分准备。三是科学合理安排，在确保满足防疫需要的同时提前做好大型设施设备维修保养等检验工作，制订好疫情后运营管理与宣传的应对计划。坚信有党中央和地方党委政府的坚强领导，疫情一定会按预期被控制住，旅游业也会迎来又一个春天。疫情结束后我们要迅速加大宣传，全力开拓市场，积极争取客源，快速提升经济增长能力，尽可能完成2020年的创收任务。

期盼国家和地方政府出台激励旅游业发展的相关政策。一是出台激励旅游企业发展的相关金融政策。如给予中小企业一定的经营亏损和大型活动损失补偿；增加文化、发改部门的建设奖补资金，加速文化旅游项目完工投产；金融部门适度减免因疫情导致的项目建设资金的利息；适度减免旅游企业涉及的税务和费用。二是出台支持旅游发展的宣传政策。由政府宣传部门牵头，协调各级广电、报刊等融媒体和政府社区的空间资源,待疫情过后组织一定时期的免费或低费联合宣传,激活旅游市场。

9. 安徽某 4A

这次疫情,旅游三产应该是最大的重灾区,而旅游景区不仅仅是伤筋动骨,有的中小景区可能是命悬一线,甚至是就此消亡了。2020 年春节黄金周,本来是各类景区利好丰收之时,没承想疫情暴发后,不仅分文不收,而且前期投入的巨额宣传费用也打了水漂,相应的管控成本和员工团队的维持成本仍是必须支出的。也许有人说,春节黄金周的闭园会在疫情解禁后迎来景区客流井喷,然而理智地去思考、分析,纵使疫情过后,也不可能在某个时段,找回春节黄金周的游客量及景区的旅游收入。这么多年的体验让我们总结出,不管是天灾还是人祸,景区的游客量和旅游收入,用一句俗语形容,那就是:过了这个村,就没有那个店了。

如何降低疫情对于旅游景区的影响?应该说,没有很好的操作手段。只能在有可能的情况下,完善景区的基础设施,引领团队成员学习提升,蓄势待发。熬过去,活过来,苦练内功,优化产品,挖掘文化,突出特色,找准定位,提升功能服务,聚焦宣传,在旅游主管部门和当地政府政策扶持下,迎接春暖花开!

10. 湖北某 5A

湖北是疫情最严重的地区,景区也是关闭最早的,疫情控制后,湖北景区恢复应还有较长时间,乐观估计湖北景区恢复将延续到 2021 年,今年下半年争取恢复到 50%,因此 2020 年将是湖北景区发展最困难的一年,损失将达全年收入的 75%。如何减少损失,是我们行业从业者当下要深度思考的问题:一是尽快控制疫情,恢复信心;二是政府应制定扶持景区渡难关的政策(地方政府在制定政策时,想到第一位的就是免门票);三是景区在 2020 年加大调整产品结构力度,提升目的地形象。

11. 北京某 4A

由于此次疫情的影响,旅游景区受到了全面冲击,各景区深受重创。从疫情发生伊始便响应号召闭园,可以预计景区将在一季度颗粒无收。放眼未来几个月,即使此次疫情能够在三月得到有效控制,消费者受到疫情影响,势必会减少出行或是避免去人流量相对集中的区域,而旅游作为非生活必需项,将会被大多数人放弃,这就会严重影响到二季度整体旅游形势。而景区的主要经营点(春游、清明小长假、五一小长假、端午小长假)都在二季度,可以预计,二季度对比同期必定会出现断崖式下降,甚至有可能影响到景区资金链的正常运作。如果疫情在二季度内得不到有效的控制,对于景区的影响将大到不可想象。

对于此次疫情的处理,第一,要以各种形式开源节流,确保景区资金链不会出现问题,确保景区能够坚持到疫情结束及影响期的结束;第二,要做到宣传工作不能断,不能让游客在疫情期间将景区遗忘,以待疫情结束后尽早迎来转折。

此次疫情对景区的影响不言而喻,而疫情结束后景区作为人流量相对集中的地点,也将深受影响,而且北京周边游在暑期也是小淡季,景区前三季度将深受疫情影响。受到资金链等相关因素的制约，景区预计不会大量投资进行硬件升级改造建设，所以说疫情对景区的影响是全方位的。而转机将会是9月后秋游、十一小长假的到来，预计此时将会比同期爆发式增长。旅游景区虽然会迎来一次旅游高潮，但同时业内竞争也会随之加大。

降低影响方面：第一，景区如果不能投入大量资金进行硬件提升，则应投入少量资金进行旅游产品或项目的提升及更新，丰富旅游产品或项目，让游客有的玩、有兴趣玩，提升景区竞争力。第二，景区闭园不等于脱离市场，必须要开发景区的亮点进行不间断宣传，保持景区热度。第三，打铁还需自身硬，可以加强职工队伍的培训，提升景区的职工素质。第四，需要国家相关主管部门给予旅游企业帮助和支持，包括资金支持、减免税收、人员保险延后缴纳等，保证旅游企业能够安全度过此次寒冬。

12. 山东某5A

面对突然而至的新型冠状病毒感染肺炎疫情，基本全部的旅游景区针对春节市场以及春季市场准备的丰富旅游产品以取消或者延期收尾。大部分旅游景区、旅行社、酒店餐饮等服务行业来说损失较大，有些小型旅游公司甚至面临破产的风险。2020第一季度的旅游行业整体营收基本归零，尽力压缩运行成本减少损失为主。景区长期营销积累的中、远途目标市场短期之内很难快速恢复。近距离目标市场搭配活动系列产品和相应的宣传营销相对较容易恢复。

景区业下一步发展：①旅游景区疫情之后以周末游短途为主要切入点，打造丰富的旅游产品供游客选择体验。中远途目标市场逐步恢复，不可操之过急。景区的游客量提升之后再是营收的逐步提升。②宣传营销方面以短途目标市场为主，以活动为主做好营销宣传。中远途市场同步启动以品牌形象为主进行营销宣传。③提升服务管理水平是疫情之后同样重要的一项工作，疫情的发生对景区来说也是一个完善自身应急机制的一个契机，许多景区在除夕快速决定闭园，在最短的时间把安全生产放在首位，把社会责任切实担当起来，也获得游客大批好评。

降低疫情对于旅游业的影响在政府社会层面：建议资金方面政府可以给予适当补贴或进行适当的免税，延缓社保和公积金缴纳，协调银行延迟贷款还款、减息或免息，让旅游景区缓解资金压力。景区自身方面：停工不停业，居家办公的同时加强业务培训，提升景区的服务管理水平；做好新型旅游产品、演艺产品、文创产品等的升级打造；联合差异化景区提升旅游线路产品的打造，抱团取暖；在疫情解除后可以第一时间抓住营销的先机。疫情期间也要把握宣传时机，当下大部分人员宅在家里，自媒体账号在为社会服务的同时做好景区的自媒体营销，我们的微信微博的阅读、点赞、转发量、互动率较平时的宣传效果还要好，但要注意宣传内容，避免过度消费热点造成负面影响。

13. 山西某4A1

北方山岳型景区所受影响不大。宗教祈福庙会类受到一定影响，主要是活动布置宣传推广费用和年后的工资，总体上随着疫情解除报复性消费会有一定弥补。景区宣传下一步要向康养和研学要潜力。密闭类景区短期很难恢复的，例如娱乐场所、博物馆等。

城市酒店，旅行社传统春节旅游热点受影响比较大，旅游业的脆弱性表现得非常明显。

14. 山西某 4A2：

疫情对于全国各行各业的影响是必然的，但对于旅游业来说冲击是巨大的，造成的损失也是最直接的，因为它正好发生在春节黄金周。春节假期是全年出行率最高的几个假期之一，而景区的营收对节假日的依托性比较强。为了疫情防控的需要，1 月 24 日起各旅游景区基本全部暂停营业，截至目前仍没有让恢复营业的迹象。

第一，景区停业期间营业收入损失，而且为黄金周停业，损失至少占到全年营业收入的四分之一左右无法挽回；第二，针对春节这个传统节日各景区均开展节日民俗活动或开展冰雪活动等的前期投资及宣传费用的损失，1 月 20 日左右前期准备工作基本就绪，而这种节日活动一般都是针对性比较强的一次性投资，因此这部分损失也无法挽回；第三，民营景区停业期间无现金流但面临支付工人工资、贷款利息或偿还贷款的困境，给民营企业带来的压力不容忽视。第一、二类损失无法挽回，只能企业自行承担，针对疫情防控情况重新制订全年营销工作计划，尽量争取后三个季度少受损失；第三类困境希望政府在针对民营旅游企业在专项资金扶持、贷款贴息、减免税费或职工社保等方面给予扶持，帮助民企渡过疫情难关。

虽然说春节假期都让人们宅在家里，疫情过后会有出游高峰的到来，但根据此次疫情发生的时间节点、分布区域情况及其防控难度，个人认为此次疫情防控所面临的各行各业延期复工、景区停业，大中小学延迟开学，疫情过后一段时间内人们的出行意愿仍会受到影响，因此景区业可能会受到持续影响。近年来随着旅游业的迅猛发展及国家政策号召，景区也如雨后春笋般接连涌现，但面对此次疫情的冲击，会考验各景区真正的实力，考量一个景区运营接待能力、服务水平、管理水平等实力，有些实力不济的小景区将会退出这个舞台。另一方面，此次疫情过后，人们对健康的认识追求会进一步提高，在出游选择上或许会对康养度假、户外山岳景区比较推崇，因此康养度假型景区或会成为一个热点。

针对疫情中所承受的无法挽回的巨大损失及短期内资金周转的困难境遇，希望政府在针对民营旅游企业在专项资金扶持、贷款贴息、减免税费或职工社保等方面给予扶持。同时利用疫情期间空闲时间为广大景区从业人员开展免费培训，提升全体从业人员综合素质。在恢复营业后，政府引导知名国营景区带动民营景区，打造新老结合的品牌线路进一步推广新景区，带动新景区发展。景区自身而言，加大品牌建设力度，加强员工培训，提升品牌形象，为疫情结束恢复营业后景区下一步发展奠定基础。

15. 某景区

（一）景区在疫情中的损失及如何应对

1. 直接损失

（1）运营成本损失，景区经营过程中，必要支出的水电费、投资成本利息、贷款利息、物业费、人员工资、社会保险等。

（2）新建项目损失，为迎接春节假期，进行氛围布置，购买物料、施工建设，受疫情影响，各项设施基本失去使用价值。

（3）假期营收损失，受疫情影响，春节期间闭园，直接造成营业收入损失。

2. 间接损失

（1）宣传投入损失，为吸引游客，假期之前进行广告宣传投放，因景区闭园，前期广告投放毫无意义，造成间接损失。

（2）商誉价值损失，受疫情影响，未来一段时间必将影响游客出游意向，恢复游客心理预期需要较长时间。

3. 如何应对

（1）严格落实疫情期间政府要求，对政府要求闭园、人员排查等规定严格执行，坚持游客至上原则，务必打消侥幸心理，最大限度规避风险，保证游客生命安全。

（2）加强对疫情信息沟通和研判，成立疫情防控领导小组，及时与主管部门沟通，对当前疫情程度主动研判分析，做出科学防范及合理决策。

（3）确保疫情期间景区日常管理，积极储备疫情防控物资，确保景区员工快速有效防控，引导员工做好本职工作，维护好景区设备设施。

（二）疫情之后景区业发展

（1）常规旅游产品需求逐步释放，疫情风险解除之后，人们心理预期逐步恢复，全民旅游消费可能短期内会加大周边游的概率和频次。

（2）旅游+体育更受大众青睐，疫情期间最好的抗病毒药就是自身免疫力，因此人们更加注重锻炼身体，增加户外活动，旅游+体育的全民健身产品必将受到热捧。

（3）旅游产品销售线上化率将加快，受疫情影响，全民在家隔离，线上购物平台、微商进一步渗透，例如某社交电商利用社交群+分享购物，实现线上快速扩张。

（三）如何降低疫情对景区的影响

（1）疫情未得到有效控制之前，尽最大限度减少运营成本支出，开源节流，优化景区管理，实现事半功倍。

（2）加强员工线上培训，利用疫情闭园期间，提升员工素质。

（3）尽量对假期氛围布置物料再次利用，为疫情之后快速恢复景区接待，降低氛围布置成本。

（4）协调广告公司，推迟广告宣传计划，待疫情结束之后进行广告投放。

（5）联合保险公司设计景区"疫情"保险，增强景区行业抗风险能力。

（6）时刻关注疫情信息，提前谋划疫情之后的营销宣传活动，一旦疫情解除，能快速打开市场。

最后向奋战在疫情防控一线及后勤战线的逆行者们致敬！

也期盼疫情尽早结束，旅游业的春天真正到来！

原文发表于 2020 年 2 月 14 日

# 酒店业会在新冠肺炎疫情结束后 3 个月全面复苏吗？——关于新冠肺炎疫情对中国酒店业影响的小调研

**编者按：**

对于酒店的调研样本量更少，只有 6 家，但很有代表性，同样是以下 3 个问题：如何评估中国酒店业在疫情中遭受的损失，如何处理？如何判断疫情后酒店业的发展？有什么可行的方法降低疫情对酒店行业的影响？

基于上篇对旅游景区的调研，酒店反馈回来的答案与景区大体相同。

第一，酒店业损失惨重，不用多说。

第二，何时恢复这个问题上，乐观的估计是疫情结束后 3 个月，保守派估计是 1 年后。

第三，疫后影响主要是公众对酒店的硬件设施、软性服务、公共安全、品牌等提出更高的要求。

第四，如何化危为机这个问题可以一起讨论：

（1）酒店软硬件设施，特别是公共卫生安全必须重视并大幅提升。

（2）"无接触"刚需导致智慧（智能）酒店类设备设施获得更大施用空间。

（3）建立健全酒店业风险救助机制，资金融通机制和风险对冲机制。

（4）以区域或岗位分工的部门转变为以产品线与客户群为基础的统合管理体系。

（5）转变酒店卖房间的传统思维，打造以"酒店+"为核心的跨界异业销售渠道体系。

（6）做好常规 OTA 平台电商渠道外，重视社交电商平台及社群粉丝经济。

统稿于青岛崂山 2020 年 2 月 14 日晚

以下为调研样本的反馈实录，部分文字从语句通顺角度出发有所删改。

## 一、某区域性经济型连锁强势品牌酒店

此次疫情对酒店住宿业冲击超过地震和非典。据我们统计，268 家运营酒店中，215 家停业或不接待新客人，35 家酒店被政府征用，勉强营业的 18 家酒店春节期间收益同比下降 80% 以上，餐厅 100% 停业。加之减免加盟店的品牌使用费，企业目前基本上无现金流入，靠吃以前的老本维系，如疫情超三个月还不缓解，估计会有一批酒店住宿业难以生存。

疫情过后酒店业发展情况：

（1）连锁大势下产品的个性化、功能的多样化、定位精准化可能是未来酒店的发展特征。

（2）会更加注重客房的品质和卫生。

（3）更追求线上的便利快捷和网评。

（4）对品牌的依赖性更强的同时，选择的空间会更大，变化的速度会更快，对产品细分的要求会更强。

面对疫情，酒店要先活下来，可采取以下措施：

一压：压缩内部人员开支和成本；

一延：尽量让企业有限的现金流支撑更长的时间，增强抗击疫情可能出现的长期蔓延风险；

一用：用好用足中央及地方政府制定的保企稳岗各项政策，帮助企业渡过难关；

一暖：利用大疫危难时机，力所能及地为业主为困难员工做点雪中送炭的事，会起到事半功倍的效果；

一升：借业务不忙可做线上培训，提升员工素质；

一研：借业务闲暇之机，对产品提升、体系完善，包括突发应急处置；

一察：危难之际是考验每个人的最佳时机，借机审视企业的用人观，完善企业文化和核心价值观；

一寻：探索眼下及长远企业新的生存空间，如餐饮外卖。

## 二、某本土精品酒店品牌

损失惨重，自有品牌的营业额损失在500万左右，以三个月论，估计三个月都没有办法恢复正常。全国的酒店损失应该在3000亿到5000亿左右。

疫情结束，部分企业倒闭、重组、转型升级必然发生，新的酒店投资行为会减少，酒店业面临一个较长时间的低迷，大概一年左右，然后慢慢复苏。

现在中国的酒店业最缺乏的是风险救助机制、资金融通机制和风险对冲机制。估计会出现以下业态：一是停业保险或酒店业互助保险，只要政策容许，很容易建立单独险种或专业保险公司；二是产业链金融公司，估计以携程、美团为代表的平台企业会发挥上述作用，实现金融化转型；三是酒店资产证券化进程加快，类信托产品大量出现。

## 三、某区域性国际化精品酒店品牌

从目前的疫情情况来看，至少短期内对酒店经营的影响是巨大的，预计会影响2020年上半年的整体经营环境。如果国家在内需和金融扶持方面给予较大支持，激起民众的消费热情，相信下半年会有一个较大的反弹。

作为一个负责任有担当的企业，我们会积极响应政府的相关政策，目前我们酒店面临着无收入要支出的局面，恳请政府在房租、税收、员工基本保障方面能够给予支持，比如房租减免、税收可以给予优惠政策、员工方面可以采取社保保障等。目前整体酒店行业，在资源统筹和规划仍然存在各自为政的局面，期待行业协会能够更好地挑起整合大旗，在生存方面给予更大的保障。

据权威专家说，疫情很快会出现拐点，届时病情会得到有效控制。我们每一个人都希望这场"抗疫战争"早日取得胜利，人们的生活能够早日恢复正常。这也是酒店业众多同行所共同期盼的。等待疫情过去后，全国旅游业定会迎来全新火热和大爆发，那时的我们一定兵强马壮、一路高歌猛进。

我们会结合这次疫情，在运营标准方面加入更多的安全要素，提升客户对于安全防护体验；梳理酒店在运营过程所暴露的缺点，优化工作流程，让工作更加扁平化；大力梳理酒店产业营销，发展新型营销闭环。

具体如下：

1. 磨炼内功做好门店卫生安全

无论在疫情期还是疫情过后，人们对卫生环境的忌惮都将持续很长时间，如何影响消费者应从以下软硬件着手：

（1）公共区域增加免洗洗手液。

（2）前台结合人脸识别在酒店业率先推出红外体温识别。

（3）增加通风系统除菌。

（4）增加消毒频次及公示。

（5）入住流程更加智能化。

我们从来不否认，酒店的核心是有温度的服务，但这并不是抵触智能化的理由。智能化并非仅仅是冷冰冰的机器人，更是特殊时期的特殊保障。

譬如在这次疫情期间，就有多家酒店提供"无接触服务"，通过自助入住、机器人送物、零秒退房等服务，减少人际接触，避免交叉感染。而智能化的管理体系，并不会影响酒店的外在与调性，甚至能解放员工双手，在后续必将使得酒店的服务更加事半功倍。

2. 职能部门变革创造外部收益

数字化的时代，对企业职能部门提出了更高的要求，对集团职能部门自身价值塑造提出了新的要求。拿阿里人力资源官来说，在人力资源上再专业只能打50分，必须比业务部门更懂业务，比运营更懂顾客和运营，这样才能成为合格的人力资源，才能满足企业的发展，更好地为一线服务。例如海底捞的人力资源部门早已不是一个花钱的部门，而是赚钱的部门，通过为餐饮同行培训不仅赚了培训费还赚到了咨询费，部门有了收益来源；还能通过建立信任感为企业转化加盟，一举多得。又如品牌部可以在完成集团本职工作后，是否能服务更多的单体酒店，为他们提供兼职平面设计、公众号运营、抖音运营、会员运营？这样再从企业赚得的收益中拿出一部分激励团队，是否是一个正向良性的闭环？价值创新的思考，让我们看到部门革新，特别是职能部门革新的希望，看到企业变革的新希望。

3. 创新增量市场

循规蹈矩、保守不前是许多企业被时代淘汰的根本原因。这个时代，在人工智能、大数据、物联网的推动下,每天都是全新的。企业唯紧跟时代的发展、不断创新进步,才能收获消费者长期的喜爱和追随。目前各大直播平台、短视频平台异常火爆,在传播层面,集团会紧跟时代发展,与各大直播平台、短视频平台合作,加大在年轻群体中的曝光率,通过数字化营销,有效促进电商转化。

酒店可以卖什么?顾客最需要的一次性消毒湿巾、旅行套装、旅行热水壶、一次性旅行睡袋、一次性睡衣、毛巾、旅行免洗杀菌洗手液(此类项目满足卫生安全需求)。

各种节日全员营销,如定制化的月饼,我们这方面的净利润在700万,满足人情需求;情人节定制化房间;定制化会员卡等。

以上业务员工、各部门、会员都可以成为分销人员发展下线。

## 四、某商务度假酒店集团

这次疫情对酒店业带来的经济损失十分惨重,从疫情发生以来的统计数据看,客房、餐饮等主营业务收入损失均在百分之九十以上,可以说整个酒店业进入了前所未有的短暂严冬。

面对疫情,作为酒店行业,一是必须万众一心、众志成城,坚决按照中央和各地政府的要求,认真做好疫情防控,争取早日打赢这场疫情防控战;二是主动配合当地政府,充分发挥酒店在疫情防控中不可替代的作用,可以为政府实施的返程人员隔离、防控一线医务人员提供住宿及餐饮服务,发挥酒店业的职能作用;三是对已经没有客人入住的酒店可以选择暂停营业,最大限度降低日常费用。

疫情之后,需要一个短暂的恢复期,预计在3~6个月。恢复期过后,预计酒店及旅游行业将迎来难得的黄金期,但同时对酒店的硬件设施、服务、公共安全提出更高的要求。

对于如何降低疫情对酒店的影响,可以考虑:一是向政府部门争取相关的税费、五险一金等优惠政策;二是对租赁经营的酒店争取与业主商谈租金减免事宜。

## 五、某全球知名经济型酒店连锁品牌

1. 如何评估中国酒店业在疫情中遭受的损失,如何处理?

酒店业在此次疫情中损失严重。不仅湖北区域,全国都受到巨大影响。快捷酒店大比例关停门店(60%~80%);不关停的门店入住率也很低(OCC:20%~50%);有的被政府抗疫征用,目前比例为3%~5%。即使疫情结束后,由于抗疫期间建立了远程办公体系,加之出于节省差旅成本考虑,出行的商务人员会减少,展会演唱会之类的聚集性活动会减少,入境客人会低迷。酒店行业面临一波低迷,有条件者必须图强自救,本来就处于竞争劣势的酒店应考虑作关键性的战略决策。

2. 如何判断疫情之后酒店业的发展?

酒店宾客对酒店清洁卫生细节要求会更高,酒店宾客对减少接触的自助类服务接受程度会增加,达不到要求的酒店会被宾客抛弃,难以生存,将处于被淘汰状态。随着短租民宿服务的卫生服务精细化标准化程度提高,本来酒店业的部分市场份额就已被蚕食分流,疫情前酒店行业已有不少传统酒店处于恶性竞争、亏本经营的状态,已遇到面临一波洗牌的可能性,疫情的发生将加速洗牌过程。原来在竞争中处于劣势资金链也困难的酒店,面对高额的固定费用,将率先退场,能够生存下来的酒店,必然是卫生服务精细程度能让客户满意的酒店。在部分竞争对手被淘汰之后,对能生存下来的酒店而言经营环境会有一定改善。资金现金流相对充分的酒店集团可以低成本整合并购。

3. 有什么可行的方法可以降低疫情对于酒店业的影响?

了解关注,充分利用有关行业管理机构推出的帮扶政策;企业运用一切方法争取降低成本,包括固定成本和人员成本;对符合条件的企业有关部门帮助协调低息或无息贷款。

化"危"为机的几个思路:

· 改进产品、提高性价比:对酒店硬件的升级改造,平时由于顾及对生意的影响可能推迟,现在可以列入日程。

· 培训员工、提升服务水平:通过疫情阶段建立的远程培训平台体系,加强未来员工培训的及时性、有效性,提升未来增加收益潜力。

· 取经东瀛:日本酒店无论大小,客人都能体验到干净、卫生及周到的服务,完善的规章制度,细致的培训体系等。在危机对应措施常态化、安心感信任感建立等方面都值得仿效。

· 技术升级:无接触的入住离店手续,机器人送物品到房间。

· 卫生环保升级:鼓励宾客自带洗漱用品,减少室内物品数量,减少交叉感染的可能性。

· 功能升级:办酒店功能多元化;办公+培训+休闲+住宿,拓宽客户群体。

## 六、某野奢连锁度假酒店

疫情对中国酒店业的打击是显而易见的、猝不及防的、全方位的、全产业链的。尤其对于春节是传统旺季的区域,比如三亚、云南、东北冰雪区,为迎接旺季做了大量的人力物力投入,故而损失惨重。疫情过后的统计数据会给我们提供更加精准的判断依据。现在我们要做的是:

(1)保持冷静,理智判断疫情走势,做好各种预案;

(2)压缩开支,低成本运行;

(3)总结既往不足,趁此修补漏洞,加强内训,提高核心竞争力;

(4)根据本地疫情需求,开展与之相适应营销经营活动,力争有所收益;

(5)根据本地的疫情需求,力争品牌亮相,承担公益工作,为疫情防控贡献一份力量。

疫情过后，酒店业将迎来爆发性反弹增长。如果疫情三月底宣布结束，清明节假期将迎来小高潮；五一假期将全面暴发性反弹。如果五一前宣布疫情结束，暑假将迎来度假高潮。不管疫情何时结束，酒店业在三个月内都将全面复苏。野奢酒店、乡村民宿等亲近自然的酒店产品，将率先复苏增长。酒店业也将面临新一轮的洗牌。体验内容丰富、适合家庭度假的文旅酒店将迎来更多的发展机会。

下列可行的方法可以降低疫情对于酒店业的影响：

（1）疫情中争取政府采购，争取疫情防控中有所收益。

（2）疫情后，根据本身产品特性，推出疫情后消费度假需求产品。

（3）根据本地需求推出优惠组合产品，让利销售，争取吸纳储值消费金。

（4）争取政府的各项支持。

再次向奋战在疫情防控一线及后勤战线的逆行者们致敬！

期盼疫情尽早结束，旅游业的春天真正到来！

原文发表于 2020 年 2 月 15 日

## 新冠肺炎疫情后中国文化旅游创业创新趋势

### 一、引言

- 新冠肺炎 COVI-19：同呼吸 共命运
- 毛泽东：环球同此凉热（1935.10《念奴娇·昆仑》）
- 习近平：人类命运共同体（2015.09 第 70 届联合国大会）
- "十四五"规划，国民经济和社会发展第十四个五年规划纲要，起止时间 2021—2025 年，是开启全面建设社会主义现代化国家新征程的第一个五年规划。
- "十四五"时期是"两个一百年"的历史交汇期，适逢中华民族发展之路的重要性拐点，我国正处于从旧常态到新常态、从高速增长向高质量发展转型的重要攻坚期。
- 李克强："十四五"时期，外部环境可能更加复杂，不确定性和挑战更多，中国正处在转变发展方式、优化经济结构、转换增长动力的关键时期，人民对美好生活有更多期盼。（2019.11.25）
- 《"十四五"文化旅游发展规划》是文化和旅游部组建以来的第一个五年规划，对我国文化业和旅游业的发展具有十分重要的指导意义。

### 二、文旅双创时代背景

- 互联网+：
  - 2012—2015.3 于扬、马化腾、李克强

- 大众创业 万众创新：
  - 2014.9 李克强
- 文旅融合：
  - 2018.3 文化和旅游部，诗与远方？！
- 乡村振兴：2021—2050

2017.10.18 十九大—2021.2.21 中央 1 号文件 /25 国家乡村振兴局—2021.4.29 乡村振兴促进法

## 三、文旅双创存在问题

- 文旅融合严重不足：
  - 条块分割，两张皮，皮毛之辩，事业 & 产业
- 本土民族品牌严重不足：
  - IP 意识与行动力，功夫熊猫 & 花木兰
- 顶层设计严重不足：
  - 纲要 VS 细则，摸索中前进
- 传承与创新融合严重不足：
  - 习近平：要处理好继承和创造性发展的关系，重点做好创造性转化和创新性发展

## 四、文旅双创发展路径

- 文旅双创业态体系：
  - 传统旅游六要素 + 拓展六要素，生态圈（链）建设
- 文旅双创营销体系：
  - 全域旅游，目的地旅游，DMS+IMC=DIMS
- 文旅双创 IP 体系：
  - 民族的世界的，中国 IP 国际化，国际 IP 中国化
- 文旅双创产品体系：
  - 主题游，深度游，定制游
- 文旅双创服务体系：
  - 最后一米，精细化，适度
- 文旅双创教育体系：
  - 双创学院，课赛，实践

## 五、文旅双创趋势展望

- 科技赋能助推文旅双创：
  - 互联网 +VS 旅游 +，智慧文旅 U 虚拟旅游，无接触 & 无人 X，O2O，5G，腾云

- 文创成为文旅双创最佳载体之一：
  ○ 故宫，非遗，西安虎符卡
- 文旅双创新业态已露峥嵘：
  ○ 研学旅行、体育旅游、房车露营、旅游演艺、乡村民宿、旅居康养、夜游……
- 文旅双创 X 媒体全民营销：
  ○ 新旧媒体更迭演进，直播短视频平台下沉，定制综艺，自媒体&全媒体&融媒体

本文系 2020 年 3 月 21 日粤港澳大湾区文旅产业创新在线大会主题发言概要

## 疫情期间旅游人怎么办？我想无外乎"等熬要"这三字经

期盼着，旅游人期盼着，疫情尽快过去，旅游市场能够恢复如昔，但每个人也知道，过去的永远都不会再回来，我们只能做好现在，才能迎接到未来。

明天就是七一了，2020年上半年过去了，这半年有人笑中带泪地说：这半年我啥也没干，净见证历史了。这半年，从武汉加油开始，到黑龙江加油。本以为两会开完应该没事儿了，结果又开始北京加油，热干面给炸酱面加油。这一来，全国防控形势骤紧，从喊打武汉人到喊打北京人，仿佛回到了2003SARS那年，防火防盗防北京人。据专家估计，北京疫情最快要七月中下旬或七月末能够缓解清零，这不但会影响全国旅游市场，对以北京客群为主要目标的河北及部分内蒙古景区皆嗷嗷待哺，断了主食。

旅游市场是个时间市场，错过了时间就错过了收益期。疫情后，已经错过了春节、清明、五一、六一、端午，这个暑假原本是大家最期待能够回血的，北京这么一闹，跨省出境的禁令解除更是遥遥无期，市场信心有呼凉凉，也有人积极乐观，结合来讲，谨慎乐观更为中正。虽然，朋友圈里的旅游人大都还满怀期待着。

有人发文说全球旅游市场已死，从目前情况看，确实出境市场今年是彻底没戏，2021年能够缓慢恢复已是万幸，咱们还是看看国内旅游市场。官方的数据大家也都看了，端午期间人次腰斩，收入斩到小腿，这估计是综合来看。考虑到各地区差异大，有的能够吃饱饭，有的连汤都喝不到。所以今年旅游人的主要目标是：活着。

怎么能够活下来，等到明年的春天呢？我想三个字可能比较合适，就是等熬要，不是那个负面消极的等靠要，咱们一一看来。

### 一、等

等什么？

1. 等政策

前阵子国家及各地出台了不少维护与扶持文旅业发展的政策，但这些政策是不是每个旅企都能享受到，是不是真正需要的企业能享受到，是不是能够真正落到实处，这些

都需要看政府部门的工作效率及作风与颗粒度。但简单的等政策是不行的，毕竟大多数企业都是从市场中获得的。

2. 等市场

等市场，比如不让做跨省出境了，也总不能坐着等死吧，那就本省周边短途游，虽然这原本是自驾游群体的主要出行方式，但国内社也可以来做，但不能和自驾车俱乐部去PK。发挥自己在包车领域的优势，积极迎合政府的"本省（市）人游本省（市）"工作目标，以机关团体社会企业为市场目标，尽量让现金流转起来，同时做好私域池的蓄水工作。机器转得慢也比不转强，不转就会生锈，好比高速公路上：不怕慢就怕站。

3. 等转机

什么转机？可能是疫苗研制并大规模普及，可能是政策放开跨省出境限制，可能是小范围的报复性旅游消费？

但要怎么等，这就要说到熰。

## 二、熰

熰这个字，应该是东北人最为熟悉的，比如说"熰油"。熰的释义是小火慢烧，通俗来讲就是熬，煎熬。再厉害的人也熬不过时间，所谓活久见。这不禁让我想起在老家银行系统上班时，当时赵行长开会时提到的"三住"，挺住、忍住、把握住。即使多年以后来看，这三住总结得也是那么的精辟，直抵人心。

不得不又说到苦练内功上，所谓人若无名，专心练剑。朋友圈有梗，今年的目标从赚钱到活着不死，真是笑中带泪。虽然疫情是无情的，但消极悲观也无济于事，光靠熰更是不行。大环境解禁之前，也是思考未来发展的好时机。想一想原来的目标人群是不是变了，需求是不是变了，玩法是不是变了，表现手段是不是变了，技术平台是不是变了，等等。

鸡汤有云：走着走着花就开了。宿命论有云：命里有时终须有，命里无时莫强求。但天上若有掉馅饼的事情，如果你没准备，接都接不住。只有烧不尽，才能春又生。光熰也是不行，最后还是要要。

## 三、要

1. 向政策要

多和政策下发&执行部门打交道，获取政策支持信息，争取能够被安排上。

2. 向市场要

从春节前后起，旅游人为了生存以求发展做了诸多尝试。比如中国在线旅游OTA一哥梁建章博士，披挂上阵，COS（Cosplay，扮装游戏）直播卖货；之后途牛老于、同程老吴、驴妈妈老洪等也都现身直播平台，卖旅游产品或联合各地政府卖乡土物产。奇怪的是，倒是没有看到马蜂窝和穷游的老总们出来。

有人说这是穷途末路了,也有人说人家是玩呢。不管怎么说,旅游人直播卖货是时下的大势所趋,或是时髦,或是无奈之举。我也有不错的朋友疫情期间做了微商,就是社交电商,通过发展下线,培养成导师,建内购群,大家互买东西等,也做到了较高级别。但这些做微商的我基本上都屏蔽掉了,每天十几条卖货的信息冲击太大,也不是我所需要的。

COS直播卖货不算是跨界,做跨界尝试的也不少。半年里,出境游领域里曾经都是明星创业公司的百程和世界邦相继倒下,无名之辈倒下的更不可知。幸好有些老朋友还在苦撑,比如六人游,8年的创业公司了,最近在做自有护肤品牌"雪愈",也是转型自救的一种吧。

疫情搞得人们不但腰包变瘪,消费信心也被打击,但反而对旅游消费的产品与服务提出了更高要求。奇货可居这个词用在这里不很恰当,但消费者在这特殊时间里,在选择上更有话语权。我想这会加剧供给侧的分化,高端的会策略下沉来获取原来中端客户,低端的依旧低端,中端的最难受,品质不可能降甚至还要提高,但价格却提不上去。

3. 向未来要

未来在哪里?疫情何时彻底结束,谁也说不清楚,谁也不敢保证会到什么时候。曾听有言未来已来,这不可怕,怕的是过去未去,未来已来。

疫情把人堵在家里社区里写字楼里,所以不用肉身到场的各种云××,趁机攻城略地,以直播品类而言,相信有孩子的家长和老师们应该更深有体会,哪台电脑上不是装了至少五六个或更多的直播平台用来上网课之用。我在二月到四月自己做了文旅创新领袖学院公益直播课堂用的是微师平台,还有用腾讯会议、小鹅通、ZOOM等各种。

原本要到线下开会的各种活动,也都在线直播了,或者线上线下相结合,比如前两天的石家庄游发大会。有某校老师要带队参加今年的几项双创国赛问我选哪些参赛项目,我说除了看大赛要求外,疫情这个时期,不要做那些实体项目来参赛,多考虑上云的这些,云旅游、云看展、云卖货等,或者无接触、无人相关,但必须要与旅游有强关联才行。

产品为王、服务为王、品牌为王、创意为王最终都抵不过剩者为王。但只有做好了之前的各种为王才可能撑到剩者为王。明天就是下半年了,不是说成功的大事情都在下半年吗?七一建党、八一建国、十一国庆,之后春节。期盼着,旅游人期盼着,疫情尽快过去,旅游市场能够恢复如昔,但每个人也知道,过去的永远都不会再回来,我们只能做好现在,才能迎接到未来。

朋友们,珍重!朋友们,加油!

原文发表于2020年6月30日

# 信息化建设显著提升风景名胜区管理水平与服务质量——以普陀山景区"一票通"为例

信息化是 20 世纪末期以来，中文中使用频率非常高的概念之一，在英文一般对应"Informatization"。在中共中央办公厅、国务院办公厅印发《2006—2020 年国家信息化发展战略》中对信息化的叙述如下：信息化是充分利用信息技术，开发利用信息资源，促进信息交流和知识共享，提高经济增长质量，推动经济社会发展转型的历史进程。

我国旅游业信息化建设起步于 20 世纪 80 年代，到现在已经有 30 多年的历史，旅游信息化对旅游业支撑作用明显增强。原国家旅游局将 2014 年宣传主题为"美丽中国之旅——2014 智慧旅游年"。智慧旅游，首次高调步入大众视野。

2015 年 3 月十二届全国人大三次会议上，李克强总理在政府工作报告中首次提出"互联网+"行动计划。2015 年 9 月，原国家旅游局局长在 2015 中国"旅游+互联网"大会中首提"旅游+"概念，认为"旅游+互联网"的大趋势、大变革、大融合、大发展已成为不可逆转的时代潮流。但不管是互联网+旅游，还是旅游+互联网，在现今时代，这是两个最富有潜力的产业及驱动中国经济发展的双引擎。

2017 年 3 月原国家旅游局公布了《"十三五"全国旅游信息化规划》，旨在推信息技术在旅游业中的应用，进一步满足游客和市场对信息化的需求，助力旅游业蓬勃发展。十三五期间，云计算、物联网、大数据等现代信息技术在旅游业的应用更加广泛。

2019 年 12 月中央经济工作会议明确提出，要推动旅游业高质量发展，为旅游业发展提供了根本遵循。同月中国景区旅游消费便利度指数（TCI）发布。TCI 报告显示便利度是影响游客选择旅游地点和景区的最大因素之一，而以"互联网+"实现景区信息及票务的在线化，是提升旅游消费便利度的关键性因素。

2020 年 2 月 25 日，文化和旅游部印发《旅游景区恢复开放疫情防控措施指南》，指出：强调运用门票预约、智慧引导等大数据和智慧手段，科学分流疏导游客，做好游客流量关口前置管控，强化景区游览管理。

要让旅游业发展成为拉动经济增长的重要力量，就必须提高旅游目的地、旅游景区和景点的服务质量及管理水平，以满足游客对旅游体验品质越来越高的要求。便利度是旅游质量的重要组成部分，对于目的地、景区景点来说，其给游客提供的便利化程度，是形成游客口碑的基础。而网络发达的今天，游客旅行前必定上网搜索游玩攻略及口碑点评来决定出行的目的地及景区景点等。

本文以普陀山"一票通"信息化平台建设的实践探索为例，阐述该平台是如何以游客为中心充分考虑游客便利性，充分运用门票预约、智慧引导等大数据和智慧手段精准智控，进而实现景区管理水平与服务水平显著提升的。

## 一、建设背景

普陀山风景名胜区是我国首批 5A 级景区，是浙江旅游的金名片，也是展示舟山城市形象的重要窗口。近五年来，普陀山景区发展态势良好，旅游人次年均保持 7.8% 的增速。2018 年，共接待香游客 915 万人次，实现旅游总收入 75.5 亿元，分别增长 6.7% 和 9.1%。但随着旅游人次的日益增加，景区原有管理机制和服务方式已难以满足游客的需求。2019 年以来，根据"不忘初心，牢记使命"主题教育发展瓶颈大排查和先查先改的要求，针对普陀山景区存在的游客多次排队、多次购票、等候时间长等问题进行深入调研，提出要以"一票通"改革为突破口，理顺管理机制，提高景区服务质量，让游客有更好的旅游体验，推动"最多跑一次"改革向公共服务领域延伸。

## 二、目的意义

### 1. "一票通"的意义

"一票通"是指通过整合普陀山、蜈蚣峙、半升洞"两岸一线"票务系统，实现普陀山正山门票、普陀山进山船票和返程船票多票叠加、一次支付、分次检票、全场景通关的服务模式。这对提升景区服务品质，提高旅游舒适度和景区美誉度有着积极意义。

### 2. 建设目的

（1）促进大数据管理和应用。通过"一票通"系统平台，全面抓取游客数据，通过数据挖掘和分析，掌握景区游客的实时流量、客源地、逗留时间、来山次数等各方面数据，为景区应急管理、旅游服务和精准营销提供数据支撑。

（2）提升景区服务品质。通过"一票通"的一票多用特性，来有效解决多票种、跨平台的传统购票模式，为游客提供"一站购票、一票通关"的优质服务，既免去了游客多次排队、多次购票的重复操作，又实现了游客快速通关的优质服务。

（3）提高景区管理水平。通过"一票通"的逐步推广，特别是节假日期间不仅能缓解线下售票窗口的压力，又能给售票现场带来稳定的秩序减少事件投诉，还能节省窗口单位的人力资源和票务成本。

（4）为景区限客和网上预约提供基础。随着景区客流量逐渐增多，游客安全问题势必会越发严峻，将来全面实施网上预约购票可能会成为现实，北京的故宫就是一个很好的例子，而"一票通"的全面推行可以为景区今后的限流和网上预约提供有力的支撑。

（5）为景区"一卡通"奠定基础。"一卡通"其实就是"一票通"的延伸和拓展，后期将朱家尖景点、索道、客车等领域逐步纳入，真正让游客实现一卡（一证、一码）游完普陀山。而"一票通"的建设和推行既是在为这方面积累经验，又是在为"一卡通"打造一个强大的、稳定的、成熟的基础平台。

## 三、"一票通"试行前景区状况

### 1. 经营主体多元

普朱管委会虽负责普陀山、朱家尖区域的一体化规划建设管理工作，但多年来一直统一不了管理。在码头管理上，景区现有4个交通码头，分属3家管理主体，朱家尖蜈蚣峙码头和半升洞码头属海星公司管理，普陀山码头属海通公司管理，洛迦山码头属舟旅集团管理。在停车场管理和景区公交运输上，分别由市交通局下属公司、朱家尖街道下属公司、普陀山客运公司等多个主体管理。在门票船票管理上，销售情况更加复杂，进山门票线下由游客服务中心负责，线上由管委会下属的大数据公司负责，各景点门票由舟旅集团下属的各景点自行收取，船票销售由各经营主体负责，去普陀山的船票从海星公司平台上购买，但返程的船票要从海通公司售票窗口现场购买，游客需要多头购票，等候时间长。

### 2. 平台各自为政

普陀山景区没有统一的旅游信息APP，各管理主体均有各自的客票购买平台、辅助服务平台、游客投诉平台、统计分析平台，彼此之间各自为政，数据割裂阻碍了信息资源的分析利用，景区主管机构无法第一时间掌握相关情况，游客不知道找哪个平台才能得到全方位服务。如进山门票、往返船票购买，涉及的购票环节多达10个以上，共有三家信息服务商参与开发了8套购票系统，建有"鱼小陀""智慧海星"等4个互不相连、功能单一的购票平台。网络建设维护重复投入，信息设施利用率低下，且被中间商赚取了差价。

### 3. 游客要跑多次

由于景区管理主体多元，平台和信息没有统筹，景区无法建立游客到达蜈蚣峙码头后的有效引导机制，也无法为游客提供坐船往返、景点旅游等相关预约服务，导致节假日游客到达时间较为集中，加之进出普陀山通道单一，高峰期人满为患。游客需多次购票、购票、候船均需排长队，排队等待时间普遍在1.5个小时以上，包括索道、洛迦山码头、各景点公交候车等都存在长时间排队现象。游客体验感比较差，对此意见比较集中。

### 4. 移动支付落后

去年一年来普陀山景区的915万香游客中，通过移动支付的只有12%左右，景区只有部分旅游服务企业、宾馆酒店及个体经营户可以选择支付宝、微信等移动支付方式，出普陀山岛的船票、往返洛迦山船票、岛上公交车票和香花券等都只能以现金形式现场购买，与当前移动互联网快速发展的新态势格格不入。

## 四、"一票通"建设举措

### 1. 整合票务系统

协调各经营主体，将普陀山、蜈蚣峙、半升洞和洛迦山码头4个票务系统进行整合，开发了"一票通"信息系统，打破原有的多场景、多平台售票体系，实行景区门票、往返船票等"多票叠加、自由选择、一次支付、分次检票、凭证通行"的统一售票体系，游客可按需选择"普陀山门票＋进岛船票＋出岛船票""普陀山门票＋进岛船票""普陀山门票＋出岛船票""进岛船票＋出岛船票"四种票型，让游客购票不再多头跑。

2. 建立引导机制

建立旅客有序疏导机制，通过线上线下购票定时预约船班，减少旅客候船时间，缓解高峰期候船大厅拥挤现象。推出"行李管家"服务，根据游客入住时间、入住地点，提供行李定点托运，实现游客空手畅游景区。建立"巴士智能呼叫系统"，解决偏远景点游客乘车需求。提供"点对点"信息服务，及时发布风雨、大雾等气象信息。

3. 完善信息服务

以"互联互通"的理念建设智慧景区，打造统一的旅游信息智慧平台，丰富酒店、特产、地图导航、咨询服务、投诉、停车场自助交费等服务功能。通过整合平台，加强大数据分析，精准地掌握每位游客的进出岛时间、逗留时间等数据，以及游客对"一票通"票型的需求偏向，使景区在运力部署、游客疏导等方面及时做出安排和调整，提高管理效率和服务质量。

4. 实施移动支付

依托商业银行、银联等第三方支付机构在景区各售票服务窗口铺设聚合支付收单设备，支持支付宝、微信等两种以上支付形式，方便游客无现金支付；在慈航广场、松冒尖停车场、正山门大厅、海星客运大厅等客流集中区域投放了146个二维码标牌供游客扫码购票。并通过普陀山微信公众号、景区服务短信等媒体平台广泛宣传推广，以培养游客扫码购票、移动支付的消费习惯，截至目前，移动支付已提升至78%以上。

## 五、实施成效

1. 基本实现了"一票通"

2019年9月21日，"一票通"上线试运行，游客从原先多平台3次购票变成了1个平台1次购票、现场0购票，大大减少了游客跨平台多次重复购票操作时间或现场购票时间。2019年国庆假期，平台共订票23 433张，通关23 371张，其中约71%的游客选择一次性购买"门票＋进出岛船票"票型。有10多家旅行社选择了"一票通"平台购票，有效缓解了节假日期间工作人员不足的现象。

2. 基本实现了"一证通"

依托平台实名制购票登记的信息，游客凭身份证可以直接刷证（或二维码）实现检票通行，大大提高了通行效率。今年国庆假期，约55%的游客选择在9~11点进岛，约71%的游客选择在14~16点出岛，进出岛时段仍相对集中。但出岛游客疏散时间总体比往年提前1个多小时，面对10月3日7万多人的超大客流，在晚上7点就基本疏散了滞留旅客，比往年提前了2个小时。

### 3. 基本实现了零排队

票务系统的整合和游客信息畅通，有利于景区加强运力调度，最大程度减少游客的排队等候时间。改革前，游客到普陀山，需要排队购买进山门票、购买进岛船票、等候坐船进岛、购买出岛船票、等候坐船出岛；现在游客只需往返短时候船，排队购票、候船时间平均节省1个多小时。

## 六、存在的问题

这次发现的问题有：一是检票耗时过长，平均时间约为1.8秒，难以应对景区客流高峰期，下一步争取通过系统升级，在技术上解决这个问题；二是其他单位开发的网上平台与普陀山"一票通"在概念上和宣传上存在混同，不利于游客识别，下一步将考虑通过修改宣传口径的方式加以区分；三是"一票通"系统的服务整合功能还需进一步提升，下一步将通过技术开发为游客提供更多的综合性服务；四是宣传力度不够，导致游客到达景区后集中扫码登陆，致使系统过载，下一步将通过加大广告投放、扩大媒体宣传的方式推广"一票通"应用系统。

## 七、下一步工作方向

### 1. 深化"一票通"改革，实现一个平台对外

坚持以游客需求为导向，继续整合当前仍并行重叠的票务平台，实现一个线上票务平台对外。加强辅助服务、咨询服务、游客投诉、统计分析等诸多平台的整合，建立统一的对外平台，为游客提供更及时、更有效的权威信息服务，合理引导游客出行，打造高度智慧化的5A级景区。做好扩面文章，把停车缴费、朱家尖区域景区门票等更多领域纳入统一平台，推动更广范围的"一票通""一证通""一码通"。

### 2. 理顺多元体制，加强景区统一规划、建设和管理

深化体制机制改革，强化管委会的统筹协调功能，杜绝各自为政、多头管理的现象。加强景区统筹规划，改造提升旅游基础设施。加强旅游市场统一执法，提高景区快速反应、协同作战水平。坚持短期专项集中整治和长期常态管理服务相结合，严厉打击扰乱旅游市场秩序的行为，建设精品旅游景区。依托智慧旅游平台，加强游客客源地、逗留时间、每年来普陀山次数等方面的情况分析，提升旅游服务和营销的针对性。

### 3. 坚持"最多跑一次"理念，推动改革向公共服务领域拓展延伸

借鉴普陀山旅游"一票通"改革经验，推动功能区其他旅游景区、车站码头的便民利民机制建设。加快"最多跑一次"改革延伸扩面，推动教育医疗、就业社保、民政、养老、市政公用事业、出入境等领域改革，打造"掌上办事之城"，让人民群众有更多看得见、摸得着的获得感。

## 八、下一步工作实施步骤

**1. "一票通" 2.0 版本建设步骤**

2020 年是"一票通"全面提升之年，景区在现有的建设使用成果基础之上，将在以下方面逐步提升完善系统和丰富应用功能场景。

一是软件系统全面升级。在系统的安全性、稳定性方面进一步提升，优化数据库安全护防等级。全面融合海星、海通公司软件平台，构建完成全业务体系的软件系统，以应对大流量时高并发量访问的压力，为 2022 年全网预约做准备。

二是业务服务全覆盖。主要是在票型方面做到全覆盖，服务 99% 以上的游客，新增加境外游客、港澳台同胞以及持其他证件游客的购票。支持数据与公安系统核验功能，部署线下窗口售票服务功能，支持"一单多人"购票方式，开发完成旅行社服务专用接口，方便团体游客购票。增加产品类型，包括商务快艇及半票、惠民季优惠票、各类单票，满足大多数游客的需求。对接各大 OTA 平台，实现全网售票。

三是支付通关全场景。依托农行、微信、支付宝等平台和第三方支付机构，积极深化移动支付应用，创新应用场景，实现人脸、指纹等多种生物形式的支付和通关。改造升级海星、海通公司闸机系统，全面提升闸机智能化水平。开发银行闪付、支付宝和微信人脸识别等应用技术，同步身份证信息数据库，实现下单、支付、身份验证、通关一次完成，真正实现"最多跑一次"改革向公共服务领域延伸，为游客提供最快捷的旅游体验。通过多种形式、多种场景、多种技术全面打造，最终实现"一票通"的全场景建设目标。

**2. "一票通" 3.0 版本建设目标**

"一票通"平台的建设是景区"一卡通"全面应用的起点，方向是打造普朱功能区旅游"一卡通"。在后期推进过程中，将继续整合景区索道、客车、客运服务公司（洛迦山）、南沙、大青山、乌石塘、白山等景区票务系统和资源。同时吸收景区、酒店民宿、演出、餐饮等零售业旅游服务资源，构建一个服务全覆盖、产品全覆盖、资源全覆盖的综合性目的地旅游与服务平台，为广大游客提供一站式服务，真正地让游客体验到一卡、一证、一码、一脸、一机游玩普陀山朱家尖景区。同时对平台运行产生的海量数据进行全面分析，运用区块链技术，构建景区经营户诚信经营体系、游客服务积分体系、政府管理大数据平台，全面实现景区综合管控，最终实现景区的智慧管理、智慧服务和智慧营销，实现真正的"一票通""一卡通""一联通"。

结语：经过前期试运行后整改提升，普陀山"一票通"已于 2019 年 12 月 30 日正式运行。通过实践探索，可以看出通过该信息化平台的建设，有效促进了景区大数据的管理与应用，极大地提升了景区服务品质和管理水平，增强了对景区的满意度与美誉度，同时也前瞻性地考虑到"预约旅游"的后台技术支撑，并为景区未来"一卡通"等奠定了良好的工作基础。

同时，从管理与服务角度，我们在疫期将通过信息化平台加强对游客旅游行为轨迹的掌握，建立完善预约制度，推行分时段游览预约。一方面能够使景区更加科学与合理地组织游客游览活动，避免拥挤、接触，降低传播风险；另一方面也可以借助基于预约模型的大数据分析，防控高风险人员的到访，对可疑人员进行精准识别和有效追踪。既顺应旅游形势发展的动态变化，也大大提升旅游业的管理水平。

统稿于 2020 年 5 月 8 日

## 智慧旅游再出发，要注重科技赋能与人文关怀

**采访背景：**

伴随着国内消费结构与消费水平的迭代升级，新的旅游消费需求也在随之产生并汇集。今年以来，在疫情倒逼之下，景区通过线上云直播的方式看到了"互联网＋旅游"融合发展的巨大红利，旅游业数字化、智慧化融合创新发展模式深入人心，并迎来空前发展机遇和新一轮政策利好。而顺应旅游新兴发展趋势，景区智慧化转型也已然势在必行。

日前，文化和旅游部等十部门联合印发《关于深化"互联网＋旅游"推动旅游业高质量发展的意见》（以下简称《意见》），《意见》提出要加快建设智慧旅游景区，深度推进旅游领域数字化、网络化、智能化升级转型，为持续深化"互联网＋旅游"融合创新模式提出意见性指引。

闻旅希望通过此次采访，了解旅游业内专业人士对于《意见》政策的解读与看法，此外，主要针对目前国内景区智慧化建设的现状及未来发展趋势进行一次深入的交流与探讨。

**采访提纲：**

（1）《意见》明确提出到 2022 年，建成一批智慧旅游景区、度假区，并到 2025 年实现国家 4A 级及以上旅游景区、省级及以上旅游度假区基本实现智慧化转型升级，如何看待这一政策的发布？

智慧旅游这件事，被业界熟知始于 2014 年原国家旅游局主题年为"美丽中国之旅——2014 智慧旅游年"，此后全国各地掀起了智慧旅游建设的热潮。但接下来智慧旅游的概念渐渐隐没于旅游大数据的背后，直到《意见》出台后又引起大家的关注。这一政策非常利好于智慧旅游领域的进一步发展，有利于景区、度假区及目的地旅游在智慧化程度上的深入与融合，助推智能旅游向智慧旅游的转变与迭代。

（2）从目前来看，国内景区智慧化发展进展到了什么阶段？在"互联网＋旅游"目标的推进中，会呈现出哪些新的机遇？

个人认为目前国内景区智慧化还处于初级阶段，也是智能旅游的早期阶段。智慧这

个词语非常有内涵，想达到真正的智慧旅游还需要较长的时间。2014年国家推出"互联网+"战略，2015年原国家旅游局推出"旅游+"概念，学界与业界一段时间内曾经就"互联网+旅游"还是"旅游+互联网"有过争论，但后期就没有人再去讨论这件事了，各有各的立场与解读。互联网与旅游这两个领域，也是中国最具有发展潜力和发展前途的行业。

新的机遇在于会有更多根植于"互联网+旅游"这片沃土并注重内容生产与用户体验的创业创新项目涌现，原有的技术平台也将持续升级，有助于景区、度假区及目的地等在管理与服务上的提升与改善。

（3）在您看来，景区智慧化转型升级的核心要义是什么？景区要如何兼顾智慧化硬件设备升级与"软性"服务水平提升的平衡发展？

我认为核心要义是科技赋能与人文关怀。要想兼顾的话，需要具体情况具体分析具体处理。要想平衡发展，一是不能重建设轻运营；二是在做顶层设计时就要从运营角度出发；三是要注重科技向善与人文关怀。从所在地的区位优势、经济收入水平、用户消费习惯等综合考量，分阶段有步骤地围绕核心发展逻辑开展软硬件配套建设及运营，特别是在"软性"服务水平上尤其要特别地重视才能带给游客较为满意的游玩体验及自发的口碑传播。

（4）站在从业者的角度，您认为当前景区智慧化建设中存在哪些问题？对接下来的发展有怎样的预判和期待？

目前的主要问题，一是重建设轻运营，重资搭建了一堆软硬件所谓系统，但却不会用或用不好；二是把智慧化当成简单的信息化和数字化，注重表面可视效果的酷炫却忽略大数据的整理与挖掘；三是目前平台侧重于政府及行业监管，在真正服务于游客上面想得不多做得较少，造成平台资源的巨大浪费；四是信息孤岛依然存在。

智慧旅游的未来发展，将更多融合现代及未来科技并与5G、新基建等产生联动，更加注重润物细无声式的融入景区、目的地的管理、营销及服务平台，可以更简便高效贴心地服务于游客。

本文系接受《闻旅》财经新媒体编辑记者赵莉敏采访，观点发布于其2020年12月11日微信推文，标题为：智慧旅游浪潮汹涌，景区如何避免"跟了个寂寞"，部分观点有删节，这里是本人未经删减的观点。

## 2021年中国旅游业的7个确定与5个不确定

2020年，不平凡的一年，对于国家、旅游业、旅游企业来说都是大灾之年，数据不再赘述了，但放开旅游出省禁令后，市场开始较快复苏，这也充分印证了旅游业的两面性：脆弱性与坚韧性。遗憾的是整整一年旅游跨国禁令未除，而依目前国外疫情，至少一年内也是不会放开的。

2020年据说注销的旅行社达两万家，但绝大多数默默无闻地消失了。而曾经以出境游为主的明星创业公司，百程（8年）和世界邦（8年）倒下了，另外还有一家是游多多。这家差不多15年的创业公司，与途牛差不多同期起步，经历了旅游Web2.0创业浪潮，在线旅游投资黄金期，熬过了2016年中以来的资本寒冬，但在疫情之下倒下了，令人唏嘘，扼腕。

关于2021年旅游业，各官民智库及名家大咖等都做了预测，我也依个人见解，聊聊2021年：

## 一、确定

1. 红色旅游+党建研学

今年是建党100周年，作为任务/献礼，毋庸置疑。

2. 周边游3.0

以农家乐为基础的周边游1.0到客栈民宿的周边游2.0，再到因疫情影响供给性价比提升的周边游3.0，在无跨省禁令限制下，周边游已不再局限于以出发地为中心画圈，更以高铁线路、航空线路、河运线路发散出去，周边游3.0对旅游八要素（吃住行游购娱信息公共服务）的要求更高。

3. 出入境游

限于防疫，出入境旅游开放暂无可预测时间表，以出境游论，至少2021年不会放开，放开的基础是国外疫情基本控制住。

4. 直播带货

在过去的2020年，几大OTA的BOSS都现身直播带货，携程梁建章、同程吴志祥、驴妈妈洪清华，尤以梁为甚，可称旅业COS百变王。2021年旅游业直播带货也将成为常态。

5. 互联网+旅游

我从看到2015年3月政府工作报告提出"互联网+"计划后，就着手准备互联网+旅游的书籍并充实进我的《中国旅游创业创新智库丛书》中。2015年春启动2016年夏出版的《旅游创业启示录－互联网+时代的周边游》后，接连以出境游、厦门旅游企业创业实践、乡村旅游创客、中国女性旅游创客为题已出版了5册。而时任国家旅游局局长开始推"旅游+"，文旅部成立后2020年8月新任的文旅部胡和平部长重提互联网+旅游，并推动文旅部、国家发改委等十部门联合发布《关于深化"互联网+旅游"推动旅游业高质量发展的意见》，提出了一系列的工作任务和目标。

6. 智慧旅游

智慧旅游也是老话题了，自2014年原国家旅游局把主题年定为智慧旅游主题后火极一时，奈何被后置静默，直到胡部长上任后重提互联网+旅游及智慧旅游一事。但几年过去了，情况与当年有很大不同，智慧旅游概念与数字文旅、智慧旅游、全域旅游、新基建等交织发展。今天中国旅游研究院戴斌院长发布了《在大众旅游的旗帜下 在智慧旅游的道路上》，也是顺应了时代呼声。

7. 乡村振兴

乡村振兴战略规划长达 30 余年，从 2018 到 2050 年。规划中提到 2020 年，乡村振兴的制度框架和政策体系基本形成，各地区各部门乡村振兴的思路举措得以确立，全面建成小康社会的目标如期实现。到 2022 年，乡村振兴的制度框架和政策体系初步健全。

而 2021 年在此就显得尤为重要，今年也是十四五规划的开局之年，几相交织，2021 年乡村振兴工作就显得非常非常的重要了。稳定脱贫攻坚、精准扶贫、真扶贫、扶真贫等，对乡村振兴工作都提出了非常高的要求。不过欣喜的是，我也看到诸如隐居乡里、寒舍文旅、德胜文旅等，都在其中做了很多开创性的工作并取得了一定的工作成效，值得继续推广，为乡村振兴助力、助智、助资。

## 二、不确定

1. 相关政策

人民生命安全重于一切，防疫是第一位。政策的波动对旅业影响很大，可谓直接传导。比如跨省出境禁令、会议会展禁令等都相当于直接关闭了旅游市场。但我们也看到，旅业一直积极配合国家防疫政策，相信接下来也是如此。政策的变化，决定了旅企能否开张、能否活下来、能否可持续。但 2021 年政策太多不确定。

2. 旅游消费市场

旅游消费市场同样不确定，疫情不但导致旅游者现金储备下降，同样也让消费者信心下降。经济基础决定上层建筑，此言不虚。疫情导致收入下降或不稳定，将直接导致消费者首先考虑到硬刚需，比如生活支出、教育支出，而旅游消费是软刚需，必会让路。

3. 文旅融合

2018 年文旅部成立后，文旅融合已经提了 3 年了。虽然机构实现了文旅融合，但依然存在条块分割各干各的情况。文化和旅游两部门的人在互相磨合、学习、支持、配合，这还需要一个较长的时间。目前文化口占强势，正如某友朋友圈中所说，旅游业者的会议中每个都大谈特谈文化，而文化业者会议中则甚少谈旅游。较之原因，不仅要从旅业公认的"文化是旅游的灵魂，旅游是文化的载体"这段话中找答案，还要跳出来引发更深层次思考，那就是旅游是文化的唯一载体吗？如果不是，人家就可以不理你。

4. 旅游投资

在线旅游的投资黄金期是 2012—2016 年中，资本寒冬之前。而寒冬之后，在线旅游投资步入基本静止期。资本从原来的 TMT、轻资产互联网化的项目转向了"重"项目投资，这个重是三个重，即重资产、重资源、重运营。在疫情叠加后，旅游投资将变得更加谨慎，小微创客项目更难获得投资，投资也会向大、国、央企集中。

5. 康养赛道

康养虽说也炒了好几年了，业内如中山大学何莽老师团队这几年一直在做康养蓝皮书和相关标准，攀枝花等以康养为核心发展目标的城市也做了很多实践探索。但基于2020年疫情，大家更加注重健康，康养似乎又成了热点，包括我的一个创业小伙伴也去海南做康养项目。

对于康养，小安老师在2020年12月29日第十届首都旅游发展论坛中说他很担心康养会炒来炒去最后变成类似特色小镇的烂尾。这点我也有同感，不是每个地方都适合搞康养，比如长寿之乡相对适合搞，但也要考虑到可进入性、配套和运营很多问题。以巴马为例，可进入性相当差，交通限制了巴马康养的发展，就说从南宁要开车5个小时到巴马就是一道拦路猛虎。

再比如武当山搞康养，听上去也很不错。以太极/道文化为核心，很多朋友都在尝试。武当山2019年游客量达1000万人次，基础客流应该足够。但当地人讲游客量的八成左右是香客，香客的主要目的是上香而不是游览与康养，而剩下的是游客顺便上个香，这是两种完全不同的逻辑。而游客中能够转化为康养客户的，还是个未知数。这取决于游客大数据画像、取决于当地康养配套的专业、完备、特色、综合等因素，而更大的收益在于客户体验后荐客及康养耗材。

原文发表于2021年1月1日

## 老年人旅游问题的关键词：友好

**采访背景：**

近日，文旅部办公厅、国家文物局办公室发布关于落实《关于切实解决老年人运用智能技术困难的实施方案》的通知。通知指出，文化场馆和旅游景区不得因老年人没有智能手机无法调取"健康码"等原因拒绝老年人进入，可在做好疫情防控的前提下，安排老年人凭身份证、老年证等有效证件登记进入。

此外，通知还提出，到2021年底前，要围绕老年人在文化娱乐方面的高频事项和服务场景，引导公共文化机构、文化和旅游类企业提供更多适老化智能产品和服务，推动老年人享受智能化服务更加普遍，传统服务方式更加完善。

**采访提纲：**

### 一、您觉得解决老年人"入园难""入馆难"的关键因素是什么？

这涉及"友好度"的问题，比如友好型城市、友好型目的地、友好型景区（园区、馆区）等。何谓友好，首先是不制造障碍，其次是消除潜在障碍，再之后是人工介入。科技发达是好事，但首先要讲究"科技向善"，其次是"科技普惠"和"科技便民"。

解决上述问题的关键因素是真正做好"友好性"，这涉及政府部门、行业企业及用户本身。政府部门角度出发，要从政策上给予规范性的指导及监管，比如上述《关于切实解决老年人运用智能技术困难的实施方案》的后续落实稽查。行业企业方面，一是科技公司要重视老年人银发族市场，开发简便适用的APP或者一体机；另一方面是服务企业同样要重视此类群体，加强产品的易用性及提升服务的精细化水平。从用户本身角度要加强学习，适应新时代发展趋势，持续学习，终身学习。

当然因为经济条件问题受限的话，则需要保留部分传统服务窗口，特别是在超市、菜市场、医院等基础生活消费场所。

以友好型景区为例，以黎志为首的团队率先在郴州莽山五指峰创建无障碍景区。据媒体报道2020年8月30日"坐游莽山 大爱无碍"中国山岳景区全程无障碍首发团活动欢迎会举行，其中提道：近两年来，莽山五指峰景区不断提档升级，完善景区硬件设施，提高景区服务态度，通过索道、无障碍栈道、电梯、扶梯、提升机、爬楼机等一系列建设，目前莽山五指峰景区已成为中国首个可实现无障碍游的山岳型景区。

黎志团队在无障碍景区上做了开拓性的探索与实践，这也是实现友好型景区的重要基础工作之一。除对残障人士外，后续再加上对老年人友好，对孩子友好，对外国人友好，对无人机友好等，则可建成中国首个全面友好型景区。这是非常具有社会责任感和社会意义的事情。

## 二、对于打通老年人旅游难的"最后一公里"，您有哪些建议？

"最后一公里"实际上是服务，服务甚至是旅游消费链条的"最后一米"。再好的资源、再好的策划、再好的宣传到了最后成败的关键环节，仍然是服务。服务服务服务，重要的事情说三遍。近年来各地陆续出现的诸如"青岛大虾""哈尔滨天价鱼""雪乡天价炕"等，其负面口碑无一不是在服务上有着极大的败笔。

老年人旅游，从团队游角度来看，可以解决服务的问题，如12年服务12万老年人的世纪中润"我送爸妈游北京"夕阳红精品线路长久不衰，服务是其成功之根本。

但老年人旅游从散客游角度来看，则需面临更多的问题与挑战。这涉及我上面提到的友好性问题，而从旅游的基础要素——吃、住、行、游、购、娱加上信息、公共服务共8项，都需要重视老年人（银发族）这个据称目前已达到2.5亿人且不断增加的巨量消费群体。这同样涉及供给侧改革的问题，现在对老年人这个消费侧的关注及服务程度还不高，市场上对老年人友好性的城市目的地景区园区等都比较匮乏，在疫情当下及后疫情时代，这也是个危中求机及存量市场掘增金的好机会。

### 三、在政策层面需要获取哪些支持？

政府要大力支持及落实相关支持，比如：

（1）规定保留针对老年人及特殊群体的传统服务窗口。

（2）对因友好型（含无障碍旅游）而需建造的相关公共服务设施给予政策支持。

（3）对因友好型（含无障碍旅游）而建造的相关公共服务设施给予补助。

（4）对因宣传推广友好型（含无障碍旅游）而产生的市场营销费用给予补助。

（5）制定与落实友好型城市&目的地&景区（园区、馆区）等的相关标准与指导意见。

本文系接受《中国城市报》记者张亚欣采访，刊载于2021年1月4日A15版旅游，原文标题为"怎样填补老年人旅游的数字鸿沟"，本文题目为自拟，报纸有删节。

## "胡焕庸旅游线"怎么破及"漠林线"的提出

胡焕庸旅游线这个名词是我昨晚偶然想出来的，想把这条最强直线放在旅游业角度里聊一聊。可以理解为中国各区域旅游发达程度的分界线。我提出的"漠林线（张德欣线）"是胡焕庸线的西移，具备现实条件，有志者可以一起重点研究研究。

### 一、关于胡焕庸线

很多朋友，特别学界的朋友对胡焕庸线很熟悉，是中国地理学家胡焕庸（1901—1998）在1935年提出的划分中国人口密度的对比线，最初称"瑷珲—腾冲一线"，后因地名变迁，先后改称"爱辉—腾冲一线""黑河—腾冲一线"。简单来说，说是从黑龙江黑河和云南腾冲之间画一条45度的斜线，号称最强直线。2009年由中国地理学会与中国国家地理杂志社发起的"中国地理百年大发现"评选活动，共发布了30项地理大发现，排在"珠峰测量"之后的，就是"胡焕庸线"。

为何称最强直线？这条线不仅是中国人口密度对比线，也是地理地貌、经济水平、宜居程度、基础设施、空间集聚、区域发展、文化转换、民族界限等的分界线。胡焕庸线不仅是人口界线，也是中国生态环境界限和景观分界线。在去年的这段时间里，肆虐的新冠疫情分布同样也被这条线给概括了。

### 二、胡焕庸旅游线

这条线和旅游关联很大，不仅是人口地理界线，也是我国旅游地域发达程度的界限。从1935年提出后，到今年已经近86年。2017年6月澎湃新闻报道：据中国科学院发布的中国可持续发展遥感监测报告（2016）显示，近八十年来，西北部人口平均密度已由 2 人/平方公里增长到了近 16 人/平方公里，平均人口密度增长了 8 倍；东南部平均人口密度由 107 人/平方公里增长至 303 人/平方公里，平均人口密度增长近 3 倍。QQ 同时在线图显示，中国居住人口，依然遵循着这条胡焕庸线在分布。整体来看，即使在现今工业文明的 21 世纪 20 年代初，胡线依然未被打破。昨晚发了个朋友圈，说说要怎么破，圈友原上海国际广告节执委会副秘书长许文超评论说破不了。我想了想，确实是难破，但时代总是在进步的，原来因为地理和经济限制的问题逐渐都能找到解决的办法，以交通为例，快车变成了动车和高铁，国道变成了高速，民航和通航也逐步发展起来，人们的出行越发便捷。

旅游发达程度的问题，受经济发达程度的影响最大。旅游不算刚需，或者是次刚需，排在生活和教育，甚至养老之后。同时马斯洛需求理论也有印证，在生活和安全社交满足后才是尊重和自我实现，旅游算哪一步呢？最早也仅是社交而已。管仲有句名言云："仓廪实而知礼节，衣食足而知荣辱"，先得吃饱穿暖有存粮才行。

### 三、漠林线的提出

线的东南侧是旅游发达地区，西北侧是欠发达地区，也就是我国的西北、西南及内蒙古。这些经济欠发达地区同样是旅游欠发达地区，所以胡焕庸旅游线怎么破的问题就变了怎么解决泛西部旅游发展的问题。以胡焕庸线为中心，2020 年 6 月林毅夫提出了东移的哈昆线（黑龙江哈尔滨—云南昆明）。其实我们更应考虑的是西移的问题，比如一个时间周期，如 20 年内，能够西移到"漠河—林芝一线"（黑龙江漠河—西藏林芝），简称"漠林线"，将会极大促进及推动西部旅游发展。

我设想的"漠林线"提出有一定现实基础，从网上搜到的国家高速公路网布局方案图、高速铁路网（2030 年）中长期规划示意图上能够直观看出，其覆盖了胡焕庸线与西移后的漠林线之间中心区域。旅游发展是以交通发展为基础前提的，没有交通这个重要的基础设施支撑，皆是纸上谈兵。这也是我们常提到要想发展哪里的旅游，首先要解决的就是可进入性问题，主要就是交通问题。

### 四、突破胡焕庸旅游线的路径思考

胡线突破后的目标是漠林线，但要想突破胡焕庸旅游线，并非一朝一夕，十年八年，至少要准备二三十年。在此之前，依照目前条件，提出几条路径供大家参考与研讨。

#### （一）突破的基础在交通

没有交通支撑，突破无从谈起。好在从网络搜到的资料中，都对漠林线的实现提供了一定程度的数据支撑。高速公路路网、高速铁路路网及航空网络的进一步向西部拓展，将为更简便快捷进入西部奠定更为坚实的交通设施基础。现在西部交通建设及配套较为薄弱，在单点布局上尚可，但联络成线及整体的基础设施配套上仍需较长时间及更大成本的投入。

### (二) 突破的路径探索

*1. 沿交通干线*

交通干线向西部延伸，不但事关国家战略，也关系百姓民生，更关系西部旅游经济发展，可以进一步缩小东西部经济差距及不平衡不充分情况。高速公路与高铁缩短时空距离，但更要注重快行慢游的相应的业态配套及生态文明。国道也不容忽视，类似317、318等也都是风景大道。

服务区经济和后备厢经济应列入此项重点工作，服务区不只是上厕所、吃饭、打尖的场所，更应成为旅游目的地的重要入口，宣传、引流的重要窗口。在这方面，2021年1月20日开通的宜长高速张渚服务区做了有价值的探索实践工作。据新闻报道：该服务区是一个集商业、旅游、文化于一体的网红文旅服务区，被称为"风景中的服务区"。

*2. 沿水文带*

水是生命之源，水系周边孕育出人类聚居点，慢慢形成了乡村及城市。西进突破的路径之一，是沿黄河长江等水系溯源而上，胡线东南线为坚实大后方，胡线类似穿越星界的转运中心和重要节点。方式可以用沿用多年的城市结对子方式，对口支援并不只是在物质层面，通过相应优惠措施，引导客源向结对城市涌进及扩散。

在内河航道上，高性价比游轮产品将是重要的市场突破口。内河游轮不应仅是一种简单的交通工具，应学习国外先进经验，如欧洲内河游轮典型代表者维京游轮（VIKING CRUISES）等，着重于产品在特色及差异化上的研发，服务质量的精细化管理，突出体验仪式感等。

*3. 沿城市经济圈组团*

在胡线东侧，有区域经济一体化的典型代表，珠三角、长三角和京津冀三大城市群，胡线西侧边界，现在有所谓第4极，成渝经济圈双子星。除此之外呢？关中经济圈？新崛起的兰西经济圈？还有其他的吗？有几个"金三角"好像还欠缺些规模，如内蒙古的呼包鄂，但据称有"西三角"之称的"成渝—关天—兰西经济区"汹涌而来，继浦东新区、雄安新区之后，大家对西部经济圈新秀——河湟新区也充满期待。

*4. 沿边境线*

受制于国家安全角度，这些年的边境线旅游少有人谈，但适度发展边境旅游有其必要性。当然，该项旅游有点特种旅游的意思，范围更加小众，花费也较高，适用于"三高人群"，不太具备普适性。

初步想了以上4条路径，考虑得并不周全，希望大家能够参与到"漠林线"及西部旅游经济发展的话题当中来，谢谢。

番外：

再说下漠林线，我在网上目前没有搜到相关的检索结果，莫非我是第一个想到的？？？如此的话，我是否可以效仿哈昆线（林毅夫线）的提法，写成漠林线（张德欣线）呢？

写于 2021 年 1 月 27 日晚

## 2.5 亿人口的单身旅游市场怎么做

今天网上溜达时，偶然看到一个词"单身旅游"，眼睛不禁擦了又擦，没有看错，是单身旅游，旅游市场的细分化程度居然如此之高了，看来无论是叫单身贵族还是叫单身狗，将有机会成为下一个创新创业项目的风口。

百度指数上居然还没有"文旅"的关键词，只有旅游，打开搜了下，在趋势研究上从 2013 年以来一直呈下降态势，与业内诸多数据相悖，待有空再细研究下。在需求图谱上，近一周的旅游搜索指数上，以旅游为核心有几个相关的关键词，有个我从没注意到的一个词"单身旅游"呈上升趋势。挺新鲜的，和大家聊聊。

### 一、什么是单身旅游

百度百科上"单身旅游"由用户"旅行的真谛"于 2012 年 2 月 9 日提出，2021 年 1 月 28 日是第 11 次编辑，9 年时间总浏览次数 19 144 次。编辑者们给出了一个定义："单身旅游指单身男女独自或共同出发旅游，在放松心情、调剂压力的同时进一步认识自己和世界，在路上寻找属于自己的爱。单身旅游以自发活动为特点，以自然交友为目的，关注深入认识自我，这是比较新颖的一种旅游模式。"

在这个定义中，单身旅游的关键词是：单身、独自＆共同、自发活动、自然交友及爱。还挺有道理的，从我的角度看，单身旅游是单身的男女独自或共同出发旅游，以放松心情、结交朋友、自我救赎、自我实现为目的的旅游方式。这种方式过去也有，有个很江湖的称呼：独行侠。

旅游人群出行的方式从旅行团到自由行，从大散拼到小包团，从商务旅行到私人定制，然后在市场细分人群过程中出现了单身游。2014 年徐峥和黄渤主演的电影《心花路放》能说明一些问题，片中徐峥饰演的郝义纯为猎艳，而黄渤饰演的耿浩则为疗伤。

### 二、单身旅游的市场经济基础

网搜可得：《中国统计年鉴 2019》数据统计年份是 2018 年，只统计 15 岁以上人口。其中显示男性女性的未婚比例加起来占了抽样总人数的 18.2%，这部分人群可以视作是单身人群。如果按照全国 14 亿人口来算的话，那么 14 亿乘 18.2% 等于 2.5 亿，相当于俄罗斯加上日本的总人口，中国已经成了世界上单身人群第一大国，还有人预计 2021 年中国将会有接近 1 亿人独居。

2.5亿的单身人群，已经和中国老龄人口数量相当。根据国家统计局发布的数据，2019年末中国60岁及以上的老年人口数达到2.54亿，报告称中国仅用了约22年将在2022年左右由老龄化社会进入老龄社会，届时65岁及以上人口将占总人口的14%以上。

2.5亿人的体量，完全足够支持这个"单身经济"细分群体的旅游消费，足以支撑及形成单身旅游这个细分市场的肥沃创业土壤。

2019年12月8日，人民网发布题为"单身旅游市场兴起：一个人旅行，多花60%的钱也愿意"的新闻，称：日前，同程艺龙与同程旅游联合发布了《一人旅行报告2019》，基于近一年来同程艺龙的出行大数据和同程旅游的度假大数据，发现一人旅行已经成为风尚。而且一人旅行普遍更加注重品质，舍得花钱购买航空意外险、住高星级酒店，会预订接送机、机场餐食、贵宾厅等服务，相较多人出游人群，一人行的花费水平高出了60%以上，"打白条"（分期付款）出游成为相当一部分一人出游者的选择。

### 三、单身旅游市场怎么做

据速途研究院《2018年中国单身人群消费行为调研报告》（以下简称《报告》）称：90后成为单身群体的主力军，单身群体占比领先的分别是二线城市、北上广深一线城市和新一线城市，单身群体拥有较高的可支配收入和较强的消费水平，单身群体在购物时最看重的因素是质量，随后是外观设计，第三重视的是品牌，性价比的重要程度排在第四。最受单身群体欢迎的出游方式是和朋友组团，其次是和朋友自驾游，选择自己自驾游和组团的群体占比32.9%，还有6.89%的人群表示自带宅属性，基本不出游。

上面一段中，给出了单身旅游市场的区位属性、消费水平、消费需求要点及消费习惯。

*1. 区位属性*

单身人群主体在一线、新一线及二线城市，这同样也是消费水平的分界线。具体到省份，《中国统计年鉴2019》给出答案是：男性单身人数排名（占比本省总人数）前五的地区分别是西藏、广东、海南、广西和云南；女性单身人数排名（占比本省总人数）前五的地区分别是海南、西藏、宁夏、北京和广东。这里男女重合的省市为广东、海南、西藏。再缩小目标，广东海南属于我国东南，反方向的西北东北"辽阔游"及反季节"冰雪游"应是一个重点突破的旅游产品研发方向。

好了，这些个省市就是单身旅游的重点客源地所在，从这里组小包团、定制团、自驾游。那去往哪里？同程《一人旅行报告2019》称：一个人住酒店中国内地热门目的地主要集中在一线城市及中西部地区的中心城市，前十大目的地依次为：北京、上海、广州、成都、杭州、深圳、西安、重庆、郑州、武汉。但从上面"最受单身群体欢迎的出游方式是和朋友组团，其次是和朋友自驾游"一段可得出，单身旅游的多数情况并不是一人旅行，此十大目的地并不能完全吻合单身旅游人群的重点旅行城市，还应再做更加精准些的大数据调研，总体感觉除城市周边游之外，中长线产品应是所在地的反方向或反季节。或者丽江、大理、青岛、厦门、成都、杭州等热门旅游目的地城市。

2. 消费水平

报告称：单身群体的月收入主要集中在6000~10 000之间，其占比为42.84%；月收入是3000~6000的人群占比为29.74%；月收入在1万以上的人群占比约为20%。

在单身旅游产品设计上，应充分考虑目标人的消费水平，虽然较高，但因买房租房日用消费，旅游消费占比并不占大头且不确定，以月薪5000年薪6万为例，目前只考虑国内中长线及周边游，旅游消费占比15%到20%较为合适，则每年用在旅游消费上约1万元左右。适于单身人群的旅游线路价格区别在1万~3万/年，国内中长线单款产品应在3000~5000左右较为合适。

3. 消费需求&习惯

报告称：单身群体在购物时最看重的因素是质量，随后是外观设计，第三重视的是品牌，性价比的重要程度排在第四。换成旅游产品的话，应该是高品质、高颜值、大品牌、性价比高的线路产品。

基于旅游消费市场升级后的主题、深度及特色等，再结合"最受单身群体欢迎的出游方式是和朋友组团，其次是和朋友自驾游"的消费习惯可得出单身旅游人群适用产品的几条结论：

➢ 组织上以小包团为主；
➢ 品质优先，尽量高性价比；
➢ 特色突出，主题鲜明，不走寻常路；
➢ 品牌引领卡位，建议6人游考虑转型为单身旅游第一站；
➢ 单身旅游产品必定拥有更强的文化属性和美学基因，更加注重内涵与审美体验；
➢ 交通工具上中长线飞机高铁优先，中短途自驾；
➢ 产品设计上必须要注重线下社交环节，方式以如90后、00后及Z世代各自喜欢的方式进行；
➢ 品牌传播上这些我这个70后老腊肉从没听过的软件，读者们感受下：Soul、Falo、又二、麦池、Drug药……

另外：小镇青年的单身群体也不可忽视！

注：本文数据综合了《中国统计年鉴2019》《2018年中国单身人群消费行为调研报告》《一人旅行报告2019》及网络，在此一并致谢。

写于2021年1月29日深夜

## 制约旅居养老发展的问题及融合路径探索

**采访背景：**

近日，国家发展改革委办公厅、民政部办公厅、国家卫生健康委办公厅联合印发的《关于建立积极应对人口老龄化重点联系城市机制的通知》（以下简称《通知》）提出，促进业态模式创新。促进养老产业与教育培训、健康、体育、文化、旅游、家政等幸福产业融合发展，支持有条件的地区打造旅居养老目的地。

**采访提纲：**

（1）近年来，随着社会和经济的发展，以及养老化的加速，"旅游+养老"的新消费模式逐渐兴起，旅居养老正在成为一种新型养老方式，即将"候鸟式养老"和"度假式养老"的融合起来的模式。您认为《通知》的印发，将为旅居养老带来哪些影响？政策利好下或促成旅居养老哪些新的发展？

目前我国老龄人口已达2.5亿，预计2022年进入老龄社会。毋庸置疑，《通知》的印发及落实，将为旅居养老产业发展起到助推器的作用。一是政策上有了更加积极的态度，政府做事有章可循；二是给旅居养老行业指出明确的发展方向；三是方便了市场主体来整合相关所需资源，构建养老+生态圈。

（2）我国养老旅游目的地的发展存在哪些问题？制约老年人旅居养老的因素是什么？

目前主要存在的问题是：一是受季节限制大，如海南三亚养老人群的候鸟式迁徙；二是受交通影响大，如进出广西巴马很不方便；三是受配套业态限制，只养不游或只游不养；四是产业链还没发育完全，不能形成强有力的产业闭环。

制约因素主要有：收入水平；家庭关系；思维意识；配套设施；风险应对。

第一，收入水平：这个很容易理解，目前主力人群以城市老年人为主，收入水平的高下决定了是否有能力旅居养老及地域选择。

第二，家庭关系：很多老年人有这个需求，但受制于要看护孙辈，虽有经济能力也不能出去。

第三，思维意识：有经济基础又不需要看护孙辈，但受制于传统养老观念，也不会选择此方式。

第四，配套设施：前三项条件都具备了，自然会去目的地考察，如未能寻得合适的地方及场所，也无法实现旅居养老。

第五，风险应对：这个风险来自多方面，如资金储备、身体状况、所在地政策等。

（3）您认为哪些城市适合发展和打造养老旅游目的地，如何真正将养老与旅游融合发展？

从百度指数搜索"旅居+养老"可知：北京、广东、山东、上海、江苏、浙江、四川、河北、河南及海南等这些地区用户是对旅居养老最为关注，相当于需求侧，而供给侧还在完善中。以我们常规来看，类似三亚、巴马、成都、杭州及攀枝花等风景宜人之地皆适于旅居养老。也可以基于漠林线为主轴考虑，但如从长寿角度来看，"长寿之乡"体系的各区县都可以作为养老的选择之一。

养老与旅游融合发展的路径探索，可以从攀枝花这座钢铁城市近10年来的城市转型来做些参照。据新闻介绍：攀枝花历经十年磨砺转型升级，举全市之力持续做好"阳光"文章，逐步打造出"英雄攀枝花·阳光康养地"的城市品牌。

2010年，攀枝花在全国首个倡导"康养"概念；2012年，创造性地提出创建"中国阳光康养旅游城市"目标；2014年，成功举办首届中国康养产业发展论坛；2016年，全国首家国际康养学院挂牌成立；2017年，在全国率先发布康养产业地方标准，倡议成立康养产业城市联盟；2019年，成立全国首个康养产业发展局，发布22项康养产业标准体系，率先掌握了康养产业发展领域的话语权；2020年，市康养产业发展领导小组印发了《攀枝花市深入推进康养产业发展的实施意见》，进一步明确了康养产业发展的思路、目标、任务和保障措施。

攀枝花通过组建康养产业发展领导小组，立足资源优势，探索并初步形成"康养+"产业发展模式和路径。2019年，全市康养产业增加值108.67亿元，占全市GDP的10.8%，康养产业已经成为攀枝花转型发展的主抓手、高质量发展的新动能。

注：关于攀枝花的数据来自老龄大数据公众号"攀枝花康养产业发展综述"。

刊载于2021年1月22日第11版旅游

# 第二章：《中国旅游创业创新智库丛书》书序及后记篇

## 书序：心有猛虎 细嗅蔷薇（《中国旅游企业创新创业发展报告2013》）

很高兴这本实录的出版，忠实记录了当时的情景，感谢二外酒店管理学院为此付出的努力！

我做这个旅游创业服务平台已经两年多了，不但为旅游创业者们服务，我本身也是在创业，与创业者一同成长，经常有朋友夸奖我做的事功德无量，我说谬赞了，我只是想给大家提供一些帮助而已。同样的事情，对有些创业者帮助就大，对另外一些帮助就小，这视每家创业公司的情况不同而不同，我甚至不承诺会具体给创业者们带来多少好处，只是说有这样一个平台，给大家提供了很多机会和资源，"师傅领进门，修行在个

人"，我无法包办他们的成长，只是让创业者们在路上走得更快一些，离成功更近一些而已。

作为一个所谓的"文青"和"愤青"，确实有一点小理想，想通过自己的努力，为行业和国家做点什么，减少旅游业里那些不好的东西，给游客提供更好的服务体验等。看上去很大，做起来很小，有人说我是"中国旅游创业服务第一人"，或许这只是我前进的一个目标或者阶段性的目标而已，我不太关注别人怎么评价我，更在乎自己如何从一点点小事做起，积少成多，最终帮助在线旅游创业者们去改变中国旅游业。

大家都知道创业艰难，其实叫艰辛更合适，绝大多数的创业者都需要筚路蓝缕，披荆斩棘，克服重重困难，也不一定能到达成功的彼岸。彼岸有花，摇曳招手，让创业者们欲罢不能，深陷其中，这花就是目标，就是理想。

而实现这理想，大家都在造船，有的是航空母舰，有的是游轮，有的是小船或者独木舟，还有只身游泳而来的。母舰可能沉没，独木舟也可能最终抵达，这不但取决于你的装备，也取决于海上是否有风浪，是否有海兽，甚至取决于恒心和运气。

从来没有"感同身受"这一说，针不扎到你身上你永远不知道有多疼，创业之困苦，如人饮水，冷暖自知。创业者们放弃了朝九晚五的规律生活，放弃了曾经的舒适与高薪，甚至放弃了与家人天伦之乐的时间进而承受着身体与精神的压力，误解与嘲弄，蔑视与背叛。他们到底为了什么？改善自己和家人的生活，这是最基本的目标。想实现社会价值与自我实现，这是必需的！还有什么原因？那就是让这世界更美好。

我们不是造物主，可能是造物主眼中的蝼蚁，大千世界在时间急速流逝后完全看不到。相对宇宙永恒的生命，人类的时间连微尘都算不上。既然生命短暂，何不绽放光彩？正如有云"与其苟且偷生，不如纵情燃烧"，因为"这世界绝不只眼前的苟且，还有诗和远方。"

有些事情不做也就不做了，有些事情现在不做以后就没机会做了。这或许是一部分创业者的心声。但创业并不适合每一个人，也不是每一个人创业都能成功，成功者毕竟是极少数，但我也认为创业的过程比结果更为重要。正好人的一生都在路上，出生是开始，死亡是结束，一切都是过程而非结果！但不断丰富和完善这个过程，就会有一个相对好的结果。

两年多来，看到有些创业项目被市场所认可，拿到投资甚至上市，也看到有些项目死在半路成了先烈。而其实现在看到的成功和失败，和商业模式、赛道、节奏、运气都有千丝万缕的联系，如蝴蝶振翅。而暂时失败的创业者中，我也看到有些人收拾行囊重新出发，继续为实现梦想，走在旅游创业的路上。

另外和大家分享下我们为什么用虎首作为协会的LOGO（标识），以下文字系宜客驿站创始人李崇昌的深度诠释：

"虎为百兽之王，是正义、勇猛与威严的象征。创业者们心中都有一只猛虎，经历过多重折磨，仍能保持内心的锐气去点燃那不被磨灭的梦想，跳出生活窠臼，勇于挑战平凡的生活，这也正是创业团队虎虎生威的特质。

虎首为集体领袖，是创业团队的思想灵魂和行动领导，他（她）必须在创业中对整个团队的命运负责，为大家指引方向、坚定不移地披荆斩棘、势不可当地冲杀出一条血路。

所以，虎首不正是我们创业团队的领袖——创业家的象征吗？

每个人内心都住着一只老虎，散发着原始的野性，它无时无刻不在咆哮，就仿佛我们的追求和梦想……"

创业路漫漫，希望我们中国旅游创业家协会的成员们能"心有猛虎，细嗅蔷薇"：关爱家人，他们是我们避风的港湾；相聚协会，这是我们旅游创业家自己的家园！

感谢慕山深度诠释会徽！

本实录作为记录和还原历史片断的见证，能够为旅游创业者们提供一些启发和帮助。"他山之石，可以攻玉"，让我们了解和思考，并实践，让"创业照耀旅游的星空"！旅游创业者们，加油吧！

写于 2014 年 10 月

注：该书于 2014 年 12 月由旅游教育出版社出版。

## 书序：日拱一卒 功不唐捐（《中国旅游企业创新创业发展报告 2014—2015》）

2015 年，延续了 2014 年旅游市场和创业潮流的火热，政府政策支持鼓励，市场欣欣向荣。国务院总理李克强在天津举办的 2014 夏季达沃斯论坛上说，要在 960 万平方公里土地上掀起大众创业、草根创业新浪潮。2015 年政府工作部署更是多处提及创业，李克强多次强调大众创业、万众创新，并将其认为是中国经济的新引擎。2015 年 5 月 7 日，他又来到北京中关村创业大街实地走访考察后强调：推动大众创业、万众创新是激发亿万群众智慧和创造力的重大改革举措，是实现国家强盛、人民富裕的重要途径，要坚决消除各种束缚和桎梏，让创业创新成为时代潮流，汇聚经济社会发展的强大新动能。要积极创造条件，促进众创空间蓬勃兴起，推动各类创新要素融合互动，让一代"创客"的奋斗形象成为创新中国、智慧经济的重要标识。

如此火热的创业浪潮下，似乎每个人都可以去创业，部分创业者的心态浮躁，陷入了为创业而创业的怪圈，忘记了创业的本质和精神。市场越火热，越应该冷静思考为了什么而创业。究竟是 To B 还是 To C，但万万不可 To VC 和 To G。旅游市场目前继续延续"两升一降"的同时，越多个性化需求的崛起为小微创业者们提供了广阔的空间和舞台，再多巨头的并购也无法垄断整个市场，从而让打破桎梏、颠覆过去成为可能。

浮躁的社会和浮躁的心态下，越发凸显温家宝总理"仰望星空，脚踏实地"的嘱咐，我也经常头脑中浮现出瓦力遥望夜空的画面。跬步千里，创业是条艰辛之路，认真做好每一件小事，走好每一步，方能抵达成功的彼岸。"日拱一卒，功不唐捐"，不必羡慕别人的成功，正如每种花都有自己的花季，都会在自己的时间绽放自己的美丽，走着走着，花就开了。

有人问我在巨头林立的现今，还有哪些创业机会？从投资角度来看，我从三个维度来谈旅游业新的创业机会：

1. 区域性或地域性

从目前情况看，做全国或全球性的平台越来越难，这不仅受限于资本、资源，还受制于团队人员。而初创期项目，各方面条件都较为薄弱，聚焦某一特定区域或目的地更有利于该项目的成长，更能把现有的精力、资源等全力投入，比如做泰国的米线旅行、做东南亚的游啊游、做韩国的韩你玩等，都是先从一个目的地开始进行深挖，中国人古老的故事叫"挖井"，相信大家都懂的。

2. 主题性

除了目的地之外，选择主题旅游的创业项目也很有想象力，这部分人群更加遵循内心需求，目的明确。携程也于2014年宣称进入主题旅游市场并先期推出了高尔夫旅游。但旅游从主题来讲，分出几百个来都没问题，所以市场空间更为巨大。做主题游创业项目的，比如做海岛游的泡泡海、做境外导购的小红书和GO购全球、做境外美食推荐的舌尖旅行、做蜜月游的蜜游网、做游学的世纪明德等。

3. 目标人群

这个就很好理解了，针对不同人群的旅游需求就会衍生出不同的专业服务机构来。针对老年人做夕阳红，针对孩子做亲子游，针对情侣做蜜月游等。

综上三个维度，做好"打井"，也称"穿透力"，聚焦专注，做到垂直细分市场的老大老二，都有很大的机会。两个机会，一个是被投资机构关注和投资的机会；另一个是被用户所关注和使用的机会。以上意见供创业者们参考。

自2012年9月19日，以"旅游创业家俱乐部"之名发轫于交大东路逐鹿茶楼，距本书出版已过三年。当初设想的旅游创业服务平台，其部分业务模块已开始成型并进入运作，在分工协作的时代，我也一直渴求靠谱的合作伙伴（有共同愿景且有执行力），基于其专业服务能力，为会员们提供各方面的专业服务。目前看，在人力资源、品牌营销及旅游投融资方面，都有了很大的进展，我当初的设想正一点点地实现着，这让我略欣慰，当初吹出去的牛因自己的努力而渐变为现实。

我也变得更加笃定和从容，不再刻意强调自己创办人的身份，却给自己定义为"旅游创业记录 & 服务者"，观察并服务广大旅游创业者们。我其实是个连接枢纽，以"旅游创业"为主线，串起旅游产业链，搭建专业服务模板并使之运转，是我致力的方向与远期目标。

不忘初心，方得始终，创业者们请牢记创业的初衷与方向；"日拱一卒，功不唐捐"，创业者们请"仰望星空，脚踏实地"；创业，更重要的不是目标而是过程，享受这个过程并为目标而努力！奔跑吧，创业的兄弟姐妹们！

写于 2015 年 9 月 19 日

注：该书于 2015 年 11 月由旅游教育出版社出版。

## 后记：不忘初心 方得始终（《旅游创业启示录——创造与变革进行时》）

  做旅游创业服务平台和圈子已经 2 年了，诸多不易与诸多艰辛真悲摧，当然也有小小的成绩稍做慰藉。为旅游创业者出一本书，也是我一直以来的愿望，因为这可以为新进旅游创业者提供一些借鉴，让他们少走些弯路，创业的道路上走得更快一些，更好一些。

  每一个创业者都值得尊敬，不管是成功还是失败，因为创业最需要勇气和决心！迈出第一步是最难的，接下来就是开弓没有回头箭，只能一路向前。或许创业是一条不归路，但这样也好，能够心无旁骛，能够奋力一战。

  创业者都是有一点理想的，想为国家、行业做点贡献，想改变旅游行业里那些不好的东西，让世界变美好。但理想很丰满，现实很骨感，创业路上的艰辛，如人饮水，冷暖自知。

  创业很难，什么都缺，缺人才，缺资源，缺资金，也缺智力。没有一个创业者是以上条件俱足的，或多或少都有短板，而我做的旅游创业服务平台，其初心就是想为创业者们提供这些帮助，让他们离成功更近一些，走得更快一些。

  我为旅游创业者们服务，同时我也在创业，这确如秦宇老师所说的很有意思。我和创业者们一起成长，一同进步，为着理想而努力。但做一个草根非政府组织，服务行业和社会，真的很难，一没政府支持二没财团支持的我来做创业服务平台，是件非常不合逻辑的事情，但很多情况下，不合逻辑的创业者有时反而会成功，但这更需要坚韧不拔！

  因篇幅有限，本书只收录了小部分"旅游创业会"成员及旅游创业家协会里的优秀旅游创业者，这些创业项目从种子、天使、ABCD 轮，上市的都有，其实上市，并不是创业的终点，只是一个阶段性成功，上市后仍需要不断创业创新。创业，没有止境。

  物美前董事长吴坚忠博士曾说过：帮助他人成功才是最大的成功！这句话一直激励我克服困难，继续做好这个公益平台，这也是我能坚持下去的动力。两年来，和这些优秀在线旅游创业者们在一起，收获的不仅是友情，更是自我的提升，在视野上、见识上。

  几百个旅游创业者如几百个世界，我在观这个世界，也内观自己，我是谁？我能做什么？我的价值在哪里？我为什么这样做？我能得到什么？

  念念不忘，必有回响，而不忘初心，才方得始终！愿所有创业者们，胜不骄败不馁，为着梦想，披荆斩棘，乘风破浪，勇往直前！

写于 2014 年 9 月

注：该书于 2015 年 4 月由知识产权出版社出版。

# 书序：群雄逐鹿 百花齐放（《旅游创业启示录——思辨商业模式与多元化创业》）

有人说这是个最好的时代，也是个最坏的时代。国家处于盛世，人民生活水平提高。市场开放度和自由度增加，所以竞争也更加的激烈。从 2009 年起到现今，国家出台了几项重要的决策和意见，助推中国旅游业的快速发展。今年更是号召"大众创业万众创新"，众多因素复合之下，旅游业的创客大量涌现，创业项目层出不穷，创新度不断进步。

作为朝阳产业的中国旅游业，迎来了蓬勃发展的大时代。整体市场来看，依然延续 2014 年"两升一降"的发展态势，周边游及乡村旅游会持续火热，而出境游在 2014 年突破 1 亿人后，有望今年达到 1.2 亿。5 号在南开参加中国—西班牙国际旅游学术会议，得知一条信息，目前中国持有护照的人数仅占 5%，可想而知未来的出境游市场潜力将是多么的巨大。

中国的旅游电子商务仍处于快速成长期，可以说是群雄逐鹿，百花齐放。我们看到 O2O 已经从高大上的假大空口号逐步下沉落实，而原来叫嚣要颠覆传统旅游业的在线企业，也开始意识到线上和线下其实是合作伙伴关系而日渐变得融洽。

我经常说现在是分工协作的时代，原来讲短板，现在我认为应该讲长板，把各自的优势发挥到最长，短板让合作伙伴弥补，将会达到 1+1>2 的效果，避免了无效竞争，提升了效率，把蛋糕做大从而能分得更多份额的市场。

从互联网时代步入到移动互联网时代，最明显的是手机成为人的离体器官并渗透到人们的日常生活，几大 OTA 手机端的预订量已经接近 50% 甚至超过，因为可以随时随地下订单。而从较重的 APP 过渡到很轻的微信号，企业在初期可以快速有效地聚集用户，节省了资金和人力，并作为网络运营中最为重要手段的粉丝经济，让用户成为粉丝，成为朋友，增强了黏性和忠诚度。

旅游业的变革，有赖于生产方式的变革与 IT 技术的演进。变革既有内生动力也有外生动力，是什么驱动行业变革，要么是技术革命，要么是用户需求倒逼，要么就是外来渗透了。时代的进步，政策的支持，技术的可行性，都让创业者们更有条件和能力做自己想做的事情。

中国众多的人口，催生出更多个性化的需求，而这些新的需求并不是几家大企业能满足得了的。大平台提供通用化和标准化的产品与服务，而小而美的平台则能满足长尾市场，这也是我反复说的，即便携程和去哪儿合并，也有很多的创业机会。虽然看上去巨头笼罩，但仍有顽强的创业项目生长出来。

纵观中国旅游业，远远没到尘埃落定的时候。为了更快占领市场，会出现更多的行业并购甚至是跨行业并购，所谓"跨界凶猛"是也。大企业都在做自己的商业生态链或者说是商业帝国，在项目很难短期上市的情况下，被大平台收购或控股也是退出机制的一种选择。

相对于其他行业，旅游企业想上纳市是非常难的，去哪儿与途牛也是经历了多年的苦熬，不像陌陌三年就上市了。而这个熬，不是每家创业公司都能承受和坚持的，这必然有相当大的部分是要你干苦活儿、脏活儿和累活儿的。所以虽然大家都想做轻平台，但为了建立牢固的市场壁垒，必须轻重结合，建立自己的护城河。

新的机会在哪里？一是避开巨头擅长的领域，二是从细分市场切入，三是引导和发现新的社会需求。目前看，我们可以从三个维度来考量创新与创业的发展机会。第一是区域性或地域性，针对某一特定地域，才能在有限的条件下倾注全力，凿穿市场；第二是主题性，这来源于越来越多个性化的游客需求，根据主题旅游来入手发展；第三是目标人群，针对不同人群的属性提供与之相匹配的产品与服务。

我也一直认为不要怕做细分市场，哪怕分得再细，只要你做到细分市场的老大和老二，都有机会。两个机会，一个是被投资机构关注与投资的机会，一个是被用户关注与投资的机会。这两个机会，都会让创业者能够获得成长的支持和助力。

最后要补充的是，虽然每个人都想创业，但并不是每个人都能成功。创业成功是极小概率事情，低于百分之一或者更少，但我也一向认为，创业是种生活态度与生活方式。努力过了就随缘吧，作为人生重要体验之一。

每个创业者都值得尊敬，不管是成功还是失败。因为心怀让行业和世界变得更加美好的纯朴愿望，敢于放弃原来拥有的一切，投身于一个风险重重千辛万苦的未知世界。

正如秦宇教授所说：我们可以给创业者贴上各种标签："创造者""远见者""实干家""乐观主义者"。但是，回归到人性的深层次，他们都是独立的思想家、他们都有理想、他们随时准备好去冒险和尝试新事物并以此为乐，创业者通过创办事业去实现自己的理想——让这个世界不一样！

中国旅游业，风雷动，起宏图。

中国创业者，初亮剑，天地变。

写于 2015 年 9 月 6 日

注：该书于 2016 年 4 月由旅游教育出版社出版。

## 书序：深耕周边 自有收获（《旅游创业启示录——互联网 + 时代的周边游》）

很高兴看到《旅游创业启示录》第 3 部，关于周边游的专辑出版，这也是目前为止第一部研究周边旅游创新创业的书籍，非常有研究价值和社会意义。

周边游常以城市周边短途游为主，其讨论范畴经常与自驾游、乡村旅游、休闲农业交织。笔者 2007 年开始从事旅游信息化的工作，经常开车跑郊区，与各村镇干部农民们打交道，收集意见，搭建京郊农旅休闲平台，规范乡村旅游标准与服务。而自 2013 年自主创业后，频繁出差在全国各个城市，在机场火车站与酒店两点一线奔波之余，总是尽量安排时间在城市周边，特别是郊区乡村转转，感受当地风土人情，过一天他乡的生活。

近几年中国旅游业发展可谓突飞猛进，"两升一降"大趋势里周边游发展迅速，这归功于路网发达、汽车普及、收入提高及休闲意识觉醒等。特别是家里有孩子的家庭，周末都想出去转转，放松身心，回归自然。与国内长线游、出境游相比，周边游以轻决策、低消费、高频次的特点，快速普及并成为城市居民旅游的潮流与重要方向。

伴随着移动互联网的侵袭，周边游的创业项目在线上 ONLINE 方面，从 PC 端向手机端迁移，并采取了微信公众号、APP、PC 网矩阵，用来锁定用户人群与迎合使用习惯；周边游的线下实体项目则向非标住宿挺进，并把互联网 / 移动互联网作为手段与载体，从营销与服务角度，进行 O2O 的落地探索与实践。

纵览这些周边游的创业案例，我们可以发现，一方面是移动互联网从 IT 角度对周边游传统旅游市场的升级换代，让消费者的旅行更加快捷方便，降低出行成本，提高出行效率，增强游客满意度；另一方面则回归传统文化的内核，从心灵安慰、情感关怀、乡愁重现等角度，更多照顾到游客的体验，并与新农村建设、旅游扶贫国家政策相吻合，服务于国民休闲战略。

在周边游方向创业，线上部分，可以考虑从工具类、平台类、社区类角度寻找创新机会；线下部分，则需要紧密结合日益个性化的用户需求，打造"望得见山、看得见水、记得住乡愁"的身心休憩地，并积极与周边游线上创业者加强合作与资源共享，达到双赢或多赢。

期待更多创业者关注与投身到周边游创业浪潮中，并找到和实现自己的价值，拥抱"供给侧改革"，为中国周边旅游的发展做出贡献。

2016 年 1 月 12 日于中关村创业大厦<br>注：该书于 2016 年 7 月由旅游教育出版社出版。

## 书序：生机勃发 潜力万千（《旅游创业启示录——互联网 + 时代的出境游》）

关于出境游这个话题，相信大家都有一定了解，人民币的坚挺加之国人对精神层面更多的诉求，使中国百姓出国者日渐增多。这些不满足于国内周边游与长线游的用户，已经将目标投向海外，从港澳台开始，进而东南亚日韩，随后进军到欧美及亚非拉更为广袤的土地上。

根据联合国世界旅游组织数据显示，自 2012 年起，中国已连续多年成为世界第一大出境旅游消费国，对全球旅游收入的贡献年均超过13%。根据《中国旅游发展报告2016》披露，2015年中国出境游人次达1.2亿人次，境外消费金额达1.5万亿元人民币，中国出境游人数和旅游消费均位居全球第一。预计2020年，中国国内旅游规模将达到68亿人次，出境旅游人数将超过2亿人次。上述报告还显示，目前中国排名前10位的互联网企业都在进军旅游业。预计至2020年，中国在线旅游交易覆盖的总人数有望突破6亿人。

随着中国经济的发展，世界经济中心和旅游大国都已经进入"中国时间"，在2015年到2020年，预计中国旅游行业的复合增长率为10%。同时仅就国家大力支持的"一带一路"旅游合作来说，未来5年，就计划为沿线国家输送1.5亿人次中国游客、2000亿美元旅游消费。

以上只是官方的数据，2015年9月，我受邀参加南开举办的中西旅游大会时，某国际酒店集团总监给出一个数据"中国人只有5%的人持有护照"，则可以想象未来中国出境游的市场有多大，目前仅是非常初期的起步阶段。环游世界是每一个人的梦想，而为梦想提供支撑的，则是出境游的服务商们。

政策红利助力行业快速发展，出境游龙头企业纷纷谋求上市，以期做强做大主体业务。同时，由于资本市场直接看到强劲的行业发展势头，出境游企业上市后的资本运作也受到市场各方的认可。我们先来看下传统旅游业中出境游领军企业，也即所谓三驾马车或出境游三大社的情况。

众信旅游2016年动作频繁，收购华远国旅、股权激励、员工持股、高管增持以及实际控制人增持……显示了众信旅游在境外旅游的长远布局。

出境游市场另一龙头企业凯撒旅游2015年10月也已完成重组上市，2016年5月初，便公告拟募资80亿元用于建设凯撒邮轮销售平台项目、凯撒国际航旅通项目等项目。希望通过定增深化公司出境游全产业链战略布局，做到线上线下双向结合，推动公司持续健康的发展。

同为出境游三大社的凤凰旅游，与洪湖生态农业有限公司进行重大资产重组，加速步入资本市场，主营业务也将转变为出境旅游批发（团队游）、出境旅游定制以及航空票务、修学业务、签证等各项单项委托旅游业务的专业旅游资源整合机构。

而作为互联网+时代的，旅游创业创新弄潮儿们，本书中的案例企业则避开三大社在资源与渠道的优势，从游客与用户的实际需求出发，寻找细分与垂直市场的蓝海。这也是因为随着中国消费者出游观念的越发成熟，休闲度假的品质及出游体验的提升，已成为消费者出游最为关注的因素。

从微细分市场的角度，满足愈多国人个性化与主题式的旅游服务商，在巨头迟缓的市场反应与势力范围之外，小而美的平台涌现出来。他们或专注于某个地域，或专注于某个人群，或专注于某种主题，从而用一把锐利的小刀切开市场。毕竟中国人口基数为众多草根创业者提供了广阔的土壤，只要掌握"资源把握力、产品设计力、服务执行力"这三把武器,利用好互联网思维,做好与线下企业的分工协作,相信都会有不错的成绩。

这里强调下请出境游创业者们多关注下"一老一小"两个出境游最有潜力的人群。

首先是老年人市场。中国已进入老龄化社会,国家统计局最新数据显示,截至2015年年底,我国60岁以上人口升至2.2亿,占比16.1%,即中国每6个人中,就有1个是老年人。随着经济的增长、生活水平的提高、社会保障的完善、医疗条件的改善,加上充裕的时间,老年人消费观念的转变,近几年,国内老年游客的出游人次占比明显上升。尽管老年游客更爱国内游,但随着出境游景点开始出现更多的中文服务以及众多国家推出免签及签证便利举措,不少身体状况较好的老年游客,开始渐渐倾向出国游玩,2015年,老年游出境游同比增长217%,增速高于国内游(95%)。由于老年人对价格比较敏感,在假期上限制性很小,银发族成为节后错峰游主力。

其次是小孩市场。2013年2月2日,国务院办公厅关于印发的《国民旅游休闲纲要(2013—2020年)》,就提出"逐步推行中小学生研学旅行"的设想。2014年8月21日出台的《关于促进旅游业改革发展的若干意见》中,首次明确了"研学旅行"要纳入中小学生日常教育范畴。

研学旅游的本质特征是体验教育,教育是研学旅行的灵魂。除学校以外,我们应鼓励更多主体参与研学旅游,特别是应充分发挥群众团体、公益组织等的积极性,利用各自的优势来举办形式多样、各具特色的研学旅游活动,努力形成优势互补、功能完备的研学旅行教育体系,让研学旅游真正实现学游兼得。

当然,虽然前景美好,但"一老一小"在出境游方面,更应保证便捷与安全。同时,随着移动互联网迅猛发展与智能手机的普及,根植于游客目前及未来需求,具有良好设计的产品与规范周到的服务,才能够在未来市场中赢得一席之地。

最后还是用乔教主的"Stay hungry. Stay foolish"(求知若渴,虚心若愚)来勉励创业者们。一方面保持空杯心态,不断学习进取;另一方面就是无论如何也要坚持到底的信念。对于创业,这二者皆为充分且必要条件。在孕育无限机会的出境游市场中,愿创业者们能实现胸中理想。

2016年5月29日凌晨于北京回龙观
注:该书于2016年11月由旅游教育出版社出版。

## 书序:农旅融合 美丽乡村(《旅游创业启示录——互联网+时代的乡村旅游创客》)

"美丽乡村"概念始于2008年浙江省安吉县正式提出的"中国美丽乡村"计划,后浙江、海南诸省也相继跟进"美丽乡村"建设。2015年5月27日,国家质检总局、国家标准委共同发布了《美丽乡村建设指南》国家标准，从此"美丽乡村"建设全面铺开。

习近平主席提出"让居民望得见山、看得见水、记得住乡愁"的"乡愁城镇化"理论逐渐完善，成为指导中国城镇化和新农村建设的重要思想。该理论，在2014年中央一号文件中，再度深化为"传承乡村文明"的新思想。文件明确提出在新农村建设中要"创新乡贤文化，弘扬善行义举，以乡情乡愁为纽带吸引和凝聚各方人士支持家乡建设，传承乡村文明"。

"乡愁"让我们"诗意地回到乡村"，而2016年中央一号文件最后强调要依托农村绿水青山、田园风光、乡土文化等资源，大力发展休闲度假、旅游观光、养生养老、创意农业、农耕体验、乡村手工艺等，使之成为繁荣农村、富裕农民的新兴支柱产业。

而休闲农业与乡村旅游的农旅一体化融合发展，与美丽乡村建设及乡愁城镇化建设密不可分。本书案例中既有线下的乡村旅游创客基地、示范范村镇、特色非标民宿，也有线上的农旅电商，从而串起农旅O2O生态链条。作为中国最有发展潜力的互联网与旅游业两大产业，正成为驱动中国新经济发展的双引擎，而三农是中国经济发展稳固的基础。"互联网+"与"旅游+"的提出，赋予我们对未来更多想象空间，但要想继续创新发展，必须"互联网+旅游+农业"深度融合发展，打破固有思维藩篱，提倡跨界共荣，相融相盛。

虽然2015年下半年出现所谓"资本寒冬"，2016年上半年部分在线旅游创业公司倒闭，但也只是说明单纯依靠风投输血，玩命烧钱的To VC模式行不通，要想生存及可持续健康发展，这个项目就必须具备"三力"：

资源把控力：

你所掌握及获取的资源，是否具备唯一性、稀缺性、特色性及差异化？如果没有，能否打造出来？

产品设计力：

酒香也怕巷子深，产品的策划及包装是非常必要且要花心思。鞭辟入里，打动人心，看似简单的要求，考量的确是产品设计师对人性的理解深度、文字功底及旅游资源的熟悉程度。

服务执行力：

基于以上两点，考虑到最终的旅游体验还原度问题，则服务执行至关重要。好资源、好设计，如不能借由好服务来完成，无异于镜中花、水中月。

农旅融合是美丽乡村建设的重要抓手，可完成旅游促进扶贫、旅游促进发展的更高目标。可让乡愁重现，完善产业要素，激发乡村活力。让农旅插上互联网+的翅膀，提升乡村旅游服务品质，真正让美丽乡村更加绚丽，让乡村旅游更加精彩！

2016年7月12日于北京中关村创业大厦

注：该书于2017年12月由旅游教育出版社出版。

## 书序：研学之道 悦人育人（研学旅行活动指导书）

研学旅行概念最早于 2013 年由国务院提出，直至 2016 年 12 月，教育部、国家旅游局等 11 个部门联合发布《关于推进中小学研学旅行的意见》，首次多部门联合发文落实推进研学旅行。

据《中国研学旅行发展报告》显示，随着素质教育理念的深入和旅游产业跨界融合，研学旅行市场需求不断释放，中国研学旅行市场总体规模将超千亿元。

据中国旅游研究院调查，四分之三的受访者表示了解研学旅行，80%左右的人表示对研学旅行很感兴趣，六成左右受访者参加过研学旅行。其中，七成左右通过学校和教育机构参与研学旅行。北京、上海、成都、西安等热门旅游城市受访者中，愿意参与研学旅行的达七成以上。

数据显示，我国研学人次自 2014 年后迅速增长，境内研学人数由最初的 140 万增长至 2017 年的 340 万，境外研学人数则由 2014 年的 35 万增长至 85 万。境内研学和境外研学收入近年来增势迅猛，研学收入自 2015 年来已经翻倍增长，境内研学由 40 亿增长到 101 亿，而境外则从 120 亿增长至 273 亿。

相比欧美发达国家，我国研学市场起步较晚，但市场需求很旺盛，发展速度也比较快。政策红利的释放，让大量机构入场，比如传统旅行社、传统教育机构、资本巨头等。从专业度、规范度来考量，这些类企业难免"鱼龙混杂"。这也为国内研学市场带来了极大的困扰，比如研学服务机构良莠不齐、研学师资匮乏、研学课程体系混乱、研学教材缺失等新问题，解决了这些问题，我们的研学旅行才能更加健康快速地向前发展。为此，我有如下建议：

### 一、深入落实研学旅行规范

国家旅游局 2016 年 12 月 19 日发布《研学旅行服务规范》（LB/T 054-2016），于 2017 年 5 月 1 日起正式实施，同期某研学旅行联盟也发布了自有的团体标准化规范。有规范可依是好事，但更重要的是解决认真落实规范的问题，不然再权威的指导意见也会成为空谈。一方面国家相关机构要加强规范落实与检查力度；另一方面是根据国家要求与市场需求出台相关细则，方便政府监管及行业自律。

### 二、主动引导研学服务机构

因各类研学服务机构主体的复杂性，单一政府部门很难监管全面，建议以教育及旅游相关政府部门为主联手，对各服务主体进行必要的规范培训，实施必要的市场准入机制，对于研学旅行服务机构健康有序发展有重要的指导意义。

## 三、加强研学师资力量培训

研学旅行师资力量是保证研学市场稳步发展的重要基础及决定要素，也是诞生研学旅行产品经理的摇篮。从市场角度而言，需要更多的研学产品策划师或产品经理的出现。毕竟，研学产品是服务于特定人群，要平衡旅游与教育的关系，从更深层面思考研学旅行的目的与意义。

## 四、研发有代表性的课程体系

研学市场群雄逐鹿，硝烟一片，看着热闹，但并未形成统一的课程体系，各主体各自为政，开发自己的课程，且因出发角度不同，均局限在自我小圈子里。故应从市场角度出发，根据不同年龄层次的用户研发适用对路的产品课程体系，把握住全局性、专业性、实用性及前瞻性。

## 五、整合编写权威性的研学教材

鉴于上面第三、四项，目前市场上缺乏权威性的研学教材，这需要组建有影响力的教材编委会。基于多年对市场的了解，在编委会选择上，均是全国各地有代表性、有实力、有理想的研学服务机构代表构成。同时，我们也启动了研学旅行指导书的编写工作，从精选各地有特色代表性研学产品，为全国各中小学及研学旅行基地等提供更多品质产品以供各方参考选择。

研学火了是好事儿，产品百花齐放也是好事，证明市场上蓬勃的需求不断迸发。市场火热时更需要冷静思考，为了让研学市场可持续性良性发展，我提了上面五点建议，希望能再给大家一点启发和帮助。我想对于研学旅行来说，以旅游为主的，侧重于悦人；以教育为主的，侧重于育人。那么悦人+育人，应该就是研学旅行的真谛与核心了吧。

写于 2018 年 7 月 23 日

注：该书于 2019 年 1 月由成都时代出版社出版发行。

# 书序：风雨彩虹 铿锵玫瑰（《中国女性旅游创业者》）

据我所知，专门为旅游业女性创业者立传的书，这是第一本。我希望这只是个开始，接下来我们会持续关注女性旅游创业者，给她们更多的鼓励与支持。

根据波士顿咨询公司 2014 年的资料显示，2012 年美国女性创业占到其 18 至 64 岁人口比例的 10%，而中国女性创业占比达到了 11%，与美国相当，相较于法国、德国、俄罗斯等欧洲国家女性，更具创业精神。虽然老话"女性也顶半边天"，但从我近年来接触到的数百名在线旅游创业者群体中，女性比例不超过 5% 或更少，所以显得更加不易与可贵。

这些女性，我想用"铿锵玫瑰"形容她们再合适不过了。铿锵意为自信、独立与坚强，玫瑰意为美丽、温柔、感性，铿锵玫瑰两者结合，代表现代女性追求独立、热爱自由、感受生命的时代精神，同时又保留了东方女性温柔、秀美、含蓄的传统美德，铿锵玫瑰也是当代中国女性的完美诠释。

在 2015 年 5 月举办的"首届女性创业者大会"上，马云提道："世界因为女性而美好，世界因为女性而成其为世界。永恒的女性引领我们上升！"他还提到从 IT 时代到 DT 时代，互联网＋给予女性创业赋予新的能量与内涵，让女性插上创业的翅膀，用智慧、魅力、本色开启创业新时代。

马云也对中国女性创业者表示敬意，"谈起女性，我们往往会想到爱、温柔、善良、美丽等美好的词汇，但同时与女性的美好相对应的，还有忍耐、坚持、承受以及奉献和牺牲。我们往往关注了女性的外在，而忽略了女性的创造和贡献。世界因为女性而美好，世界因为女性而成其为世界"。

而本书中的主角们，正是在互联网＋这个大时代背景下，基于移动互联网载体，擅用互联网思维营销，面向旅游业服务的弄潮儿们。她们当中，有的美丽，有的优雅，有的豪爽，有的知性；工作中既能高大上，也能接地气；区域上有本土创业者，也有海外华人；其业务方向涉及在线旅游产业链的各主要方向，服务于数千万海内外游客。

她们，不但是 CEO 或创始人，也是妻子与母亲。与男性创业者可以全情投入创业相比，女性必须要兼顾到家庭，特别是孩子，这其实给了她们更大的压力。再加之创业成功本身就是极小概率事件，女性创业的路上更是困难重重。所以对于她们，我是非常的钦佩，也对她们表示深深的祝福。

不经历风雨，怎么见彩虹。创业路上，玫瑰更铿锵。祝福天下的女性创业者们砥砺前行，美好世界！

2016 年 3 月于北京中关村创业大厦
注：该书于 2016 年 6 月由旅游教育出版社出版。

## 编后记：廿载过后 再展韶华——《中国旅游电商简史 1999—2019》

这本由钟栎娜老师执笔的《中国旅游电商简史 1999—2019》终于出版了。这是由我发起并统筹的《中国旅游创业创新智库丛书》正式意义上的第 12 本。12 是中国人非常喜欢的数字，比如十二生肖、十二星座等，它是个轮回盘，一轮终篇结束而后新一轮开始。

这本《中国旅游电商简史》，从筹划到出版跨越了 4 年，2017 年筹划立意，2018—

2019年数次改稿，预计2020年下半年出版，中间曲折实属不易。

2019年对中国旅游电商来说具有里程碑意义，也是个非常值得纪念的年份。中国改革开放后旅游业蓬勃发展的40年里成绩斐然，不但从世界旅游市场中的无名之辈发展到世界重要的旅游目的地和客源国，同时旅游已从原来难以触及的外事奢侈品，成了国人生活中触手可达的必需品。2018年中国已经成了世界最大的国内旅游市场以及世界第一大国际旅游消费国，旅游业成了国民经济战略性支柱产业。旅游业作为五大幸福产业之首，在构建和谐社会、提升国民幸福指数方面居功至伟，同时也促进了外交与和平。以1999年携程创立到2019年建国70周年，中国旅游电商发展了20年，我们不揣冒昧想做个小总结，为业者及相关研究人员打个基础，以便抛砖引玉，让更多人去关注与研究中国旅游电商的发展与未来。

我是个互联网老兵，1993年接触计算机，1999年买了第一部电脑并开始用"猫"上网，那时觉得上网前的啸音激动人心，虽然经常连不上或掉线。同年携程和艺龙创立，而我也是在首都机场候机时被发卡才知道了携程这家企业。2005—2006年，WEB2.0大潮席卷旅游业，大量旅游UGC网站出现，我也在那个时间段加入了一家叫路客的创业公司。也就在那几年前后，几个能载入旅游电商史的旅游网站纷纷创办，如去哪儿、同程、途牛、马蜂窝、穷游、驴妈妈等。

WEB2.0退潮后，依托UGC的旅游网站们因缺乏盈利及变现模式基本死掉，包括当时我在的那家，而后来活下来且上市的只有途牛一家。我观察到，途牛是因为当时在同期数百家网站中用户黏性最强，为了生存从2.0退回到1.0成了在线旅行社才活了下来。约2014年有次外地开会碰到于敦德，谈起当时过往，大家都不禁唏嘘。后来号称第二代一直想颠覆携程的去哪儿一直绑着携程打，超越艺龙，快速坐上第二把交椅。后艺龙式微，途牛从休闲旅游市场强势崛起。再后来2012年移动互联网来了，战场从PC端转移到了移动端，2014年政府鼓励双创，第三代竞争中资本成为战略级物资峥嵘毕露，于是2013—2016年我们看到大量创业公司涌现，资本寒冬后艺龙和去哪儿被携程吞并，纳市只余携程与途牛。再后来同程与艺龙合并占据了微信流量旅游入口，艺龙品牌最终消失了，而携程历经20年发展，终成了在线旅游OTA的老大巨头寡头。此时所有的在线旅游公司已不被他放在眼里，已经超越了封号斗罗成为超级斗罗，进入到大生活消费领域与美团与阿里展开成为极限斗罗的新一轮竞赛。

2013年我发起创办中国旅游创业家协会，至2016年又接着发起创办中关村智慧旅游创新协会。自2014年9月李克强总理在夏季达沃斯论坛首提"大众创业万众创新"以来，"双创"成为打造中国经济新引擎的重要手段并在其后数年间持续推进。旅游业的双创，有赖于IT技术从1999年旅游电商正式运用发展后，特别是与大数据、物联网、智慧旅游、移动互联网、云计算结合，在2013—2015年国家双创政策加持下火爆至极。当时各种商业模式，如B2B、B2C、B2B2C、C2C、C2B等层出不穷，在那三年我们举办的中国旅游创业创新高峰论坛参会人数上也曾达到了近千人的高峰。

中国旅游电商的发展，伴随着国家政策导向、商业模式演进、市场需求变化与科技时代变革，特别是科技时代变革与市场需求变化对旅游电商影响更大及意义深远。2014年是原国家旅游局提出的智慧旅游年，此后智慧旅游与大数据成为我们旅游生活中藏于幕后的好帮手。一部手机可以游天下，传统旅游六要素后又衍生出新的六要素，行前行中行后的分界变得模糊，出门旅行也变成了说走就走。众多的中小型旅游电商平台或基于微信生态或避开携程锋芒，寻找市场缝隙与相应人群，顽强生存与发展。

巨头笼罩的时代下，双创机会何在？旅游电商将走向何方？电商的电（网）成为标配隐于幕后，则商（服）的扩展源于用户与市场的迭代。如O2O这个词将逐渐消亡，几年后大家将不再提起，现在旅企还在区分你家是线上的我家是线下的，但在不久后，一家成熟的旅游企业必须同时具备线上线下两部分，并能够完成线上到线下再回到线上即O2O2O的正向循环中。另外非标业态将进一步普及并会出现有相对标准的非标产品，这源于用户需求的快速迭代。从前十年一个代沟，后来变成五年，三年甚至更短，年轻用户的旅游消费心理与行为是非常值得研究的对象，他们崇尚自由、个性与自主，要关注了解及服务他们，毕竟世界最终是属于他们的。我们看到新的创业创新机会更多来自非标与小众市场，基于细分市场细分人群而出现的创新业态，如研学、定制旅游、民宿等。电商的平台也在不断更迭演进，已经从平台电商迁移到了社交电商。市场、模式、技术变了，平台、人群、玩法也会随之变化。

而旅游作为现代服务业，服务的重要性还需要进一步加强。从资源把控力、产品策划力、网络运营力与服务执行力这成功四个力来讲，能够让用户（消费者）是否满意最终还是取决于服务。运营是最后一公里，服务是最后一米。2018年末，北京首旅集团成立首旅中国服务学院，也是大型旅游集团从根源上重新审视与重视服务重要性的重大举措。在新经济时代，旅游电商未来的发展，更多受制于科技与市场的影响，科技让旅游者出行更加便捷自主，而市场还在持续孕育与引燃。

2018年春文化和旅游部成立，文旅融合进一步深化。文化事业、文化产业、旅游事业、旅游产业之间的关系能否"宜融则融，能融尽融，以文促旅，以旅彰文"还有待更长时间检验。2019年春李克强总理政府工作报告中明确提出"发展壮大旅游产业，发展消费新业态模式，促进线上线下消费融合发展"。2020年初COVID-19新冠肺炎疫情突如其来，席卷全世界，我国经过全员严密防控已基本控制住，但未来随时可能出现疫情反复，而国外疫情更是不容乐观，引发诸多连锁反应。

这次疫情对中国旅游业的打击可以用重创来形容，而出境游市场更是近乎毁灭，曾经的明星创业公司百程和世界邦都倒下了。跨省出境的禁令不取消，靠中长线盈利的国内旅行社和出境社的日子非常难熬。各区域聚集性活动不开放，传媒会展链条几近停滞。毕竟对于旅游来说，人流动钱才能流动，人固定则钱断流，为执行国家防控政策，旅游人也做出了巨大牺牲。虽然这次疫情几乎是摧毁性的，但危中有机，各种"云××"如云旅游、云看展等宅家即可消费的各类平台则趁机全面铺开占领市场，旅游人也通过直播带货等方式先活下来等待市场转机。双创机会永远存在着，非常时间更是需要有敏锐的商场嗅觉和超强的快速反应能力。

后疫情时代，文旅双创的一些发展趋势为：

（1）科技赋能助推文旅双创：互联网+VS旅游+，智慧文旅U虚拟旅游，无接触&无人×，O2O，5G，腾云……

（2）文创成为文旅双创最佳载体之一：故宫、非遗、西安虎符卡等值得研究。

（3）文旅双创新业态已露峥嵘：研学旅行、体育旅游、房车露营、旅游演艺、乡村民宿、旅居康养、夜游经济……

（4）文旅双创×媒体全民营销：新旧媒体更迭演进，直播短视频平台下沉，定制综艺，自媒体&全媒体&融媒体……

漫漫征途，道阻且长。风雨不惧，砥砺前行。我坚信中国旅游电商的发展必将会跃上新台阶，以及会有更美好的未来，让我们一起拭目以待！

2020年6月22日于北京

注：该书于2020年10月由经济管理出版社出版。

# 第三章：中国文旅创业创新高峰论坛开幕致辞篇

注：该系列为我在文旅双创峰会上的开幕致辞，该峰会创办于2014年，最初名称叫中国旅游创业高峰论坛，2016年更名为中国旅游创业创新高峰论坛，2019年改为中国文旅创业创新高峰论坛。本部分内容来源于速记稿整理。

该峰会是中国旅游业最早也是目前唯一以文旅双创为主题的全国性知名品牌行业峰会，截至发稿前已举办6届。因受疫情影响，原定于2020年12月的第七届将推迟到2021年择机举办。

## 心怀天下　创业未来——记首届中国旅游创业高峰论坛开幕致辞（2014）

规模：500人
时间：2014年3月1日
地点：北京第二外国语学院竞先厅

尊敬的各位领导、各位嘉宾、各位朋友，我很高兴与大家相聚在这里，为创业走到一起，共同来迎接这个新时代、新梦想和新旅游。

中国旅游创业家协会自2012年9月份创立以来，本着为旅游创业者提供智力、资源和资本支持的理念，我们吸纳了近百家优秀的旅游创业公司，举办了70多场活动，聚集了近500家各地强势旅行社，以及众多的媒体资源和达人资源，初步搭建起了共享资源、共同成长的旅游O2O生态圈，让大家从中得到了或多或少的收益。我们脚踏实地、实实在在为大家做的事情，使中国旅游创业家协会这个平台得到了产学研等各界朋友的认可和支持，这对我们是很大的激励，也是我们能够坚持向前的动力，我们的团队为此感到骄傲和自豪，并从中看到了自己的价值和未来的发展方向。

2014年，为了给大家提供更好的帮助和支持，协会将组建6大子平台，包括专注线上旅游聚合的创业会，关注线下旅游聚会的磐石会，专注资本服务的旅游创新工厂，专注旅游行业培训的旅游创新学院，专注旅游产品研发的O2O中心，以及专注旅游营销的专家顾问团。

中国旅游创业家协会不仅是线上旅游创业者的平台，也是线下从业者获得新知、赢得合作、寻求机会的平台。连接线上和线下，打通产业链条，最终建成旅游全产业链生态圈，是我们最终的目的，我们也将一直为此而努力奋斗。

物美原董事长吴建忠董曾经说过，帮助他人成功，才是最大的成功，我对此深表赞同。协会就是要帮助创业者们加速度、急行军，让大家离成功走得更近一些，更快一些，和大家一起去创造成功。科技改变生活、创业能否改变未来？秦宇教授讲过，创业是探索未知，通过不断拓展已知边界的范畴，创新和创业改变着人类的进程，在这方面创业者的作用甚至超过帝王将相，创业者通过创办施业区实现自己的梦想，这个梦想是什么？就是让这个世界不一样。每个创业者不管他最终是否能够成功，都值得我们尊敬。

取势，明道、优术，一切皆有可能。在这个创业的大时代，每个人的梦想都可能实现，在这个喧嚣的大时代，每个人都可能成为世界的主角，在这个巨变的时代，每个人都有可能成为时代英雄。心有多大，舞台就有多大，让我们怀揣理想的火种，远望高山，倒净鞋里的沙子、系紧鞋带、背起行囊，向着梦想前进、前进、向前进。

最后，感谢中国旅游研究院和北京第二外国语学院的各位领导和同人，感谢莅临本次论坛的各位嘉宾，感谢在座的和一直关心关注支持旅游创业家协会的各位朋友，谢谢大家。

## 融合创新　跨界共赢——记第二届中国旅游创业高峰论坛开幕致辞（2015）

规模：800人
时间：2015年4月18日
地点：北二外明德厅
注：由本人导演及配音的《创业之声》沙画在本次峰会上播放作为开幕致辞。

请扫码观看

**让你信心充盈的《创业之声》沙画视频**

配音版文字:

大家好,我是张德欣,大家都叫我老张。

老张,水瓶座 B 型血,属虎,一个互联网老兵,在线旅游从业者,旅游创业观察者与服务者。

我为什么做旅游创业服务平台呢?

创业不仅仅是一种生活态度,还是一种生活方式。创业的艰辛外人很难感同身受,他们需要太多太多的支持,特别是精神上的支持。让我们一起支持那些追逐梦想的创业者,让我们和改变旅游业未来的人在一起,让创业照耀旅游的星空。

接下来和大家分享一下我的创业感悟:

创业之路的终点是那丰碑,也是创业者孜孜以求的目标,它看上去那么近,却又那么遥远。你原地不动肯定到不了,所以你就必须向它走去。

创业是孤单的旅行,是那单行线,没有回头路,只有向前,一路向前。

去他的唯快不破,创业像马拉松,不看谁跑得最快,看谁能最终到达终点。

你为了什么创业?为了梦想,荣耀,还是所谓的成功,还是更好的生活?生存的艰难更难还是创业的艰难更难?

不忘初心。还记得你最初想要什么吗?有时我们走得太久,以至于忘记了来时的路。有时我们走着走着,就偏离了我们最初的目标;有时我们走着走着,发现越来越不是自己想要的。还记得,我们最初的想法吗?

让我们出发!向着我们的目标,走起!

创业需要决心,这是走向创业的第一步。曾经想太久,就是不敢迈出那一步,但只要你迈开第一步,就会有第二步、第三步、第 N 步。

光有决心是不够的,坚持是最重要的因素之一。坚持下去可能会成功,不坚持,则成功的机会都没有。

看上去的风光与背后的苦逼有谁能知道?台上一分钟,台下十年功。天下没有那么容易的事情,特别是创业。成功都是偶然的。没有准备的话,天上掉馅饼你也接不到的。

创业很艰辛,充满着心酸、委屈,当然,也有快乐和美好。这确实是体现各种情绪的最佳方式了。

取势，明道，优术。创业者请牢记这三点。而且，最重要的是，顺序不要弄反了。

善良真的比聪明更重要。水至清则无鱼，人至明则无智。不管如何，有颗善良的心吧！但请不要忘记，善良不是懦弱的表现，不要把别人的善良当成懦弱！

创业者总是孤单的，在内心深处。在路上，一直在路上，创业总是在路上，没有终点。

阳光总在风雨后，不经历风雨，怎么见彩虹！

但你着急是没有用的，真的。万物的来去，都有它的时间，时间没到，再急也没用。

有时候，真感觉太难太难太难了，还是放弃吧！创什么业啊，打工不也挺好的，当个高管不也挺好的。创业过程中遇到的困难挫折多了去了。

中山先生早就说过：百折不回！如果创业者没有气概或者没这精神或这韧性，还是歇了吧。

为什么河流总是弯曲向前？因为成功没有捷径！！！遇到阻碍无法解决就绕过去，也不能停滞不前，总能达到目标。

做个本我的人，做个本真的人，做个清澈的人。

太久没有户外中惬意的感觉了，身体苦痛，精神愉悦。创业虽然重要，身体也不容忽视，身体才是革命的本钱呢。

我相信：希望是最值得投资的事情，凡事相信，才能凡事努力！

我们要分工协作：这是个合作共赢的时代，让自己的长板更长，短板由合作伙伴弥补，做好自己的那部分就好。

帮助他人成功才是真正的成功，这成为我奋力前行的动力，让我们一起，改变旅游业的未来！

这是创业的信念，也是创业的执念，相信自己，是创业能够坚持下来的原动力。

不忘初心，方得始终！

最后用两句唐诗表达我对创业者的祝愿：长风破浪会有时，直挂云帆济沧海！

感谢沙画师刘圣彩的沙画制作！

## 相融相盛　携手同行——记第三届中国旅游创业创新高峰论坛开幕致辞（2016）

规模：500人

时间：2016年4月9日

地点：北二外竞先厅

如果连续三届参加我们峰会的人会知道，我们最初是起源于 2012 年 9 月份的旅游创业家俱乐部，经过三年以后在今年的 1 月 15 号成立了中关村智慧旅游创新协会，走上了正规化的发展道路。

旅游创业家俱乐部交大逐鹿茶楼首聚 2012 年 9 月 19 日

第一张图片，是协会缘起于逐鹿茶楼的一次小聚会，在这里面实际上已经有一些人算比较牛了，比如有现任职去哪儿 CEO 的谌振宇（右二），2015 年双创周曾经获得李克强总理亲切接见的周末去哪玩张文龙（右三），面包旅行的彭韬（左二），当初这几个人，现在发展非常的迅猛。

2021 年 2 月 12 日注：现奥徒刘宇（左一）、现 Airbnb（爱彼迎）彭韬（左二）、TouchChina 沈卓立（左三）、现 HachiBot（哈山奇机器人）谌振宇（右二）、现桔子瑜伽张文龙（右三）、绿野 & 六只脚卓光（右四）

中国旅游创业家协会成立 2013 年 2 月 26 日

第二张图片是 2013 年 2 月份，我们在去哪儿网苏州街会议室成立了中国旅游创业家协会，在旅游行业里算是第一个相对比较大规模的创业创新服务组织；接下来这三年当中我们做了很多跟服务旅游创业创新者相关的事情，得到了学界和业界的关注与认可。

中关村智慧旅游创新协会成立 2016 年 1 月 15 日

第三张图片是我们在 2016 年 1 月 15 号，经北京市民政局批准，在中关村创业大厦成立了中关村智慧旅游创新协会，中国旅游研究院戴斌院长出席并致辞，全联旅游业商会武国樑秘书长出席并代表商会祝贺。协会当时定的发展方向：一是智慧旅游，二是创业创新，三是文化交流。

三年多来有些感悟，跟大家分享下。Stay hungry. Stay foolish. 这是乔布斯的话，文雅的翻译是求知若渴，虚心若愚，但从我来说更喜欢它非常粗鄙的翻译，那就是保持饥饿和保持愚蠢。在创业创新的过程当中，这两点是非常重要的，保持饥饿是让我们保持空杯心态，不断地去学习，丰富完善自己，去吸收各方面的知识、经验、教训等。保持愚蠢是让我们保持对目标专注的能力，简简单单，傻傻坚持，这就是创业，保持饥饿和愚蠢才能让你走得更远。

六小龄童老师去年和百事可乐有一个视频，里面有一句话，苦练七十二变，方能笑对八十一难。在创业创新的过程当中，我们会遇到太多太多的坑，这个坑我们需要逐一去填平，创业过程中会不断有各种各样的问题出现。我们不是来问问题的，我们是来解决问题的，我们最终目的是把问题解决，所以说在克服磨难的过程当中需要我们有坚韧的心态和非常强的执行力。

再来聊聊三种团队类型。这三年来我们虽然有一定的发展，但相对来讲还比较缓慢，这其实是受制于团队。团队在创业的系统链条中是排在第一位的，没有一个好的团队，单枪匹马做不成太大的事情。

第一种团队是中国人最为熟悉也是最经典的，西游记的四人组合，他们的绰号是大唐 F4。这种团队里的每个人都有优点和缺点，但唐僧能把他们很好地融合在一块。这种团队也是我经常说到的在团队成员选择标准上要"互补"，包括能力互补和性格互补，而唐僧团队完全吻合，所以他们成功了。

第二种团队复仇者联盟，这里面每个人都非常厉害，都是超级英雄。但这个团队成员都是顶级精英，怎么去管理这些精英，精英之间的关系怎么样去处理也很重要。为什么超级英雄们也要组队,因为要对抗更强大的敌人,完成不可能完成的任务,这也充分说明团队的重要性。

第三种团队,更加吸引投资人,比如在路上 APP 这种豪华型团队,三个合伙人分别来自盛大、携程和阿里。这种团队的合伙人能力超群,所谓明星团队,这种团队最受投资人喜欢也最容易拿到投资,但开局良好不一定意味着走到最后,也得用好四个力。

纵观这三种团队,都会在我们创业的团队中出现,究竟哪一种团队适合哪一种类型的创业还是要根据大家的兴趣、爱好、自己掌握的资源、优势和自己将来的方向去决定,但不管如何都必须要有团队。

前不久上映非常疯狂的《疯狂动物城》电影里,描述了一个理想的乌托邦世界,在这个世界里面食肉动物和食草动物能够和谐共存。在我们旅游行业很多大企业的 logo 都是动物,比如携程的海豚、途牛的牛、同程的小鱼、驴妈妈的驴、去哪儿的骆驼等,有时我们开玩笑说旅游业就像个大动物园,以至于美团进来时没得动物可选,logo 放了个西瓜。从我们行业组织角度来看,我们希望整个旅游业能够达到一个相融相盛、携手同行的效果,所以我特意放了一张《疯狂动物城》的电影海报图片,希望大家能和谐相处、共生共融、共扶共帮,只有这样我们才能一起改变中国旅游业的未来。

欢迎大家多多关注中关村智慧旅游创新协会,也希望创业者和创新企业能加入我们的协会当中,希望大家相融相盛、携手同行!再次非常感谢各位的到场,谢谢。

## 智慧互联　全域物联——记第四届中国旅游创业创新高峰论坛开幕致辞(2017)

规模:500 人

时间:2017 年 12 月 8 日

地点:北京秀水街魅力中国文化旅游国际体验中心

各位嘉宾、朋友们,大家上午好!创新是社会进步的灵魂,创业是推进经济社会发展、改善民生的重要途径,创新和创业相连一体、共生共存。

近年来大众创业、万众创新蓬勃兴起,催生了数量众多的市场新生力量,促进了观念更新、制度创新和生产经营管理方式的深刻变革,有效提高了创新效率、缩短了创新路径,已成为稳定和扩大就业的重要支撑、推动新旧动能转换和结构转型升级的重要力量,正在成为中国经济行稳致远的活力之源。

为进一步系统性优化创新创业生态环境,强化政策供给,突破发展瓶颈,充分释放全社会创新创业潜能,在更大范围、更高层次、更深程度上推进大众创业、万众创新,国务院日前发布《关于强化实施创新驱动发展战略进一步推进大众创业万众创新深入发展的意见》,指出大众创业、万众创新深入发展是实施创新驱动发展战略的重要载体,要以创新为本，以科技创新为基础支撑，实现创新带动创业、创业促进创新的良性循环。

"大众创业、万众创新"作为中国新常态下经济发展"双引擎"之一，自2014智慧旅游年以来，智慧旅游、大数据、物联网在旅游业的应用不断深化，众多业内企业勇立"互联网+"浪潮，融合发展"旅游+"，极大地促进了中国旅游业创业创新发展的进程，线上线下创业项目大量涌现，推动中国旅游业科技迅速变革。

中国旅游创业创新高峰论坛自2014年首次举办以来，已成为中国旅游业唯一以创业创新为名的全国性大型公益品牌论坛，特别是从旅游创业科技创新角度出发，探寻行业发展趋势，研讨行业症结及应对方案，展示创业成果及创新项目，在行业产生了较为深远的影响。

本届峰会，以"智慧互联 全域物联"为题，聚集旅游业界领袖、权威专家、知名投资人，聚焦全域旅游、智慧旅游与物联网在旅游目的地的实践，思辨文旅演艺与新媒体新技术应用融合，更有旅游科技创新项目秀闪亮登场。峰会将高屋建瓴，给出发展思路，指出应对方案，助力中国旅游业科技创新进一步发展。

牢记初心，不忘使命，感谢各位朋友，预祝大会圆满成功！

## 文旅融合　创赢未来——记第五届中国旅游创业创新高峰论坛开幕致辞（2018）

规模：300人

时间：2018年12月16日

地点：北京联合大学1B南报告厅（南报）

特别开心在这样一个冬日里能够与大家有这次相聚。我们办中国旅游创业创新高峰论坛已经第五届了，在寒冬当中坚持了下来，作为办了五届的峰会，需要做一点小小的总结。

从 2013 年到 2018 年，我们一直在关注旅游的创业和创新，六年当中我们做了一点工作，简单理解成 9+1。

六年中做了九件事：

（1）一个组织：我们做了一个社团，专门专注于旅游行业的创业和创新。分成两个阶段：2013—2015 年是中国旅游创业家协会，2016 年正式在民政部门注册了中关村智慧旅游创新协会。

（2）一个智库：建立一个旅游双创的民间智库——旅游创业创新研究院，聚集近百名业界学界专家业界领袖，依托于这个智库做了一些相关科研和产学研结合的工作。

（3）一套丛书：《中国旅游创业创新智训丛书》是目前在旅游行业或在整个双创领域里唯一以旅游创业创新为主题和内核的丛书，既包括每年一度的蓝皮书，也包括以旅游案例集为主的旅游创业启示录。目前已经出版了 9 本，19 年还会出版四五本，这套书籍相信对关注及正在旅游业创业创新的人们有启发和思考。

（4）一个大赛：中国青年旅游创业设计大赛。首届的决赛上一周（2018 年 12 月 8 日）在威海市南海新区正式落下帷幕，通过大赛方式能够发动全国青年及大学生的力量，为地方旅游经济发展贡献出他们的聪明才智。

（5）一个峰会：从 2014 年开始到现在办了第五届旅游双创峰会了，作为旅游行业内唯一一个大型公益性双创峰会，希望能够推进产学研进一步结合。

（6）一个榜单：中国旅游创业创新先锋榜。这个榜单现在做得还不够好，希望下一步能够联合一些更加有权威的机构共同推介优秀的创业创新相关人物。

（7）一个讲座：全国高校旅游双创公益巡讲。近三年时间里，以我为主的差不多巡讲了 93 所高校，既有本科院校，也有高职高专。我当初给自己订了目标是在今年年末之前完成 100 所任务，但很抱歉的是只完成了 93 所，希望能够在明年第一季度继续把这个事情持续推动下去。（注：截止本书出版时已完成 133 所高校。）

（8）一个课程：研究生的旅游创业创新课。今年首次和首经贸合作，给研究生上旅游创业创新选修课（16 学时 1 学分），在全国高校里也算是首创先河，而且结课作业也是以参加青年旅游创意设计大赛作品为要求。

（9）一个指数：做了一个中国旅游创业创新信心指数，今年是第三年了，稍后李彬老师会给大家做详细的说明。（注：截止本书出版时已经发布了 5 次。）

这是六年当中在旅游行业为创业创新做的一些小小的工作吧，与此同时，也收获了一点小小的荣誉：

2014 年，在"北京对话"中获得中国旅游创新奖，2016 和 2018 年分别在中国国家旅游杂志榜单上获得双创、文创最佳服务机构奖，也是对我们工作的鼓励。

作为创业和创新，依然回到最初的原点，提到创业和创新还是离不开所谓的情怀、责任和使命。

在此我向大家推荐两部电影和两部书:《七十七天》《冈仁波齐》;《活着》《平凡的世界》。

从2016年中开始的资本寒冬发展到了2018年,我认为这个寒冬还会继续一段时间,但我也隐约看到了2019年春天曙光的到来。再次感谢各位,期待跟各位能有更多交流的机会。

## 坚定坚守　创赢未来——记第六届中国文旅创业创新高峰论坛开幕致辞(2019)

规模:120人+

时间:2019年12月20日

地点:北京清尚集团6层阶梯教室

自2014年国家提出"大众创业、万众创新"战略时至今日已过去了五年,而2018年国家部委大调整,文化与旅游部出现后,创业创新与文旅融合共同助推文旅业进一步向前快速发展,学界与业界对文旅融合的探索与实践一直在推进。2019年6月李克强总理出席全国大众创业万众创新活动周时强调进一步提升"双创"水平,更好发挥稳就业促创新增强新动能作用。他指出,大众创业万众创新实质是通过改革解放和发展生产力,调动亿万市场主体积极性和社会创造活力,更大限度激发每个人的潜能潜质。

近年来,在以习近平同志为核心的党中央坚强领导下,中国经济保持平稳运行。虽然当前面临复杂严峻的国内外形势,但中国经济有韧性,韧性植根于近14亿人的勤劳与创造,"双创"是个重要支撑,依靠更大激发市场主体活力和社会创造力,可以顶住经济下行压力,保持中国经济长期向好的基本面。

从我2013年创办双创社团以来七年快过去了,在线旅游的双创七年里可谓跌宕起伏、一言难尽。七年中，有巅峰有低谷。我看到大量的创客从蜂拥而至到四处流散，从追赶热潮到遭遇资本寒冬，满心憧憬化为梦幻泡影。严冬后的冷静期里，我也看到很多的创客顶着巨大的压力在坚守初心，坚持再坚持等候春天的到来。毕竟寒冬里坚持先活下来才有发展的可能，原先靠一个 Idea 或做个漂亮的 PPT 就能拿到钱的时代我想永远不复返了，现在的阶段，你的项目唯有真正地为市场和用户创造价值才有成功的可能。

创业是系统工程，讲究天时地利人和，创新是创业之魂，永不停歇。找准定位，深耕细作，打造团队、资源、资金的金三角，我想可能这才是成功的关键所在吧。双创，不只眼前的苟且，还有诗和远方的田野。

本届峰会，聚集文化与旅游学术界与产业界领袖、权威专家等，继续聚焦文旅融合与创业创新，探讨文旅创新业态等前沿话题与实践探索，发布中国文旅双创信心指数 2020，继续为文旅业双创助力行知，坚定信心坚守信念，共同赢得未来。

第二部分

# 老张聊创业

# 第四章：媒体旧访

## 做中国最具价值的旅游创业服务平台——《旅行社杂志》专访 2014 年 6 月刊

**为旅游创业者提供智力、资源及资本支持**

问起成立中国旅游创业家协会初衷，张德欣将此追溯到 2012 年 9 月 19 日，9 君子于交大东路逐鹿茶楼品茶畅聊，尽兴之余，大家共同倡议由我定期组织大家互动活动，共享在线旅游创业信息。这就是中国旅游创业家协会的前身——旅游创业家俱乐部。

随着俱乐部活动效果不断被认可，参与人员也迅速增多，在成员的再次倡议下，张德欣于 2013 年 2 月在香港注册了中国旅游创业家协会（简称"协会"）并于 2 月 26 日举办了成立仪式。协会秉承着"旅游创业加速度"的理念、"资源对接、行业聚合、创新实践、服务社会"的宗旨，"为旅游创业者提供智力、资源及资本上的支持"三项工作任务，愿景是希望做中国最具价值的旅游创业服务平台。协会选取"虎"作为会徽，张德欣表示，这代表着勇往直前、不屈不挠的创业者精神。协会正不断向可持续健康的社会公益平台方向发展。

中国旅游创业家协会的成员主要是在旅游业进行互联网和移动互联网创业的人群，如从事旅游网站、APP、旅游微信等细分领域，核心是线上旅游创业企业。"趋势才是最大的优势，所以我们集中在旅游业的互联网、移动互联网领域方面的创业，这是未来市场的一大趋势，"张德欣说，"但我们的终极目标是搭建整个旅游生态圈。"

目前协会已经汇集了 100 多家在线旅游创业企业，如去哪儿、途牛、马蜂窝、TouchChina、在路上、6 人游等。协会平台可以提供经验分享、资源对接、政府协作 3 项服务，各成员均为各公司创始人、CEO、总经理等，合作成本低且效率高，群内成员间已经有多位达成资源对接与业务合作。协会完全作为公益平台开放，对旅游创业感兴趣的人都可以加入协会公益 QQ 群 34485526，没有过于严格的限制，旅游创业者可以有自发性的交流与合作。协会参与创办的"创新企业旅游投资机构联盟"也于 5 月 28 号成立，并为旅游投资机构与旅游创业者们提供互连互通的桥梁作用。

**将在其他城市举办沙龙活动**

截至 2014 年 5 月，协会举办了 80 余场公益性活动，包括沙龙、户外、采风考察、项目对接等各类线下活动，参与总人数超过 10 000 多人。活动不仅仅有线上企业的分享交流，更有牵线对接线上线下企业的互动和项目对接。

除举办协会的沙龙活动等，协会还与北京第二外国语学院酒店管理学院和旅游管理学院合作，共同举办系列校企交流沙龙，将优秀旅游创业者请进高校，为高校师生带去旅游业市场真实的案例和声音；同时，协会与二外每年合作撰写一本旅游创业年度报告。在 2014 年 3 月 1 日—2 日，双方共同举办了首届旅游创业高峰论坛并约定每年持续举办。今年，双方还会合作出版《旅游创业启示录》系列创业者故事类图书。

协会也一直推动旅游业的创业创新大赛，以便遴选出优秀的旅游创业项目。在 3 月，协办了创业家杂志主办的"旅游行业黑马大赛"；4 月，协办了众信旅游、架桥投资、3W 咖啡等主办的"旅游互联网创新大赛"，并促使这两次大赛获得了圆满成功！

今年 5 月，协会举办了公益活动"京沪旅游创业者交流沙龙""第 5 届中国连锁酒店发展大会筹备会议""第 14 届承德国际旅游文化节——目的地旅游 O2O 承德合作研讨会"、南浔古镇考察等活动。下半年，协会将前往上海、杭州、广州、深圳、成都等地举办旅游创业者交流沙龙活动。

**帮助他人成功才是真正的成功**

张德欣 2006 年开始涉足旅游圈，见证了整个旅游互联网和移动互联网的发展，从亲身做旅游到创办协会为旅游创业者提供服务，他说最大的收获是和优秀的创业者们共同成长，感受他们创业的激情和推动行业发展的愿景，在这一过程中，自己也得到了很大的提升。对于成功，他谈到物美原董事长吴坚忠博士对他感触最深的一句话："帮助他人成功才是真正的成功！""中国旅游创业家协会给创业者提供智力、资源及资本服务，帮助他们在成功的路上走得更快一些，走得更好一些"，这也是张德欣坚持下来的动力以及把协会打造成公益平台的决心。正因为如此，虽然已经接到了很多投资商抛出的橄榄枝，但他希望协会还是保持独立和公益，"不忘初心，方得始终"。

采访最后，张德欣说，创业是一个漫长艰辛的过程，需要特别大的坚持，但只要坚持付出，就会有收获，对创业家也好，对自己也好，要相信"走着走着花就开了"。

注：原文刊载于《旅行社杂志》2014 年 6 月刊第 98 页。

# 以"2"攻"2"创业记——《旅业家》杂志专访 2014 年 7 月刊

**文 / 江颖**

在旅游行业中，O2O 中的"2"是连接线上与线下的平台，这个"2"，尽管很苦很累，但是却需要有人去做这件事情，而我做的这项工作也就像这个"2"一样，用"2"一样的吃苦精神实现"2"的平台连接和跨越。

——张德欣

2012 年 9 月，旅游创业家协会最初以活动沙龙的形式，聚合在线旅游创业人士，旅游创业家俱乐部便是旅游创业家协会雏形。2013 年，旅游创业家俱乐部正式更名为旅游创业家协会，从此竖起旅游创业服务平台的大旗。

作为旅游创业家协会创始人张德欣，一身绿色休闲款，朝气、活力、生机，俨然看不出如今的他已经到了四十不惑的年龄，用他自己的话说，如此年龄，创业刚好。

### 做第一个吃螃蟹的人

"这是一件很有意义的事情。"张德欣如此说道。

张德欣所做的事情，是将旅游与创业相结合做创业者服务平台的一个过程。"做旅游的人有很多，做创业服务平台的也有很多，但是能够把旅游与创业平台相结合的人却寥寥无几。"

"其实，当时没有特意想走这条创业的道路，后来，随着自身对于旅游的了解，加深了对旅游的兴趣，机缘巧合之下，顺其而然的就自己创业了。"回想起当初创业的经历，张德欣不免有一番感叹。

"还记得 2012 年 9 月，那时的我们，经常会和在线旅游创业者聚会、聊天、喝茶，大家在一起唠唠嗑，发发牢骚，探讨下行业今后的发展、未来、模式等问题。当时坐在一起聊天的是 9 个人，他们中有的现在已经声名显赫了（如去哪儿 VP 无线事业部总经理谌振宇、周末去哪儿张文龙、TouchChina 沈卓立、面包旅行彭韬、绿野 CEO 卓光等，我们在一起聊聊行业，聊下发展，顺便吐吐槽。那种氛围非常的好，大家在一起都聊得非常的开心。"当时大家都觉得这样的沙龙活动挺不错，于是有人建议说应该多举办这样的活动。在座的好几位都是创业公司创始人，忙得不可开交，根本没时间筹划和组织活动。"那就我来组织吧！"别人不做的事情，热心肠的老张（编注：圈子中人都如此称呼张德欣）便开始认真筹划起这件事来。

从 2012 年的 9 月到春节，这期间，张德欣便成了大忙人，一天要见 3～5 位创业者，陆陆续续的忙着活动的操办，小的十几人，大的上百人的都有。活动中做互动的时候，大伙儿会提一些非常实际的问题，遇到的瓶颈或者困境，如何解决等，最初俱乐部的定位主要是给在线旅游创业者做一些经验交流和分享，谁也没有想到把这件事情当成是一个创业项目。后来很多朋友都说："老张，你做这个俱乐部不错，我们支持你，你全职来做，自己创业吧。"张德欣思前想后，感觉确实到了创业的时点，虽然有种"黄袍加身"的意味，于是，他放弃了移动互联网公司的高管职位，专心开始打理起这个全新的项目来。

2013年春前节，俱乐部已经办得有声有色，并于2013年2月26日，旅游创业家协会正式成立。2014年5月28日，旅游创新企业投资联盟成立，完成协会的第三项工作任务——资本服务。协会对旅游创业者提供三个支持，即智力、资源、资本支持。智力方面，各种交流研讨；资源方面，实现线上线下对接；资本方面，实现项目投资。

"其实这个过程并不像所有人想象的那样，进展得非常顺利。作为一个民间公益平台，这其中我们有很多的困难要去克服。"当记者问到现今是盈利还是亏损状态的时候，张德欣丝毫不掩饰："一直都是亏损。"

虽然协会在成立早期曾收取过一定的会费，但是这小额的经济收入远远不足以支撑平台运营。"我有一个朋友，他去年的时候交了会费，但是他当时对我说的理由是，我就是想看看你是怎么死的，其实他是想看看我能否坚持做下去。可是一年过去了，我不仅没有死，而且还做得越来越好，我已经用行动告诉他我坚持下来了，这也让他刮目相看。在第二年续费的时候，他立马交了费用。"回忆起创业初期的那些点滴，张德欣的话语中难掩心酸。

"作为民间公益平台，一没政府支持二没财团支持，我能依靠的就只有我身边的朋友以及我自己。"在搭建这个平台的时候，张德欣很感叹地说道："创业这条路，正是因为有了朋友之间的相互扶持，抱团取暖，才能走得远。很多事情，我一个人可能做不了，需要大家一起共同帮助才能完成。"

**"2"字当头，苦累全当**

说起旅游创业家协会，张德欣把他自己比作是旅游O2O模式中的那个"2"。"在传统的旅游模式中，连接线上线下的这个平台'2'，虽然是看似简单，却非常重要，不但连接线上线下，更充当转化及放大的作用。而我的工作也就像这个'2'一样，连接着旅游产业链"。

刚刚开始主要针对的是线上创业公司，为其对接线下资源，接下来将会把线下资源整合，对接到线上，最终实现O2O。如何帮助这二者之间实现转化与结合，在张德欣看来，必须有人做这个"2"，有人愿意做这份又苦又累的"脏活"。在这个平台上，张德欣便是这个"2"。他对着记者几度笑称自己"这份工作何止是一个'2'，简直是很多'2'。太累太辛苦，别人不愿意做这件事，我就来做"。

"现在很累，每天要见很多人，分析他们的需求，然后要调动一些资源，满足他们的需求。这种苦活脏活是非常累的，在这个里面，这就相当于O2O当中的'2'，在这个过程中，可能你需要主导，也可能是推动力量。举例来说，就像一种旅游产品策划和设计，线下企业不愿做，线上企业也不愿意做，但总需要有人来做，比如说你或者我，来做这个'2'的事情。为什么一般人或者说线上线下旅游企业不愿意做呢？这就好比是传统旅行社要踩点、拍照片、写游记攻略，辛辛苦苦把一条自己辛苦付出的全新的路线放在网上，结果很容易就被复制了，而且价格还更低。线上旅游企业都做轻平台，也不希望把自己弄得太辛苦，亲自做什么资料采集等工作。他们希望最好的模式就是做成一个开放式的平台，大家把手上拥有的线路产品放在这，这个线路的相关咨询客服等工作由供应商解决，收取一定的佣金做好平台工作，这就够了。大家都不愿意做费力不讨好的事情"。

全心承受"苦活累活"的张德欣，也全心承受着"2"的这份责任与使命。把"2"做好，可能不仅仅只需要一个"2"，中间可能是很多的"2"，通过"2"的平台实现连接两边，旅游创业协会，定位于中国旅游创业服务平台，其实最终是搭建整个旅游生态圈。在张德欣的未来规划中，实现旅游生态圈便是他要完成的最终目标。

"我们虽然初期面向的是旅游创业者，但最终还是面向的是整个旅游圈。现在我们的核心是旅游创业，下一步希望建立一个旅游生态圈，希望把整个旅游行业的资源进行一系列的整合与梳理，从现在的一些在线旅游项目来看，他们需要和线下资源合作。如果我们把一个旅游创业平台扩大到旅游生态圈的话，那里面我们就有很多的事情可以做了，比如可能会有更多的传统的旅游企业会参与起来"。

随着散客化、自由行的趋势，传统旅行社也在尝试用一些新的方式将这些散客接进来，但是这些散客都在那些在线旅游商里。每个在线旅游商手上都有一些散客用户，比如旅游网站、旅游APP或旅游微信平台，少则几十上百万，多则几千万的用户，巨大的流量和用户量是线下旅游企业最想要的。在此之下，必须是双方进行合作，在线旅游做好如何把用户吸引过来并形成忠诚度和黏性，传统旅行社做好这些用户的地接服务工作，形成闭环。长期来说建立一个旅游生态圈，打通旅游行业，便是旅游创业家协会未来要做的"2"。

"我希望，旅游创业家协会是一个完全公益的平台，在这个平台上，每个人都可以找到自己想要的，然后得到相应的帮助"。对此，张德欣深信物美前董事长吴坚忠博士的一句话：真正的成功就是帮助他人成功。

"我现在帮助这么多旅游创业公司，只要他们成功了，我这个'2'（旅游创业家协会）肯定也就成功了。先成就别人才能成就自己，作为公益平台，这是我坚持的动力。"目前来说，张德欣已经把旅游创业家协会这个旅游创业服务平台免费开放，在他看来，是为了让更多的对旅游和创业感兴趣的人参与进来，"我一直认为这是非常重要的事情，这是件推动整个旅游行业发展的大事"。

但目前而言，在张德欣眼中，这个不到两年的"2"的平台，仅仅只是完成了这个平台功能的很小一部分。"这个平台只搭建了一部分，还有很多的地方不完善。包括培训、人才，甚至投资。我的邮箱中每天都有很多人给我发邮件，说是缺人，从上到下什么人都缺，但是现在没有哪个人才招聘能够解决旅游业人才的需求问题"。目前协会工作人员以兼职为主，没有专职的人手，当杂事和琐事太多的时候，张德欣也不得不承认工作的细碎让他有些心有余而力不足。

"其实专业的事情还是要交给专业的人去做，我们的作用还是在于像'2'一样的连接。

我们的服务对象目前主要是旅游创业公司，通过此将景区、酒店、旅行社等线下资源联系起来，实现旅游行业的串联"。用专业的人做专业的事情，把自己的事情做好，就能皆大欢喜。"旅游创业家协会，我们其实有很多方向，每个方向上都应该有专业的合作伙伴。我们把这些方向上的事情交给他们去做，而我就可以想一些更高层的战略决策。短期实现什么，中期实现什么，还需要进一步的思考"。

创业，不以成败论英雄

在这个平台上，张德欣在为创业者服务，同时也是为自己创业。创业家，可谓创业者中的大家。但张德欣从不把自己自诩为创业家，"我只是一个创业者，离创业家还非常远"。

旅游创业家协会是旅游创业者的一个服务平台，但是当旅游创业者到了一定阶段，有了阶段性成功后，创业者就可以变成一个创业家，为更多的后来创业者提供更多的意见与帮助或是支持。"每个创业者都有可能成为创业家，只是这个机会需要自己去把握和努力"。每天与创业者们打交道的张德欣，清楚地看到，每个满怀激情的创业者都有着一个非常宏伟的创业梦。

当然，创业之路并非一帆风顺，"创业是个艰难而且漫长的过程"。

携程、去哪儿等行业巨头已经出现，新的创业者也在不断涌现。创业者如何在这个市场中抢占一份蛋糕，不仅仅是创业者需要考虑的事情，同时也是整个行业都需要深思的事情。常规产品，满足大部分人的标准化的市场，但是旅游的市场广阔，市场的细分与再细分，随处都存在着未被开辟的蓝海区域。"目前，我比较看好的主要有三个维度的旅游创业项目。第一是以服务区域性用户为主的创业项目，如澳乐网专做澳大利亚市场，微行欧洲专做欧洲旅游搜索引擎，这种区域性的创业项目只关注某一特定区域。第二是针对主题类创业项目，如泡泡海，他们就只关注于海岛度假游。另外也有专门做摄影游或蜜月游的。第三是以人群维度来划分的创业项目，如老年夕阳团、亲子、情侣，甚至还有做同性恋旅游的"。在行业大佬几大帝国覆盖市场之下，总是会有一些大公司不能够完全覆盖到的市场，虽然市场规模相对较小，但是对于创业者来说，能够把细分市场这一块做好，已经是很不错的了。

在这个平台上，聚合了大量旅游创业的最新项目。今年3月份，旅游创业家协会与《创业家》杂志合作举办"旅游行业黑马大赛"。4月份，他们又与3W咖啡、架桥、众信等一起举办"旅游的未来——互联网创新大赛"。作为专业于旅游创业的垂直领域，推荐更多更好的旅游创业项目乃是我们的责任。"我与大量旅游创业公司的创始人都比较熟，通过我们的渠道告诉创业者，让他们去参赛，然后获得被关注和被投资的机会，可以更快地成长"。

当然，并不是所有的创业项目都会得到资本及市场认可。每个创业公司都是不同的，或多或少都存在着一些问题与困难。如何拿到投资，这需要创业公司在实践中进行不断摸索，不断学习较为成功的创业公司的经验。"我们不敢保证每个创业项目都是非常靠谱的项目，但是我却希望，所有的创业者都能够过来找我们，然后加深了解与沟通，同时我能将我了解到的创业项目与投资方的需求进行匹配，然后把一些符合要求的创业者推送过去"。在与行业的碰撞与接触中，张德欣心里也有了一套基础的衡量标准，去判断哪些创业项目是 VC 所喜欢，哪些创业项目还有不足需要改进。

市场上判断一个创业公司是否成功，更多的时候将目光放到了"钱"上面，看他能否拿到投资，能不能获得投资，天使、A 轮、B 轮、C 轮等。这只能是评判他是否阶段性成功的一项标准。但这不是绝对标准，最重要的是看他做了哪些事情，对这个行业是否有推动，对用户有什么实际意义。能够拿到投资，说明资本市场对它的认可，当然，对于创业者来说，这仅仅是开始。投资之后，更多的要考虑商业的运转。其实不管是早期创业者，还是已经小有名气的创业者，每个人都在不停地成长。

在张德欣看来，这个平台有来自旅游圈的各种创业者，有的技术很好，有的营销不错，有的服务很棒，有的产品独特，不管大小公司，都有很牛的一方面，无论最终成败，总有可以让其他创业者学习与借鉴的地方。"在这样一个平台上，最大的收获不是金钱，而是一个自我的提升。每天和这些优秀的人进行思想的碰撞，对行业进行思考，站在巨人的肩膀上，让我能看得更远"。

注：原文刊载于《旅业家》杂志 2014 年 7 月刊第 34~38 页。

## 搭建公益沟通平台，助推初创企业成长——《大旅游》杂志专访 2014 年 8 月刊

公益的归公益，商业归商业，但核心是物有所值，做好服务！——中国创业家协会会长张德欣

**采访问题：**

请您为我们简单介绍一下中国旅游创业家协会的基本情况？目前都有哪些会员？什么样的个体或者企业才能加入这个协会呢？

中国旅游创业家协会（以下简称"协会"）成立于 2013 年 2 月 26 日，是由众多旅游创业企业与机构发起，有志在旅游行业发展的人员自愿参与、自主管理、自我完善的具有社会公益性质的创业互助组织。自协会成立后，组织各类活动达到 100 多次，活动类型包括 1000 人大型论坛、沙龙、户外、培训、研讨会、采风考察、创业大赛、项目对接等。2014 年 5 月 28 日，旅游创新企业投资联盟成立，完成了协会的第三项工作任

务——资本服务。目前协会对旅游创业者可提供三个支持，即智力支持、资源支持以及资本支持。

协会成立初期的成员主要是在旅游业进行互联网和移动互联网创业的人群，如旅游网站、APP、旅游微信公共平台等细分领域的线上旅游创业企业，包括去哪儿、途牛、马蜂窝、在路上、今夜酒店特价等优秀企业。目前协会已经完全免费开放，汇集了300多家在线旅游优秀创业企业（互联网与移动互联网）、300多家全国优秀地接社（当地接待量排名前3者）、近200家全国媒体、超过100位旅游达人等。协会平台可提供经验分享、资源对接、政府协作、资本导入4项服务。

协会公益平台欢迎旅游行业创业者加入；其中优质项目创始人、CEO、总经理、联合创始人等可以加入旅游创业会核心圈子，享受更为深入的资源、资本等方面的服务。群内成员间已经有多位达成资源对接与业务合作。

当初成立这个协会的初衷是什么？能为你们的会员带来哪些服务？有无实例给我们介绍一下？

协会的成立可以追溯到2012年9月。那时我经常会和去哪儿无线事业部总经理谌振宇、周末去哪儿CEO张文龙、TouchChina沈卓立、面包旅行彭韬、绿野CEO卓光等创业者坐在一起聊天，大家一起探讨行业今后的发展、未来模式等问题。那种氛围非常好，聊得开心也非常有收获。当时有人提议应该多举办这样的活动，于是诞生了协会的前身——旅游创业者俱乐部。最初俱乐部的定位主要是给在线旅游创业者做一些经验交流和分享，随着俱乐部影响力的扩大，我开始希望可以搭建一个平台，实现旅游行业的资源对接、行业聚合、创新实践、服务社会等职能，为旅游创业者提供智力、资源及资本等各方面的支持，帮助到更多的旅游创业企业，真正助推初创企业成长。

协会通过整合资源，目前可为会员创造以下有价值的服务：①经验分享：分享创业成功经验、失败教训，协助解决创业公司的实际问题；②资源对接：协会将对旅游产业链中各类资源进行吸纳提纯并对接协会成员；③政府协作：协助成员与各地政府旅游局接洽合作；④资本服务：企业投融资指导与服务；⑤其他服务：人才招聘、企业营销等旅游行业的其他信息服务。

以经验分享为例，协会与北京第二外国语学院酒店管理学院和旅游管理学院合作，共同举办系列校企交流沙龙，邀请核心会员，为平台的其他会员及高校的师生们带去旅游业市场真实的案例和声音。资本服务方面，协会一直在推动旅游业的创业创新大赛，推荐优秀的旅游创业项目。今年3月，协办了创业家杂志主办的"旅游行业黑马大赛"；4月，协办了众信旅游、架桥投资、3W咖啡等主办的"旅游互联网创新大赛"，帮助会员企业获得更多和资本对接的机会。其他服务方面，2013年底联合北京第二外国语学院旅游管理学院举办了针对协会会员的专场招聘会。营销方面，协会目前运营2个公众账号，定期发布旅游创业企业动态。

据我们了解，中国旅游创业家协会打造的是一个可持续健康发展的社会公益平台，对于"可持续健康发展"与"公益"这两个点,您有何看法?

可持续性发展和公益并非是矛盾的概念。旅游创业家协会是一个完全公益的平台,作为民间公益平台,一没政府支持,二没财团支持,协会在成立之初时全靠我个人的热情,能依靠的就只有身边认可的朋友们。如果仅靠我自己,是做不成目前的影响力的。正是因为协会平台的公益性,我们吸纳了很多优秀的有着同样理想情怀的人加入我们的服务队伍中。在这个平台上,我们尽量做到最大化资源整合,参与的每个人都可以找到自己想要的,形成的是一个具备自我生长能力的旅游创业生态圈。

当然,如果要让这个生态圈更为持续高效健康地运转下去,协会核心服务人员还需要进一步思考,如何进一步增强公益组织的综合能力,包括资源动员、项目实施、社会互动以及组织创新等方面的能力,以更好地服务协会会员,同时提升组织的社会公信力,获得政府、企业、媒体、大众、基金会等方面广泛的社会支持。

目前,中国旅游创业家协会都组织过哪些比较成功的活动,能否为我们介绍一下?收到的效果如何?

2014年3月1日,首届中国旅游创业高峰论坛暨中国旅游创业家协会一周年庆典在北京第二外国语学院成功举办。出席本次旅游创业高峰论坛的领导有:中国旅游研究院院长戴斌教授、北京第二外国语学院副校长朱佩芬教授、中国旅游创业家协会张德欣会长、北京第二外国语学院酒店管理学院院长谷慧敏教授、北京第二外国语学院旅游管理学院殷敏书记、北京第二外国语学院酒店管理学院吴炜书记等。近千名旅游行业相关人士出席了本次论坛。

另外除了上文提到的系列主题沙龙、创业大赛等活动外,今年上半年,协会举办了公益活动"京沪/京杭旅游创业者交流沙龙""第5届中国连锁酒店发展大会筹备会议""第14届承德国际旅游文化节——目的地旅游O2O承德合作研讨会"、南浔古镇考察等活动。下半年,协会将前往西安、广州、深圳、成都等地举办旅游创业者交流沙龙活动。

从您的角度来看,什么样的旅游企业才能得到投资者的青睐,应该具备哪些条件?

投资者会针对企业不同阶段进行投资。一般来讲,好的创意欲寻求风险投资的支持,最重要的是让风险投资者相信这是一个能够有发展前景的项目,并有一批优秀的技术人才和经营者能够确保项目的实施。对风险投资者来说,人的因素至关重要,仅凭创意就想取得资金的想法是不可行的。

对于已经执行的项目,投资者更看重所处细分市场发展阶段以及企业的可持续性状况。具有较强的盈利增长能力,能取得长期较高收益,并具有积极化解风险能力的企业无疑是上上之选。

当然,并不是所有的创业项目都会得到资本及市场的认可。每个创业公司都是不同的,不同的模式或多或少也存在着一些问题与困难。如何拿到投资,这需要创业公司在实践中进行不断摸索,不断学习。我们不敢保证每个创业项目都是非常靠谱的项目,但是我希望，所有的创业者都能够过来找我们，加深了解与沟通，同时我能将我了解到的创业项目与投资方的需求进行匹配，然后把一些符合要求的创业者推送过去。在与行业的碰撞与接触中，我们心里也有了一套基础的衡量标准，去判断哪些创业项目是VC所喜欢的，哪些创业项目还有不足需要改进。

对于您来说，创立中国旅游创业家协会应该也算是一种创业吧？您对自己目前的工作状态是否满意，有何感慨或者困惑么？

从某种程度上讲，创立中国旅游创业家协会是在创造一份事业，与普通意义上的创业有相同之处，也有很大的不同。相同点就在于都是从零开始做，都是每天奔跑在路上的状态。不同点在于做一个营利性企业的目标非常明确，很少有人质疑你的决定；但将中国旅游创业家协会做成免费开放的公益性平台，需要接受外界及自我内心不断的拷问，一个自己都还没成功的人，为什么想着去成就大部分人？从某种角度上讲，做协会付出的努力比我过去在创业企业要多得多。

从2012年筹备俱乐部开始，我就成了大忙人。差不多每天都要见3～5位创业者，还陆陆续续地忙着活动的操办。每天接触到旅游行业各个细分领域的创业信息，了解到行业最前沿的创业信息，目前追踪的最新互联网旅游创业企业达到300多家。互动的时候，创业者们经常会提一些非常实际的问题，比如遇到的瓶颈或者困难要如何解决等，我总是尽量去帮助大家。担任着各种资源中间"连接着"的角色，我常感到满足。但因为认可协会的创业者越来越多，找我们的人也越来越多，目前协会工作人员以兼职为主，没有专职的人手，当杂事和琐事太多的时候，不得不承认工作的细碎让我开始有些心有余而力不足。协会没有资金聘请专职人员，这个问题确实很困扰我。

您对中国旅游业的发展有何看法？在您看来，目前还有哪些方面值得创业者关注的？您自己比较看好哪个领域？又或者有哪个新兴的项目是您比较关注的？

大家都知道，目前中国的旅游正处在高速发展的阶段，2013年中国已达到33亿国内旅游人次，而在线旅游会比整体旅游行业有更快的发展速度。携程、去哪儿等行业巨头已经出现，新的创业者也在不断涌现。创业者如何在这个市场中抢占一份蛋糕，不仅仅是创业者需要考虑的事情，同时也是整个行业都需要深思的事情。

目前，我比较看好的主要有三个维度的旅游创业项目。第一是以服务区域性用户为主的创业项目，比如澳乐网专做澳大利亚市场，微行欧洲专做欧洲旅游搜索，这种区域性的创业项目只关注某一特定区域。第二是主题类的创业项目，如泡泡海，他们只关注海岛度假游；另外也有专门做摄影游或蜜月游的。第三是以人群维度来划分的创业项目，如老年夕阳团、亲子、情侣游，甚至还有做同性恋旅游的。

在行业大佬覆盖之局下，总会有一些大公司不能够完全"照顾"到的市场。对于创业者来说，虽然这些市场规模相对较小，但是能够把细分市场这一块做好，也是很不错的选择。

对于一个准备投身旅游创业的人来说，您对他们有哪些建议呢？

旅游市场十分广阔，把市场细分再细分，随处都存在着未被开辟的蓝海领域。对于准备投入旅游行业创业的新人，有几个最基本的事情一定要知道：一是清楚自己想做什么，尽量去做趋势所向的事情，把握移动互联网带来的机会，产品一定要简单，不要追求大而全，组建好你的团队；二是知道如何快速有效地去获取信息，包括你的项目是否有人已经做过了或者正在做；三是加入一定的旅游圈子，去最大化地获取你想要的资源。任何事情都可以长远发展，最重要的还得看产品对用户有什么实际意义，对这个行业是否有推动。

注：原文刊载于《大旅游》杂志 2014 年 8 月刊第 16~19 页。

# "水原华城访问之年"开幕　水原旅游蓄势待发——《中国城市报》报道 2016 年 2 月

**背景说明：**

2016 年 1 月 20 日至 23 日，中关村智慧旅游创新协会张德欣会长带领由《中国国家旅游》杂志、《旅游世界》杂志、《汽车自驾游》杂志、《睿族 NEXUS》杂志、《旅游休闲》杂志、《中国城市报》《手机圈》等十余家媒体组成的媒体访问团，对韩国水原市进行了为期 4 天的访问。

为推动中韩旅游发展，20 日上午张德欣会长率媒体团从北京出发抵达水原市进行访问。访问期间，媒体团人员在水原市文化教育局洪恩俊局长、水原市观光课金炳泰课长等陪同下对水原华城、三星创新博物馆、八达门市场等进行了考察，观看了华成行宫壮勇营守卫仪式表演，品尝了年糕、血肠、炸鸡啤酒等水原特色美食。韩国 KBS 电视台对中国此次媒体团进行了跟随采访。

22 日是水原华城访问之年开幕式，媒体团与世界各国使节共同参加了发布会并观看了开幕式表演。发布会上，张德欣代表媒体团向水原市廉泰英市长赠送礼物并对水原市表示诚挚的感谢，并表示将会组织更多的中国媒体团对水原进行访问考察，同时也期待水原市的访问与推介，让更多中国人了解水原并到水原旅游观光。

该活动由韩国水原市政府主办，中关村智慧旅游创新协会协办，米线用车与瑞富国旅承办，同时由米线用车提供了旅行及活动用车服务。

互办"旅游年"，是中韩两国元首已经共同做出的重要决定。2015 年，在两国的共同努力下，韩国"中国旅游年"各项活动进展顺利，取得了显著成效。2016 年则是中国的"韩国旅游年"。韩国总统朴槿惠表示，希望以 2016"韩国旅游年"为契机，韩中两国民众进一步拉近距离，早日迎来互访人数 2000 万时代。

"水原有 220 年的悠久历史，且只有水原有'华城'的称号，欢迎全世界的游客来水原做客，感受水原浓厚的历史文化气息"。1 月 22 日，在"水原华城访问之年"开幕式上,韩国水原市市长廉泰英在接受中国城市报记者采访时如是说。

**孝道文化　弥旅之憾**

近年来,中国游客赴韩旅游人数屡创新高,而去韩国旅游,导游最为推荐的城市是与朝鲜半岛隔海相望的济州岛,约占82%;其次才是首都首尔,约占58%。对于绝大多数游客来说,去韩国购物是最主要的旅游动力。数据显示,早在2014年,中国游客赴韩购物的人均消费就已超过万元。据悉,最受中国游客青睐的商品是香水和化妆品,约占其消费总额的73.1%,之后依次为服装、食品、中草药。

如果仅仅把韩国作为购物胜地,旅游行程未免单薄,水原市的存在恰恰弥补了这样的缺憾。作为京畿道首府城市的水原,以"孝"文化和悠久的历史而闻名,建于1796年。朝鲜第22代正祖大王以"实学"思想为基础,旨在将其规划建设为一座与百姓共同安居乐业的"水原华城"。

**游客将增　服务不减**

2016年恰逢"水原华城"建城220周年,水原市政府将今年指定为"水原华城访问年"。在中韩互办"旅游年"的基础之上,水原市必将迎来大批中国乃至世界各国的游客。

中关村智慧旅游创新协会会长张德欣认为,韩国是中国游客的第一大旅游目的地国,但相对于首尔、釜山等韩国其他城市,水原对中国人来说相对陌生,而水原市的该项举措会促进中国人去水原旅游观光,但增加量尚待观察,这取决于水原市自身的准备及从韩国政府处争取到的资源配置。

"为了给来水原的游客提供更好的服务,瑞富国旅做了充分准备。我们有数量庞大的车队和丰富的导游资源,可为游客提供团体游、自由行、接送机、酒店预约、购物观光等服务,并且会根据客户的不同需求,提供高质量的服务"。韩国瑞富国旅的代表理事安石峰自信满满地对记者表达了他的诚意。

此外,安石峰表示,水原市政府十分重视"水原华城访问年"的相关活动,并给予了韩国地接社大力支持。目前,瑞富国旅已与水原市政府旅游观光科达成共识并签署协议,水原市举行的一切活动和演出门票均为瑞富国旅免费提供。后期,瑞富国旅更会与政府通力合作,组织一系列的旅游观光活动,共同为水原市走向世界奉献力量。

**用车服务　别具一格**

交通是旅游六要素之一,任何游客要实现从定居地到目的地之间的旅行,都需要借助良好的交通条件和运输工具这两个载体。旅游资源潜力再大,如果没有快捷便利的交通做后盾,也将无法发挥其优势。因此把旅游交通称之为旅游业发展的首要条件,一点也不为过。

如今,随着互联网时代的到来,各种旅行APP横空出世,为广大游客提供了更加便捷和多样性的服务。另外,从北京、上海等地直飞首尔、济州岛的航班数不胜数,出发地与目的地之间的距离已经不是问题,游客转而把目光集中在如何避免内飞或是方便自己小范围观光上。

记者获悉，米线用车正是看中了当下的市场需求，专为旅游目的地的游客提供用车服务，并深耕韩国市场。米线用车 CEO 谢中告诉记者："未来，我们将从两方面拓展韩国市场。一方面，以满足不同消费层次游客的用车需求为出发点，不断整合当地用车市场的资源，高效能地提升效益。另一方面，根据赴韩游客的需求，仔细分类，如购物游、医疗观光游、亲子游、美食游、时尚观光游等，并通过与当地伙伴整合购物、玩乐、医疗、美食和亲子的落地资源，为用户提供更加便捷、舒适的体验。"

水原是一座历史文化名城，米线用车会如何针对水原的特色，为游客提供服务？"多数游客了解韩国，是从首尔开始的，很少人知道韩国还有一座保留世界文化遗产的水原华城。水原华城是朝鲜后期建于京畿道水原市内的邑城，朝鲜第 22 代王正祖为了向父亲庄献世子表示孝心以及显示经济实力，而将其精心打造。这充分显示了韩国本土所提倡的孝道文化，与中国传统文化的精髓不谋而合，会让中国游客产生很强的亲切感。我个人认为，水原更适合亲子游、老人游。"谢中表示，米线用车会和当地伙伴在 2016 年沿着亲子游、老人游这条主线开发更贴心的产品。

近年来，出境游已经成为国人旅游的一种趋势，境外旅游的安全也日益引发人们的关注。"目前，米线用车携手泰韩日三国的合作伙伴，推出世界范围内只有米线用车客户拥有的专属境外紧急救援计划。"谢中对记者强调。此项救援计划被誉为境外用车领域的黑金卡，米线用车客户可以享受全球顶级境外用车专属礼遇、权益和服务，包括护照遗失，补办援助；财物遗失，现金援助；紧急医疗援助等，旨在充分保障客户在境外紧急情况下的关注和无微不至服务的需求。只要游客当次境外出行使用了米线用车服务，一旦在用车城市遇到紧急情况，米线用车客户专属救援计划即时启动，客户救援请求均会得到即时响应与协助服务。据悉，首批开通的城市有曼谷、芭堤雅、首尔、水原、东京、大阪六个城市。

"我们的服务上线不到一年，还有一些需要逐步完善和改进的地方。只要对客人安全有益的方式，我们都愿意去尝试。"谢中的态度让记者感受到了他对服务质量的重视。

**提升空间　甚为宽广**

水原可以被视为传统与现代交融的城市，220 年建城史与三星公司营造的高科技体验完美结合，为游客提供更多选择。张德欣认为，水原目前还停留在观光层面上，如旅游观光、医疗观光、科技观光等，在度假旅游方面尚存缺陷。他建议游客，要更多地强调"参与感"与"体验感"，不要把自己看成一个游客或看客，而要从"过他乡的生活"角度来代入，体验当地人的生活，这样会更有画面感。

张德欣强调，就韩国接待环境而言，服务中国游客的指引还较欠缺。"道路交通牌、重点观光区域、餐馆酒店等硬件设施，提供的汉字标识还远远不够，服务人员的中文水平也尚不能跟上游客需求，这恐怕会阻碍中国自由行的游客，降低其体验满意度，甚至会对韩国造成负面的口碑传播"。

从营销上看,水原市也急需到中国大城市做相应的宣传推介,由类似协会等行业组织及专业机构为其对接国内渠道,以便更好地吸引跟团游及自由行的游客。"不可否认,韩国旅游也存在很多'雷同'现象,想做出自己的特色,就必须创新:一要完善接待硬、软件环境;二要做强有力的宣传推广"。张德欣在接受记者采访时,反复强调水原这座城市的宣传,因为它值得更多人关注。

**记者札记**

水原发展至今,已经难以单单用"历史文化古城"来形容。驱车行驶在水原街上,可以看到高大恢宏的古城门楼,门楼上高高悬挂着牌匾,再加上斑驳的城墙,仿佛自己置身于朝鲜王朝。华城行宫门前,还有古朝鲜装扮的勇士进行表演,历史的页面就在他们的攻击与守护中翻过。顺着行宫门前川流不息的小道一路延伸,街头巷尾的墙壁竟是整片的涂鸦,浓郁的西方气息迎面扑来。巷子的两旁是琳琅满目的小店,有私人定制的传统韩服、个性十足的手工艺品、充满小资情调的咖啡小馆……现代与西方元素就这样堂而皇之地穿插在古城之中,与古城古老淳朴的气息交相辉映,毫无违和感。

仅靠观光旅游,无法撑起一座城市的长久发展,还需多元的创新元素。水原非常幸运,三星电子最大的生产基地和研发中心就坐落于此。在三星创新博物馆内,记者亲身体验了一把诸如美国《碟中谍》科幻大片中才会出现的场景,而全程的参观和体验都掌握在工作人员手中那部小小的手机上。在这里,记者还通过陈列的展品和其中的展示技术,看到了科技对于人类生活的影响。用英特尔的一句名言:科技,改变未来。

对水原市的走访结束后,记者不尽感慨,"麻雀虽小,五脏俱全"。犹记得在水原观光推介会上,水原市政府观光课的工作人员告诉记者,水原与首尔相比较,水原不仅有厚重的历史和文化,还能和首尔一样,满足游客购物、微整形的个人需求。试问,这样一座多功能的城市,有谁能够抵挡得住它的吸引?

《中国城市报》记者张亚欣报道,原文发表于<br>《中国城市报》2016年2月1日第22版

# 第五章：创业之路

## 成为优秀创业企业必备的 4 个条件

我做旅游创业服务平台和圈子已经快三年了，诸多不易与诸多艰辛，当然也有小小的成绩稍做慰藉。

我为旅游创业者们服务，同时我也在创业，我和创业者们一起成长，一同进步，为着理想而努力。一个草根 NGO 组织，真的很难。一没政府支持、二没财团支持的我来做创业服务平台，是件非常不合逻辑的事情，但很多情况下，不合逻辑的创业者有时反而会成功，但这更需要坚韧不拔！

我认为优秀创业企业必备四个条件：风口、够胖、有翅膀、有信仰。

### 一、风口

这个大家都知道雷神说的，猪站在风口上也能被吹起来。风口即趋势，所谓取势、明道、优术，取势排在第一位，其重要地位可见一斑。趋势是最大的优势，不跟随或掌握趋势，迟早会被淘汰或边缘化。

站对了风口，还要看赛道对不对。不过这赛道对不对，也是当时看不太出来的，事后才知道对不对，或者要在一个相当长的时点之后再看才能知道。这时会有人出来谈直觉，嗯，女人最喜欢直觉，男人也一样。

做一件事儿，首先假设这事儿能成，然后开始做。如果一开始假设就不成，那肯定是不会做的。创业亦然，没有哪个创业项目开始时创始人就认为这事儿做不成。

## 二、够胖

这其实是做轻还是做重的问题,大多数人都想做轻公司,做平台,让大家到上面自己玩。结果发现产品创意、服务质量、资源掌控哪哪都出问题,被逼无奈下开始做重,好比有人说某网越来越像旅行了,是,从传统旅行社里挖了计调、客服,然后自己带队,以保证服务质量与用户口碑。

够胖就是够重,重的好处就是风浪来的时候能够站得稳,别人想复制的话也不是单靠砸钱就能砸得出钱。什么是市场壁垒?窃以为用户习惯才是真正的市场壁垒,就好比我已经习惯在京东购物,已经不太计较价格,所以即使同样东西便宜,也懒得去淘宝之类的比价。

遥想当年,小乔初嫁了……不,还有人记得携程20世纪末开始机场发卡吗?还有人记是大众点评员工扫街吗?还有人记得老戴在去哪儿早期自己夹包跑业务吗?苦活脏活累活,上市几个公司的必经之路。旅游行业就这么悲摧,你看陌陌人家3年就上市了……

十年磨一剑,剑成,再拔之四顾心茫然。十步杀一人,千里不留行。这绝不是形容搞旅游的。

## 三、有翅膀

这个绝对回到问题的原点,就是猪被大风吹起来之后呢?之后呢?后呢?呢?风没了呢……猪仍会被摔死。而天空中飞翔的鸟儿从不惧怕栖身的树枝折断,因为自己有能够飞翔的翅膀。

创业亦然,赛道选得对,大风也来了,扶他上青云……之后呢,可能登上天宫,也可能黄沙万里不见踪影,想象下龙卷风后的情景。

凭借外力总是不能长久,仿佛只能靠输血或自己不能造血一样,泡沫吹得越大,爆裂的声音也就最响最绝望。

## 四、有信仰

该处信仰狭隘理解是信念。拥有信仰的人是很难被打败的,男人必看电影《肖申克的救赎》,真的每看一遍都领悟多多。物欲横流下的投机,都只会一时之快而无长久之基。

创业不是娱乐,不是靠搞搞运动会,搞搞花域大选就能让创业成功的。名人名言也别自我麻醉,什么天下武功唯快不破,扯淡。你跑马拉松一直用百米速度试试,累不死你。我更欣赏节奏,什么时间做什么样的事情,就像一个新手刚学会开车,上路就开得飞快,总怕开得慢别人嘲笑自己是新手。接着能控制速度了,想开快就开快,想开慢就开慢,再后来遵行规则,该快的时候快,该慢的时候慢。

创业如同修炼，越到后来越不是花哨的姿势而是心境的提升。物我两忘难，从容处之略易。另外听多了别人的道理未必是好事，也未必适合自己。正如《后会无期》中那句经典：听过很多道理，仍然过不好这一生。那就听从自己内心的召唤，无论多难多苦，终将抵达梦想的彼岸。

原文刊载于《旅伴》杂志 2015 年 8 月号

## 每个创业者，都需要一本《爱莲说》

昨天去参加了西茜《爱莲说》读者交流会，收获很大。和她相识，缘于微博续于微信，平时难得交流。接到她的邀请很高兴，早早地去字里行间。

《爱莲说》出自北宋理学家周敦颐：莲之出淤泥而不染，濯清涟而不妖，中通外直，不蔓不枝，香远益清，亭亭净植，可远观而不可亵玩焉。

而西茜最爱莲，并结集其画作文字成册，书中亦名《爱莲说》，所选画作配文，值得品读。

和网络上那些照片有很大不同，她并不像我之前见过照片里那样的冷若冰霜，感觉拒人千里，反而更像一个邻家小妹，很亲切。和昨晚有朋友提到她有点随意的出场，没有精心的包装相比，我更喜欢这种随意和亲切，可以更近距离地交流。

这姑娘，不但有天赋，还有勤奋，而我们大多数人抛开天赋不说，连勤奋都做不到，还创什么业，奢望什么成功呢。

我对油画是不懂的，但对文字还是略懂的，当年也是文青，也曾写过诗和钟情于现在看来矫情的散文。读着书中的文字，仿佛回到青涩的高中时代，复杂多变的情绪，漫无边界的思绪，这些文字，会让人回到从前，回到青春，回到真实。

书中的诸多感悟，可以清心，可以反思，可以指引。这么年轻的女孩，对禅却有着很深的理解，万法归一，殊途同归，法无常法无定法。

在这个浮躁的物欲横流的社会，创业者们能否不忘初心，时刻记得自己的初衷，为了什么？想做什么？创业者时时为重重压力所累，利益所牵，琐事所羁，难以跳出自己的樊笼。

老张推荐这本书的理由：回到青春易感真实本我的岁月；给创业者降躁清心，重回本心，不忘初心，找回内心的平静。

以下摘选了部分文字，与诸君共飨！

（1）当执着于眼前的功名利益时，也同时被利害束缚，有所求，未必有所得，但有所求，必有所失，失的是自在，失的是从容。

（2）枯叶枉费心机地遮挡，只能蒙蔽自己的眼光。守护着澄明的心境，不因遮盖而黯淡，不为压制而垂头。管它风来，我自无求地绽放，自在地红。

（3）也许我们所做的一切努力，不只是为了达到目标，也是为了体验生命之变化，佛学教义，教人放下执念，坦然面对无常。励志法则，催人重塑自我，积极寻求改变。

（4）现实的逼迫，物欲的唆使，迷乱了清澈的眼睛，尘封了质朴的心。然而有一种倔强，让人在面对诱惑时，坚定最初的信仰，不让欲望揉捏命运，亦不向任何困难、阻碍和胁迫妥协。谁的命运，都不可能一马平川，重要的是面临选择之时，能否看清，并把握最珍贵的东西。

（5）一切思想皆须自然的指引，世间万物均为自然的产物，看不清真实的灵魂，手捧天书也会陷入迷途，心的色泽和容量，是态度决定的，奢望越多就越狭隘，若能放开心胸，容纳自然，那世界再大，也撑不破我们博爱包容的心。

（6）人生所遇到的一切是与非，都不值得牵挂，只是太多忧虑情绪，一时间很难放得下。心灵居住于我们的肉身，却拥有自己的光芒，对待自己的心灵，应持一种敬意，不可携外来烦恼刺伤它，也不能随意将其转赠他人。

以上只是部分文字节选。世事纷乱，再没有学生时代大段的阅读时间，碎片化的时代，让我们的一切都碎片化，但有些事情是坚决不能碎的，比如理想和梦想，比如爱情和亲情……

原文发表于 2014 年 3 月 17 日

## 创业鸡还是打工狗？

下午睡了会，起来一直头疼，考虑要不要吃片去痛片。

今天两个非常对对碰的消息，不过暂时不能透露。一个是某大型旅游网站的高管将离职创业；另一个是创业的哥们寻求合伙，而他们都和某网有交会的轨迹。

据说浙江有某经济学家总结了浙东人的工作哲学是"宁做创业狼，不做打工狗"，叫创业狼不太合适，叫创业鸡较好，怎么说呢，都是出来卖的。

创业不适合每一个人，正如打工适合很多人。这世上本就没有放之四海而皆准的所谓真理，人性经不起考验，经得起考验的往往就不是人性了。

打工什么时候是个头儿啊。这些年，我好像只看过一个打工皇帝，而他只有学历是可以复制的，其他都不能复制。打工真的如狗，累死累活，被人吆来喝去，头上顶着种种 KPI（Key Performance Indicator，关键绩效指标考核法），为了那点工资，放弃了很多，像尊严，且慢，尊严多少钱一斤，打折不？

创业更是苦，没拿到钱苦，拿到钱更苦，兼之很多所谓投资人也挺差劲的，心地善良只想做事的创业者多半会被诓，被玩，甚至被送进监狱，哎呀我去，那还创个屁啊。

不过创业的好处就是时间上自由些了，不用担心请一两周假被老板开，同时自我激励洒上身，为了那个目标，舍弃的东西也不少甚至更多。为谁负责，打工者一般不会考虑为老板负责，老板赚钱了和我没多大关系。创业者特别是创始人就不这么想了，带一帮兄弟，指望拼几年成点事儿，改善生活，改观行业，改变世界呢。这目标比保卫地球、捍卫宇宙和平的难度低些，但实操起来往往费了死劲了，还不一定成。钱不是最关键的因素，正如有拿到很多亿的团购照样死掉，扔了几亿的旅行社做电商也就那么回事。

术业有专攻，大家都有各自擅长的事情，现在是长板时代，把长板发挥得更长，短板让合作伙伴去做，分工协作，才是正道。市场太大，任何一家也是吃不掉的，即便吃掉，也会消化不良，越是细分，越是落地，越是最后一公里甚至最后一米，越是最难最难的。

坚持这东西，动动嘴容易，做起来真难。所以创业适合能够坚持的人，聚焦专注，经得起诱惑，明白自己能做什么，适合别人的路不一定适合自己，可能是你的车和别人不一样，或者你的鞋子和别人不一样。

还有那个女神与送盒饭及2B青年的段子，你表面看到的东西简单去模仿，往往是不成功的，你不知道人家真正的核心竞争力和资源指挥能力。你看到的往往是人家经过粉饰过的成功，其成功路径其实缺失了太多环节，人家是不会告诉你的。

如比尔·盖茨他妈，巴菲特他爸，成功都不是无缘无故的。中国古语云：寒门难出贵子。现代语云：越有啥的越有啥。不仅仅是起点问题，也是资源配置和人脉富集问题。

今天看朋友圈，有则段子是这样的：不是人家炫耀，是我们太LOW（低端）了。打工拼什么？拼长相，拼能力，拼努力，拼运气。创业拼什么？拼人才，拼资源，拼资本，拼运气。这二者唯一相同的是拼运气。

运气也是能力？有某知名连续创业失败者，论资历能力都没问题，连续几个产品都昙花一现，我只能归结为他运气不好。连续失败也有一击成功的，比如王兴。

不甘心朝九晚五的生活，不满足于暂时的富足，不羁于生存的束缚，不受于领导的吆五喝六，滚犊子，老子不侍候了。老子自己干了！老子云：一生二，二生三，三生万物。老子云：天地不仁，以万物为刍狗。别不服气，各位都是刍狗，在天地面前。人之渺小，在宇宙面前连微尘都不如，若在时间面前，世界都不值一提。

既然如此蝼蚁，又为何要奋力一搏？无外乎就想活出个样儿，活出个精彩，活出一口气来。与其苟且偷生，不如纵情燃烧。毕竟，生活，还有诗和远方，还有音乐、啤酒和大妞，还有远处天边那一抹忽明忽暗却终将闪耀的梦想。

日拱一卒，功不唐捐！

药不能停，创业的骚年们，继续翻滚吧！

原文写于 2015 年 1 月 13 日

## 域名，IM，输入法，神曲，创业

今天看到有人吐槽百程的新品牌和新域名很土，加之今天和两位优秀的创业者交流，不禁心有所感，和朋友们唠唠……两块钱的。

遥想当年，也就20世纪与21世纪相交之际，那时还是猫逗姆，联网之前先建立通讯链接……

那时上网是个技术活儿，上网是专门有教程的。那时的域名都是英文的，有国际范儿！英文单词，你要弄一拼音域名，大家都笑话你没水平，农村来的。

那时的IM（Instant Messaging，即时通信）是MSN，洋气，工作专用，商务专用，名片上印的都是MSN，你要印一QQ，大家都瞧不起你，那时QQ就是给小屁孩玩的。

那时我们都练五笔，工程师和前台都必须五笔熟练，当年练五笔时，只要眼前看到字，立马给拆了，颇有点"庖丁解牛"的感觉，练就是小霸王学习机，还有电脑上的五笔软件，那时你要用拼音输入法，人家正眼都不瞧你，水平太差。

那时的神曲，那时还不叫神曲，也就是流行歌曲吧，当然从现在看有很多雷人的，如成成成吉思汗有文明有魄力有智慧异常英勇成成成吉思汗不知道有多少美丽的少女都想嫁给他呀都想做他新娘他是人们心中的偶像……

现在呢？？？！！！

上网已经宽带了，虽然还不是真正意义上的宽带，年轻人已经不知道啥是猫了。路由器和交换机也贱得像白菜一样，还有智能的啦。

英文的域名基本已经不太多了，大家都用搜索了，越来越多的域名是拼音和字母数字的组合，以符合中国人的习惯了。其实域名越来越没用，搜索和收藏夹已经让很多人放弃直接输入域名了。

IM、MSN已经死了，一些小的IM，像lavalava、wangwang（阿里旺旺）也成了内部通信工具，现在绝大多数人都用QQ了，现在是微信和QQ双枪。洋人的玩意在国人的习惯前败下阵来。

输入法上，越来越多的人已经不会或者不需要学习五笔，现在拼音输入法也很强大，熟练起来的速度不逊于五笔，而会五笔的则成了打字员或者辛苦的低层工作者才用。

神曲，则每年换一个，今年是小苹果，肯定今年公司年会上全是这节目，去年是《江南Style》，再之前是带个刀。口水歌加上中国大妈的强烈威慑传播力，让你从被迫洗脑到自主吟唱。

创业，聊到究竟是纯互联网团队容易成功，还是从传统旅游中出来的更容易成功？我想事事无绝对，还是具体情况具体分析。

创业者总是从自身角度出发，放大自己的心理需求，以为其他用户也这样，其实自己的画像只是小小的一张，更多的需求来源于更多差异化的用户画像。

设计者的逻辑与用户实际逻辑差别很大，用户很少按设计师设计的逻辑走，来回跳跃甚至走回头路，最终导致用户体验差，被用户骂。

所以调研是非常必要的，你如果做景区相关创业，就搬个马夹去景区门口蹲几天看看游客行为，或者混在游客里面抛砖引玉。这个时候您就甭做乔布斯引领用户需求了，找到用户的真正痛点并解决它才是现实之道。

这时，用户说的东西可能不是他想要的东西，就看你问题提得对不对。就好像有人买把钻，其实只是为了想要洞。建立模型，小范围数据放进去跑，磨合测试流程，再大范围放数据接着跑，直到跑通。

今年很盛行的基因论，我是赞同的。想创造个崭新的未来，就必须使用全新的团队。脱胎于旧有体制思维模式的东西，很难涅槃重生。

原文写于 2015 年 1 月 13 日

## 还有人记得在地铁口发铁皮青蛙的回顾网吗？

今天在孩子玩具堆里看到一个铁皮青蛙，想起了回顾网，试着键入网站，已经无法打开。

以下文字来自百度百科：

回顾网在 2011 年年初是以 51 回顾域名推出的测试版。在小范围试用阶段，大家对这种新的产品形式十分喜爱。同年 3 月，回顾网的运营团队以 20 万价格从域名商手中购得 huigu 顶级域名，正式开始试运营。7 月开始至 9 月初，回顾网运营团队在北京写字楼和地铁口开展了一系列赠送铁皮小青蛙的活动，深受用户喜爱，很好地传达了回顾网的理念和产品特点。

2011 年的一天，那时我还在某移动互联网公司做 VP，我上班出地铁口，看到有人在发铁皮青蛙。大家都知道铁皮青蛙是早年间非常经典的小孩玩具，拧紧发条，青蛙就会蹦跳前进，小孩就会在后面追，很有意思。所以我也好信儿过去领了一个，随后在外出办事时也看到其他地铁口有发放。

回顾网的精神非常好，"回顾你们曾经的时光，找回失去联系的他和她"，真的很打动人心，触动内心柔软之处，留住曾经的记忆，寻回那时的他和她，更有"蓦然回首，那人却在灯火阑珊处"的惊艳！

但查看其官微，最后一条微博更新于 2011 年 10 月 14 日，那这个项目前后也就 7 个月左右便消失了。

而据 Techweb 2011 年 9 月 9 日报道"回顾网熊华林：文艺青年编织的回顾梦"，熊华林在互联网打拼了多年，1999 年大学毕业后就开始为一家港资公司做软件服务外包，后来涉足手机 WAP 产品开发运营，接下来做了一段时间的社区 SNS 和交友网站产品开发，2011年2月和另一个合伙人高越一起创办的回顾网正式上线运营。在他看来回顾网是一个可以供大家保存曾经的时光，找回失去记忆的网络平台。

【当人们已变为物质的奴隶，而内心却渴望心灵的寄托的时候。一切关于蓝蓝的天空，清新的小镇的儿时回忆便会时常在脑海中涌现。欢笑和泪水，青春期的懵懂与羞涩，手牵着手，找朋友一起吟诵诗歌，结伴去村边"探险"等这些美好的回忆在纷繁芜杂、钢筋水泥的城市丛林中显得那么可贵。

为大家保存这些曾经的时光，找回失去的记忆。与朋友交流分享熟悉的记忆，乘上旧歌的翅膀，飞回意气风发的少年时代，感受最真实最纯粹的温暖和幸福。像我们这一代人初中时候用过的磁带机，记录着曾经走过的风风雨雨。】

多么美好伟大的想法，多么有才的文艺青年，却在冷血残酷的创业铁壁前摔得粉碎！

做社区是最苦的事儿，那么多人，有几个能做到像马蜂窝、穷游、绿野或游多多的，而这些社区无一不是七八年以上的时间熬出来的。记得曾和陶冶户外创始人吴大圣喝茶，他说他3年扔了300万在社区上，也没做起来，去年他的社区已经完全关掉，网站变成了他主营拓展团建业务的展示网站。

社区的盈利模式非常缓慢，即使现在那几个社区也不是靠社区来盈利的。所以小熊同学选择了一条离钱最远的路，不愧是文艺青年的梦想。

其实这个项目，如果有资金支持再加上几年的积淀，相当有价值。单从大数据角度而言，"昨天"的个人数据都在这上面，正好现在许多做入口的一样，过去时时发生，我打字的这一刻马上成为过去，过去无穷无尽。

这个项目的盈利点，靠卖相册那种存储空间不可行，还是需要开发附加增值产品，社区及个人数据只是基础，附加在"大数量，高黏度，高活跃度"的人群，商业模式就更容易出来，即使与人合作，也有很大的想象空间。

人人都要有梦想，但到达梦想之前先得活着，不然全都是白扯。马云当初也是靠其他业务来养淘宝的。有时为了梦想，可以在底线之上适度妥协，有骨气清高者万古留名就是死得快，况且现在更容易很快被遗忘掉。

与各位创业者共勉这句：扛得住，世界就是你的。

原文写于2015年1月13日

注：游多多这家由苗湾儿创办于2006年4月的老牌自助游分享社区于2020年2月20日关站，该项目曾网曝2013年获戈壁投资数千万人民币A轮，2015年4月20日获得印尼传媒业巨头MNC集团B轮融资。

绿野.cn（原绿野.info）起源于1998年前后几个驴友自费联合创办的中国最早的户外乌托邦社区绿野.org，因要否商业化的问题，原管理团队分裂，后长工等人退出后于2003年3月创办绿野.info，市场化运作发展迅猛，成为当时中国最大的户外社区，特别是在北方最为强势。2013年9月绿野户外网被A股市场风头无两的户外用品第一股探路者集团通过股权受让和增资结合的方式战略投资并控股,最终间接持有绿野网55.67%股权,意欲打造户外旅行一站式综合平台,2016年1月创始人长工卸任法人套现退出。2019年探路者剥离绿野(2012年绿野收购了六只脚)业务资产重组,更嗨科技战略入股绿野网。此项曾轰动一时的跨界并购正式宣告失败,而绿野PC端社区也因错过移动互联网快速发展的红利期,已渐式微。

注于2021年1月22日

## 其实,只要你比别人做得多一点点

昨天带全家人去怀柔转转,前阵子出差不在家,他们在家也挺憋闷的,出去散散心也好。

昨天中午先去回头客吃了洞烤,味道美得没法说,太赞。下午到慕山的龙湖居住下。

上次去还应该是2013年10月31号第64次活动"度假客栈发展之路"沙龙时,快一年没再去了,变化很大,龙湖居越来越有样儿,像样儿了。

总体变化更加温馨,更适宜亲子游主题和家庭这个群体。周三的人不多,但都是带孩子去的家长们。细节上仍有可以提高的地方,比如凡是废弃的容量都种上花,如马桶。

和慕山聊天后,想起和世纪中润龚总喝茶时,他说过的"一点点"策略,宜客驿站也在践行。

何谓一点点,比如价格贵一点点,服务好一点点,体验好一点点等,正是因为这不起眼的一点点,就让自己在当地处于领先地位,拥有竞争上的优势。当然,如果想要长期保持这种优势,势必要在资源把握能力和产品附加值设计上多下功夫。

(1)规模化:从单体走向连锁,提供会员更多选择。
(2)会员制:以服务回头客和老朋友为出发点,逐步建立会员体系。
(3)附加值:寻求不可用价格衡量的多样性体验,打造核心竞争力。
(4)领先性:始终比别人做得好一点点、快一点点、多一点点。
(5)慢即是快:从一个较长期范围,因重致慢而产生更强的市场壁垒和用户黏性。

创业亦然。都要比常人多一点点,比如勇气、决心、坚持。

现实虽荒漠,理想仍多彩。记住,你不是一个人在战斗!

原文写于2014年8月22日

## 2015中国在线旅游创业及投融资趋势展望

2014年，中国旅游业收获满满，出境游和周边游大幅上升，唯独入境游黯然不语。从创业角度，2014年旅游业投资并购案例过百起，案值超190亿人民币，立下历史新高。2015年呢，是否盛极而衰，还是高歌猛进？

中国旅游研究院戴斌院长说要对2015年充满信心，从我作为旅游创业观察者与服务者的角度，我也充满信心，而且信心更强。

信心来源于以下几点：

（1）国家政策大力支持。

（2）居民生活水平持续提高。

（3）投资机构敢于下重手。

（4）用户个性化需求旺盛。

（5）创业项目更接地气。

综上分析，旅游业将持续火热，并进一步提升效率和优化服务，2015旅游业将出现：

（1）旅游业同业及异业并购整合进一步加大，会涌现更多更大的巨头。

（2）智慧旅游的进一步落地，将推进智慧旅游行业标准的建立。

（3）丝绸之路年及"一带一路"提出，作为经济新的增长点，同步会催生相关创业项目。

（4）旅游业在生活服务中贡献占比加大，并进一步增强国民生活幸福感。

（5）行业自律增强，市场开放将使旅游市场更加和谐。

从在线旅游创业及投融资角度来说，以下几类项目有望更受机构关注：

（1）离交易环节近，也就是所谓的离钱近；现在做UGC类项目，最终变现费思量；但离钱近不仅仅是卖东西，怎么卖，卖什么，卖给谁，哪儿进货，同样需要审慎的思考和大胆的求证。

（2）出境游和周边游项目仍将是热点，人群基数和使用频次作为两个考核指标做参考。

（3）出境游中，深耕某一目的地及占据当地优势资源的项目。

（4）主题游的想象空间更大，专注于某一特定出游需求，并能在产品设计及服务中做出亮点和差异化的项目更受青睐。

（5）细分人群而来的项目，针对学生、老人、儿童、情侣等，都可以量体裁衣，打造适宜他们出游的旅游产品，并结合教育、培训、情感关怀等要素，满足其旅游及附属需求。

（6）私人定制逐级下沉，能够解决小众需求与批量生产之间矛盾的项目，目前还很少且未获得足够的市场验证。

（7）作为国家 2014 年 31 号文里提到的入境游目前还没有具有影响力的在线电子商务平台出现。

最后还想对创业者说几句：

（1）不怕垂直细分，只要做到垂直细分的老大老二。

（2）不要过度放大自己在旅游中的痛点，把它当成是普罗大众的旅游需求。

（3）尽快获得现金流并做好用户活跃度与黏性，才有更大的话语权。

（4）要明白没钱苦，拿到钱更苦背后的道理。

（5）成功诸多的因素里，坚持是不可或缺的！

（6）充满信心，对产业，对行业，对企业，对团队，对未来！

成文于 2015 年 2 月 4 日，系为《Travel Weekly China》专访撰写，<br>刊载于 2015 年 3 月号

## 创意是青年人创业创新最宝贵的财富

**经济日报—中国经济网北京 8 月 14 日讯**

近年来，随着国内旅游业的快速发展和大众休闲娱乐意识的增强，旅游产品的市场需求不断增长。在此背景下如何进一步延伸旅游文化产业链条？在日前举办的鸟巢十周年暨 2018 年中国文旅产业发展大会上，中关村智慧旅游创新协会会长、旅游创业创新研究院执行院长张德欣做客"中国经济网·鸟巢会客厅"，表达了自己的看法。

张德欣认为，在现在经济形势之下，以下四个方面要特别注意：

第一，国家政策导向。国家每年会出台一系列新政策，这些政策都是国家对整体经济形式的把握，包括对未来经济形式的预期，同时也是对相应市场在政策层面做一些调整，文旅产业发展需要注意相关政策导向。

第二，用户需求变化。70 后、80 后、90 后等每一代人在旅游消费心理、消费行为等方面都有很大的区别。以前是十年一个代沟，现在已经到了五年，甚至是三年和一年半年。用户需求的变化同时也导致市场上大量的文旅项目出现，以服务新的人群，所以用户需求的变化需要关注。

第三，行业发展趋势。"趋势是最大的优势"，一些产业现在可能发展风头正盛，但是如果没能及时跟随、把握、抓住发展的趋势，可能几年之后就会落在时代大潮的后面。

第四，科技时代变革。目前，我们已经进入移动互联网时代，每一次信息技术的革命都给整个社会、生活包括文旅行业带来很大变化，新技术催生新的伟大公司，能够让人们生活消费更加便捷，成本降低，效率提升，让人们的幸福指数得到明显增强。近几年大家都讲 DT，即数据时代。在 DT 时代，又会发生哪些变化？这些需要思考、关注。

对于当前国内年轻人旅游创业创新的现状，张德欣说，近五年来，他非常关注文旅行业的创业创新，去实地调研了一些初创公司，对初创公司的创始人、高管团队等进行了一定总结，他发现现在的创业者或者创业团队还是以青年为主，目前以80后为主，还有一部分的70后和90后。但是他认为，随着时代发展，更多年轻人会加入创业的队伍里。"我们会发现，当年龄开始偏大，会出现思维定式，思想很难进行改变，所以年轻人创业虽然在经验上、资源资金上会有不足，但是我觉得创意是最宝贵的财富，也是年轻人在未来整个创业过程中一个先天性和决定性的优势所在。"张德欣如是说。

## 旅游创新创业的陷阱与规避

成功的经验很多，网络上比比皆是，但是谈失败的很少，毕竟大家都不愿过多去谈失败的事情，像关羽一样，大家提得多的是他的辉煌，如过五关斩六将，少有人提的是败走麦城。双创的失败并不丢人，恰恰是创客们最宝贵的财富，同时这也是成功的必经之路。有句话叫失败是成功之母，百折不挠方能取得最终胜利。

通过与创始人们交流及近年来的一些观察，旅游双创的陷阱及规避可以归成以下几大类，有些过细的原因没有展开，也欢迎大家深入思考与共同研讨。

### 一、旅游创新的陷阱及规避

#### 1. 基于伪市场需求的创新

这种需求看上去也不少，但从大盘子来看过于小众或者不是刚需。创新时需要持续深入了解项目受众用户群的需求，千万不要把自己（身边朋友）的个性需求当成普遍大众的需求，认为自己（朋友）是典型用户，是典型用户不假，但是不是典型需求则需要做更深层次的调研或获取大数据的支持，才能避免"三拍"，即拍脑门随意想出一个Idea（主意），盲目自信地拍胸脯说行，然后失败了拍屁股走人。这绝对要不得，不但浪费时间和金钱，更耗损创客的信心和勇气。

很多工具类的创新其实是伪创新，比如类似行程助手这种工具，听上去也有使用的需求，但并不是刚需且不易产生黏性与现金流。

以途客圈为例，途客圈成立于2011年4月，是创新工场旗下的一家社交旅游网站。途客圈自称是国内首个基于旅行计划的社交网站，此前名为"途我睿"，是一个行程计划网站，可以帮助用户制订旅行计划，并针对旅行目的地、计划进行点评讨论。

该项目两年后关闭，类似这种做行程计划的，目前看也就是穷游行程助手还不错，但这只是穷游网中的一个工具，并不是穷游网的核心。这个事情，马蜂窝、穷游做可以，但都不是用来盈利的工具。

2. 成本过高的创新

创新是有成本的，前期是试错的成本，这个成本可以是时间成本，也可以是资金成本或者团队成本等。创新必须要考虑投入产出比，是一次性投入还是持续性投入，要制订严格的时间进度与费用消耗表，以估算投入与产出。当明显投入过多产出过少时，应及时止损，或找出问题所在，尽量用低成本方式解决这个问题，除非你有充足的资金来维持数月乃至数年的亏损。

以"智慧双创服务平台"为例，天眼查上显示这由多家企事业单位联合战略合作伙伴共同发起组建的旨在扶持青年成功创业就业的公共服务平台。通过构建"政府倡导、部门牵头、社会参与、企业运作"的创新创业就业服务运营模式，并应用物联网、大数据、云计算、空间地理信息集成等新一代信息技术手段，搭建"天网、地网、人网"三网合一的智慧创新创业就业服务体系，让创新创业就业服务工作更便捷化、智能化和智慧化，为创新创业就业者提供智力、金融、渠道等方面的全方位服务，以此扶持青年创业并带动更多青年就业。

这个想法很不错，但光听这介绍就知道这肯定是一个特费钱的项目，据说2016年平台发布前，光前期技术开发投入就在一两千万以上，还租了上千平方米的办公室，平台上线时搞了个大规模的发布会，风头一时无两。时隔一年左右，天眼查上看官司缠身，最终公司被吊销，项目失败。

同样的，那种在现今技术上难以实现的创新也会失败，想法过于超前，但技术手段和平台不能支撑，最终难以实现当初的目标，导致项目失败。

3. 水土不服的模仿型创新

这种创新，多半都是看到了国外一些先进或成熟的理念技术及模式在国内还没有，就拿过来，COPY（复制）加汉化推向中国市场，但在相当大的程度上会遭遇失败。国外成熟的旅游产品、生态与模式，拿到中国不一定成功；同时在线下，我国文旅产业与发达国家的代际差异，比互联网产业要大更多。所以真不是简单把国外模式、技术、产品拿过来就行的，《晏子使楚》中有云："橘生于南则为橘，橘生于北则为枳"，说的真是深刻啊。

2010年左右，我在一家移动互联网创业公司，老板是外籍华人，个人能力很强，也组建了专业的技术团队，COPY+汉化国外一个付费模式的决策问答APP，产品两三个月就做出来了，呈现效果、流畅及稳定性包括内容都没问题，但就是少有人付费。在10年前，包括现今，国人仍未养成为服务或决策付费的习惯，这个项目半年后就失败了。

再比如在国外非常成熟的C2C模式，在国内却命运多舛。以E地游为例，主打旅游目的地向导服务C2C平台，创办于2012年。在彼时，类似的C2C平台有几家。这个项目不到两年也失败了，一方面是缘于目的地资源及向导队伍供需两方面发展失衡；另一方面也是最重要的，该模式的盈利来自交易抽成。同样是国人少为付费的习惯和消费心理问题，项目难以为继。

在当初几家 C2C 项目中，同期创立的丸子地球拿到几轮不大的融资，项目还在存续中，但规模一直没有做起来。

4. 盲目追求销售规模的创新

近年来，旅游电商的创业模式学习当年 OTA 的发展路径，追求先做大交易额，再去关注利润，所以很多项目一味强调业绩增长，而忽略了商业本质和经营风险。同时人们对商业模式普遍产生了审美疲劳，越来越多的有识之士呼吁回归商业本质。

商业的本质就是交换。消费者拿钱换你的产品服务，你用产品服务换消费者的钱，所以最终落在你的产品和服务上面，低价补贴只是引流的手段，不要当成了最终的目的和圈钱的手段。

比如 2013—2016 年快速发展的自由行尾单市场，五星汇、来来会、爱旅行等，通过做库存、补贴等方式，快速做大交易额，但负利润还有库存压力，导致公司只能依赖融资去发展，一旦资本市场不好，就会造成非常大的风险。

以五星汇为例：创办于 2010 年，曾专注于高端餐饮团购。创始人团队 2013 年杀回 OTA，主打高端五星自由行产品，只提供"机+酒"或"机+酒+车"的打包折扣预订服务。五星汇曾是圈内知名旅游创业公司，由明星连续创业团队组成，获得过旅游行业季琦投资天使轮、IDG（International Data Group，美国国际数据集团）和鼎晖投资 300 万美金 A 轮投资，2013 年风头正劲，但在 2014 年下半年正式进入清盘，2015 年春被游心旅行合并，项目持续期两年。

2013 年 8 月五星汇开始推出香港自由行产品。产品极其简单，性价比超高。国内任何地方去香港，国航飞机+香港五星酒店只要 1999 元。2013 年底是五星汇最辉煌的时候，作为淘宝旅行战略扶持重点公司，五星汇第一个推出万元游美国的产品，创造了一日销售一千单的疯狂业绩，一战成名。然而也是在订单的高峰期，因为自身 CRM 管理系统（Customer Relationship Management，客户关系管理系统）、客服能力都非常不成熟的情况下，自有平台崩溃了整整一周。蜂拥而来的客户转化成了差评官，每日退单无数，五星汇在业界口碑与淘宝评分直线下降，接着陷入了随之而来的库管、运营、融资等更多问题，最终项目失败并被游心收购。

## 二、旅游创业的陷阱及规避

1. 求大

贪大求全可能是创业者的一个通病，总想着干就干大的。一上来就要做个全国甚至全球的平台，服务全中国 14 亿人，全球 70 亿人。想想是可以的，但真是做起来，就要冷静下头脑，须知贪多嚼不烂，人心不足蛇吞象。

大而全的项目对团队能力、优势、资源、资金、模式上等有更多严苛条件，这对于草根创业或年轻人创业来说是极为困难的。更关键的是，你的创业项目是处于哪个赛道，竞品情况如何，政策如何，市场如何，需求有何变化，大而全的项目是否适用？

以现今成熟的平台，如淘宝、阿里巴巴、京东、当当等，我认为你即便有钱有技术能再造出一个技术平台，但我认为不一定能运营得起来。这些大平台能够成功，走到今天，都是从创立至今政策环境、市场变化、技术支撑甚至是运气等诸多因素交织才最终成功的。而再造一个呢？各项条件都变了，情况也完全不同了，结果自然也未知了。

以携程为例，这家已经有21年历史的在线旅游霸主，OTA之王，想从技术上复制很简单，但市场容量和空间够不够呢？在修仙小说里面，武者用出比他原本正常修炼层次高的招数时，都会脱力受伤乃至死亡。大市场的头部空间是有限的，正面硬刚是非常不明智的举动。在前期各方面条件都有限的情况下，不妨先从小而美的平台做起，作为某细分市场的头部，然后主动或被动去联合并购，再退出也是很不错的。

伴随个性化旅游消费需求的增长，消费人群变得差异化更强，对主题游、深度游及定制游的需求日益增强，这也催生出更多专注于细分领域，为某一特定人群服务的创业项目。这当然也可以从地域性、主题性及目标人群三个维度来界定自己的受众和客户群。

2. 求轻

创业者在创业项目上求轻，特别是项目起步时求轻是没有问题的，但问题是不能过于求轻。虽说船小好调头，但瘦子是会被大风吹走的，骆驼能较长时间存活于沙漠也是在身体里有较为充分的储备。以近十年旅游创投而言，在2016年中资本寒冬之前，风头最大的是在线旅游创业项目，基本上都是基于移动互联网的轻资产项目，风格上更加偏向TMT。而在资本寒冬之后，在线旅游投资遭受重创，旅游投资风向逐渐从轻到重，转移到类似特色小镇、精品酒店、民宿、旅游演艺、主题乐园等项目上，这些项目的核心是重，三个重，重资产、重资源及重运营。即使是携程，也是积累了21年才走到了今天的地位。

3. 团队

团队对于创业项目来说是最为关键的，所以是创业系统性要素中排在第一位的。缺少团队或团队搭配不对，都是非常大的问题。国人老话，一个好汉三个帮，三个臭皮匠顶一个诸葛亮，都说明团队的重要性。现今时代，已不是单打独斗的时代，而是分工协作的时代。复仇者联盟里个个是超级英雄，不也要组成一个团队来做战？没有团队项目是不可能成功的。

但如何选择团队成员，特别是创始团队成员，尤为重要。这里面的关键词有几个：专业、互补及品德。专业性让专业的人干专业的事儿，了解行业比了解技术更重要。互补是指团队成员要具备两个维度的互补，一是能力互补，二是性格互补。品德是指人品，能力可以略不足待提升改善，品格不行则坚决不能纳入。近期比较典型的是游族网络高管投毒董事长一事。

4. 依赖融资

在项目成长过程中，资金也是非常重要的环节。创业金三角就是团队、资源和资金。完全靠自有资金来创业，其成长速度相对缓慢，但有了融资之后，成长速度会加快。但是把命运赌在投资人身上风险是极大的，特别是那种所谓对赌的项目。要想自己有更充足的话语权，必须让自己的创业项目能赚钱，因为能赚钱的项目才是有生命力的。

过分依赖融资，就必然会受制于只认钱或投资回报的资本，丢掉了原来的初心和愿景。资本的玩法和创客还有很大区别，很多资本通过巨量的补贴或鼓励刷单，打压对手，迅速占领市场，击垮对手成为市场垄断者，再对用户进行收割。

如共享经济大潮中在共享单车领域里曾经最为强劲的摩拜和小黄车，受制于资本进行恶性竞争，烧钱补贴，不赢利且过分依赖于融资，最终两败俱伤。

5. 把爱好当事业

把爱好当事业，这也是创业一个大误区。玩是玩，工作是工作，既想玩又想工作是很难的。不是因为喜欢旅游，就以旅游作为创业方向。2012年秋天前后，我当时搞了个旅游创业家俱乐部，组织了一批在线旅游创业公司创始人去爬山。过程中，TOUCHCHINA创始人沈卓立明显体力有些跟不上，我停下来给了他手杖，陪他慢慢走。他就和我说，创业前就挺喜欢旅游的，以为创业后还能每天游山玩水，结果成天闷在办公室里搞开发，快两年都没有出去玩了，体能也是下降得厉害。

反观这些年的旅游创客们，学旅游的科班生很少，绝大多数都不是学旅游的跨界而来。来的原因并不是非常喜欢旅游，而是认为旅游是个风口，有很大创业成功的概率和机会，所以杀了进来。当然，喜欢旅游就到旅游领域创业也没错，毕竟兴趣是最好的老师。但只是因为喜欢而没能多考虑创业的其他系统性要素，则多被掣肘。兴趣在创业系统性要素里面排位是靠后的，而团队与专业性排在前面。

6. 盲目跟风

热点和风口经常变换，当你开始追赶这种赛道时，其实就离结束不远了。国人是很喜欢跟风的，在创业这件事上也是如此。当然，如果你不能够引领潮流，那么紧跟潮流也没问题，但一定要有自己的独立思考与判断。一哄而上通常不会有什么好结果，好比猪肉涨价都去养猪，结果猪多了掉价了，又都放弃，猪少了价格又涨了起来，大家又一窝蜂去养，周而复始。

但凡成功者，也是梦想者、执着者与远见者。我们开车，如果只盯着眼前的路肯定会出事，必须把目光放长远方保无虞。创业的风口总是在变化当中，这个周期有时很长有时很短。旅游市场好的时候都去搞旅游，影视好的时候都去搞影视，VR/AR火的时候都去搞VR/AR。现在AI很火，大家都去搞机器人。因为疫情大家更注重健康了，又一堆人跑去搞康养。

当大家都看出来是个机会的时候，其实已经没有机会了。只有目光长远走一看三的创业者，才能从政策、行业、用户及科技等方向窥探先机并付诸行动，快人一步且不断迭代，才有可能跑赢对手，立于不败之地。

7. 盲目追求互联化

从 2010 年开始，进入移动互联网时代都已经 10 年了，信息化、数字化、在线化的趋势非常明显。我也听到一种说法：所有传统行业都值得用数字化做一遍。但这个也要看怎么去理解，这个数字化怎么来定义，是用互联网思维重做、用大数据技术重做，还是用互联网化手段去重做。

这里又得把 O2O 这个概念拿出来讲一讲，以旅游业为例，经过 20 余年发展，从 online2offline、offline2online，再到 online 2 offline 2 online 形成了闭环。如之前纯粹的 OTA 如携程、同程、驴妈妈等都有了线下门市，中青旅、众信、凯撒等传统旅行社也都有自己的电商平台，线上线下相互融合，一个成熟的旅游电商集团，必须要同时具备线上和线下一体两翼的功能。

不是所有的线下项目都适合放到线上，特别是那些参与感、体验感及仪式感这三感强的项目。在现今 VR 技术还不成熟的技术背景下，唯有以肉体到实地去亲身体验吃喝玩乐、风土人情，才是最好的体验方式。当然，在这两年疫情的时间周期内，为了弥补不能亲自到场的遗憾，所谓云旅游才有了一定的发展，旅行直播平台 &MCN（Multi-Channel Network，多频道网络产品形态）&KOL 等才有了更大的腾挪空间。

8. 庞氏骗局玩现金流

这个好理解，拆东墙补西墙，用低价或者高回报来筹资，你看中了他给的利息，他却盯着你的本金。这种方式，是拿用户的钱做了一个资金池，然后一边进水一边出水，如能保持平衡则无事，但人的欲望是无法控制的，资金池里的钱多了都想着拿出去花，买豪车别墅，搞理财炒投票等，却忘记了这钱是用户的，而不是自己的。资金链一旦断裂，项目必爆雷。

做传销的大骗子集团 WV 梦幻之旅，打着旅游的旗号玩庞氏骗局，能够赚到钱的永远只是金字塔尖的那一小撮人。咱们旅游业，可以来说说布拉旅行，这家公司已经倒掉了，当然，还欠着用户的钱。

2018 年 1 月，旅游圈最大的事情，就是"上亿元庞氏骗局破灭，布拉旅行爆雷"。布拉旅行被指欺诈，位于上海的办公现场被不断涌入的数百位消费者"围堵"，警方介入并登记受骗者名单及金额。2018 年 3 月，上海市浦东新区人民检察院发布公告，依法以涉嫌合同诈骗罪对徐某、种某某批捕。

这家公司 2014 年早期经营模式是从其他旅游平台下单购买产品做二道贩子加价赚钱，后来嫌赚钱慢，开始拉人头。接着产品价格越来越低，极度偏离正常市场价，爆款产品价格是正常价格的 2~3 成。最后是割韭菜，这些产品等你下单付款之后，想要出行，要先去二次预约，一次次约不上想退款还需要等待数月，钱一直退不了，有消费者投诉到上海消保委，布拉被点名后依然我行我素。

通过以新还旧的模式,根据司法审计至案发时,布拉旅行总的销售金额达到了7.84亿元人民币,未成行的金额达到1.56亿元人民币,涉及1.6万名消费者,共计4万多个订单。消费者无处退款,金额从几千元到十几万元不等,不少人甚至没有成行过一次。

2019年1月23日上午,以超低价"预售+预约"旅行产品,最终因资金断裂无力退款的布拉旅行一案在上海市浦东新区人民法院开庭审理。庭审中,两名被告(法人及总经理)均称没有退赃和补偿能力,仅可退回共计约80万元的工资收入。2019年9月27日宣判:两人及单位以非法吸收公众存款罪分别被判3年和4年6个月并处罚金。

以上虽对旅游双创的陷阱与规避进行了简明扼要的解读,但并不能代表旅游双创的所有坑与雷,创客们必须要知道创业维艰和砥砺前行。本文搭建框架时得到了6人游旅行网创始人贾建强、原世界邦联合创始人赵新宇及仙踪行热气球乐园CEO刘锋的建议,文中所提案例是我工作中观察而得,部分数据来自网络。

写于2021年1月29日凌晨

# 第六章：赛事点评

## 靠谱与奇葩齐飞，海水与火焰一色——有感于2014年3月7日旅游行业黑马大赛选手

下午观摩第一场由黑马大赛旅游行业合作伙伴旅游创业家协会协办的旅游行业黑马大赛第1场比赛，有19家公司，分4组进行了比赛，每人给5分钟宣讲，之后评委提问，最终决出10名入围选手，由王江担任导师。

比赛初始时平淡，前几名选手都很紧张，中途渐入佳境，由帝国旅行带入高潮，最后在略混乱轻松的气氛中结束。

郭社长开场致辞，联想之星刘维做"热潮之外，互联网旅游更多机会探讨"分享，提示要注意端和场景及更多品类，更深的有穿透力的、更精细的创业机会。航班管家做"创业为了什么？"分享，王江提到3个潜在的机会即移动化（在线化）、传统旅游产品的标准化、国际化，对大家有启发。

接下来老张乱点点项目，调侃调侃，不一定对，大家自己研究：

（1）陪游网：开年开场第一个选手，这位孤独又计划出家的创业者，给我们带来了一个C2C项目，针对陪游市场和"新生代"旅游群体，基于爱币（虚拟货币与虚拟礼物），打造了一个异性陌生人社交旅游专业平台。好吧，这确实有市场需求，边缘不好界定，现金换虚拟币存放平台，完成陪游交易后平台抽佣，这设计确实太性感于这物质浮华的社会。这让老张想起了1999年时去千山旅游，请了一位导游，又不想让她多说话介绍景区，就是想让她陪着一起走走，多么朴素的需求，现在有人来实现了，却走歪了。

（2）旅侠网：自称首家P2P社交旅游平台，好吧，我有点搞不清P2P（Peer to Peer

lending，点对点网络借款）和 C2C 的区别了。总之不是 3P 和 3C。旅侠这个名字我很喜欢，让我想起 2006 年我们提出的"掌门人"或远方网后来提出的"地主"及 E 地游的"袋鼠"，大抵都差不多的意思和作用。曾记得我们创办路客网时的理念"自助、互助、体验、分享"爱玛，8 年前的创业理念竟如此深入我的骨髓，提醒各位做社交平台的，这 8 个字，现在仍然适用。

（3）游历四维：抱歉，我刚开始以为是四维集团的，比如四维图新啥的，其实四维是 4D，同路人和朋友圈没啥新鲜的，但用时间和空间结合来展示行程规划，听上去好炫。我知道地图上可以做很多文章，甚至以全景来展现场景，但做行程规划这件事儿，2006 年我们做过，途客圈也做过，很多人做过，想以此做突破，要走的路很长很长。

（4）微驴儿：这个不多说了，子菲和盛迪都微信上聊，这回听盛迪讲，确实有价值，团队没问题，切入点也不错，出境游机会消费，基于 IT 技术，解决出境游和自助游的问题。嗯，从携程来最后能被携程再收回，是很不错和最大可能的方式，加油！

（5）认我行旅行网：自述是最小的旅行网，自行开发产品，周边自由行，实质以自由行旅游套票为根基。自由行是个方向和趋势，套票也是市场需求，之前市场上有诸多的××一卡通，××套票。想当年，2008—2010 年，我也是做过类似产品的。这种产品有两点很重要，一是资源掌控能力；二是渠道销售能力，还有就是客服体系的重要性了。

（6）房管通：创始人以视频开场，确实效果好很多，比干巴巴讲 PPT 甚至照本宣科念 PPT 滋润得多，酒店分销渠道，房态管理，是不是有点类似于房掌柜？这种平台，地域性限制很强，想做到全国规模，挑战很大。

（7）安途短租：看来除蚂蚁和小猪外，短租市场还是很多人看好的。安途立足热门旅游目的地三亚，智能化短租公寓。想做优质短租，除了足够的目的地覆盖，不错的位置分布，方便快捷的流程、服务，都是重重考验。要最终胜出，管理团队、人才接续尤为关键。

（8）穷游 Q Lab 旅行生活实验室：当初我听说穷游也参赛，不禁虎躯一震。其实是穷游的一个内部创业项目，想法很好的，旅游无边界解决方案。想基于穷游高黏度有消费力的 500 用户，推轻户外产品（装备），感觉有点像铁血，不过铁血卖军品是成功的，Q Lab 能否成功？我倒是知道朋友投了 1000 多万做户外产品，打水漂儿了。这又让我想起了陶冶，扔了 300 万，最后去年砍掉了社区，专注高端团建及自有品牌户外装备销售，这又回到传统路子上了。

（9）忆江南：够文艺够情调，创始人想做个忆江南的 APP，也有实体店卖旅游纪念品，根基在义乌。这个界跨得有点大，关键是，我估计他做 APP 是被人给忽悠了。义乌的玩法和线上的玩法截然不同。

（10）乐山乐水：一日独立成团，当地游产品为主，面向家庭、商务和朋友。对，和 6 人游很像，或者换个说法，大家都在做精品小包团。泰山投了 6 人游，乐山乐水也应该有同等机会，只不过没有提炼出标签而不被人知。樊兄，加油啊！

（11）"心之旅自驾禅修路上"：很不错的线路设计，主题游，特种游，深度游，略单一，难以支撑更大规模运作。如果和其他平台，渠道合作，我想会发展得不错，毕竟，市场上缺少真正有文化、有深度、有明悟的旅游产品。

（12）爱游易短租：好吧，又一家做短租的，有线上平台和线下10余家实体店结合。线上没什么稀奇的，规模肯定不如蚂蚁和小猪，但有线下实体店，我想是个优势，可以更好地把线下线上形成闭环。问题是越做越重，当然，这是压力也是后期的市场壁垒。

（13）行泰网：这个妹子很不错，立志做成江浙沪最大的旅游门户网站。这种项目，我想如果取得当地旅游政府的支持或者××创业园的政策支持，给办公室、给配钱等，会比自己辛苦赚广告费强得多。实话说，这种区域性网站，服务好本地客户已经活得相当舒服了。

（14）Hobobe：主要做入境旅游服务，通过佣金和增值服务获利。创始人之前做过窝窝团，是个不错的基础。入境旅游，看上去很美，也有太多问题，怎么对老外推广，再怎么整合国内地接服务，老外老外你在哪儿？

（15）帝国旅行：好吧，我当时有点毛了，太霸道了！以东非旅游起家，做高端标准化产品，为高大上、白富美准备，拯救悲摧矮矬穷，言语犀利，自信爆棚。旅行社产品皆为垃圾，鸿鹄太美不过如此。话虽偏激，但低质低价产品，确实不值一提，而靠玩圈子拼凑的高端旅游也如昙花一现。王兄有句话，最为透彻：好的旅游产品是设计师精神境界的体现！通常情况下高端产品难以标准化，而标准化的产品又可能会沦为低质低价的垃圾。佰程的产品有标准型、豪华型和超豪华型，而现在的用户正在转变为"不在乎去哪儿，而是和谁去"。

（16）景创之旅：这个没什么说的，做智慧旅游的，票务分销，整合营销，不是2C的，旅游局政府才是你的目标客户，游客，不是你的菜。

（17）千合假期：愿景是成为全球最大的中外间国际旅行服务商，搭建跨国营销体系，跨国服务体系和跨国支付体系，步子迈得有点大。不过这种信心还是有点数据支持的，比如说每年260多万的华人游客，150亿的产值及10亿的毛利，值不值得做？

（18）集游：张卫国的创意，名字有意思，旅游众筹平台。卫国头次参加此类活动，表现得很自信，表情有点凝重，还得练。能够入围，成为王江队成员，已经表现不俗了。虽然我对旅游众筹还有点小怀疑，但逻辑没太大问题，规则制定要费脑筋，才能运转。不然就有可能像永动机一样了。

（19）露营者房车：很不错的企业，有网站、有会展、有房车销售等，已经很成熟。房车在国内有很大的发展潜力，协会现有成员中国露营网、逸景营地等都在做与房车、露营基地有关的工作。独木难擎天，恐怕需要更多的房车露营相关企业的共同努力，才能把国内这块发展好。

（20）有家缺席，不点名批评了。

这次19名选手中，女性4个，最终两名（童晓青和周亚宏）入围，很不错。

互联网旅游赛首场导师招徒赛，王江队最后名单：

旅侠网-谢强、微驴儿-盛迪、房管通-李响、安途短租-童晓青、心之旅-周亚宏、爱游易短租-黄越、Hobobe-潘国章、帝国假期-王博仟、集游-张卫国、21世纪房车网-王继东。

本次晋级"红牛创业榜样"的5位候选人是：

微驴儿-盛迪、房管通-李响、安途短租-童晓青、帝国假日-王博仟、21世纪房车网-王继东

旅游创业家协会推荐的项目看来都不错！

恭喜各位朋友们！加油！期待14号第二场！

原文发布于2014年3月7日

## 虽有假大空，更多接地气——有感于2014年3月14日旅游行业黑马大赛选手

这场比赛选手22家，整体水平较7日有所提升，不靠谱的明显少多了，更多接地气的项目和较成熟的项目出现，有人在画饼，有人在做报告，有人在做梦。

这次是周航带队，首先做的分享居然是接着王江的"创业为了什么"，是"创什么业？"他所期待的创业是不是具有：

（1）前瞻性：是面向过去还是面向未来？解决看得到的问题，而不简单是所谓的痛点！未来应该如何生活？

（2）独创性：不是大家都看得到、看得懂的高度共识的机会性创业，而是除了你，别人看不懂、想不到、不看好的事儿。

（3）普惠度：是让人人都过上好生活还是只提供一小部分人的服务，他倾向前者。

（4）美好度：其实是关于人性，是利用和操纵人性的弱点还是满足激发人性之美，他喜欢后者。

（5）价值地位：是参与游戏的演员还是主导游戏的导游？这个你们猜。

好吧，22个选手，提醒一下，22号选手做PPT建议用深色背景，浅色背景在灯光下看不清，如有短视频，最佳。另外有七八页PPT足矣，千万别照着念，我们都认识字的。

5分钟主题演讲，讲干货，不过评委品味不同，也难搞，比如王江就看创始人团队，而周航就看产品。但说出你的价值、团队、优势、资源等，总是必要的。

凑巧的是有好几个项目创始人都做过不短时间的导游，这是之前项目所没有的情

况。再从个人角度，点评下 22 个项目，再次叔妄言之，婶妄听之。

## 一、留学公寓在线

创始人做国外房产中介起家，面向 1842 万留学生，欲打造"可靠，便利，真实"的学生公寓预订平台，实现学生公寓界的"booking.com"，收取年租金 3～5 个点为盈利点。

针对留学生的生意确实不错，但基础仍是线下资源的整合能力，不是自己的，就要吃库存，吃不了库存，就有不稳定的风险，在平台预订上，会导致用户阻碍和降低体验度。

不过针对学生外文不好及国外公寓网订的麻烦，有个中文化的服务肯定是好事儿，方便，但是否安全、便捷，就考验平台的线下资源掌控能力和水平了。

## 二、行者

很好的名字，要做真正的旅行社交，但何谓"真正"呢？这个就见仁见智了。提供旅行分享+旅行社交+旅游工具，这些看上去倒没有出奇之处，不过"以社交聚拢人，以服务留住人"的理念，倒值得称道。

目标群体的提炼很有意思，分别是小女人、老男人和矮矬穷。不过 38 岁的女人是小女人乎？28 岁的男人是老男人乎？以此类分，我是归到老男人和矮矬穷行列里滴。

其实上面那些不重要，以社交聚人，提供服务才是最重要的，让用户舒服，爽，再从服务中盈利，再更好地让用户爽，才是正向的逻辑。至于云不云的，对用户就没所谓的，我们也知道，原来叫服务器，后来都改云了。

## 三、驴背旅行

好吧，这算是个 O2O 的轻户外电子商务项目。针对旅行周边消费，把小的旅行用品巧妙地带入场景式消费，还算无痕。至于以后的目标，是新奇、实用，长尾是可以滴，大众化的产品还是暂时不要动为好。另外还有个性化定制的 T 恤、旅行相册和明信片。

这点有点像穷游的 Q Lab，效仿铁血的军品，是条可行的路子。贴牌只是初期无奈之举，最终还是自有品牌之路。户外电子商务其实非常难做，如此户外后来转向为户外旅行，提供智能相关户外装备攻略，也是异曲同工之妙。

前提仍是做好户外俱乐部服务，做好黏性，持续性的活动推动。

## 四、安徒生旅游网

目标是"学生体验式旅游第一网"，嗯，确实，专门为学生服务的旅游网站极少或者没有全国性的品牌，是个机会。但仍然是看线下传统服务能否做好、做通、做透。做学生的生意确实有得钱赚，还可以持续赚，可以再赚家长的。

一老一小，亲子，学生，都是传统旅行社的生意，网站更多只是线上展示。学生社区如何？以实体生意养社区，慢慢经营，最终能让社区和产品更好地融合。

### 五、金旅宝

一见名字，就想起很多假大空的东西来。作者的逻辑理论上没问题，要做"旅行社业的专用即时通信工具"也就是 IM 了。其实这几年来，旅行社也早已抛弃了 MSN，把 QQ 的各种功能挖掘到极致了，做行业 IM，我感觉没戏。

我估计作者应该不知道 Lavalava，也相信看到这篇文章的人多数都不知道这是个啥玩意，其实也是个 IM。行业用的 IM，知道是谁的吗？王志东！不认识王志东？网上搜去，原来新浪的主人。我就不相信你比王志东还厉害，能撬动行业 IM。

### 六、Tripper

嗯，也是大约小半年前知道他们，今天更进一步了解了。要做出国游的旅游助手，主要是旅游的真人翻译。一些要点是：网络电话＋当地电话；双语（多语）客服；本地人定制的旅游数据库；云端客服系统。又见云，云山雾罩。

单从翻译来讲，不知道和蚂蚁窝翻译官相比如何，又和下一站的某些功能重合，要再仔细研究下。

### 七、下一站

王沁，老朋友了，一直在做下一站系列，要解决出境旅游焦虑症，做有厚度的出境旅行指南。团队很不错，多半来自迪士尼移动，和卓立的景点通不同，侧重国外。目前覆盖 30 多个国家，60 多个城市，120 万左右用户。

王沁提到的两点可以和大家分享下：信息广度：信息聚合和结构化数据；信息深度：特色专题内容，我感觉在信息广度上面还是需要很强的技术能力的。

### 八、巧云拼车

拼车在国内还属混乱发展阶段，国家甚至反对拼车的行为，虽然这对于减少和避免资源浪费有很大的益处。2009 年我也曾和人拼车去大连，当时是在 58 和赶集上发帖子。

与打车和租车不同，拼车目前没有全国的成型的拼车平台，MS 是个空白点，其现有的数据如 100 多万条信息、2 万用户等，都是自动或手工抓取而来，如何保证信息的四性，对于任何一个信息的查询平台都至关重要。哪四性？真实、准确、完整、及时，最难的就是及时性。巧云现有的方式，如从各 QQ 群人工择取，太累了。而要完成这条信息闭合的链条，不但有发布、查询，还要有交易完成监控或者作为平台的用户信誉保证和资金保证。单纯做成拼车信息平台，赚点广告费是没有前途的。

## 九、机场巴士管家

针对价格敏感型用户，做机场巴士售票综合性平台，基础在于每年2.5亿人次的用户行为。前期通过票务分成收入，后期纳入酒店、租车、保险和广告等盈利方式，再逐渐升级为机场助手、汽车站助手和火车站助手等。

我反正是对所谓的大平台不看好，或者说这种需要落地，动用线下资源的平台，其建设、运营、维护等，都需要很长的时间、人力和财力。王江有航班管家、酒店管家等系列，你们能否结合一下呢？

## 十、途伴

唯一也算老朋友了，微信上这个项目也快一年了吧。唯一想的没问题，做小而美的旅游社交平台，从旅游结伴工具开始，以约伴为切入点，做移动旅游社交。大家都想做社交的，有约伴的，有陪游的……这个，真要洞悉人性才行啊，搞本马斯洛的书每天研读，会有很多启发的。

## 十一、爱打听周边游

目前做周边游的几家，都是的我好朋友，昨晚还和周末去哪玩文龙和周五旅行肖鹏一起吃饭来着。周边游虽然客单价低，但胜在频次高，而将周边游用户大量聚集并形成一定黏性时，再向其推国内游及出境游，是下一步发展之方向。

总之是先聚人，或以社区聚人，或以产品聚人，或以活动聚人，有了人流，就有了基础。爱打听周边游要做一站式周边游平台，是没有问题的。我也认为，应该有更多做周边游的出现，共同把周边游的市场做起来，形成更大的蛋糕，这样大家才能各分得更大一块。

## 十二、自游天下电子门票交易平台

不知道为什么，我现在一看这个系统那个系统的就头大，比如自游天下要做的票务销售管理系统、智能导览系统、景区一卡通管理系统等，感觉就是个忽悠政府钱的项目，项目结题，钱拿到手就完事了。

第三方景区电子票务交易平台，看上去很美，做确实和做门票已经做了多年的同程、驴妈妈怎么比？肯定不能单比卖门票。对于景区，对于票代，对于游客，GDS（Global Distribution System，全球分销系统）系统到底有多大用处？

## 十三、一块去旅行

这个不多说了，陈作智和阿毛都是老朋友了。喜欢他们"轻旅行，自助游"的品牌定位。一块去真有全国最大的旅游景区电子地图吗？不过他们对技术跟得很紧，如AR

（Augmented Reallity，增强现实）、轻应用等。景点打折门票的微信号已经20万粉丝，但想短期快速做到100万，难度是非常大的。

至于渗透到线下精品客栈，我也谨慎看好。毕竟远方网和松果网都在做或做过客栈，没有非常明显的成功。一块去究竟路在何方？我想说：兄弟，加油！

### 十四、鹿途旅游网

难得看到内蒙古的参赛项目，很不容易，作为内蒙古老乡的我，一直为守仁捏把汗。守仁有点紧张，但基本意思都说到了。我感觉泰山陈亮兄说得对，地域性项目，就是把当地做深做透，成为当地第一，才有更多可能。

怎么做成当地第一，要充分利用当地关系、当地资源、全国性渠道，成为某地区或某条线强势品牌，才有更多的话语权及更大的估值。

### 十五、航帆国旅

我对创始人的大无畏精神表示尊敬！看这句"面向O2O的虚拟旅游系统"，听着像政府项目，我做过近3年的政府项目，就不多说其中内幕了。基于IBM三维互联网，真是高大上。景区三维模型？有点像全景客了。

最关键是把行业大牛们全部列为竞争对手，让我对他的勇气肃然起敬！小伍的评价很中肯：能上去就是勇气，不过不被踩怎么知道大冒险时代有多残酷。

### 十六、中华户外网

在户外圈，除了北绿野南磨坊、天津8264外，南京的中华户外网也是做得不错的，主要是组织大型的赛事和户外节庆活动。号称3000多家户外俱乐部，影响8000多万相关群体，有320万铁杆会员，其中100多万自有会员。总体说，还是非常有影响力的。

组织大型节庆赛事，8264也在做全国各地多场的户外帐篷节，这些都侧重媒体功能。其实有了这样的群体，怎么转化、怎么升值，是非常值得思考的问题。除了让他们泡坛子，进行户外活动，向他们销售户外装备，还有什么其他玩法？嗯，向这些人群推轻户外、泛户外、伪户外旅游产品是可以的，但要讲究节奏、阶段和方式。

### 十七、麦途旅游网

刚开始我以为是北京的麦途，后来看是上海的麦途。现在百度搜，京沪各一家。一家做闪购尾单，一家做全球旅行定制，大相径庭。

上海这家麦途，口号是"梦想，正能量，旅行"非常好！我喜欢。但究竟是做啥的？旅行定制，面向家庭、私人和企业，私人定制不错，是给程序员定制，给矮矬穷定制还是给高富帅、白富美定制？

创始人小伙子是块做销售的料，8年导游生涯不是盖的，声音振聋发聩，就是不知所云。

### 十八、我要航旅网

其实是做中小型企业机票差旅服务，O2O 领先服务平台，包括提供专属管家 1 对 1 服务＋月结服务等。这还是个传统生意。好多机票代理也在做类似的事情，机票代理有更多的大客户渠道为其提供机票差旅管理，如在路上旅业。

对于这家，我非常喜欢那只坐在黄色飞机上的小老鼠（LOGO）。

### 十九、AA 旅游网

本场选手中两位女士之一，来自广东河源的秀气女子。

目标看上去极大，"旅游企业的直销平台"，一个极其宏伟的发心。AA 旅游网其实是基于 AA 车友会线下基础上架设的旅游论坛，附有团购、视频等。至于直销 B2B、B2C 商城也只是个尝试而已。

对于 AA 旅游网，我的建议是做深做透河源就能活得很滋润了，这正是本地化网站（论坛）的最大优势所在。

### 二十、澳乐网

目标是：澳大利亚中文旅游网站第一名，这个靠谱！

6 个人 5 个月，1800 万营收，不错，主要是境外，自由行景点活动预订，解决产品差异化和境外玩什么的问题。做澳乐网的数据基础是 2013 年 9000 多万人次和 2015 年突破 1 亿人次的市场预期。

澳洲是个好地方，希望澳乐网能做好中文旅游本地化服务！

### 二十一、银河快车

小伍伍鄂轲也算老朋友了，是个喜欢思考和行动的人。为人低调谦和，做事一丝不苟。银河快车从深圳来到北京，是很大的进步，而短途一日游领先品牌，是其发展方向。做生产商确实是很苦的事情，但好在资源可控制，产品可设计，过程可监测。

年轻人的微旅行，很受年轻人的喜欢。一日游产品标准化，是非常值得做的事情。把服务做细，超出游客期望，不免费重游，都是很棒的产品设计理念。

既然从银河来到地球，就在地球上生根发芽，茁壮生长吧！

### 二十二、美辰邮轮

汪美丽是另一位女选手，来自美辰旅行。有点紧张，优势没说透。目标非常好，做中国邮轮旅游平台，让更多国人了解邮轮旅游，享受邮轮文化。

其实美辰不是卖邮轮票的，是做邮轮文化的。基于邮轮，可以有产品，有课堂，有服务，有社交。邮轮文化在国内急需普及，就如同某些邮轮是不接待国人的，为什么呢？怕国人大声喧哗、随地吐痰、着装随意等，堕了人家高级邮轮的名头，而这些，都是需要被教育和培训的。

邮轮是个非常好的方向，我也希望国人不只是坐个船购个物博个彩啥的，如同高尔夫一样，是种文化，邮轮旅游的文化。美辰，加油！

最后入围周航队有13名选手，包括协会选送的银河快车、中华户外网、美辰邮轮、下一站、安徒旅行、途伴等，都进入周航队了。

唉，真是老了，竟用了两个来小时才写完点评，五笔水平下降，文笔下降，各位权且看着，如果有人真从头到尾读完，我就祝你扎西德勒了！

原文发表于 2014 年 3 月 14 日

## 从浮躁到踏实，从想法到资源——有感于 2014 年 3 月 22 日旅游行业黑马大赛选手

本来想偷个懒，不写单场点评了，奈何微信上朋友们交口称赞，称受益匪浅，好吧，2个小时的时间，叔再来乱谈谈，看官莫介意，一千人有一千个哈姆雷特，那个千面的海妖，也是用一千人的代价看全了她的面孔才击败了她。扯远了，以下是正文。

22日第3场吴志祥兄是导师，正如我当初向黑马大赛组委推荐的架构，两个非传统旅游的，一个做传统旅游的。无论是吴兄盖大楼还是换域名，都恭喜了！

吴兄分享了在线旅游创业的三个陷阱：

（1）没有手机或者和手机无关的都是没前途的。

（2）以己度人、以点概面是很危险的，解决自己的痛点以为是解决所有人的痛点，往往会犯错误，要多花时间在现场，用最多时间花在用户身上。

（3）想法重要，执行力更重要，要不断提升执行力，认准一点，发挥全部团队的执行力！

而他对项目选拔的标准是：

（1）不要再基于PC，一定要和手机关联。

（2）要大量观察用户，从中发现需求。

（3）一以贯之的执行力。

本次有19家企业参赛，最终11家企业入围。

捋捋吧。

1. 小毛驴科技

户外旅行管家，概念不错，户外旅行行业全网信息化解决方案提供商，这个就有点大了。载体有官网、CRM（Customer Relationship Management，客户关系管理）、APP、

微站。收入大致来源软件收入、营销咨询和自有平台。

其实我想销售户外用品是条路子，从 2003 年 4000 万到 2012 年的 145.2 亿的市场规模，确实诱人。不过我想不是那种三夫高大上死贵的，要偏重于泛户外或大众户外，质量当然是要保证的。

李硕提到了一个找活动的 APP，驴多多。让我想起我 2011 年在一家移动互联网公司做 VP，当时公司有款类似的产品，前后折腾了五个来月，停掉了。理论上，这种找活动的 APP，让北绿野南磨坊新疆小羊军团来做成功性更大，这基于他们原有的网站活动平台。

团队来自深圳，有些做平台的基础经验，我想在商业化探索上，和 3000 多家商业俱乐部及更多俱乐部加强合作，在现金流上有保障。

2. 吧嗒驴

第一场时就知道他们了，但昨天才搞明白，原来出行就骑吧嗒驴，吧嗒吧嗒地走在路上，倡导的是慢生活，很好的理念。

定制攻略是个亮点，特别是导向性攻略，方向性是对的，内容仍为王，有人说过一个总编顶一百个销售来着。而做社区，我还是很悲观的，社区是非常难做的，不是指技术，是指运营。陶冶当年 3 年扔了 300 万进去，后来把社区关掉了，专注于团建。

二四成团的概念不错，关键仍是资源接入运转能力。青岛老乡，继续努力！

3. Feekr

Feel free fly fun，非常棒的内涵设计。定位不错，独有气质的旅行主义者和自由飞翔的旅行青年。希望不要是铅笔青就好。

杭州是个好地方，去年 6 月我去开过会。Feekr 的核心是当地人产生的个性化的深度旅游路线攻略。嗯，又是做攻略的，前有远方，大有马蜂窝，同步有穷游。内容为王，内容仍具价值，正如我反复说的，一条信息有四性才有价值，就是真实性、准确性、完整性和及时性。

这里面的亮点是 NGC，不是 NGO，协会是 NGO（Non-Governmental Organization，非政府组织）。大家都知道 PGC（Professional Generated Content，专业生产内容）和 UGC，NGC 是当地人产生内容，更加定向了。当地人的概念，2006 年那会，我在路客网时叫掌门人，远方叫地主，E 地游叫袋鼠，其实都是一码事儿。

通过主题化、可视化和结构化，让用户有极致体验，其实就是让用户爽了，躺着抽根烟，赛过活神仙。小问题就是这些贡献内容的当地粉丝能否长期贡献内容，特别是及时更新。热情是短期可消退的，必须要和利益相关，可能是精神或者物质，不然不会长久。

而攻略内的分销预订，我是认可的。就比如我在查看我想买汽车的信息时，旁边出现给我智能匹配过的汽车价格和 4S 店时，我是不会反感的。

定位是成功的关键，也是保持成功的障碍。这句话，李洋有时间可以和我再探讨探讨。

4. 聚旅途私人导游

来自厦门的郭桂滨，有点紧张了，其实读PPT也是件困难的事情。私人导游交易平台，让我想起7号那个陪游网，也让我想起年轻时在千山找了导游但只是让她陪我走。又提起这事儿来，私人导游的需求我想是很多的，主要是国家对导游还是有一套管理办法的。

导游这块，原来有个叫导游栖息地的论坛，里面全是导游，不知道现在还在不在。导游很辛苦，也不容易，不好的导游是有的，好的导游也是有的。14号那期，好几个项目创始人都做过导游。

90后团队，初生牛犊不怕虎，加油！

5. 城市名片

智能导游，还是离我们百姓有点远。借助于移动，甚至FESCO（北京外企人力资源服务有限公司），港中旅的资源，是可以好好地探探路子。打样，必须要试通才有后面的可能。

线路型攻略，啊，又是攻略，不过拿着平板，沿着路线呈现出及时攻略，听上去不错，就是总在手里端着，有点累。

另外这个名字，还是让人有点不知所云。

6. 旅游管家

嗯，宋涛不错，沉着，自信，阐述如行云流水。未来旅行社路在何方，会有相当部分消失，不消失的会有几个寡头，再有几个变成旅行数据服务商。再后来，就是曾松总说的旅行代理人，可能是快递员，可能是保险业务员，也可能是社区大妈，但从现在来看，旅游还是有相当专业性的，最终还是回到人的层面，服务、用户体验，还是由人来完成的。

旅游，是有温度、有故事的。再智能的机器也取代不了人的情感交互。去除中间环节，从用户直达提供最终服务的地接社，这才是O2O，才是未来发展方向。由地接社老总计调充任私人旅行顾问，专业性是没有问题的。

运营会是个很大的挑战，还是有很多细节要再梳理清楚，然后，就去干吧！

7. 爱哪哪旅行网

来自遥远的海南，辛苦了。这是个想以兴趣爱好为主题的旅游社交加电商平台，更关注人，以人为核心的主题化旅游订制服务C2C平台，以周边主题旅行为切入点，想法还算靠谱。

C2C这件事在国外有成功案例，在国内还需验证。去年我还写了一篇关于C2C方面的文章。国内包括E地游、去哪儿当地人也都在做这方面的尝试。我还是认为受制于社会信用体系。

陈笑的媒体资源和文娱圈人脉可以再挖掘挖掘。

### 8. 微行欧洲

韦智芳这个女子不寻常！干脆利落，强势出击！

微行欧洲要做欧洲旅游路线搜索引擎＋预订服务，立志成为"华人欧洲旅行第一品牌"。嗯，细分是现今成功的重要基础，就如同澳乐网做澳大利亚一样。

就这个项目，如果从搜索引擎层面，考验的是技术开发及后期延展能力；如果从运营层面，考量的是欧洲资源落地接入能力和客服能力。

2006年我们也做过地区性引擎，技术可实现，但数据库是空的，对用户来讲没有任何意义。想起头两天刘波和我提到一个案例，同样的出行订单，在某旅行社就可以几分钟快速报价，原因来自那些目的地的各项资源都是现成的，可以快速调用匹配。

### 9. 山东自驾游网

山东老乡兄弟，李向阳，队长你好！

既然是老乡，兄弟就直说了。你的自驾游护照是个传统项目，主要是资源整合能力还有客服能力。2008—2010年时我做过特色游通票和旅游一卡通，其实是一样的，就是景区门票优惠集合。

你列的也对，一是景区招募，二是渠道销售，还有最重要的一点，客服！为什么？在现今信用缺失的时代，有些景区或资源方会出现不守信用的情况，比如说优惠不能用，让花钱买护照的用户很不爽，导致负面口碑出现，这个非常要命。

这个产品，在山东如果能卖好，再向全国扩展，挑选自驾游车主喜爱的目的地再去深耕。

### 10. 沐雨全球旅行

在最美的路上与有趣的人一起旅行，多美的意境。

沐雨目前做户外活动，特别以骑行为主，在骑行上是非常专业的，这点我是非常相信的。知名媒体人士参与是个背书，但考验规模和成长性。

在骑行上，全国有些骑行基地，比如延庆妫河，是可以合作的。

### 11. V旅户外

与小马也认识近两年，他总是笑呵呵的，很快乐。V旅在沙漠、草原和海岛这三个方面做了不少团队，让客户得到快乐和朋友，在活动中串联小游戏的设计也不错。

其实我最欣赏的是：态度和坚持，这也是创业者必备的素质和非常重要的气质！

下一步发展，加强基地建设是必要的，如果再扩大知名度和用户圈，是需要再细细研究的。

### 12. 泡泡海

本场另一位女子选手，李蓉，出自景域，有大姐风范。

立志做专业海岛旅游度假平台NO.1。好吧，决心下得大，也要决心做到噢。

至于什么双引擎双模式，没什么用。把海岛做专、做精、做深、做透就足够了。比如说，自己买个岛，比如说建立岛主联盟，比如说世界海岛攻略大全，比如说海岛达人汇。

上面内涵很多，请细思量。

13. 九十度体验旅行

高弘是老朋友了，结识他是缘于 2012 年 4 月好投网创始人户才和组织的一次银山塔林户外活动，里面设计了不少体验和参与的环节。不是傻吃、傻玩、傻笑，玩的过程中能学到文化知识，学会团队合作，学会挑战自己。

这次高弘发挥得不太好，水平没发挥出来。跨界创新能力挺难的。从目前传统对企业的 B2B 再过渡到 B2C，不会那么快。

九十度的几个要点：主题内涵、媒体视角和深度参与。如何提升用户体验，需大力投入的前期设计，通过有效反馈来促进产品优化和提升。其实就是品质，品质，品质。

14. 璞缇客精品酒店

我最初以为是家单体或实体酒店，其实是精品酒店连锁。

这个名字我第一感觉是练瑜伽的，第二感觉也是不知所云，或许这更是要勾起我了解的兴趣。

陈锦波提到什么是需求：就是想做且有能力做。这个可以再商量，很多人都有买房的想法，但没钱买不起，这能成为需求否？

旅游媒体＋预订平台，从这点上，我更赞同媒体就是渠道，渠道就是媒体的说法。我们看下他的几个关键词：手机媒体＋预订；人人实时对话；个性化标准品。这三个里面，个性化标准品最吸引我。大家都知道标准品，像机票酒店一样，非常透明，而且已经成为红海。个性化，如私人定制，高端，定向，难以规模化复制。怎么解决定制和标准产品的合体？锦波似乎已有答案，但我还是不清楚怎么实现的。

他特别提到了情感，像我上面所说，旅游是有温度有故事也即有情感的。这种情感，来源于采编，来源于达人，来源于商户。

吴兄点评很到位，你是否足够专注？你的名称是否代表或会影响到你的定位？

15. 四季游

胡飞真是胡飞，南北来回胡飞，灰过来灰过去……定位在专业运动度假旅游服务商，标签不错。目前专注在滑雪，和包括长白山、北大壶、亚布力、万龙都有较深度的合作，乔波听说也拿下来了。

专注是成功的重要因素，靠近资源或掌握资源，是成功的另一个重要因素。原来我做京郊游时对北京滑雪市场有点了解。主要是票务，北京到冬天，主要就是玩温泉和滑雪，有人用大资金包雪场，总代分发下去，完成 B2B 到 B2C。

凡事就怕认真二字，认真地做一件事，总会成功的。凡事就怕熊瞎子掰苞米，不能专注和坚持。

如果只做滑雪的话，名字确实要调整调整，有较强的直接表意联想。如果以后要做其他项目，也可以像现在网站上表现的春夏秋冬，一年都有项目可玩，也不是不行。这个其实是策略问题了。

16. 美景联动

美景票务 O2O、B2B 交易平台，休闲娱乐电子产业，集中采购，集中营销，整合团散价格。

这个没有太多评价，好像北京有 6 大门票巨头，美景是其中一家，远帆票务也是，做的事情差不多，票务资源整合及分销，票务系统架设，顺便搂点景区电子营销。

感谢杜涛兄弟对我的赞誉，我对你的项目没什么太多可说的，你已经做得够好。但如果想涉及 B2C 和 O2O 的话，是要提早做准备的，特别是编辑。微信二次开发可以考虑，比较简单，也省钱。

17. 看看——全球美景直播

探索、发现、直播全球美景，很好的立意。来自成都的钱云龙，很年轻，很有闯劲。

他想做个沟通平台，让在家的人可以收看直播，让在景区的人可以进行短视频直播。可以基于手机，必须有人拍摄发布，目前是景区工作人员和部分用户在做。

关于景区直播这块，我也可以说几句。两年多前有朋友在知名景区架设了摄像头，可以一年四季随时看景区的实景也就是直播，比如我可以看到黄山那棵迎客松春夏秋冬的样子。这个再往早追溯，在国外有个农场主，在自家地四个角布设了摄像头，付费用户可以闲时看庄稼长啥样了，下雨啥样，刮风啥样。

现在北京这个朋友放弃景区实时监控直播项目，转向了家庭老人孩子的安全监控。景区，其实更想展示出最好的一面，景区也不想让游客看到不美的季节，不适宜的垃圾场面等。景区宣传通常会有宣传片放在网上，不过一般都较长，短视频可以省流量，可以即时，但未经加工整理，有可能并非景区想要的效果。

18. 玩游网

做导游界的天猫，我没搞清楚什么状况。

但做全景视频、旅游直播和静态全景，我懂了。北京有个全景客就是做虚拟全景旅游，3 年多时间，拍摄采集了大量景区全景数据，并和腾讯 SOSO 街景有数据合作，也是派人到景区直采，耗时费力。

任重提到的"能力，资源，创意"，我也同意。在全景中，突出导游，让全景和导游结合是个卖点，我也头一回听到这个角度，有点意思。

19. 中国自驾游网

师怀礼也是在微信上认识的，自驾游是非常大的群体，没得说，有车有钱有时间，是高品质人群，值得深挖。

针对车主可以做的事情太多了，组织自驾活动，组织公关品牌宣传等，再加上还有驿捷连锁酒店的资源，车友论坛的黏性，这些都是做一个自驾游服务平台的基础条件。

单从名称而言，首先是媒体，再次是车友会，这两点是后面提到旅游电商平台的前提。只有做好媒体和车友会，才能在门票、酒店、自驾线路产品、户外用品方面有想象空间。

表面上看做得杂，不要紧，再去多接触和研究车友的心理和需求，适当调整结构，稳扎稳打是没有问题的。

对了，吴志祥队入围选手有：小毛驴——李硕，Feekr旅行——李洋，旅游管家——宋涛，微行欧洲——韦智芳，V旅户外活动——马宏吉，泡泡海旅游网——李蓉，九十度体验——高弘，璞缇客精品酒店——陈锦波，四季游——胡飞，美景联动——杜涛，看看——全球美景直播——钱云龙。

原文发表于 2014 年 3 月 23 日

## 旅游创业者们，路在何方？——总结 2014 年 3 月旅游业黑马大赛

热闹的比赛结束了，生活似又恢复了平静，趁还有点时间，写个小总结，也算是个好习惯。

在此感谢黑马大赛组委会的工作人员，姑娘们，小伙子们，你们辛苦了，谢谢你们！

中国旅游创业家协会作为旅游专场黑马大赛的行业合作伙伴，也做了很多的工作，老张自己逐一通知参赛的旅游创业项目就有近 200 个，可惜的是，相当大一部分创业公司以各种理由回绝了。尊重个人意见，还是让我们来聊聊参赛的企业吧。

黑马大赛组委会在向我征求 3 位导师时，我的意见是传统与新锐相结合，跨界混搭略全面。于是极力推荐了王江和周航，而另一位则建议从洪清华、于敦德和吴志祥中选取，很感谢组委会听取了我的意见，感谢你们了。

3 场比赛总共有 60 家公司参赛，最终入围 34 家，由我们渠道通知参赛最终入围的近一半，再次恭喜和中国旅游创业家协会共同成长的创业者们！

导师们大家都知晓，还是说说我对这些参赛项目和选手的感受吧。本想做个分析表，人岁数大就变懒，索性纯文字。

### 一、项目

1. 新瓶装旧酒

这个说得很明白了，不少的项目其实就是一极为传统的项目，也就是一桩生意，和创业关联度并不大，最多是披上互联网或移动互联网的外衣而已，如那整容美女，脸变漂亮了，身子里还那样。

还有些项目，其实不是为消费者准备的，做的事情和做出来的东西，游客是用不了或用不到的，只能圈圈不懂行的或公家的钱，哪怕你打着再大的幌子，坐着再华丽的座

驾，也能被用户榨出你皮袍下的"小"来。

我原来有段时间迫于生计，写了一些假大空的项目书，这类项目资金流转来去，最终对市场和用户是没有任何帮助或促进作用的。只是说明，你做了这样一件事儿而已，记住，只是而已罢了。

2. 细分再细分

这必须是现今创业的重要提示，所谓小而美，所谓细分、聚焦、专注，窃以为再细小的领域，只要做到前三名，都有机会。

这次比如有做学生市场的，有做海岛游的，有做澳大利亚的，都是在做细分。圈起特定的用户，接入特定的资源，玩好特定的方式，赚到特定的钱。

细分绝对是好事儿，先甭想上市的遥远梦想，被战略控股或收购，是小美最佳的退出方式。我佛再强，也需要诸如四大金刚、五百罗汉之类的基础团队。

细分领域里，一是做好相应的内容，主要是信息，保证信息的四性以使其有价值；二是做好相应的黏度，通过社区或 CRM 情感黏连；三是做好相应的资源接入，不然上面两者的热情激荡没有发泄的出口，看了想了，没得玩，那是不行滴！

3. 啥是 O2O？

看到这里的人，不会再有人说啥是零 2 零了吧？也不会以为是广州区号了吧。

最初我们认为是从线上到线下，后来认为是从线下到线上，再后来认为是从线上到线下再到线下……中国文字博大精深，反而乱了阵脚。人家就两个 O，你自己随意发挥。

怀揣梦想，要斩掉中间环节，扁平化，去中间化，其实并不简单。中间环节占据这条生态链多年，盘根错节，各种利益切分纠葛。就如同你发展新能源动力汽车，就可能动了石油大亨的禁脔。你再超前的数码设计，也有被胶片商扔进故纸堆的可能。但你怕了吗？

车轮滚滚向前，趋势无可抵挡。趋势是最大的优势，你若不跟随它，必将被落下或抛弃，原有的优势会慢慢或很快消失，届时悔之晚矣。

有人愿粉身碎骨，两手各握一 O，自己变 2，为理想，总是要有人牺牲的。敢去做，做不成，也比不敢想，不敢做要强上百倍。有些路，是前人没走过的，有些螃蟹，是前人没吃过的，你敢否？好吧，今晚吃醋，有谁带螃蟹过来？

4. 微信未峥嵘

各种原因，纯粹基于微信二次研发的项目很少，我印象中那几家做得好的，也都没来参赛。这真是遗憾，在微博没落、APP 迟暮的时代，这个花魁居然睡着了。

这两年微信异形横扫，以后可能被另外的铁血战士冲杀。这世界变化快，新技术发展太过迅猛，我们才刚适应，随后就被 OUT 了。但这不值得伤悲，反而让人欣喜。科技改变生活，创业改变未来。总之，现今旅游创业，如没和微信相关或手机相关，或者眼镜手环啥的几乎可判定难以发展。

5. 资源筑壁垒

在每场，特别是第 3 场里，资源型项目多了起来。我原来是做线上旅游的，从互联网到移动互联网一路走过来，原来是瞧不起线下那些传统旅游的，原因是我飘在天上，心如浮萍。但自开始做俱乐部以来，结识了孙姐，开始认真审视自己从前的想法，发现线下旅游里有非常多非常优秀的创业者和职业经理人，取得了很大的成绩。

我们这些做线上的，不管是早期做资讯、做社区，还是后来做 APP，经历了短则两三年长则近十年，仍无法实现很好的流量变现。空有几百万上千万用户，难以有正向现金流。也有商业化探索，囿于定位问题，较难改变，关于定位问题以后单开章节讨论。

反观线下旅游者，不懂技术，不懂先进制造，但懂市场、懂人性，于是，闷声赚大财？！但同时，很多人干的也是苦活儿脏活儿累活儿，不像线上的好像是俏活儿？！

线上线下既互相瞧不起又互相羡慕对方的长处有些遥不可及，或许是玩法不同？线下更多是传统生意，讲求营业额利润，线上很大为融资所胁，讲究的是用户规模、体量、黏性和活跃度。出发点不同，自然道路不同，但殊途同归，最终都是为用户服务的。

倚仗线下资源，再进行线上创业相对容易得多。我是包机包船包专列的，我手里就有的是尾单，而且是真正的尾单。我在几个海岛目的地都有自己的酒店甚至自己单独的海滩，我再做海岛游相关自然更容易。

反而光有 Idea 的创业者，没有资源没有资本的情况下，创业之路就更为艰难。当然，如果有技术上的明星团队，另当别论。

## 二、选手

1. 气质

气质为何物？身上与众不同或明显有差异性之处。选手的气质各不同，或锋芒，或谦和，或亲切或谨慎，这与每个人的家庭、成长道路、遭遇等有关系。

看看星爷这段："你以为你躲在这里我就找不到你了吗？没有用的，你是那样拉风的男人，那忧郁的眼神、稀疏的胡碴子、神乎其技的刀法，还有那杯 dry 马蒂尼，都深深地出卖了你……"

气质无须改变，保持真我就好。

2. 自信

这个太重要了！在 5 分钟时间里，没有长篇的宏论可讲，没有日久的时间了解，选手的自信就成了评委的一项重要标准。怯怯的、眼神躲闪的、言语发虚的，都让大家对创始人，对你的团队和项目产生一定的怀疑。

创业，首先是认为自己做的事情是正确的，所以才会做，试探性创业成功的概率是非常低的。如果对自己、团队、项目不自信或没有充分的自信，那么在创业曲折艰难的路上遇到各种问题阻碍时，就很容易放弃或被击倒。

60 名选手中，印象最深刻的是帝国假期的兄弟。单帝国这名，就霸气。在台上纵横捭阖，视传统旅行社产品如土鸡瓦狗不值一提，其他高端定制如携程太美不过如此，引来台下掌声轰鸣，王兄信心爆棚，无论背后体系如何，单就自信一点，满分！

3. 勇气

创业者想创业，首先要过第一关，就是勇气，就是敢不敢？先不说行不行，首先敢不敢，如果都不敢，自是不行。我当年来京闯荡，有半年时间犹豫不定没有勇气，最终买了火车票，扔下原有的荣华。

选手里有来自全国各地，虽然有些选手的项目真的非常一般，有可能在当地很牛或者在当地都不牛，但敢来参赛，敢来亮相，这种勇气，就值得敬佩！

中国旅游创业家协会的 LOGO，主心是老虎，也是取虎的气势，虎的冲劲，虎的勇猛。若没披荆斩棘、神来杀神的勇气，创业怎么能成功？！

4. 临场水平

这个确实考验心理素质。面对百余号旅游创业者、媒体、投资人，台上宣讲 5 分钟，即使是台下练了多遍，也不能保证台上不出问题。

老张组织过 70 多场大大小小的活动，面对少则十几个，多则四五百人，有时也会怯场或发挥失常，更何况选手们了。

紧张体现在照着 PPT 念、流汗等症状，无他法，多讲多练自然就习惯了。这点，小马的表现不错，视频放了一段卡住了，遥控也不好用，仍然乐呵呵。

不过实话说，我还是适合脱稿讲东西。月初论坛致辞，照稿子，真的是太别扭。

原文发表于 2014 年 3 月 24 日

## 可落地的创意才更具有价值——点评 2019 年第五届全国大学生旅游创意大赛决赛作品

22 日应"移动互联 + 旅游创意"第五届全国大学生旅游创意大赛决赛组委会，教育部高校旅游管理教指委及北京联合大学旅游学院邀请，作为评委，在北京联合大学头脑激荡了一天，颇有感触，写个小文记录下。

进入决赛的总共 17 支队伍，整体上质量都不错，大部分创意项目可落地，不再是空对空的设想。这些项目都基于互联网+、移动互联网、作品微信小程序及 APP 呈现，符合现今科技现状。这些项目总体上说，都是在做细分市场，如细分地域、细分主题、细分人群等。这也符合我巡讲里多次提到的现在初创期企业一上来就做个全国或全球平台是不现实的，先从小而美的平台做起。但从哪做起呢，做工具还是平台，产品还是服务，盈利模式来自 G 或 B 还是 C，都是要考虑再考虑的问题。

这些参赛项目充分结合了现今的国家和产业政策、考虑到了市场需求，结合了文旅业的创新业态，质量不错。项目展现的手段也灵活多样，除个别团队还是传统的 PPT 讲解外，大多数团队都制作了视频。部分团队路演时用心设计了表演环节，解说项目时生动有趣。

做个简单的表格，以个人经验和记忆给各作品打打标签，以比赛顺序为记。个人观感简单评说，社群电商方面，基本都可以做，当然我说的不一定全对。

| 参赛作品名称 | 主题 | 定制 | 研学 | 非遗文创 | 社群电商 |
| --- | --- | --- | --- | --- | --- |
| 红色足迹 | √ | | √ | | √ |
| "二三里"古镇旅游 | √ | | | | √ |
| 云游 | | √ | | | √ |
| Uni 易游三国 | √ | √ | | | √ |
| 红豆 | √ | | √ | | √ |
| 窠浦 | √ | | | | |
| Hi Panda | √ | | | √ | |
| 长安·某 | √ | | | √ | |
| 骑迹 | √ | | | | √ |
| 玩转非遗 | √ | | √ | √ | |
| 黎福康旅 | √ | | | √ | |
| 星辰印象 | √ | √ | √ | | √ |
| 锈迹 | √ | | | | √ |
| 京胡 | √ | | | | √ |
| 爱旅知行者 | √ | √ | | | √ |
| 印·时光 | √ | √ | | | √ |
| 野趣 | √ | √ | √ | | √ |

1. 红色足迹

亮点：知识推送、短视频

这是个针对党团用户的红色研学项目，具有中国特色。党团教育项目很多，但和旅游结合的并不多见，是个不错的切入点。构架搭建跑 DEMO（demonstration），试用版后，落地是难点，毕竟有特定目标客户群。推广上，从上到下自然是最好的，但非常不易，需和党团组织建立正向连接。从下到上也是可以的，在某几地或某区域验证成功后再往上走也是可以的。从属性上来说，除党团组织外，红办或红色文化研究会等政府部门及社团应可助力。

2. "二三里"古镇旅游

亮点：手账、约拍、Vlog

这个名字很有意境，取自"一去二三里，烟村四五家。亭台六七座，八九十枝花"。因网络已有同名"二三里"项目，需要考虑商标问题。这是个古镇旅游项目，让我一下想起中国古镇网，这个网站创办于 PC 互联网时代，一说 2011 年创办，2013 年被携程收购，创始人丁德斌 2014 年 7 月离职后退出旅游江湖，目前该网站已无法打开。

中国有很多古镇，但被大众熟悉的恐怕没有几个，所以古镇这个细分领域可以做，但要考虑从哪一端做起，是喜欢游古镇的游客，还是古镇本身或是古镇里的商家。约拍是个不错的切入点，提供价格可接受的约拍套餐（化妆、服装、摆拍、跟拍），把用户转化成客户并建立黏性、美誉度。

3. 云游

亮点：定制 + 社群

这个项目比较平，但演示过程很有趣。说起定制，提点个人看法。从 2013 年开始，出现了较多的定制游项目，部分项目现在还存活。定制从我个人感觉而言分三种，第一种是真定制，像《私人订制》这部电影一样，量身定做，客户花费不菲，服务商不赚取差价而是收服务费。第二种是半定制，先由机器客服通过问几个简单的问题，如目的地、花费、时间等，向你推送基本符合条件的旅游线路，你不满意再介入人工客服。第三种是伪定制，就是披着定制产品的外衣，实际上是特色旅游产品，比如线路要素中部分要素区别于传统线路，住的地方从酒店换成民宿或城堡，吃的从自助餐变成目的地特色美食等。市场上这种产品是最多的。你自己想想，你花着平价的钱，怎么能享受到一对一的真正定制呢？

4. Uni 易游三国

亮点：来华留学生便利国内游，搭建中日韩三国 C2C

这个项目属于服务入境游，为来华日韩游客提供国内旅游便利。向导模式其实和早期的丸子地球模式雷同，丸子地球创办于 2012 年，目前还在。这个项目也设计了卡通形象，但名字存在敏感性问题，要调整。与丸子地球相比，区域更加聚焦，也有一定可操作性。与丸子地球服务出境中国人不同，这个项目服务来华人群。

项目的痛点实际是想解决初期因语言问题造成的出行障碍，随着留学生对汉语普通话的掌握，转变为与国人相同的出行问题。但如果涉及国内旅游服务合法合规上来讲，向导应该有导游证，不然的话有一定政策风险性。但如果项目主体变成合规的旅行社，这个问题就解决了。据说携程上有超过 300 位入境游的向导，就是网约导游。

5. 红豆

亮点：短视频、连环画、知识问题小游戏

乍听名字，以为是个谈情说爱的社交项目，但实际是红色亲子研学项目，名字有待商榷。毕竟从红豆生南国这首诗来说是关于爱情的，当然项目本意是播下红色的种子。

其实表面上看是解决中小学生也即孩子的问题，但实际上是要解决大人的问题。怎么能够让大人包括家长和老师接受并让孩子使用障碍还是很大。一般大人特别是家长给孩子玩手机的话，是用来付费学习的，比如学启发思维类课程。这个是不是刚需？客户群有多大？是否愿意付费？

6. 窠浦

亮点：区块链＋共享

抱歉，我对区块链不了解，项目自称建立了区块链去中心化交易模型，听上去很高大上。我也提问了选手，如服务商旅，和TMC有何区别？如何与现有TMC进行竞争？回答TMC是解决出发前问题，她们是解决到了目的地的问题。实际上有些类似，目的地资源的拓展与整合是非常难的，需要钱和时间，还要考验平台是否有赋能能力。

7. Hi Panda

亮点：熊猫云喂养

人人都喜欢的大熊猫是个国际IP了，四川旅游的新口号里三九大的大，就是指大熊猫。这个项目的要点是文创和云喂养，熊猫体验官和小小讲解员比较常规。目前国内有不少的熊猫文创，在有熊猫的景区景点都有，多半是衣服、玩偶等，如何把熊猫这个IP玩出新花样，需要年轻人给出创意。

比如这个云喂养就很好，我现在也在养着高德的小鹰和支付宝蚂蚁森林里的小鸡。通过现金/积分等贡献领养熊猫，并把它从小喂到大，都需要用户贡献度和黏性的累积。这个项目展示时有熊猫人偶介入，活泼有趣。

8. 长安·某

亮点：内容（UGC+PGC）＋电商

项目要打造目的地营销文旅内容类APP，但着眼于西安，聚焦深耕，很好。西安这两年很火，比如玩无人机，比如大唐不夜城里的不倒翁小姐姐，那个兵马俑酒店就不说了。西安古称长安，而夜间的西安就仿佛回到了长安。我也常讲厚重文化时尚表达，所以借抖音这种短视频平台，不倒翁小姐姐们又带火了一座城。

项目组非常用心，准备了相当专业的参赛套装，与主讲配合的小姐姐戴了抖音上点菜夹开啤酒瓶盖那个很火的小姐姐同样的狐面具，还有不完美小孩的提法也很有意思。另外自有IP设计的笔记本简约实用，反正我是拿回家了。除了文创外，我想这个项目要深耕本地市场，做成本地通本地社区，才有顽强的生命力。西安的好东西很多，比如有首歌叫《长安县》……

9. 骑迹

亮点：自行车骑游

项目往体育康养上靠是可以，政策上也在鼓励健康中国及体育旅游，但核心还是骑游项目。讲自行车骑行的，有部电影叫《破风》，项目组同学可以搜来看看。接触过一些骑行者，想从他们身上赚钱是极为困难的。交通问题靠自己骑自行车，食材自带，帐篷自带，除了买配件花钱，吃住都从他们身上赚不到钱。所以刚开始直接 TO C，收钱难。

建议从骑行达人、骑行赛事及骑行社团、商家四个维度入手。高举高打的是骑行达人和骑行赛事，就是想方设法把那些在圈里很厉害的骑行 KOL 引过来，借以聚焦批量入门级小白用户。再通过骑行赛事的组织传播吸粉吸金，同时把商家及校内外的骑行社团纳进来做 B 端支撑。

10. 玩转非遗

亮点：6 个尖上的非遗

项目里提到做在线 OTA，我想是没这个必要的。这两年非遗很热，但大家也要思考非遗与文创的关系，有的非遗可以做文创，有的则不行。我之前某次会上也讲到叫好不叫座及设计美学与实用美学悖论的问题，有空再展开讲。谈到非遗，要理清传承与创新的关系，也要考虑非遗的活化和智慧化问题。非遗如何活化？我想至少要思路活、手段活、人群活、宣传活等。

这个项目亮的 6 个尖给大家分享，总结归纳得很到位：指尖、舌尖、针尖、刀尖、足尖、笔尖。

11. 黎福康旅

亮点：黎族医药文化

项目立意在康养产业，以海南琼中为基础，挖掘与发扬黎药文化，想法比较务实。尤其是说服了黎药王杨丽娜及与海南黎族民间医药研究会建立联系，做了部分医药产品。比如那个叫蜘蛛精的面膜，名字很吸睛，可惜忘记带回来，不然写完稿子可以敷一下。

项目设计有特色产品商城、资讯及后期要打造的康养村等，都是周期长运营要求高的事项。发扬少数民族医药文化，带动当地人脱贫致富奔小康，创意没问题，实施任重道远。但以一两款产品切入我想是可行的，比如我很关心防治鼻炎的黎药口罩，不能根治能缓解也好啊。如果能够符合标准生产出来，我一定会自己买或推荐给朋友的。毕竟有数据称中国的鼻炎患者已经超过 3 亿人，每 4~5 人就有 1 个患有鼻炎。

12. 星辰印象

亮点：天文研学观星旅游

很有意思的项目，特别是伴着加勒比海盗大航海的音乐，心潮澎湃。有评委当时就说了，我们不但要仰望星空，更要脚踏实地。我的观点是观星本来是个小众专业的事情，想做成大众普能的事情要解决的是产品问题。星空是太多人喜欢的，虽然城市里很难看到星空星系，所以才有人组织观星团、亲子研学团等来观星。

项目已经考虑到了日常观星与重要时间节点观星，我建议是先做好一个基地，比如"天眼+"，基于贵州天眼先做个观星的爆品出来。星空可做的文章很多，如与中国神话、外国神话结合，也比如与电影结合，像《星战》《银河护卫队》等。如何把单调难懂的天文知识，生动形象、活泼有趣地展现出来，是个挑战，需要专业人士介入，也需要时尚手段表达。

13. 锈迹

亮点：工业旅游

又一个针对研学的项目，工业旅游大家并不陌生，但好像也并不太熟悉。我向选手提问，什么样的工业企业适合做研学？从研学角度来说，要弱化工业旅游，而把教育要素提到前面去。项目设计中包括了工业百科、工业博物馆、综合体、创意产业园等，都是比较大比较远的事项。我的建议是再加上定位问题，比如生产的产品是直接面向消费者的工业企业，才是我们的重点资源拓展及产品设计的关键所在。我带孩子参加过几个付费的工业旅游活动，如参观三元工厂，而三元生产的产品大部分都是给到 C 用户的。

14. 京胡

亮点：北京胡同文化

项目要做胡同中的百科全书，从内容到交易。胡同文化是个亮点，北京的胡同很多，同时也在渐渐消失。线上部分先不说，线下部分要做大量的工作，地推扫街，会很重。北京两个出名的胡同，外地人知道最多的南锣鼓巷，后起之秀的五道营。当然还有更多胡同是外地人根本不知道的，有很多的古迹、名人故居等隐藏在曲折的胡同中。

想做好这个项目，知名胡同的商家至少要扫一遍，收集 POI，至少给用户提供一个基础及推荐的胡同知识、资讯及特色商家。推广上，地推是不可少的，也可以与黄包车队建立某种联系来吸粉。胡同的产品适合于 City Walk（城市行走）这种形式，项目的盈利可能有文创，但更多可能来自胡同商家。

15. 爱旅行知者

亮点：服务蒙语/听说失能者手语服务

很为这个项目感动，从我们正常人忽略的残疾人旅游需求上给予了人文关怀，做好了真是功德无量。创意及初心非常棒，公益的角度没有问题。商业上看，定位目前还是模糊的，我原以为只是服务蒙古族同胞里的聋哑人，这个人群基数相对就小很多。项目设计中的手语讲解、手语图谱都很好，更应该做成一个工具性产品。

据统计全国目前有 2700 多万聋哑人，而我们正常人几乎看不到这个群体存在，他们的旅游需求很难实现。限于各种现实条件制约，这个群体被隐形了。这确实是个很大的细分市场，做好了，公益与商业可以兼得。

16. 印·时光

亮点：家庭服务工具

这个项目定义为家庭互动记录工具，面向 18~30 岁人群，包括心愿单、时光画轴、信盒等设计。项目的初心是记录家庭成长，但从我的感觉来说，如果是个旅游项目，不如直接叫类似我带爸妈去旅游。从家庭角度来讲，有个很重要的需求是不能忽视的，就是心理疏导。可以建立热线和社区，解决这个年龄段人群的家庭心理问题。

一般人的原生家庭或多或少都会有些问题，父母和孩子间不知道如何相处，特别是孩子慢慢长大到青春期或成年后。我刚看了《叶问4》，很有感触。这不只是部功夫片，也是部家庭情感片。我和片子里的叶师傅万会长这类父亲很相似，我也反思我是不是对孩子过于苛刻了。要和自己和解，和孩子和解，要换位思考，要心平气和。

17. 野趣

亮点：定制化自然教育

自然教育这几年俨然成了时髦词，和亲子有关、和研学相关。身边不少有追求的朋友，对自然教育情有独钟，项目定位没有问题。项目前期也做了调研与测试，接下来我想还是资源整合问题。自然教育还是教育属性为主，旅游为辅，所以重点考虑的是相关的课程、营地（景区目的地）、导师等。

夜已深，坐不住了，要去休息。另外，抱歉，个人想法，点评或有偏颇，各位姑妄听之。年轻朋友们，继续加油！旅游业未来看你们了！

原文发表于2019年12月23日

# 第七章：创业心情

## 【创业心情1】不忘初心，方得始终！

什么是创业？为什么创业？怎么创业？

创业之路的终点是那丰碑，也是创业者孜孜以求的目标，它看上去那么近，却又那么遥远。你原地不动肯定到不了，所以你就必须向它走去。

创业是孤单的旅行，是那单行线，没有回头路，只有向前，一路向前。去他的唯快不破，创业像马拉松，不看谁跑得最快，看谁能最终到达终点。

你为了什么创业？为了梦想、荣耀、所谓的成功，还是更好的生活？生存的艰难更难还是创业的艰难更难？面对那些诱惑，你能不动如山否？能持否？

不忘初心。你最初想要什么？有时我们走得太久，以至于忘记了来时的路。有时我们走着走着，就偏离了我们最初的目标。有时我们走着走着，发现越来越不是自己想要的。还记得，我们最初的想法吗？

创业需要决心，这是走向创业的第一步。曾经想太久，就是不敢迈出那一步，但只要你迈开第一步，就会有第二步、第三步、第N步。

光有决心是不够的，坚持是最重要的因素之一。坚持下去可能会成功，不坚持，则成功的机会都没有。

让我们出发！向着我们的目标，走起！

看上去风光，而背后的辛苦有谁知？台上一分钟，台下十年功。光看到贼吃肉，看不到贼挨打。天下没有那么容易的事情，特别是创业。成功都是偶然的。没有准备的话，天上掉馅饼你也接不到。

创业很艰辛，充满着心酸、委屈，当然，也有美好。这真是各种情绪的体验方式了。

　　善良真的比聪明更重要。水至清则无鱼，人至明则无智。不管如何，有颗善良的心吧！但请不要忘记，善良不是懦弱的表现，不要把别人的善良当成懦弱！

　　取势，明道，优术。创业者请牢记这三点。而且，最重要的是，顺序不要弄反了！

　　创业者总是担心，担心这个，担心那个，但担心有用吗？屁用没有！该干啥干啥吧！

　　创业者总是孤单的，在内心深处。在路上，一直在路上，创业总是在路上，没有终点。

　　阳光总在风雨后，不经历风雨，怎么见彩虹！而且是双黄的！

　　别再说了，眼泪哗哗的，向前闯！

　　这是棵理想树，大家都在努力着，你是哪一个呢？

　　但你着急是没有用的，真的。万物的来去，都有他的时间，时间没到，再急也没用。

　　有时候，真感觉太难太难太难了，还是放弃吧！创什么业啊，打工不也挺好的，当个高管不也挺好的。创业过程中遇到的困难挫折多了去了。

　　为什么河流总是弯曲向前？因为成功没有捷径！！！遇到阻碍无法解决就绕过去，也不能停滞不前，总能达到目标。

　　中山先生早就说过：百折不回！如果创业者没有气概或者没这精神或韧性，还是歇了吧。

　　真的，太多时间，我就是这么想的，做个本我的人，做个本真的人，做个清澈的人。

　　太久没有户外这种惬意的感觉了，一瓶水，一支烟，坐在一百多年前的青石台阶上，不仅身处历史的长河，也穿越了现代。

　　这是创业的信念，也是创业的执念，相信自己，是创业能够坚持下来的原动力。

　　静夜中，曾苦苦思索，苦苦追寻，无果，则不如睡去。

　　意气风发的张扬，能否肆意地绽放？低调内敛的修炼，终成庙宇扫地僧。

　　不忘初心，方得始终！

　　不要为了不奋斗，就不吹牛。也不要吹了牛却不奋斗！总之，该吹的就吹，该奋斗就奋斗。

写于 2014 年 5 月 28 日深夜

## 【创业心情 2】扛得住，世界就是你的！

　　什么是创业？为什么创业？怎么创业？
　　其实，就是想吃顿饺子，天天吃饺子！

这是创业的潜意识于现实之体现，那跨越了千年挥之不去的情愫。

创业路漫漫，你可修兮远兮坚持兮？

于是，你的梦想起飞……梦想有如孔明灯，要先点火再放飞，最后，可能不知道飞向何方……

从 think（想）到 success（成功），看似一个简单的圆，却太多可能步步搁浅，有 idea（想法），有 try（尝试），有 do（做）都不重要，最重要的是 Do again! And again! Keep again!（再做！再做！一直做！）

有些事，现在不做，以后就没机会了。创业亦然，执着你的梦想，直到它绽放光芒。

望山跑死马，也跑死人，看上去很近的目标，不难的事，其实最后都证明很远，很难。

创业是场马拉松，不在乎你刚开始跑多快，所以节奏最重要！不但需要休息，也需要倒净鞋里的沙子并系紧鞋带，以便继续奔跑。

成功的阶梯，由自己奋力画出，一切寄希望于他人的想法最终都可能成空。

有的时候，你被迫套上厚厚的铠甲以应对未来无数未知可能造成的打击。学习，不断学习，以求击败对手，击败自己。

学会成长，坚持成长，必然成长。这世上，唯有自己看轻了自己，才是真的被世界看不起。

所以我们努力！努力做得更好！

简简单单，傻傻坚持，其实就是创业！

雕刻自己，我知道这很疼，很难。创业就是雕刻自己的过程，你做好准备了吗？

创业，不是集齐七枚贝壳就能召唤神龙，可能只是一条咸鱼。

也不像这看似恐怖的骷髅，其实是圆润可爱的蘑菇。

有时的苦活儿累活儿脏活儿，会有更大的收获。有时感觉真的很难很难，可能会有更大的收获。成果不是白来的，取决于你的付出。

不能光低头走路，也要抬头看天。看清方向，看清道路，看清自己。

太多时间，少即是多！只有锋利的小刀才能切开市场。

适时停下来清空自己，归零，充电，再出发。

当你越行越远，记得来时的路，回家的路。

寂静如初，莫忘初心。

不怕慢就怕站。每种花都有盛开的花期，没必要和他人一样。时候到了，有风来了，自会绽放。

也别活在他人的口水里，很多时候，别人真的不懂你。

观天下，也内观自己！

任世界喧嚣，守一方净土。看尘世繁华，留一隅纯洁。

悟天悟地悟人生，从而立不惑到耳顺。

心怀天下，创业未来！

再难，也要经常给自己加油打气！

感恩所有的一切，不管是好是坏。

创业，扛得住，世界就是你的！

写于 2014 年 6 月 4 日深夜

## 【创业心情 3】有野心，有选择，有坚持，有希望！

有野心，有选择，有坚持，有希望！

创业是完成青春梦想吗？我见过最年轻的创业者是 90 后，听说过最老的创业者七十多。何时创业都不晚，只要迈出去。不得不说，这句话我非常喜欢，经常引用，感谢郭子。

创业者最希望有天使，雪中送炭，但太多时候初期只能靠自己，有些是真天使，有些是披着天使外衣的恶魔，有些就是佛祖专门送到你身边折磨历练你的。创业结果无非两条，半路夭折和终成正果。

太多时候求人不如求己。又有云：自助者天助之。某君信教，生病不去医院在家指望教主救他，死后入天堂问教主为何不救？教主说我建了医院派了大夫护士，你不去啊。

有些人是真心要帮你，有些人只是想利用你，有些人落井下石，有些人面冷心热，有些人蛇蝎心肠。中国有句老话：路遥知马力，日久见人心。创业最终成功的，都会有几个真正的朋友！

创业路上，有些像蚍蜉撼树。向蚂蚁学习，发挥超出自己数倍的力量吧，这世上没有容易的事儿！

即便像一只苍蝇，也要拼命地挣扎，一直挣扎！找到并撞击那个瓶塞，直到打破桎梏。

站住！我且问你几个问题！

你有野心吗？

你在什么位置？

你去往哪个方向？

你能坚持吗？

你选择哪条道路？

你想怎么去做？

你觉得过程重要还是结果重要？

你整合资源到什么程度？最关键的是能否高效流转。

或许，你已有了答案。一千个人有一千个哈姆雷特，每个人都有自己的困惑与答案。

总之，你改变了。主动的或被动的，改变得多一些或者少一些。创业，唯有创新不变！

创业者没有怕辛苦的，怕辛苦就不要来创业！

创业让生活不容易，但我们因此而更强大。

再难也要坚持！坚持！

到底选择重要还是坚持重要？路选择对了，路再长也能到达目标。路对了，中途放弃了，也到达不了目标。

希望重要还是坚持重要？坚持下来，才有希望。

活在当下，未来由每一个当下组成。不为明天烦恼，不为昨天叹息。

努力的目的，不是为了换取成功和超越别人，是超越自己，超越梦想！

创业和爱情一样，攥得越紧，越不剩下什么。适当放松，适当随缘。

但行好事，莫问前程！

每一段路，都是一种领悟。人生，就像在路上，出生是开始，死亡是结束，一切都是过程而非结果。

将来的你，一定会感激现在拼命的自己！

我选择，我坚持，我希望，你呢？！

------------------ 节日的分割线 ------------------

每年的6月14日，是世界献血日，或称世界献血者日，这一天因"发现ABO血型系统的诺贝尔奖获得者卡尔·兰德斯坦纳的生日"而确定。2014年世界献血者日活动的主题是"安全血液挽救母亲生命"。

作为一个曾经获得由卫生部、红十字总会、总后卫生部联合颁发【2010—2011年度全国无偿献血奉献奖银奖】的我，祝无偿献血者们节日快乐，感谢你们！

写于2014年6月14日上午

## 【创业心情4】去你想去的远方，且行且珍惜！

创业，不只是眼前的苟且，还有诗和远方，生命的闪耀不坚持到底怎能看到？与其苟延残喘不如纵情燃烧！

静夜常思：创业为了什么？每天疲于奔命地折腾，还不知道最终能不能成。没有了家人和朋友的支持，还能撑多久？要不要宁可站着死也不跪着生？

网上常有××之前后对比，借用波总两张图。可能太多人认为创业前想得特美，创业后就特苦。所谓理想很丰满现实很骨感。创业确实不是那么容易的，至少不像想象中那么容易，随便拉一票人马，放大自己的需求就开干了。这种情况下，放大了自己的需求，以为代表了市场，其实完全不了解市场是怎么想的、需要什么的。

你常幻想拥有强大的力量，爆发你的小宇宙，却发现世界的种子还未萌芽，黑洞也还只是一粒尘埃。

你也很羡慕长袖善舞的整合资源高手。再多的资源，如果不能好好利用，一样是不够的。整合说起来简单，做起来太难了，里面太多细节的执行，不光有战略的高度；还有广度和深度。

虽然你知道将来的你一定会感激现在拼命的自己，但确实每天很辛苦，很辛苦。

你也知道成功没有捷径，河流也都是弯曲的，但耐得住性子做事的已经不多了，能够把创业当成事业而不是生意的，也确实不多。挫折是必要的，苦难更是人生最好的老师。问题是没有几个人想要这个老师，因为他让人太痛苦了。

每天的生活，有时像站在悬河之上，胆战心惊。不怕慢只怕站，越是担心越出问题，这也是吸引力法则力量所在。

信心是非常必要的，对自己，对团队，对客户，对市场。你自己都没底气，还怎么去打动用户和客户？更别说先打动自己了。

城市里的灯火辉煌和山野的璀璨星光，你能看得到什么取决于你的位置和你的高度。有时候跳出来再看看自己，看看项目，看看自己做的事儿，肯定会有不一样的感触，帮助你调整与继续前进。

创业，可能只是缘于一个很简单的念头，可能想了太久太久，想得太多做得太少，缺少勇气和魄力，或者说欠缺别人推你一把。

或者你已经掌握了这些思维和这些策略，但可能还不够。

梦想还是要有的，万一实现了呢？所以必须有梦想，哪怕是多么的不切实际和异想天开。有想法就比没有强，有想法去验证就更强了。

人艰不拆，累觉不爱。

奥斯特洛夫斯基说：当你回首往事时，不因虚度年华而悔恨，不因碌碌无为而羞愧。通俗说就是不为往事后悔，给自己一个安慰。

付出必然有收获。每朵花开的时候各有不同，即便是只猪，也要找到风口的位置。

创业路上，且行且珍惜。

坚持下去，终将收获更好的自己。

做你想做的。

当梦想一步步地实现，别忘记如下：

人生不过如此，自己永远是自己的主角，不要总在别人的戏里充当配角。不去考证林语堂是否说过这些，但做好自己，拼命的自己，才能在老了的时候，不留遗憾。

写于 2014 年 6 月 20 日深夜

## 【创业心情5】最初的梦想,绝对会到达!

看到一个朋友在朋友圈发的消息,想起一年多前他和我说过的话,有点悲从中来。他说他创业,已经做好了思想准备,家里还有一套房和一部车用来做创业的最后冲刺。今天我看到他已经为了路,放弃了车。

与他比,我远远不及,论学历、才能和实力,甚至勇气和决心。To be or not to be....

创业,为了所谓的面子?所谓的牛?所谓的改变世界?所谓的改变未来?

步子真不要太大,小心实现不了。步子小,又娘炮。节奏啊节奏。前面有光,后面就有影儿,后面有光,前面就有影,除了手术室里的无影灯,凡事都是有缺憾的,别太刻意追求完美了。

不管怎么说,要有梦,要造梦,要追梦!不是现实支撑了梦想,而是梦想支撑了现实。

我所见到的大部分旅游创业者是80后,当然,已经开始有90后创业了。如同技术上有迭代一说一样,旅游业服务的人群已经在迭代,站立在山巅,跨越历史长河,蓦然回首,才知道"沉舟侧畔千帆过,病树前头万木春"。

我们都曾壮志凌云,向往鹰击长空,自由翱翔,追求的不仅是财务自由,更是心灵的自由。何为自由?不是想做什么就做什么,而是不想做什么就不做什么。

创业的艰难到底有多痛?破壳新生,才有新的视野和新的境界。这和雕刻自己一样痛,如同自己革自己的命。

你真的敢勇敢做自己吗?不是活在别人的口水里,不是活在别人的希冀下,也不是活在自己的光环里,不是活在伪装的面具下……

自助者,天助之!

创业的大海,如此之迷人和诱人,却从不显露它到底有多深。

我们拼命地划啊划,只为到达理想的彼岸。彼岸有花开,彼岸有黄金和颜如玉,彼岸有自由。

创业,要迈过多少道雄关,经过多少次磨难,跨越多少个春秋,望穿多少里秋水。

我们是时代进程的推动者吗?可能是?必须是!若胸中未有大格局,又岂能成大业?!

你应该在这儿!

你是明知道未来有风雨,还能坚持走下去的家伙吗?我相信你是的,不然,你也不会选择创业这条艰辛之路。

那一刻,梦想实现的那一刻,如雨后彩虹,照耀创业的天空。

如果奇迹没有出现,那就去创造一个!

创业如百舸竞渡,大象与蚂蚁共舞,守正出奇,谁主沉浮?先驱还是先烈,全靠勇气、决心、魄力和运气!

写于 2014 年 7 月 1 日深夜

## 过往与序章：记全国高校旅游双创公益巡讲 100 站完成

这趟五一山东探亲，回京途中拜访了山东旅游职业学院（第 99 所）和济南职业学院旅游学院（第 100 所），完成了本计划在 2018 年末全国巡讲 100 所的目标。全国巡讲 100 所后，原先的目标有所变化，之后在讲学的院校选择上，一是要查漏补缺，因为还有几个地区没有讲到，比如青海、新疆、西藏、海南及港澳台等；二是将现在单一的课程进行深度拓展，使之更加体系化，变成网课，受惠更多人；三是选择合适的时机将课程内容进行精编出版。

注：第 100 场：济南职业学院旅游学院（2019.5.9）

第 1 场：南宁职业技术学院旅游学院（2014.12.9）

千人讲座：湖北商贸学院（2018.10.17）

巡讲了百所高校，这门主题为"互联网+时代的旅游创业与旅游市场分析"的双创讲座还不够成为经典，还需要历经时间的洗礼。说起这个全国巡讲，要特别感谢南宁职业技术学院旅游学院吴言明院长，严格意义上这是巡讲的正式开端，时间是 2014 年 12 月 9 日。这次讲座后我萌发了要全国巡讲的念头并开始行动，从 2015 年至 2019 年 5 月中旬，在各校积极配合与个人努力之下完成了这个"壮举"。不夸张地说，在高校讲旅游双创，我可以算是第一人和巡讲纪录领先与保持者。

为什么敢称第一人？因为目前没有人在做和我同样的事情，费时费力，课酬微薄，有时还要自掏腰包。做公益的事情通常都是这样，想赚钱做生意，干不了我这个，当然人家也不想干，呵呵。

在 2018 年 12 月的第五届中国旅游创业创新高峰论坛上，我总结了自 2013 年我们在旅游双创方面的工作，称为"6 年 9 个 1"，而全国高校巡讲排在其中的重要位置。我用了将近四年半的时间，走过了百所高校，生生把自己磨成了高校旅游双创巡讲第一人。在今年（2019 年）4 月宁夏大学新华学院讲座时，教务处何振华处长在对学生介绍时说我是教育家，这个万万是不敢接受的。关于职业和事业的境界，古人有种说法，叫作"奴徒工匠师家圣"七层境界，我自认为勉强达到了师的阶段，摸到了师的门槛，而且还需要后面更加努力才行。

阅尽千帆，归来仍是少年。从北京第二外国语学院、南开大学发轫校社（企）合作以来，经百所高校之后，需要自我总结与提升。某天我发了个朋友圈，说一门课程想成为经典，需：

（1）喜闻乐见，开卷有益。

（2）受众面广，接受度高。

（3）百千万课，与时俱进。

（4）宏中微观，系统涵延。

有朋友建议我讲课时内容要不一样，但实话说，要想每次讲的都完全不一样是很难的。之前曾听某青椒说开会从不讲之前自己讲过的内容，所以我也看到这位在学界与业界都极少出现，潜心研究是很难得之事，我很钦佩他的坚持。同样，要想把自己的观点与观察推广到更多人，重复性的内容是必需的，哪门经典课程不是相对固定的结构与内容呢。但每年我在内容上也会做一定的更新，以保证内容与市场接轨。巡讲了百所，直接听课师生3万多人，不敢奢求每个人都理解到位，哪怕有百分之一甚至千万分之一，听课后认真思考，认清差距做好准备，在日后能够走上创业之路甚至成功，我也是非常欣慰的。

走出去请进来，说是容易做起来难，所以我非常非常感谢百所院校中每一位在讲座中出过力的老师们，工作之外很多时候也是牺牲了他们的个人时间。虽然看上去只有两个小时的讲座，背后要报备、审核、调课、做海报、组织学生、事后报道、费用报销等一干事宜，至少要一周甚至半个月左右的时间才能完全结束。所以才要非常感谢大家！！！不管是能够直接安排的院校领导还是只想为自己的学生开阔视野、广博见闻的普通教师。这几年中，我也看到不少事不关己高高挂起的领导，很多嫌麻烦懒得操办的教师，非常理解他们的举动，因为搞讲座不在教育部考核之内，做了白做还牵扯精力甚至对他们来说还有风险。

韩愈的《师说》曰：师者，所以传道授业解惑也。在2014年后政府大力推动"大众创业 万众创新"以来，教育部也要求各高校大力推动高校创新创业教育，我看到响应积极的成立了实体的创新创业学院（二级学院）或者虚拟的双创学院（各处室抽调虚拟机构）和大学生双创孵化器等，通过相关课程建设组织参加创业创新创造创意大赛做双创讲座辅导交流等方式，推动双创教育深化落地。我巡讲的这百所高校，不管是211、985、双一流还是高职高专，从领导到教师，对双创教育都非常重视，从大局出发，本着对学生负责的初心与态度，做了很多务实工作。

一个讲座，少则百人多则千人，我只恨分身乏术，但只要是有需要的高校找我，我都会排除困难，忽略个人得失，只为能够为更多年轻朋友们分享行业现状与发展趋势，树立正确的双创心态，在他们心中埋下双创的种子，而这颗种子，在某一天会萌芽长大、开花结果，这对于我，就足够了。

最后还要感谢家人对我工作的理解与大力支持！

原文发表于2019年5月10日

## 此生最有意义的证书之《中国旅游创业创新智库丛书》捐赠证书

这些年以来,特别是在旅游双创领域拿了不少证书/聘书,但今天这个,是此生以来最有价值和意义的其中一本。

衷心感谢中国传媒大学图书馆收录《中国旅游创业创新智库丛书》12册!从2014年到2020年,从突发奇想到落地执行,初心未改砥砺前行!由我统筹,校企协作的这套丛书,已成为中国旅游业第一且唯一一套以创业创新为主题的系列丛书。

这个活动让我非常感动与激动,几年来在旅游双创领域的一些研究探索成果,终于能成套被211/985/双一流代表性高校的图书馆馆藏,丛书编委会各位同人功不可没,他(她)们在旅业双创专著上的努力被学界正式认可。

从王进副馆长手里接过捐赠证书,心绪久不能平。从2013年专注于旅游创业创新领域以来,已走过8个年头,不容易。8年了,我还在这个领域,同期的创业小伙伴们有些走失了,有些掉队了,有些同我一样还在坚持着要实现自己的社会价值与理想。无论最后成功与否,我一直都很敬佩他们,钦佩他们为让旅游业更美好而做出的努力!

在此再次感谢一路创业同行的小伙伴们,也感谢中国传媒大学图书馆副馆长侯新宇的推荐,特别感谢编写本套丛书的作者们,他们是:

(1)北京第二外国语学院:李彬、钟栎娜、秦宇、郑红、李朋波
(2)陕西师范大学:严艳
(3)四川旅游学院:张华、王加梁
(4)厦门理工学院:卢雪英
(5)宿州学院:李龙 宋徽
(6)中华女子学院:朱迎波

这12册分别是:

**蓝皮书系列4册:**
《中国旅游企业创新创业发展报告》系列:
(2013/ 2014-2015/ 2016-2017/2017-2018)

**旅游创业启示录系列7册:**
《旅游创业启示录——创造与变革进行时》
《旅游创业启示录——思辨商业模式与多元化创业》
《旅游创业启示录——互联网+时代的周边游》
《旅游创业启示录——互联网+时代的出境游》
《旅游创业启示录——互联网+时代的厦门旅游企业创业实践》
《旅游创业启示录——互联网+时代的乡村旅游创客》
《旅游创业启示录——互联网+时代的中国旅游女性创客》

**专家论丛系列 1 册：**

《中国旅游电商简史》

接下来丛书将提质深化，注重文旅融合、复合创新与落地实践，期待新伙伴的加入，让我们继续携手前行，共创文旅双创智库美好明天。

2020 年 10 月 28 日，晴。

早上开车送完孩子回来，把丛书从书柜中拿出来摆好，用特意买的红丝带系好打结，装进背包。临中午时分，简单吃了两口，出门坐地铁去中国传媒大学。从 8 号线倒 2 号线、1 号线、八通线，从传媒大学站下，走到西门往图书馆方向。栅栏门口保安处登记了一次，进图书馆又登记了一次，之后到 106 房间，会场已经布置完毕。

图书馆外的小湖倒映出红红的树影，非常漂亮。秋的收获与火热的生活让这个世界充满着温暖与力量。

会议室内各项工作准备完毕，图书馆的老师们工作很细致，准备得也很充分。2 点活动正式开始，丛书捐赠仪式环节由中国传媒大学图书馆副馆长章振兰主持，副馆长王进致辞，接受我的赠书及为我颁发捐赠证书并与与会嘉宾们合影留念。

从左往右排序：侯新宇、张婷婷、章振兰、王进、张德欣、朱迎波、周彤、贾建强、钟栎娜、王恒

新时代文旅创新研讨环节由中国传媒大学广告学院旅游传播研究中心张婷婷主任主持，与会嘉宾北京联合大学旅游学院王恒老师、中华女子学院管理学院朱迎波老师及创客代表穷游网联合创始人周彤、6 人游旅行网创始人贾建强分别就后疫情时代文旅双创发展、新基建 5G 智慧文旅、民宿与乡村振兴等话题发表看法并与 2020 级部分 MBA 学员们进行热烈互动交流。本来计划是下午 4 点结束，结果到 4 点半多大家还意犹未尽，但限于时间，只能先结束，会后大家依依不舍地分别。

感谢中国传媒大学，感谢图书馆副馆长侯新宇老师及殷岚老师、文化产业管理学院书记卜希霆老师、广告学院旅游传播研究中心主任张婷婷老师及中华女子学院朱迎波老师、北京联合大学王恒老师、北京第二外国语学院钟栎娜老师,还有创客老朋友穷游联合创始人周彤、6人游创始人贾建强等的大力支持,期待与大家更多相聚与合作,加油加油!

原文发表于 2020 年 10 月 28 日

注:该套丛书 2020 年 12 月 1 日亦被内蒙古大学图书馆收藏。

# 跋

## 依旧相信

2020年8月炎热盛夏的某天，老张（似乎一直这么叫他）来房山文化和旅游局找我聊天，重点是和我商量第5本双创报告的出版和举办当年文旅双创峰会的事情。由于受到疫情影响，文旅行业日子相当难过，当然这也波及了老张他们。他向我吐槽了协会目前和今后在维持运营方面的难处，我也坦诚地告诉他，由于挂职和出版经费的原因今年很难如期完成报告的出版工作，看能否明年再出。看得出虽然老张有一丝沮丧，但他仍然坚持说再想想办法，一定要出版。最近听他说已经找到并确认了合作团队来一起出版新报告，他的坚持让他的想法又实现了。而他这本个人专著用众筹方式，仅一周时间就筹齐了出版经费，除了他人缘好原因之外，是他坚持的信念显现，也算是圈内人出版著作的一个创举。

这就是老张，一个和我认识已有七八年、一直坚持初心并"日拱一卒、功不唐捐"的创业者和协会的领导者。

和我国众多行业协会的会长们不同，创立协会之前，老张既不是大公司的董事长，也不是曾居高位的政府官员，更不是高校的知名教授，但他2013年从公司离职后，就凭借一腔热血、才情和几个旅游领域创业的兄弟姐妹们的支持，成立了中国旅游创业家协会（后民政注册更名为中关村智慧旅游创新协会，下称"协会"），并任会长，从此开启了他的漫漫创业之路。这一路上，他和他带领的协会始终与我国文旅行业中的创新创业者同行，出版了与行业实践紧密相连的十几本报告、专著和教材，坚持每年举办"中国文旅双创高峰论坛"，他自己则前往全国百余所高校进行文旅双创公益巡回讲座，还带着各类资源前往河北秦皇岛石城子村、张家口德胜村等文旅欠发达地区进行帮扶工作。应当说，七八年的坚持和坚守，老张和协会已在全国文旅行业、高校有了一定的品牌影响力和知名度。

自2013年与老张在石家庄的一次酒店行业会议上认识，我们就决心在旅游双创领域一起做点事情。之后，在时任北京第二外国语学院酒店管理学院院长谷慧敏教授、酒店管理系主任秦宇教授的支持下，我们在北京第二外国语学院校园合作举办多场行业沙龙，先后前往北京、上海、深圳调研50多家旅游创业企业，连续3年共同举办双创峰会，出版4本双创研究报告，并连续5年推出文旅双创信心指数。可以说，我是老张和协会成长的见证者和参与者，并在这一过程中受益良多。

创业维艰，在这本书中老张用细致的观察、灵动的文字和深入的思考，笔耕不辍地对创业历程进行了记录和诠释。更为重要的是，这些文字记录和反映了自"大众创业、万众创新"以来我国旅游（后是文旅）双创领域跌宕起伏、大浪淘沙的历程，特别是在当前文旅行业受到新冠疫情影响进入了生存发展的关键时期，尤其需要对创新创业领域发展的经验、规律进行总结，给予理论指导和实践参考，哪怕只是为那些负重前行和突破创新的文旅企业而进行的鼓与呼，也是极为重要的。

我依旧相信，尽管受到新冠疫情的影响，文旅行业的创新创业受到了重创，但在需求、技术和政策的持续推动下，在一批优秀文旅企业中的企业家精神、创新精神和工匠精神的引领下，文旅行业中的创新创业将会不断涌现，并以更加理性的方式重新回归到正常商业逻辑下的发展路径。正如我们连续5年推出的中国文旅双创信心指数报告所指出的，虽然整体信心指数呈现下降趋势，但新的理念、模式、路径仍在不断出现，这样的探索必将涓滴成河、聚沙成塔，最终带来有颠覆性的创新创业变革。

我依旧相信，尽管未来发展的路上有更多艰辛和不确定性，但老张仍然会不忘初心，始终与广大的文旅企业、创业者、青年学子一路同行。特别是在新文旅时代，我们需要进行改革创新、大胆探索，在以数字文旅、智慧旅游为重点的创新创业方面提出新模式、新主张，引领整个文旅行业创新创业的方向和趋势。同时，借助平台优势整合资源创新机制，助力更多文旅创新创业企业的快速成长、更多青年学子创新创业意识和能力的培养，成为我国文旅双创领域具有广泛影响力的组织。

我也依旧相信，尽管受到一些因素的影响，我和我所供职的北京第二外国语学院旅游科学学院同老张和协会的合作虽然还不全面和深入，但包括我的同事邓宁副院长、钟栎娜教授、厉新建教授、秦宇教授等都参与到协会的一些工作和活动中。应当说，"智慧旅游"和"数字文旅"的创新创业话题与北京第二外国语学院旅游科学学院所长期关注的重点学术话题是一致的，这一共同的目标加之一起共事的传统加友谊，相信未来将会有更深层次、更广范围的合作，共同为推动我国文旅创新创业事业的发展做出贡献。

期待与老张及所有文旅创新创业领域的人士共同成长！

李彬

文旅创新创业研究院副院长

北京第二外国语学院旅游科学学院院长助理

北京房山区文化和旅游局副局长（挂职）

2021年1月25日

# 附 录

## 附录1 作者介绍

张德欣

**研究方向：智慧文旅与创新创业**

全国知名文旅双创教育&产教融合工作者、世界研学旅游组织（WRTO）专家、MTA产业导师&创业导师、客座教授、《中国文旅创新创业智库丛书》总编、文旅创新创业研究院执行院长、中关村智慧旅游创新协会创会会长、中国高校旅游双创全国巡讲第一人、全国高校旅游课程教材建设共享联盟副理事长、文旅创新领袖学院公益课堂发起人、漠林线（漠河—林芝一线）提出人、全国旅游职业教育研学旅行管理与服务标准研制小组成员。

致力于整合文旅相关资源，连接旅游学术界与产业界，搭建文旅创业科技创新服务平台，促进文旅行业政产学研媒资的融合与拓展。2006年进入旅游业，2013年创建中国旅游创业家协会（2013—2015），2016年发起创办中关村智慧旅游创新协会。目前举办创业类活动三百余场，与各地方政府、高等院校、投资机构、创新企业、行业媒体等均建立了良好的合作关系。

2015年开展了"在线旅游与创业发展全国巡回活动"，举办城市有上海、深圳、成都、西安、秦皇岛、武汉、广州、潍坊、沈阳、杭州、北京等地，影响数万旅游从业者和创业者。

2016年起为推动教育部高校创业创新课落地，以"互联网+时代下的旅游创业及旅游市场分析"为题，已全国公益巡讲包括北京大学、南开大学、复旦大学、厦门大学、浙江大学、中国传媒大学、中国海洋大学、中国人民大学等百余所重点高校旅游类院系，直接受众近5万名本硕学生。2018年在首都经贸大学为研究生选修开设旅游创业创新课，在全国高校首开先河。

同时也受邀为人社部、农业农村部、文旅部及河北、山西、内蒙古、广西、青海、陕西、甘肃、吉林、河南、江苏、安徽等地方政府&文旅厅局&文旅集团及农垦系统、高校系统国培项目做旅游双创方面的培训授课，反映良好。

发起创办国内唯一旅游双创类品牌论坛——中国文旅创新创业高峰论坛（CCTEIS）（2014—2019）。同时发起中国文旅创新创业信心指数（2017—2021）、中国青年旅游创意设计大赛等。

主持编写国内唯一旅游双创类丛书——《中国旅游创业创新智库丛书》并被中国传媒大学图书馆、内蒙古大学图书馆等收藏。

**蓝皮书系列：**
《中国旅游企业创新创业发展报告》系列5册：
（2013/ 2014-2015/ 2016-2017/2017-2018/2019-2020）

**旅游创业启示录系列：**
《旅游创业启示录——创造与变革进行时》
《旅游创业启示录——思辨商业模式与多元化创业》
《旅游创业启示录——互联网+时代的周边游》
《旅游创业启示录——互联网+时代的出境游》
《旅游创业启示录——互联网+时代的厦门旅游企业创业实践》
《旅游创业启示录——互联网+时代的乡村旅游创客》
《旅游创业启示录——互联网+时代的中国旅游女性创客》

**专家论丛系列：**
《中国文旅产业创新创业评论（一）》

《中国旅游电商简史 1999—2019》
《研学旅行活动指导书》
《民宿经营与管理》教材、《旅游创新创业》教材等

**参与部分省市社科课题研究：**
沈阳市社科：沈阳市交通旅游创新发展的对策研究 2017.12 结题
安徽省社科：互联网+时代的乡村旅游创客 2018.3 鉴定等级良好
福建省社科：福建山海研学旅行助推乡村振兴的创新研究 2020
北京市社科重点项目：基于"两山理论"的北京乡村旅游高质量发展研究 2020

**附社会职务：**
世界研学旅游组织（WRTO）专家
北京旅游学会理事
全联旅游业商会理事
贵州师范大学客座教授
江西科技师范大学客座教授
泰山学院客座教授
合肥学院客座教授
浙江旅游职业学院客座教授
山东外国语职业技术大学客座教授
山西省互联网+旅游产业升级协同创新中心客座教授
人社部乡村振兴高级研修班授课专家
农业和农村部乡村旅游培训班授课专家
文旅部全域旅游培训班授课专家
共青团中央中国青年创业就业导师团导师
全国农垦旅游发展研究专家团专家
2018 中国青年旅游创意设计大赛总顾问
2018 第四届中国"互联网+"大学生创新创业大赛评审委员
2019 第五届全国大学生旅游创意大赛决定评审委员
亚洲旅游大奖（ATA Award）专业评委
露营行业奥斯卡——鹿鹰奖专家评审委员
MAX 户外年度探索奖评审委员
北京第二外国语学院 MTA/MBA 教育中心产业导师
南开大学 MTA 教育中心业界导师/面试题库专家组成员
天津财经大学 MTA 项目中心产业导师
宁波大学 MTA 产业导师
内蒙古师范大学 MTA 产业导师

首都经贸大学 MTA 产业导师
西南民族大学 MTA 产业导师
四川农业大学 MTA 校外指导教师
西安外国语大学 MTA 行业导师
大连外国语大学 MTA 行业导师
内蒙古财经大学 MTA 产业导师
浙江海洋大学 MTA 产业导师
西藏民族大学 MTA 产业导师
江西科技师范大学 MTA 产业导师
北京第二外国语学院旅游管理学院产业导师
南开大学旅游与服务学院学生创业实践导师
中国海洋大学管理学院学生创业实践导师
大连外国语大学经济与管理学院创业导师
上海旅游高等专科学校创业导师
吉林农业大学中药材学院创业导师
桂林旅游学院国家教育交流学院创业导师
青岛职业技术学院旅游创新协同中心创新创业导师
青岛大学旅游与地理科学学院学生创新创业导师
山东青年政治学院创业导师
云南大学工商管理与旅游管理学院创新创业导师
合肥学院旅游与会展学院旅游管理专业行业导师
天津空港经济区创新创业中心创业导师
软通动力乐业空间乐业学院创新创业导师
云南财经大学旅游文化产业研究院客座研究员
重庆师范大学地理与旅游学院行业导师
四川旅游学院信息与工程学院创新创业导师
四川农业大学旅游学院创新创业导师
玉林师范学院优秀创新创业人才库导师
华南理工大学经济与贸易学院校外导师
济南职业学院旅游学院创业导师
青海大学财经学院旅游与工商系产业导师
辽宁经济职业技术学院管理学院创业导师
黄山学院旅游学院创业导师
莆田学院管理学院创业导师
渤海大学创新创业学院创新创业导师

北京联合大学旅游学院业界导师

浙江文创智库导师

北大·大旗智慧旅游研究院智库专家

蓟州旅游文化集团智库专家

青海旅投集团智库专家

中国文旅产业发展大会专家委员会专家

中国红色文化研究会研学旅行工作委员会专家

中传华夏国际文旅专家委员会专家

蒲江县国际生态旅游度假区建设智库专家

中国民营文化产业商会网红经济研究院特聘专家

内蒙古旅游学会发展咨询专家

中央民族大学管理学院可持续旅游与减贫研究中心顾问

大兴安岭农垦集团旅游发展顾问

山东省滨州市滨州区惠民县文化和旅游工作顾问

张北德胜村文旅发展高级顾问

山东青年创业孵化器集团专家顾问

注：资料截止到2021年6月。

# 附录2  众筹小记及答谢名单

## 众筹小记及答谢名单

说实话，发起这个出版众筹之前，书稿的基本内容都已经准备好有段时间了，但何时出版及如何出版这事儿想了许久，1月5日经反复思量决定用众筹方式出版，当时我说"想，总是问题。做，才是答案。当初我搞中国旅游双创智库丛书时也是个疯狂的想法，6年过去了搞成了12本"，当晚我写好了众筹说明1并于6日午前发布，赶个顺的日子讨个好彩头，期待众筹顺利。

众筹目标是500份，每份150元，可以基本覆盖出版购书及快递环节。众筹通知发布时心里还是有些忐忑不安，但旅游老友记公众号群发出去后我还没来得及发布到朋友圈时，察哈尔学会创会秘书长柯银斌老师就私信说预订两本，随后大连外国语大学谢凤媛老师及蒲公英农社童佳、海愿旅行沈军安等老友也接连预订，我一下子心里就踏实下来，发圈开始稳步推展。

有赖于朋友们的大力支持，从1月6日中午到1月9日晚，约3天半的时间，230余位朋友使目标达成了三分之二，比我预想的要快得多得多，但我也知道，越往后难度越大，但既然已经确定了目标，就必须完成它，就像信一定要送到加西亚手上。好在朋友们都超给力，到了13号下午完成度90%，到14日下午2点左右目标已完成百分之百，之后略有超出。这次众筹的实际参与者400人。

基本上只用了一周的时间就达成了目标，而原计划是3个月，这有赖于圈里好友们的积极响应和大力支持，让北京这个寒冷的冬日有了太多温暖，天虽冷人心很热，人间有美好，值得。

还是要说些感谢的话语，发自内心的。众筹就像盲盒测试，虽然这短短一周众筹的过程中也遭遇了一些非议和漠视，但都在我预期之内，同时令我欣慰的是也有更多新老朋友给予我积极的支持与鼓励。这次参与者以我朋友圈好友为主，涉及政、产、学、研、媒、资6个圈层，但基于对中国文旅创新创业的关注和关爱，大家踊跃参与进来并给予我真挚的祝福。

感谢2012年以来在线旅游领域打拼的创业小伙伴们，不管你们现在仍在圈里坚持创业，还是转身离开另选赛道甚至淡出，听到我要出书，为了大家当初的梦想，都来支持我，谢谢你们。

感谢922班大学同学们，虽然散落各地，有些同学自毕业后都没有再见到过，但班级群里积极支持我这个班里最小的学弟，虽然我现在做的事情与原来所学专业有所不同，但通信与计算机一起构成网络的重要部分并支撑及变革/赋能旅游业的发展，也算学有所用。当然也要感谢我的中学同学们。

感谢各高校的老师朋友们，你们不但支持我进行全国高校旅游双创公益巡讲，也支持我这个出版计划。我知道你们兢兢业业，恪尽职守，为学生负责，希望更多来自文旅业界前沿有思想有实践的内容激励他们前行。

感谢文旅圈的朋友们，我们从事这个行业多年，热爱她，坚持理想与梦想，不管遇到什么困难都不离不弃，让我们一起砥砺前行，助力文旅双创，让人民旅游生活更美好。

这里特别感谢下湛研、乔海燕、胡向阳、白娜、陈长春、刘燕霞、郭庆丽、金岩、陆晓敏、吕珂、高树军、李宏正、李政佐、赵舰、隗东、卢卡、董艳丰、胡柳、贺玉玲、潘磊、董雪飞等朋友的大力支持。

再次感谢所有支持本次出版众筹的朋友们，谢谢你们。我会努力加快进度，尽快让本书问世以飨各位读者好友。

## 众筹答谢名单

注：以参与时间先后顺序，共计400位朋友。

柯银斌、黄锦、谢风媛、童佳、沈军安、高清泉、雷世斌、张杰、陈德志、李辉、张文、贾轲、熊焰、黄志文、徐刚、杨桓和、范志刚、李崇昌、杨晋、张志成、高树军、印琴、余得光、侯新宇、张海峰、刘霞、李畅、张家祥、刘燕霞、郭庆丽、袁娜、栾杰、韩泽、李丽媛、贺万根、严胜道、梁昌旺、贾建强、张文龙、徐挺、郭丽珉、龚德海、陈良辰、李金来、卢卡、金岩、陈华勇、樊喜乾、耿云鹏、齐春光、刘宇、梁晴、雷传方、金永虎、李龙（玄同旅行）、孟小琴、席乔、张晓娟、方进宝、王嘉睿、徐钊、廖润丹、范应龙、胡馨月、刘洋、刘鹤娟、王明明、李宏正、贺铁军、汪美丽、李勇、王颖、卢雪英、马尚德、徐洋、李洋、赵春生、叶军、赵治龙、刘彬、程曦、胡灿伟、郭薇、慈凤英、王婷、江弘、黄相然、孙胤睿、吴巧凌、徐新建、李关平、朱江、张海林、阳楠、黄栋庆、严国华、王娟、张涵诚、赵新宇、胡成。

王加梁、李霄鹍、朱迎波、刘勇、臧琳琳、姜宁、于明辉、韩梅、刘燕、付饶、高爽、王俞、侯吉喆、王铭新、张凯贤、唐为亮、董新高、吕珂、周育政、应丽君、郝妍媚、姚力、王玉琛、薛蓓蓓、曹一勇、周楠、曹艳英、靳晓峰、靳雅敏、王伟、王维新、杨志清、王彬汕、杨军、金雷、林绍青、董艳丰、尹衍军、朱峰、周旭东、雨飞、曲建辉、温婧、金鹏、吴建华、潘良波、郑治伟、邓红云、庄伟光、湛研、侯程伟、王金晶、郑昌辉、马小飞、吴志轩、周晓彤、张碧仿、焦永盛、贾哲、向秀琴、陆晓敏、谭遵伟、张焕、张宇、张斌、赖思霖、杨慧琦、王玉玲、刘真真、伍俊雄、李军、叶娅丽、李龙（宿州学院）、刘涛、陈明、宋海全、明庆忠、李津、张坤、陈蕾、孙憬、于炳、杨彦锋、李瑞、李学民、王焕章、马红、厉新建、贺金浩、赵舰、刘柏焱、史建斌、柴大勇、杜志国、周海斌、周香伶、朱溶非、宿修贤、包富华、于润石。

乔海燕、李政佐、郑敏庆、贾超、刘若楠、韩东、鲁芬、张惊雷、胡柳、郭相强、韩涛、张金祥、钟栎娜、钟伟、柳冰洁、荣振环、刘瑾、罗坚、刘伟（怀化）、车杰、尹超、钱云龙、王平、季彬、戴青琳、张德林、周彬、杨滨、刘广宇、郝兰芝、赵有光、覃荣腊、蒋丽娟、左永雄、齐常才、王旭、许伟、王文忠、哈正武、胡向阳、李媛媛、呆占强、邵鹏来、孙建平、李农、武风龙、孔雯霏、赵佩燕、欧荔、黄朔龙、段志立、蒋理、吴尧、袁京辉、崔忠民、邓文杰、黄素雯、李铁军、唐卫东、郭明、王国胜、严立、李学晖、高志勇、李庆东、周慧、李姗、崔连波、张海滨、高弘、兰世勇、凌超、郭满昌、郑俊、吕歆懿、孙哲、廖军标、邢建新、孙泉、王柯匀、王丽、王军、郭传鑫、周兵、包奇宗、江涛、张玉枢、孟晋杰、张强、李国栋、邹本涛、王豫鹏、肇丹丹、萧去疾、刘锋、张运来、黄娅莉、严风林、李森、贺玉玲。

万军强、罗东霞、徐从响、胡卫伟、康福田、吴律开、胡昌雄、喻新征、叶欣梁、刘建斌、暴向平、翟海艳、李利军、张遵宝、吕永军、段冬东、张涛、倪向丽、庄元胡咏君、郭俊锋、王忆祖、孙文、李正欢、隗东、鄢向荣、徐步林、韦国安、杨冠龙、刘巍、王鹏、李晓、卢政营、范国丽、潘磊、祁黄雄、白娜、余进、杨文华、刘伟（博涛文化）、胡升阳、李慧、李彬、殷国梅、苏贤君、徐睿、袁栋、张卫国、李虎、卢忠兴、刘君、肖鹰、焦志强、孙晟、刘江升、陈长春、刘腾飞、韩建伟、钱代哲、周洁、韩磊、周刚、孙汉杰、邓小桂、周伟胜、李立安、程京艳、魏晓梅、石绍东、李平、李小荣、陈宝利、何承安、李童星、陈伟、李明儒、杨蕾、黄邦恩、卢娜、杨李燕铭、董雪飞、周红鑫、李凌、石立斌、陈荟茵、王钦、杨敬东、汪克会、穆晓雪、唐兵、王强、王志刚、李洲林、智毅、童淑芳、师怀礼、杜丽芬、耿宝江、孙宝鼎、赵瑞。

名单截止到 2021 年 1 月 17 日

# 附录 3　全国高校文旅双创公益巡讲记录

## 讲座主题：1. 互联网 + 时代的旅游创业和旅游市场分析（1–116 所）
## 　　　　　2. 文旅资源跨界与创新（117–133 所）

截至 2021 年 6 月 15 日，133 所：

1. 北京第二外国语学院
2. 北京林业大学
3. 中华女子学院
4. 南开大学
5. 浙江大学
6. 中国海洋大学
7. 山东大学
8. 临沂大学
9. 浙江工业大学
10. 浙江农林大学
11. 浙江工商大学
12. 上海商学院
13. 上海旅游高等专科学校
14. 厦门大学
15. 合肥学院
16. 河西学院

17. 辽宁师范大学

18. 大连外国语大学

19. 沈阳农业大学

20. 吉林工商学院

21. 吉林农业大学

22. 东北林业大学

23. 黑龙江职业学院

24. 南宁职业技术学院

25. 浙江旅游职业学院

26. 山东外国语职业学院

27. 陕西师范大学

28. 内蒙古财经大学

29. 内蒙古农业大学

30. 内蒙古师范大学

31. 内蒙古大学

32. 山西大同大学

33. 山西师范大学

34. 太原旅游职业学院

35. 山西农业大学

36. 天津财经大学

37. 首都师范大学

38. 桂林旅游学院

39. 青岛职业技术学院

40. 青岛大学

41. 山东青年政治学院

42. 石家庄学院

43. 河北经贸大学

44. 中央民族大学

45. 武汉城市职业学院

46. 中国劳动关系学院

47. 中国人民大学

48. 华中师范大学

49. 武汉交通职业学院

50. 武汉商学院

51. 中南财经政法大学

52. 云南财经大学

53. 云南旅游职业学院

54. 云南大学

55. 昆明学院

56. 重庆理工大学

57. 重庆师范大学

58. 西南民族大学

59. 成都纺织高等专科学校

60. 四川农业大学

61. 四川旅游学院

62. 西安外国语大学

63. 青岛酒店管理职业技术学院

64. 宿州学院

65. 安徽大学

66. 安徽财经大学

67. 河北北方学院

68. 河南理工大学

69. 东华理工大学

70. 河北农业大学

71. 贵州师范大学

72. 广西大学

73. 玉林师范学院

74. 肇庆学院

75. 华南理工大学

76. 广东工业大学

77. 长沙师范学院

78. 中南林业科技大学

79. 宁夏大学

80. 北方民族大学

81. 首都经济贸易大学

82. 怀化学院

83. 湖北三峡职业技术学院

84. 湖北商贸学院

85. 江汉大学

86. 复旦大学

87. 上海工程技术大学
88. 赣南师范大学
89. 延边大学
90. 武汉民政职业学院
91. 武汉职业技术学院
92. 泰山学院
93. 邯郸学院
94. 中国地质大学
95. 北京工商大学
96. 丽江师范高等专科学校
97. 文山学院
98. 宁夏大学新华学院
99. 山东旅游职业学院
100. 济南职业学院
101. 郑州旅游职业学院
102. 北京联合大学
103. 中国传媒大学
104. 青海大学
105. 西北师范大学
106. 北京开放大学
107. 海南大学
108. 辽宁经济职业技术学院
109. 渤海大学
110. 东南大学
111. 成都体育学院
112. 集宁师范学院
113. 武汉轻工大学
114. 厦门城市职业学院
115. 厦门理工学院
116. 北京大学
117. 鄂尔多斯应用技术学院
118. 郑州航空工业管理学院
119. 江苏建筑职业学院
120. 延安大学
121. 广州番禺职业技术学院

122. 佛山职业技术学院

123. 咸阳师范学院

124. 北京石油化工学院

125. 西昌学院

126. 西藏民族大学

127. 浙江海洋大学

128. 西安文理学院

129. 莆田学院

130. 黄山学院

131. 九江学院

132. 江西科技师范大学

133. 南昌大学

| 序号 | 地域 | 名称 | 时间 | 联络人&备注 |
|---|---|---|---|---|
| 1 | 北京15 | 北京第二外国语学院MBA/MTA教育中心 | 2015年11月21日（MBA/MTA）<br>2017年9月21日（旅管院） | 骆欣庆<br>钟栎娜<br>2015年10月16号受聘为北京第二外国语学院旅游管理学院产业导师<br>2016年9月24日受聘为MTA/MBA产业导师 |
| | | 北京林业大学园林学院 | 2016年5月24日 | 张玉钧 |
| | | 中华女子学院 | 2016年7月11日<br>2017年7月3日<br>2019年11月5日 | 朱迎波<br>向宝惠 |
| | | 首都师范大学资源环境与旅游学院 | 2016年11月17日 | 戴湘毅 |
| | | 中国劳动关系学院高职学院 | 2016年9月27日 | 翟向坤 |
| | | 中央民族大学管理学院 | 2017年5月25日 | 李燕琴 |
| | | 中国人民大学环境学院 | 2017年10月16日 | 苏明明 |
| | | 首都经贸大学经管学院 | 2018年9月12日、19日、26日<br>10月10日 | 李云鹏<br>开设研究生旅游创业创新课（选修，16学时1学分） |
| | | 中国地质大学继续教育学院（北京） | 2018年12月21日 | 李淑娟 徐柯健 |
| | | 北京工商大学商学院 | 2018年12月27日 | 李运来 |

续表

| 序号 | 地域 | 名称 | 时间 | 联络人&备注 |
|---|---|---|---|---|
| 1 | 北京15 | 北京联合大学旅游学院 | 2019年6月11日<br>2021年6月16日 | 王恒<br>2019年12月受聘为业界导师<br>罗东霞 |
| | | 中国传媒大学文化产业管理学院 | 2019年6月12日 | 卜希霆 叶怀阳 |
| | | 北京开放大学（网课） | 2019年7月26日 | 张广福 |
| | | 北京大学建筑与景观设计学院（网课） | 2020年3月6日 | 郑昌辉 |
| | | 北京石油化工学院旅游与会展系 | 2021年4月14日 | 徐勤飞 |
| 2 | 天津2 | 南开大学旅游与服务学院 | 2015年9月5日<br>第五届中国—西班牙旅游与接待业国际会议<br>2016年3月9日<br>2018年11月7日 | 白长虹<br>同日受聘为学生创业实践导师<br>2017年12月受聘为MTA业界导师 |
| | | 天津财经大学商学院/MTA项目中心 | 2016年10月22日 | 张威<br>同日受聘为MTA产业导师 |
| 3 | 上海4 | 上海商学院酒店管理学院 | 2016年3月17日 | 钟伟 |
| | | 上海旅游高等专科学校 | 2016年5月20日 | 董葵<br>2016年5月19日受聘为上海旅游高等专科学校学生创业导师 |
| | | 复旦大学MTA中心 | 2018年10月20日 | 孙云龙 |
| | | 上海工程技术大学管理学院 | 2018年10月22日 | 孙瑞红 |
| 4 | 浙江6 | 浙江工商大学旅游与城市管理学院 | 2015年6月7日 | 易开刚<br>浙江工商旅游创业论坛暨在线旅游创业发展全国巡回活动（杭州站） |
| | | 浙江大学 | 2016年3月14日 | 刘赵平<br>浙江大学—香港理工大学联合中心酒店及旅游管理博士班 |
| | | 浙江工业大学经贸管理学院 | | 赵磊 |
| | | 浙江农林大学旅游与健康学院 | | 蔡碧凡 |
| | | 浙江旅游职业学院 | 2016年3月15日 | 沈建龙<br>同日受聘为酒店管理系客座教授 |
| | | | 2017年3月29日 | 李晓聪<br>浙江旅游职业学院"学术之峰"旅游双创研讨会 |

续表

| 序号 | 地域 | 名称 | 时间 | 联络人＆备注 |
|---|---|---|---|---|
| 4 | 浙江6 | 浙江旅游职业学院 | 2017年6月14日<br>2017年6月15日 | 李晓聪<br>浙江省中高职院校旅游类专业创新创业发展联盟成立大会 |
| | | 浙江海洋大学经济与管理学院 | 2021年5月7日 | 胡卫伟<br>同日获聘MTA产业导师 |
| 5 | 山东11 | 山东外国语职业学院航空旅游学院（日照） | 2016年5月5日 | 窦丽荣<br>注：现已更名为山东外国语职业技术大学，2020年9月受聘为客座教授。 |
| | | 中国海洋大学管理学院 | 2016年5月6日 | 王娟<br>同日受聘为学生创业实践导师 |
| | | 临沂大学商学院 | 2016年5月9日 | 谢爱良 |
| | | 山东大学管理学院 | 2016年5月11日 | 黄潇婷 |
| | | 青岛职业技术学院旅游学院（黄岛） | 2017年5月11日 | 孙奕<br>同日受聘为旅游协同创新中心创新创业导师 |
| | | 青岛大学旅游与地理科学学院 | 2017年5月12日 | 张言庆 郭为<br>同日受聘为学生创新创业导师 |
| | | 山东青年政治学院 | 2017年5月15号 | 孙晟<br>同日受聘为山东青年政治学院创业导师 |
| | | 青岛酒店管理职业技术学院旅游与酒店管理学院 | 2017年11月7日 | 石媚山 郭学道 |
| | | 泰山学院旅游学院 | 2018年11月2日 | 王雷亭 史卫东<br>同日受聘为客座教授 |
| | | 山东旅游职业学院 | 2019年5月8日 | 魏凯 陈万强 张瑞 |
| | | 济南职业学院旅游学院 | 2019年5月9日 | 曾招喜<br>同日受聘为创业导师 |
| 6 | 福建4 | 厦门大学 | 2014年12月4日<br>2019年12月10日 | 张斌<br>2014年厦门旅游人力资源沙龙<br>丘尚知<br>厦门大学管理学院旅游与酒店管理系 |
| | | 厦门城市职业学院旅游系 | 2019年12月10日 | 喻荣春 |
| | | 厦门理工学院文化产业与旅游学院旅游管理系 | 2019年12月11日 | 卢雪英 |
| | | 莆田学院管理学院 | 2021年6月1日 | 祁黄雄 陈国成<br>同日受聘为创业导师 |

续表

| 序号 | 地域 | 名称 | 时间 | 联络人＆备注 |
|---|---|---|---|---|
| 7 | 广西4 | 南宁职业技术学院旅游学院 | 2014年12月9日 | 吴言明 |
| | | 桂林旅游学院（国际教育交流学院＆国际酒店管理学院2场） | 2016年11月28日 | 程冰<br>同日受聘为学生创业实践导师 |
| | | 广西大学商学院 | 2018年6月6日 | 刘民坤 |
| | | 玉林师范学院历史文化旅游学院 | 2018年6月7日 | 刘小云 唐彰云<br>同日受聘为玉林师范学院优秀创新创业人才库导师 |
| 8 | 辽宁5 | 辽宁师范大学城市与环境学院（大连） | 2016年6月14日 | 王辉 |
| | | 沈阳农业大学经管学院 | | 马发旺 |
| | | 大连外国语大学经济与管理学院 | 2016年6月15日 | 谢风嫒<br>同日受聘为学生创业实践导师，后受聘为MTA产业导师 |
| | | 辽宁经济职业技术学院管理学院 | 2019年9月18日 | 李辉<br>同日受聘为创业实践导师 |
| | | 渤海大学管理学院＆创新创业学院 | 2019年9月19日 | 邹本涛<br>同日受聘为创新创业导师 |
| 9 | 吉林3 | 吉林工商学院 | 2016年6月20日 | 孙汉杰 |
| | | 吉林农业大学中药材学院 | | 孙保鼎<br>同日受聘为学生创业实践导师 |
| | | 延边大学经管学院 | 2018年10月26日 | 徐哲俊<br>同日受聘为创新创业指导教师 |
| 10 | 黑龙江2 | 黑龙江职业学院 | 2016年6月21日 | 杨东辉 |
| | | 东北林业大学经济管理学院 | | 赵希勇 |
| 11 | 安徽5 | 合肥学院旅游系<br>合肥学院旅游与会展学院 | 2016年6月7日<br>2020年11月11日 | 刘力<br>同日受聘为客座教授<br>刘力<br>同日续聘为客座教授 |
| | | 宿州学院管理学院 | 2017年11月21日 | 李龙 |
| | | 安徽大学商学院 | 2017年11月22日 | 李经龙 |
| | | 安徽财经大学工商管理学院 | 2017年12月20日 | 王良举 |
| | | 黄山学院旅游学院 | 2021年6月3日 | 金声琅<br>同日受聘为创业导师 |
| 12 | 甘肃2 | 河西学院（张掖） | 2015年12月20日 | 2015河西学院大学生创业创新教育高峰论坛 |
| | | 西北师范大学旅游学院 | 2019年6月18日 | 把多勋 王耀斌 王瑞 |

续表

| 序号 | 地域 | 名称 | 时间 | 联络人 & 备注 |
|---|---|---|---|---|
| 13 | 贵州 2 | 贵安新区花溪大学城 | 2015 年 6 月 13 日 | 陈云岗<br>2015 中国（贵安）创客创业大会互联网＋创业专场活动 |
| | | 贵州师范大学国际旅游文化学院 | 2018 年 6 月 4 日 | 殷红梅 刘东方<br>同日受聘为客座教授 |
| 14 | 陕西 6 | 陕西师范大学旅游与环境学院 | 2016 年 10 月 10 日 | 严艳 |
| | | 西安外国语大学旅游学院 | 2017 年 11 月 3 日 | 成英文<br>后受聘为 MTA 行业导师 |
| | | 延安大学经济管理学院 | 2020 年 12 月 3 日 | 刘晓华 |
| | | 咸阳师范学院经济与管理学院 | 2021 年 4 月 7 日 | 包富华 |
| | | 西藏民族大学管理学院 | 2021 年 4 月 22 日 | 陈亚玲 同日受聘为 MTA 产业导师 |
| | | 西安文理学院历史文化旅游学院 | 2021 年 5 月 19 日 | 张天社 崔林 |
| 15 | 内蒙古 6 | 内蒙古财经大学旅游学院 & 创业学院 | 2016 年 10 月 11 日 | 刘建军<br>吕君 刘丽梅<br>2021 年 4 月 9 日受聘为 MTA 校外导师 |
| | | 内蒙古农业大学职业技术学院（包头） | 2016 年 10 月 11 日 | 刘建军 姜海涛<br>2021 年 6 月 23 日受聘为 MTA 产业导师 |
| | | 内蒙古师范大学旅游学院 | 2016 年 10 月 12 日 | 刘建军 包永宏<br>后受聘为 MTA 产业导师 |
| | | 内蒙古大学历史与旅游文化学院 | 2016 年 10 月 13 日<br>2020 年 12 月 1 日 | 刘建军 韩冬<br>韩冬 刘实 同日举办向内蒙古大学图书馆捐赠旅游双创智库丛书仪式 |
| | | 集宁师范学院经济与管理学院 | 2019 年 11 月 14 日 | 张伟 邢彩霞 曲建辉 苗瑾志（规模 700+） |
| | | 鄂尔多斯应用技术学院（网课） | 2020 年 6 月 24 日 | 付丽娜 莎仁 |
| 16 | 山西 4 | 大同大学历史与旅游文化学院 | 2016 年 10 月 14 日 | 秦俊丽 |
| | | 山西师范大学历史与旅游文化学院（临汾） | 2016 年 10 月 17 日 | 雷传方<br>2018 年 6 月 7 日受聘为山西省互联网＋旅游产业升级协同创新中心客座教授 |
| | | 太原旅游职业学院 | 2016 年 10 月 18 日 | 赵治龙 |
| | | 山西农业大学林学院（太谷） | 2016 年 10 月 19 日 | 刘真真 |

续表

| 序号 | 地域 | 名称 | 时间 | 联络人&备注 |
|---|---|---|---|---|
| 17 | 河北5 | 石家庄学院经管学院 | 2017年5月17日 | 康敏 |
| | | 河北经贸大学旅游学院 | 2017年6月1日 | 高宏 |
| | | 河北北方学院法政学院（张家口） | 2018年4月20日 | 魏红磊 唐淑惠 |
| | | 河北农业大学园林与旅游学院 | 2018年5月17日 | 贾哲 董慧云<br>同日受聘为创业导师 |
| | | 邯郸学院经济管理学院 | 2018年11月29日 | 彭磊 |
| 18 | 湖北11 | 武汉城市职业学院旅游与酒店管理学院 | 2017年6月13日 | 熊娟梅 |
| | | 华中师范大学城市与环境科学学院 | 2017年10月17日 | 龚箭<br>中国旅游研究院武汉分院 |
| | | 武汉交通职业学院旅游与商务学院 | | 鄢向荣 廖莎 |
| | | 武汉商学院旅游与酒店管理学院 | | 薛兵旺 |
| | | 中南财经政法大学工商管理学院 | 2017年10月18日 | 邓爱民 |
| | | 湖北三峡职业技术学院（创新创业实验班） | 2018年10月16日 | 初作云 |
| | | 湖北商贸学院创新创业学院 | 2017年6月12日<br>2018年10月17日 | 第三届中国"互联网+"大学生创新创业大赛校内赛评委<br>胡柳 王珉（千人规模） |
| | | 江汉大学商学院 | 2018年10月18日 | 熊继红 |
| | | 武汉民政职业学院 | 2018年10月30日 | 周文勇 |
| | | 武汉职业技术学院旅游学院 | 2018年11月1日 | 郭沙 |
| | | 武汉轻工大学经济与管理学院 | 2019年11月28日 | 罗伟 胡灿伟 黄震 |
| 19 | 云南6 | 云南财经大学旅游文化产业研究院 | 2017年10月19日 | 明庆忠<br>同日受聘为研究院客座研究员 |
| | | 云南旅游职业学院旅游管理学院 | | 周洁 |
| | | 云南大学工商管理与旅游管理学院 | 2017年10月20日 | 吕宛青 倪向丽<br>同日受聘为创新创业导师 |
| | | 昆明学院旅游学院 | | 田芙蓉 鲁芬 |
| | | 丽江师专双创学院&国际旅游与工商管理学院 | 2019年4月12日 | 朱桂香 王成 杨继琼 |
| | | 文山学院政法经济学院 | 2019年4月15日 | 赵瑞 白娜 |

续表

| 序号 | 地域 | 名称 | 时间 | 联络人＆备注 |
|---|---|---|---|---|
| 20 | 重庆 2 | 重庆理工大学管理学院（花溪校区） | 2017年10月26日 | 惠红 |
| | | 重庆师范大学地理与旅游学院（大学城校区） | | 张云耀<br>同日受聘为产业导师 |
| 21 | 四川 5 | 西南民族大学旅游与历史文化学院（航空港校区） | 2017年10月30日 | 张广宇<br>后受聘为MTA产业导师 |
| | | 成都纺织高等专科学校经济与管理学院（犀浦） | 2017年10月30日 | 叶娅丽 |
| | | 四川农业大学旅游学院（都江堰校区） | | 耿宝江 谭慧存<br>同日受聘为创新创业导师，2020年9月受聘为MTA校外指导教师 |
| | | 四川旅游学院信息与工程学院 | 2017年11月1日 | 王加梁 张华<br>同日受聘为信息与工程学院创新创业导师 |
| | | 成都体育学院体育休闲系 | 2019年10月22日 | 杨强 彭琴 |
| | | 西昌学院旅游与城乡规划学院 | 2021年4月15日 | 郑晓慧 邱亚利 |
| 22 | 河南 3 | 河南理工大学工商管理学院 | 2018年5月7日 | 王伟 |
| | | 郑州旅游职业学院 | 2019年5月20日 | 张建军 王少华 苗文明 |
| | | 郑州航空工业管理学院商学院旅游系（网课） | 2020年7月23日 | 王峥 |
| 23 | 江西 5 | 东华理工大学创新创业学院 | 2018年5月15日 | 郭福生 王合义 |
| | | 赣南师范大学历史与文化旅游学院 | 2018年10月23日 | 樊国敬 |
| | | 九江学院旅游与地理学院 | 2021年6月7日 | 李松志 孙冬英 |
| | | 江西科技师范大学旅游学院 | 2021年6月9日 | 熊伯坚<br>同日受聘为MTA产业导师和客座教授 |
| | | 南昌大学旅游学院 | 2021年6月10日 | 黄细嘉 旷天伟 |
| 24 | 广东 5 | 肇庆学院 | 2018年6月8日 | 李朝军 |
| | | 华南理工大学旅游与酒店管理学院 | 2018年6月11日 | 江金波<br>同日受聘为经济与贸易学院校外导师 |
| | | 广东工业大学管理学院 | 2018年6月12日 | 罗美娟 |
| | | 广州番禺职业技术学院商务学院 | 2021年3月29日 | 郭盛晖 吴源 |
| | | 佛山职业技术学院财管理学院 | 2021年3月31日 | 郭盛晖 陈瑞萍 |

续表

| 序号 | 地域 | 名称 | 时间 | 联络人&备注 |
|---|---|---|---|---|
| 25 | 湖南3 | 长沙师范学院 | 2018年6月13日 | 杨志清 彭蝶飞 |
| | | 中南林业科技大学旅游学院 | 2018年6月14日 | 钟永德 魏昕 |
| | | 怀化学院商学院 | 2018年10月12日 | 杨清波 |
| 26 | 宁夏3 | 宁夏大学人文学院 | 2018年6月15日 | 王磊 |
| | | 北方民族大学经管学院 | | |
| | | 宁夏大学新华学院 | 2019年4月18日 | 何振华 谢海波 |
| 27 | 青海1 | 青海大学财经学院旅游与工商管理系 | 2019年6月13日 | 朱芳<br>同日受聘为产业导师 |
| 28 | 江苏2 | 东南大学人文学院旅游学系 | 2019年10月14日 | 宣国富 |
| | | 江苏建筑职业学院经济管理学院 | 2020年9月14日 | 刘胜勇 江苏中职旅游服务类双师型国培项目 |
| 29 | 海南1 | 海南大学旅游学院 | 2019年9月17日 | 何彪 侯佩旭 |
| 30 | 新疆 | | | |
| 31 | 西藏 | | | |
| 32 | 香港 | | | |
| 33 | 澳门 | | | |
| 34 | 台湾 | | | |

# 附录4 《中国文旅创新创业智库丛书》书目

| 序号 | 书名 | 版次 | 著作者 | ISBN | 出版社 | 出版年月 | 定价 | 备注 |
|---|---|---|---|---|---|---|---|---|
| 1 | 中国旅游企业创新创业发展报告2013 | 2014年12月第1版 | 秦宇，张德欣，李彬 | ISBN 978-7-5637-3086-5 | 旅游教育出版社 | 2014年12月 | 38.00元 | 蓝皮书系列 |
| 2 | 中国旅游企业创新创业发展报告2014—2015 | 2015年11月第1版 | 秦宇，李彬，张德欣，温婧 | ISBN 978-7-5637-3265-4 | 旅游教育出版社 | 2015年11月 | 49.00元 | |

续表

| 序号 | 书名 | 版次 | 著作者 | ISBN | 出版社 | 出版年月 | 定价 | 备注 |
|---|---|---|---|---|---|---|---|---|
| 3 | 中国旅游企业创新创业发展报告2016—2017 | 2017年7月第1版 | 李彬,李朋波,秦宇 | ISBN 978-7-5637-3603-4 | 旅游教育出版社 | 2017年7月 | 62.00元 | 蓝皮书系列 |
| 4 | 中国旅游企业创新创业发展报告2017—2018 | 2019年3月第1版 | 李彬,秦宇 | ISBN 978-7-5637-3904-2 | 旅游教育出版社 | 2019年3月 | 69.00元 | 蓝皮书系列 |
| 5 | 旅游创业启示录——创造与变革进行时 | 2015年4月第1版 | 郑红,钟栎娜,张德欣 | ISBN 978-7-5130-3073-1 | 知识产权出版社 | 2015年4月 | 36.00 | 创业启示录系列 |
| 6 | 旅游创业启示录——思辨商业模式与多元化创业 | 2016年4月第1版 | 郑红,钟栎娜,张德欣 | ISBN 978-7-5637-3352-1 | 旅游教育出版社 | 2016年4月 | 39.00 | 创业启示录系列 |
| 7 | 旅游创业启示录——互联网+时代的周边游 | 2016年7月第1版 | 严艳,张德欣,刘畅 | ISBN 978-7-5637-3413-9 | 旅游教育出版社 | 2016年7月 | 39.00 | 创业启示录系列 |
| 8 | 旅游创业启示录——互联网+时代的出境游 | 2016年11月第1版 | 张华,王加梁 | ISBN 978-7-5637-3483-2 | 旅游教育出版社 | 2016年11月 | 37.00 | 创业启示录系列 |
| 9 | 旅游创业启示录——互联网+时代的厦门旅游企业创业实践 | 2017年6月第1版 | 卢雪英,屈云茜,陈莹盈 | ISBN 978-7-5637-3588-4 | 旅游教育出版社 | 2017年6月 | 39.00 | 创业启示录系列 |
| 10 | 旅游创业启示录——互联网+时代的乡村旅游创客 | 2017年12月第1版 | 李龙,宋徽 | ISBN 978-7-5637-3525-9 | 旅游教育出版社 | 2017年12月 | 46.00 | 创业启示录系列 |
| 11 | 旅游创业启示录——中国旅游女性创客 | 2019年5月第1版 | 朱迎波 | ISBN 978-7-5637-3915-8 | 旅游教育出版社 | 2019年5月 | 59.00 | 创业启示录系列 |
| 12 | 研学旅行活动指导书 | 2019年3月第1版 | 孙憬 张德欣 王京凯 | ISBN 978-7-5464-2269-5 | 成都时代出版社 | 2019年3月 | 66.00 | 专家论丛系列 |
| 13 | 中国旅游电商简史1999—2019 | 2020年10月第1版 | 钟栎娜 | ISBN 978-7-5096-7366-9 | 经济管理出版社 | 2020年10月 | 88.00 | 专家论丛系列 |
| 14 | 中国文旅产业创新创业评论(一) | 2021年6月第1版 | 张德欣 | ISBN 978-7-5637-4263-9 | 旅游教育出版社 | 2021年6月 | 69.00 | 专家论丛系列 |

# 附录5　文旅创新创业研究院简介

## 一、目的

2016年李克强总理在首届世界旅游发展大会上指出，旅游业是"大众创业，万众创新的大舞台"，全国上下持续掀起一股创业创新热潮。时由张德欣发起，特邀行业顶级学术专家及产业领军人物等于2016年9月27日在京成立"旅游创业创新研究院"。为引领文旅双创融合发展，自2021年1月起研究院升级为文旅创新创业研究院。本院将为文旅产业创新创业提供理论支持与实战探索，为营造创新创业环境，提供创新创业建议及平台服务，以助推文旅产业健康有序发展为重要使命。

## 二、名称

中文：文旅创新创业研究院

英文：Academy of Culture & Tourism Innovation and Entrepreneurship（缩写为ACTIE）

## 三、宗旨

助力文旅企业创新　推动文旅产业升级

## 四、任务

1. 统筹及出版《中国文旅创新创业智库丛书》
2. 发布中国文旅创新创业相关指数、报告等
3. 组织中国文旅创新创业峰会及创新创业创意大赛等
4. 文旅创新人才培训、培养

## 五、组织架构：

学术院长：厉新建　卜希霆

执行院长：张德欣

副院长：李　彬　钟栎娜
中心主任：王　恒　孙　憬
院　　办：张运来　贾　轲

## 六、专家顾问团：

学术专家：
| | | | | |
|---|---|---|---|---|
|张凌云|张　辉|谷慧敏|易开刚|秦　宇|
|江金波|张玉钧|乔秀全|白　凯|郭英之|
|李　想|信宏业|吴忠宏|李　原|张朝枝|
|周玲强|曾博伟|卢政营|郑向敏|徐　虹|
|张河清|薛兵旺|沈建龙|周春林|陈安国|
|李燕琴|明庆忠|王兆峰|方远平|马　勇|

产业专家：
| | | | | |
|---|---|---|---|---|
|罗　军|洪清华|于敦德|曾　松|叶一剑|
|郑敏庆|陈云岗|张晓军|黄栋庆|刘汉奇|
|荀　亮|朱万峰|刘玉兰|洪　维|单　平|
|汪早荣|贾建强|严力蛟|余学兵|吴建华|
|吴　峥|董　锴|易文捷|金　松|刘　春|
|姜　颖|陈长春|王京凯|张海峰|张广福|
|龚德海|

投资专家：
| | | | | |
|---|---|---|---|---|
|蒋　涛|陈　亮|袁润兵|钱建农|何士祥|
|王利杰|马培瑞|梁　军|董长破|李瑞跃|
|李　飞|庄　岩|

## 七、成员说明

| 职务 | 姓名 | 说明 |
|---|---|---|
| 学术院长 | 厉新建 | 北京第二外国语学院旅游科学学院教授、博导、中国旅游改革发展咨询委员会副秘书长、文化和旅游部十四五规划专家委员会委员 |
| | 卜希霆 | 中国传媒大学文化产业管理学院书记、文化和旅游部国家文化和旅游公共服务研究基地主任 |
| 执行院长 | 张德欣 | 《中国文旅创新创业智库丛书》总主编、世界研学旅游组织（WRTO）专家 |
| 副院长 | 李　彬 | 兼大住宿业研究中心主任，北京第二外国语学院旅游科学学院副教授 |
| | 钟栎娜 | 兼文旅规划研究中心主任，北京第二外国语学院旅游科学学院教授 |

续表

| 职务 | 姓名 | 说明 |
|---|---|---|
| 中心主任 | 王 恒 | 目的地营销中心主任，北京联合大学旅游学院副教授 |
| | 孙 憬 | 旅游电商运营研究中心主任 |
| 院办 | 张运来 | 主任，北京工商大学文化旅游研究院文创研究中心主任 |
| | 贾 轲 | 副主任，北京山海文旅集团副总裁 |
| 学术专家 | 张凌云 | 《旅游学刊》执行主编，教授、博导 |
| | 张 辉 | 北京交通大学经管学院教授、博导 |
| | 谷慧敏 | 北京第二外国语学院旅游科学学院院长、教授 |
| | 张玉钧 | 北京林业大学园林学院教授、博导 |
| | 徐 虹 | 南开大学旅游与服务学院党委书记、教授、博导 |
| | 秦 宇 | 《旅游导刊》执行主编、北京第二外国语学院旅游科学学院教授 |
| | 张朝枝 | 中山大学旅游学院教授、博导 |
| | 周玲强 | 浙江大学旅游管理系教授、博导 |
| | 郭英之 | 复旦大学旅游学系教授、博导 |
| | 白 凯 | 陕西师范大学旅游与环境学院教授、博导 |
| | 郑向敏 | 华侨大学旅游安全研究院院长、教授、博导 |
| | 李 原 | 四川大学旅游学院教授 |
| | 张河清 | 广州大学（中法）旅游学院院长、教授 |
| | 吴忠宏 | 中国台湾台中教育大学教授 |
| | 李 想 | 美国天普大学旅游与酒店管理学院教授 |
| | 信宏业 | 北京理工大学/北京邮电大学教授，高级工程师 |
| | 薛兵旺 | 武汉商学院武汉旅游研究院院长、教授 |
| | 沈建龙 | 浙江旅游职业学院继续教育学院院长、教授 |
| | 周春林 | 南京旅游职业学院院长、教授 |
| | 曾博伟 | 北京联合大学教授、中国旅游经济与政策研究中心主任 |
| | 卢政营 | 天津财经大学旅游研究与规划中心主任 |
| | 陈安国 | 国家行政学院/清华大学教授、博导 |
| | 李燕琴 | 中央民族大学管理学院教授、博导 |
| | 明庆忠 | 云南财经大学首席教授、博导 |
| | 王兆峰 | 湖南师范大学旅游学院院长、博导 |

续表

| 职务 | 姓名 | 说明 |
|---|---|---|
| 学术专家 | 方远平 | 华南师范大学旅游管理学院教授 |
| | 马 勇 | 湖北大学旅游发展研究院院长、教授、博导 |
| | 乔秀全 | 北京邮电大学教授、博导 |
| 产业专家 | 罗 军 | 途家网及斯维登集团联合创始人 |
| | 洪清华 | 景域驴妈妈集团董事长、创始人 |
| | 于敦德 | 途牛网创始人&CEO |
| | 曾 松 | 原百程旅行网创始人&CEO |
| | 叶一剑 | 方塘智库创始人 |
| | 张晓军 | 唐人智库创始人 |
| | 黄栋庆 | 华宿荟创始人 |
| | 郑敏庆 | 中国台湾亚太休闲智库执行长 |
| | 陈云岗 | 香港城市经营研究院院长 |
| | 刘汉奇 | 原中国旅游车船协会秘书长 |
| | 荀 亮 | 中国智慧酒店联盟秘书长 |
| | 朱万峰 | 北京九鼎辉煌旅游发展研究院院长 |
| | 刘玉兰 | 科技部中国生产力促进中心协会理事长 |
| | 洪 维 | 旅游族（Travelzoo）亚太区联席CEO |
| | 单 平 | 中国主题饭店研究院执行院长、皇金管家创始人 |
| | 汪早荣 | 深大智能集团董事长，智游宝创始人 |
| | 贾建强 | 6人游旅行网创始人 |
| | 严力蛟 | 农业部休闲与旅游农业专家、安吉美丽乡村总规划师 |
| | 余学兵 | 联众休闲产业集团董事长兼总裁 |
| | 吴建华 | 全球旅游目的地品牌联盟秘书长 |
| | 吴 峥 | 氪空间 CTO |
| | 董 锴 | 原首旅酒店集团COO |
| | 易文捷 | 三鼎控股集团旅业总裁 |
| | 金 松 | 万观文旅董事长 |
| | 刘 春 | 万达体育中国公司副总经理兼市场营销中心总经理 |
| | 姜 颖 | 山水盛典联合创始人、国家一级演员 |

续表

| 职务 | 姓名 | 说明 |
| --- | --- | --- |
| 产业专家 | 陈长春 | 隐居乡里创始人、乡建专家 |
| | 王京凯 | 世纪明德联合创始人、明德未来国际营地董事长 |
| | 张海峰 | 中华户外网创始人、体育旅游专家 |
| | 张广福 | 中国管理科学学会旅游管理专业委员会秘书长 |
| | 龚德海 | 世纪中润总经理、趣游学教育创始人 |
| 投资专家 | 袁润兵 | 清科创投董事总经理 |
| | 蒋涛 | 沙塔基金创始人,原戈壁创投管理合伙人 |
| | 陈亮 | 泰山天使/泰山兄弟创始合伙人 |
| | 钱建农 | 复星旅游文化集团董事长兼总裁 |
| | 何士祥 | 达晨财智文旅行业合伙人 |
| | 王利杰 | 知名天使投资人、PreAngel Fund 创始合伙人 |
| | 马培瑞 | 投融中国联盟秘书长/紫荆花科技孵化园董事长 |
| | 梁军 | 梁山资本创始人,原国泰君安力鼎资本合伙人 |
| | 董长破 | 赛伯乐投资集团大旅游产业合伙人 |
| | 李瑞跃 | 原中信文化旅游产业投资管理公司董事长 |
| | 李飞 | 创园国际资本联合创始人 |
| | 庄岩 | 双创空间合伙人 |

注:排名不分先后,数据截止到2021年1月。